陕西省委宣传部重点文艺创作资助项目

朝北一路

王双民　著

陕西新华出版传媒集团
三　秦　出　版　社

图书在版编目（CIP）数据

一路朝北 / 王双民著. — 西安 : 三秦出版社, 2021.2
ISBN 978-7-5518-2091-2

Ⅰ. ①一… Ⅱ. ①王… Ⅲ. ①长篇小说—中国—当代
Ⅳ. ①I247.5

中国版本图书馆CIP数据核字(2019)第259796号

一路朝北

王双民 著

出版发行	陕西新华出版传媒集团　三秦出版社
社　　址	西安市雁塔区曲江新区登高路1388号
电　　话	（029）81205236
邮政编码	710061
印　　刷	西安华新彩印有限责任公司
开　　本	787mm × 1092mm　1/16
印　　张	30.5
字　　数	420千字
版　　次	2021年2月第1版 2021年2月第1次印刷
印　　数	1—3000
标准书号	ISBN 978-7-5518-2091-2
定　　价	58.00元
网　　址	http://www.sqcbs.cn

庆祝建党100周年

谨以此书献给长期奋战在隐蔽战线上的英雄们

笔底波澜

——《一路朝北》序

我第一次听说王超北其人其事，还是在20世纪80年代初。当时我认识了西安市公安局几位上了年纪的澄城籍干警，他们是20世纪50年代初从家乡来西安工作的，说西安市第一任公安局局长是澄城人王超北，并介绍王局长是个搞情报工作的老革命，很了不起！此后我在报刊上又陆续看到介绍王超北和西情处（西安情报处）的一些文章，越发敬仰这位革命前辈、澄城乡党。但对“其事”，总觉得了解太少，印象不深。

近年来，反映中国共产党隐蔽战线斗争的影视作品风靡一时，收视率颇高。与有的老乡聊起时，他们就说王超北的事迹如果拍摄出来会更精彩。令人欣慰的是，王双民先生所著的反映西情处斗争历史的长篇小说《一路朝北》，就要和大家见面了。这部小说的主人公庞志柏，就是以王超北为生活原型，塑造出来的一个中共特工新形象。

我认真读了这部书稿，觉得故事性很强，人物形象生动丰满，是一部成功的小说，当然也与谍战题材的特殊性不无关系。隐蔽战线的斗争，是党的事业的重要组成部分。毛泽东主席曾经说过：“我们要消灭敌人，就要有两种战争，一种是公开的战争，一种是隐蔽的战争。”这是一条看不见的战线，每个人都有一段惊心动魄的传奇经历。王超北所领导的西情处上百名成员，就是隐蔽战线斗争造就的无名英雄群体。他们坚守信仰，做出了无怨无悔的生死抉择。他们长期战斗在敌人心脏，巧妙应对随时可能出现的各种险情，千方百计获取敌人的机密情报，用生命守护着永不消逝的电波，为中国人民的解放事业，立下了不可磨灭的功绩。毛泽东主席的机要秘书叶子龙说过，毛主席在陕北时，很重视西情处的情报，称赞“庞智(王超北的化名）是无名英雄”。王超北的事迹，叶子龙在一副楹联中做了生动概括：“奇中生奇，纵横龙潭，十年白区斗白匪；室内有室，捭阖虎穴，一条红线通红都。”

这部小说就是以王超北捭阖虎穴、奇中生奇的故事为基础创作的。作者塑造了一个深深扎根民众之中、敢爱敢恨、大智大勇的中共特工英雄形象，展现了小说主人公跌宕起伏、惊心动魄的传奇人生，再现了当年隐蔽战线斗争的艰苦卓绝及刀光剑影。小说颇有吸引力，可读性强，有益于读者理性、志向和趣味的陶冶，既是纪念和告慰老一辈隐蔽战线的英雄，也能让更多人了解历史，传承精神，不忘初心。

《一路朝北》中的主人公庞志柏，是以现实生活中的王超北为原型，经过作者的合理虚构和艺术加工，塑造出来的一个小说人物形象。小说文本是在几稿纪实作品基础上形成的。为了既客观又艺术地写好这个小说中的主人公，作者做了艰苦的基础工作。王双民先生说过：“十多年来，我先后调查采访了二十多个单位和部门，实地考察了十多处重要遗址，走访咨询了西情处尚且在世的成员及亲属三十余人，收集了许多重要的历史资料。我在西安采访期间，因为囊中羞涩，晚上住在阴暗、潮湿的旅馆地下室里，一早一晚在街头买两个饼充饥（不是画的)。”这是这部小说成功的重要基础。

小说以刻画人物形象为中心，通过完整的故事情节和环境描写来反映社会生活。《一路朝北》中的轴心人物，是庞志柏和廖梦棠，其生活原型是王超北和李茂堂，两人分别担任西情处的正、副处长。小说的情节，是以这两个轴心人物相互交织的传奇经历为线索，逐步展开的。这是两个成功的“文学形象”，是在作品中形成并被激活了的生命个体，他们有血有肉有灵魂。我在阅读中，首先被他们血肉丰满的“形象”所吸引，但最终还是被这两个“形象”的灵魂所感动。

从生活真实到艺术真实，作者付出了艰辛的努力。王双民先生在谈到

《一路朝北》的创作时说："说这部小说具有纪实性特点，是指小说中的两个轴心人物经历的重要事件，都以公开发表的王超北回忆录为依据；说她是小说，是指这些重要事件的情节，以及围绕这两个轴心人物的众多小说人物，大都是运用移花接木、时空转换等艺术手法，虚构出来的。"从生活原型到小说人物，虚构是不可避免的，但也有基本要求。作者对此深有体会，他说："从生活真实到艺术真实，需要虚构，虚构又必须以生活真实为基础。生活真实对我来说，如同蚕的作茧自缚；向艺术真实的攀升，又如同破茧而出。这个过程带给我的，不只是艰辛，更多的是艺术创造过程所带来的精神愉悦。"此外，作者在艺术上的追求，不只局限于人物形象的塑造，他在全书的情节架构及语言运用上，都是下了功夫的。

作者写作《一路朝北》的初衷，就是出于对革命前辈的景仰，以及对革命精神的传承，这种主旨在书中得到了很好的体现。我在阅读中感受到，在故事的叙述中，在情节的发展中，在人物的对话中，处处寄寓着作者的价值评判与审美情感。

我和王双民先生是中学同学。初中在澄城县澄城中学，我们是同班，高中又在临潼华清中学，同窗长达七年。1968 年我们一起离开学校回家，成为所谓的回乡知识青年，都当过农民，都为谋生而努力过。他较早就到铜川工作。这是一座因煤炭资源丰厚发展起来的工业城市，他在此安居乐业，待了大半辈子。我在澄城县参加工作，以后调来调去。50 年了，我们偶尔见过几面，也知道大致情况，但联系比较少。2015 年，我曾去铜川宜君县出席一个关于长城保护的会，恰巧遇到了长期支持双民创作的王赵民先生，他喜形于色地向我介绍了双民的一些情况。说起《一路朝北》的创作时，他充满激情地告诉我，这部小说即将由三秦出版社出版，正在有关部门审读。有了赵民牵线，我与双民通了电话，向他的《一路朝北》表示衷心祝贺。三年来，双民按照审读意见，做了认真修改。正所谓功夫不负有心人，或者说好事多磨，在 2018 年岁末，终于传来了好消息，这部小说通过了选题申报，可以进入出版流程了。

从 2001 年年初开始着手这部书的写作准备，直到 2018 年年末审读完毕，已经整整 18 年了，可以看出这部书在作者生命中的分量。这是一部反映中国共产党隐蔽战线斗争的重要文学作品，双民嘱我写序，这自然是不能推辞的，遂写下了一些感想，并以小诗一首抒感：

剑影刀光梦未残，且从说部记波澜。
舍生漫道龙潭险，赴死曾歌易水寒。
乌坠崦嵫三寸管，鹃啼桑梓一壶丹。
孜孜总是思齐意，十八春秋岂等闲。

郑欣淼

于北京故宫御史衙门

2019 年 2 月 12 日

郑欣淼简介：

郑欣淼，当代著名文化学者。1947 年生，陕西澄城人，曾任文化部副部长，故宫博物院院长，中国鲁迅研究学会会长，政协第十一届全国委员会委员等职。现任故宫研究院院长，中华诗词学会会长等职。中国作家协会会员，创作出版各类学术著作 30 部。

目 录

笔底波澜(序) …… 1

上

第一章 …… 3

票儿子 娃娃亲

糜子酒 咬道狗

女大当嫁

第二章 …… 21

希罕逃婚 财富·亲情

父子反目 恩师谢靖夫

结识于百寻

第三章 …… 37

弄堂大学 枫叶桥药铺

囚禁浦东 金笔·怀表

搁浅的初恋

第四章 …… 60

茶为媒 初露锋芒

大闹曾家楼 身陷囹圄

庞积仓进城

第五章 …… 84

药王洞 喋血城头

锦绣旗袍店 铜墙铁壁

粮食！粮食！

第六章 …………………………………………………………………… 104
东府风雷　夏阳渡
关中悲歌　交农风暴
风雪年关

第七章 …………………………………………………………………… 131
安身立命　绝密文件
西柳巷 1 号　昔日恋人
邂逅钟楼

第八章 …………………………………………………………………… 152
军需主任　陕甘特派员
逸中事件　税务官
雨夜除奸

第九章 …………………………………………………………………… 172
永裕公司　汉中行
水帘洞　同聚军衣店
上海诱捕

第十章 …………………………………………………………………… 199
骆驼客　特殊使命
三走澄城　庞积仓之死
莲池饭庄

第十一章 ………………………………………………………………… 224
马道巷 9 号　列车在飞奔
香江之湄　过境越南
父亲的遗产

下

第十二章 …………………………………………………………………… 251
风雨夜来客 跟踪·盯梢
冤家路窄 异域传书
狡兔三窟

第十三章 …………………………………………………………………… 270
濯园密台 耀县踩点
长安饭店 金蝉蜕壳
灯下黑

第十四章 …………………………………………………………………… 298
重见关斗 镣解重庆
报馆血案 调虎离山
交通线上

第十五章 …………………………………………………………………… 322
饭店刺客 奇园茶社
将计就计 端午节
女报务员

第十六章 …………………………………………………………………… 346
午夜抓捕 瞒天过海
延安受命 虎视眈眈
棋逢高手

第十七章 …………………………………………………………………… 366

五味十字　郊原枪声

军调小组　特种户口

智斗柴崇林

第十八章 …………………………………………………………………… 389

死亡名单　安之居

无巧不成书　丁台失密

凤凰台

第十九章 …………………………………………………………………… 409

鸠占鹊巢　深入虎穴

生死绝恋　撤离咸阳

特别行动

第二十章 …………………………………………………………………… 431

三桥追捕　蓝草脱险

临潼解危　战略情报

策反冯学迁

第二十一章 ………………………………………………………………… 456

秘密转移　绥署夜话

仓皇逃窜　解放西安

九尽花开

一路朝北

第一章

票儿子

关中和陕北交界的地方有座山，叫黄龙山；山的南边有个县，叫澄城县。县城内自古以来缺水，吃水要掏钱买。

出西城门下五里陡坡，就到了县西河村，村里家家户户、常年四季都有人做卖水的营生。村口石桥底下有一眼清澈的泉水，叫澄泉，卖水人夜里去澄泉给水筲灌满水，天不明就起身，赶着毛驴、驮着水筲到城里去卖水。毛驴的脖子上，都吊着起明放光的铜铃铛，于是每天清早，城里的大街小巷就响起了悦耳动听的铃铛声。一听到铃铛响，城里人急忙挑着水桶，从家里赶出来争着去买水。

庞积仓十来岁时，就吆着毛驴跟着大人去城里卖水。

有一年夏天，庞积仓在城里碰上一个算命的瞎子，他让瞎子喝了一碗水，瞎子给他算了一命，说他日后必是大富大贵之人。此后，庞积仓天天盼着大富大贵的日子早一天到来，一直盼了十多年，却越盼越穷。庚子年大饥荒时，庞积仓和妻子王麦香要饭回来，家里老小四口人全饿死在土窑里。

家破人亡的庞积仓夫妇，离开了县西河这个伤心之地，迁到了呼家庄。呼家庄是方圆十里出了名的穷村子、烂村子，全村除了家底厚实的呼子贤家盖了几间瓦房，别的全是破窑洞和茅草房。

村东是台塬，有一条坑坑凹凹、曲曲弯弯的牛车道，通往东南方向十里开外的澄城县城。村西是沟壑，沟口有几孔圮废的土窑洞，庞积仓夫妇刚到呼家庄时，就住在沟口的土窑洞里。

在庞积仓夫妇住的窑洞跟前，还住着一户人家，老家在河南沁阳，前些年黄河闹水灾时逃过来的。男主人叫康拴劳，是呼子贤家的长工，高个头、宽身板，站在地里就像戳着一块高碑子。

庞积仓刚来呼家庄时，也去给呼子贤熬活。呼子贤说："拴劳刚来时，头一顿咥了八个蒸馍，你要能咥八个蒸馍就留下，咥不了就走人！"

庞积仓比康拴牢矮半头，本来也长得五大三粗，因为饥饿瘦得只剩了一副大骨架。他蹲在地上没挪窝，一口气吃了一篦子椽头蒸馍，喝了一瓦罐黄米汤。

庞积仓吃饭一个顶俩，干活一个顶仨，没想到干到第七天出了岔子。那天后晌，呼子贤的女人熬了两天娘家回来，说她的金银首饰让人偷了。因为那天早晌，只有庞积仓一个人留在家里磨面，于是一口咬定是庞积仓偷的，要告官！

正闹得不可开交，康拴劳走了进来。他说昨天后晌从夫人房门前走过，听见里面有响动，只当钻进去了绺娃子，趴在门缝里一看，原来是呼家的后人呼顶门，正在撬他妈的首饰盒。他听人说呼顶门又欠了赌债，八成是用首饰还了赌债。

庞积仓咽不下这口气，不在呼家干了。时下正当农忙季节，呼子贤不放他走，说干不够一个月不给工钱。庞积仓转过身取了一把镢锨，只见一道白光闪过，把院墙下拴的一条黑叫驴的尾巴，齐根铲断了。

黑叫驴扯断了缰绳，嚎叫着，在院子里横冲直撞。呼家人吓得都躲进屋里，黑叫驴从大门冲了出去。

庞积仓捡起驴尾巴，大声喊道："呼子贤，这根驴尾巴我拿走啦！做个蝇摔子，顶七天工钱，咱们两清咧！"说完扬长而去。

离开呼家后，庞积仓夫妇在沟垴上开了几块挂坡地，种了一点蓖麻稻秫、瓜菜杂粮。一得空闲，庞积仓就挑着两个荆条笼，走村串乡去收破烂、卖笤帚。妻子王麦香的脸上渐渐有了亮色，干瘪的身板也丰满起来了。

到了第三个年头，王麦香又生了个小子，虎头虎脑的十分招人喜欢。新生儿的胸前有块指甲大的黑痣，就给他随便起了个名，叫黑子。夫妻俩又拾起了过日子的心劲，庞积仓不再去收破烂、卖笤帚，成了走州过县做小生意的扁担客。

庞积仓是个驴脾气，生、蹭、冷、倔。那天家里又揭不开锅了，麦香劝他去呼家借点米面，他不去。麦香说："求人的事脸皮得放厚些，不给米他也不会连升子撴了！"

庞积仓脖子一拧，说："我就是要饭吃，到了他呼子贤家门口也要绕着走！就是饿死，我也不去求他呼子贤！"

黑子三岁这一年，王麦香又要生了。

这些日子庞积仓的生意，一直不顺当。昨天他听人说到尧头镇贩砂锅砂壶，能卖个好价钱，今儿打算去试一试。要能挣到钱就买几斤黄米，给就要出生的娃催奶。钱要是有长头再扯几尺洋布，给月娃子缝两件小衣服。

黑子出生后，一直穿的是庞积仓收的碎布片对整着做的小衣服。脚上穿的，是人家娃穿过的烂布鞋，鞋底磨透了，脚尖露出了大拇哥。这次一定要给刚出生的娃娃，缝两件新衣裤，省得来看月娃子的亲戚和邻家，背后笑话。

庞积仓是鸡叫头遍时出的门，太阳冒花花时，他已经翻过县西河沟，行走在与蒲城县毗邻的荒丘野岭中。沟壑中的梢林，在晨曦中笼罩着轻纱般的岚烟，偶尔传来几声莺啼鸟啭，好像和他打招呼。

庞积仓在白草岭插了斜，走着走着没了路，好像听到了娃娃的哭声。他听说狼瞅见了人，就把嘴埋在土里学娃娃哭，听着好像在远处，其实就在跟前。庞积仓心里发毛，吓出一头冷汗，身上起了一层鸡皮疙瘩。

庞积仓正要折身返回，又听到了哭声，这次声大些，听得很真。

他大声咳嗽了一嗓子，给自己壮了壮胆，双手端着扁担循声蹑手蹑脚走过去。走到一堆翠绿的柏朵旁，移开柏朵，露出一个干涸的水窖，娃娃的哭声，正是从窖里传上来的。

庞积仓急忙解下长腰带，撕作三绺连接起来，一头挽个圈，放到窖底，让娃娃套在胳肢窝里，把他吊了上来。是个小子娃，哭得鼻涕一把泪一把，一打问才得知，和自己的儿子黑子同岁，是劫匪藏在这里的票儿子。庞积仓来不及多想，背起票儿子慌里慌张拔腿就走，离开了这要命的鬼地方。

庞积仓从票儿子口中得知，他是柴凤文的独生子，叫柴崇林。柴凤文是蒲城县的大财东，庚子年大灾时支过舍饭锅，庞积仓夫妇那一年正是吃了他家的舍饭，才没有饿死在讨饭的路上。出于对柴凤文的感恩之情，庞积仓决意把这个小子娃送回家，亲手交给柴凤文。

柴镇在澄、蒲二县交界处，离澄城尧头镇不过二三十里。黄昏时，庞积仓领着柴家小子赶到了柴镇。

柴家不愧是蒲城巨富，城里有钱庄商铺，乡下有山林炭窠，日子富得流油。高大的门楼前，蹲着两个呲牙咧嘴的青石狮子，竖着一溜排列整齐的青石拴马桩，桩顶上镂刻着人物神兽，门楼墙体上，镶嵌着青石墨竹刻和啸虎鸣鹿。纳门大房雄踞在石砌的平台上，地基比左邻右舍高出一米有余。山墙耸立、青砖到顶、檐牙高啄、五脊六兽，庞积仓看花了眼。

登上石台阶，穿过长长的过道，迎面而来的是大房的山花墙，中间是小巧玲珑的砖雕土地神龛。一拐过山花墙，只见两排大房飞檐翘角，砖镂木雕的山水景物、人物故事，随处可见。庞积仓看得目瞪口呆，就像走进了神仙洞府。

庞积仓在柴崇林的引领下，曲里拐弯接连进了几道门，方才进入正院，见到了柴家庄园的老爷、太太。老爷柴凤文如同出土的木乃伊，又干又瘦；太太却身宽体胖，如同摘了个圆倭瓜蹾在黑瓷坛子上。老两口儿晚年得子，吃金巴银，儿子遗失后呼天抢地，只当成了绝户头，宝贝儿子失而复得，对庞积仓的感激之情难以言表。

娃娃亲

柴凤文拾掇了一桌酒席，在上房热情待承儿子的救命恩人。上房起架高、跨度大，红松木梁檩端直粗壮，整个房间宽绰豁亮。吃着喝着，柴凤文问道："不知积仓兄弟府上在何处？日月光景如何？内室还有些啥人？"

庞积仓几杯酒过喉，变成了红脸关公。他憨憨一笑，说："兄弟是草木之人，生来闷拙，福薄命浅。屋里的家当共总不够一公鸡驮的，你老哥伸一根指头比我的腰还壮。我原先住在澄城县西河，庚子年那场大饥荒，两个老人和两个碎儿子都饿死咧！我和老婆迁到呼家庄，又生了一个儿子，和你家小少爷同岁。老婆过几天又要生，熬煎没米下锅，今儿一早去尧头镇贩砂器，凑巧碰上你家小少爷。也是柴老爷平日积善行德，感动了神灵，小少爷才能逢凶化吉，保住了性命。"

两人越说越合辙。柴凤文要庞积仓给自己的儿子当干大，庞积仓爽快地应承了。

柴凤文又说，若庞家这次生了女子，就和柴家定成娃娃亲，庞积仓也满口应承下来。能跟蒲城有名的大财东结亲，对庞积仓来说，是打着灯笼也找不到的美事！

由于柴凤文百般挽留，再加上下了一场暴雨，人留天也留，庞积仓在柴家多住了一天。柴凤文发现，庞积仓虽家道贫寒，却不卑不亢、精明过人，而且面阔耳垂、熊腰虎背，从骨相和气质上看绝非平庸之辈。他提出把镇街上柴家的杂货铺子，送给庞积仓去经营，保他年终挣个钵满瓢溢，庞积仓没有接受。

庞积仓说："外财不发穷命人，那年要不是吃了你的舍饭，我两口子早成了路毙，连骨殖也让野狗、饿狼吃了。人常说没了给一口，强似有了给一斗，你的大恩大德我是报答不完的，哪里再敢收受你这么金贵的东西！"

柴凤文又说："我知道你不想离开澄城。要不这样，澄城县城里的曾举人家跟我家是世交，曾家在县城有好几个铺子，我去曾家说说，你去曾家铺子做事吧！"

庞积仓摇摇头，苦笑着说："我是苦命人，塞到蜜蜂尻子里也甜不了，就不给人家添麻烦了！"

庞积仓惦记着临产的女人，第三天一大早就要起身回家。

柴凤文让伙计侯昭赶着骡子去送他，骡子身上驮着黄米白面、半扇膘肥油厚的猪肉。驮笼中的捎马子里，还装了五十两雪白的纹银。

庞积仓回到家时，女人已经生了。

王麦香告诉男人，昨天晌午，她正在土窑里择苦苣和灰条菜，外面猛地下起了大雨，她赶紧走出窑门，去拾掇晒在鸡窝上的袼褙，脚底下"刺溜"一滑，跌倒在地，肚子疼得要命！她哭喊着让黑子去叫人，老康家屋里人赶来时，她已经从泥水里爬到了土窑里，娃就生在脚地上。

王麦香流着泪对男人说："大人十天半月碗里不见一颗米星星，顿顿喝得是稀汤寡水的野菜汤，月娃子咋能有奶吃？要不是老康家女人送来一碗黄米，碎女子只怕早就、早就饿死咧！"

王麦香说着说着，泪如雨下。

庞积仓提着捎马，"哗啦"往炕上一倒，只见一大堆银子滚落在炕席上。王麦香惊呆了："妈妈呀！哪来这么多银子？你发洋财咧？你发大洋财咧？"听完男人的学说，王麦香眉喜眼笑说："咱这碎女子，有福！刚到世上就带来恁多银子，咱这穷日子熬到头咧！"

王麦香说黑子他大，给碎女子起个名！

庞积仓想了想说："咱先头生了仨光葫芦，好不容易生了个缯辫辫的，希罕得很，就叫希罕吧！"

王麦香又说："黑子他大，赶紧在窑后头挖个坑坑，把银子埋了，小心贼盯上，要招祸哩！"

庞积仓说："银子埋在土里又长不出来，埋它做啥？我谋算好咧，咱再不缚笤帚咧，也不当扁担客咧，那挣不了几个钱，胡子上的米饭，填不饱肚子！我想用这些银子做本钱，开个糜子酒坊，挣好多好多钱，让你和咱俩娃天天吃油揣面，咥白蒸馍。再买上一院庄子，搬到槐园里住去……"

庞积仓两口子没想到，刚刚过了两天，柴家夫妇骑着高头大马、坐着木轮轿车，突然到了呼家庄。

柴凤文一进窑门，就对庞积仓说："积仓兄弟，我听我家伙计说，你家夫人喜得千金，我是特意来为孩子定亲的，快把娃抱过来让我们看看！"

庞积仓急忙抱过女儿，递给柴夫人。柴夫人揭开小被子一角，露出小希罕粉嘟嘟的圆脸，高兴地对丈夫说："你瞧这小脸蛋，长得多秀气，长大肯定是个美人儿！"

柴凤文看了看夫人怀里的月娃子，说："夫人说好，一定错不了！"说着转身对院子里的伙计喊道，"侯昭！还不赶紧搬进来！"

侯昭急忙把带来的聘礼，一件件摆在炕上。

王麦香早就瞅见，跟着柴夫人寸步不离的柴家小少爷，长得白白净净，除了鼻子有些塌，挑不出别的毛病，心中暗自欢喜。又看见炕上摆满绫罗绸缎，四季衣裳，金手镯、银项链，一时看花了眼，心中别提有多高兴！

庞积仓告诉柴凤文，他过去在城里的糜子酒坊干过两年，盘算着在自家住的土窑跟前，再挖一眼土窑，开一个酒坊，专做糜子酒。

柴凤文说："好主意！不能坐吃山空，要能让钱生钱、钱跑犊子，就吃不穷、穿不尽，日后准有好日子过！"

柴凤文又让侯昭去轿车里，取了三十两纹银，交给庞积仓说："这是定亲的彩礼。等会儿我走的时候，把侯昭骑的那头骡骡给你留下，开酒坊没有高脚牲口，不行哩……”

庞积仓突然兴了大运，成了呼家庄人田间炕头议论的重要话题。有赏羡的、有乌眼的，也有飘凉腔、说怪话的。在婆娘当中传说最多的怪话是：“王麦香生的这个女子，命太硬！还没足月，就跑到了世上，差一点要了她妈的命！到了日后，还不晓得要惹出多大祸哩!”

糜子酒

庞积仓当了几年扁担客，走州过县眼界大开。他从蒲城的柴凤文、澄城的雷盛云这些大财东身上，悟出了一个道理：要发家致富，就不能像老母鸡，只知道在地里刨食吃，要脚踩两只船，一面做庄稼，一面做生意，不能在一棵树上吊死!

生意行当多如牛毛，颠来倒去，他打定了开酒坊、做糜子酒的主意。要开酒坊，就得打窑洞、添家什、收糜子，庞积仓一个人哪能忙得过来。他让康拴劳挑头，又在槐园雇用了几个脾气对卯、可靠又能干的伙计，起火带炮开起酒坊来。

忙活了大半年，终于到了出酒的日子。

腊月二十三祭灶神这一天，庞积仓天没明就到了酒坊，花大价钱请来的酿酒师傅，比他起得更早。几个年轻力壮的伙计正光着膀子，黑水汗流地挥舞着大木锨，把大缸里发了酵的酒坯子，往大甑里装。一个满身满脸炭灰的伙计，蹲在炉坑内，把双杆大风箱拉得“呱嗒 、呱嗒”响。从灶巷里扑出来的火焰，照在众伙计汗渍渍的光膀子上，就像刚出锅的卤肉。

酒坯子上满后，两个伙计抬着铁皮尖顶圆盖，捂在大甑上。

天大亮时，大甑上热气腾腾，酿酒师傅吆喝着，叫伙计用楸木桶加过凉水，酒甑里的热蒸汽突然遇冷，立马变成了带有浓郁香气的糜子酒，汇成一股细流，从酒溜子里流了出来。

酿酒师傅把第一碗酒，双手端着递给庞积仓，说："掌柜的，尝尝刚出的新酒！"

庞积仓端着酒碗，抿了一小口。

酿酒师傅问咋样？

庞积仓咂巴着嘴说："嫽！嫽扎咧！"

酿酒师傅又问："跟城里酒坊出的酒比，咋样？"

庞积仓又喝了一口，说一点都不瓤！

庞积仓"咕咚咕咚"一口气喝了个碗底朝天，一转身"啪嚓"一声，把酒碗摔在门口的石头上。

康拴劳大喊："赶紧放炮！"

挂在门前树枝上的万字头鞭炮，"噼里啪啦"响成一片。

正午时分，庞积仓的酒坊酿出了第一缸糜子酒。扑鼻的酒香在槐园里弥漫，钻进了男人们的鼻腔中，熏醒了他们肚子里的酒虫，心里痒痒得难受。

男人们在家里坐不住了，快过年了，虽然腰里没钱，可瓮里有糜子。女人们不想扫男人的兴，丢手让男人用升子、瓦盆，揽了糜子，到庞积仓的酒坊去换半斤八两或是一斤二斤糜子酒，解解馋。

消息灵通的外村人也来凑热闹。不到半天，酒缸里的酒剩下不多了。

没换上酒的庄稼人，只管往跟前挤。庞积仓忙活了大半天，身上的夹袄被汗水溻透了。他把葫芦瓢往酒缸里一撂，"咣当"一声盖上缸盖，双手按住说："回去吧，等过了年再来！"

"缸里明明还有酒，为啥不换咧？"庄稼人"吱哩哇啦"乱叫唤。

"换完了，我喝啥呀？"

"你能喝完恁多酒你？"

"我先人穷，一辈子喝不起酒，等过年的时候，我用骡子驮两桶酒，到我先人坟上，用糜子酒把陵地齐齐泼上一遍!”

第二天清早，有人看见庞积仓真得赶着骡子，驮着两桶酒，嘴里哼着不着调的乱弹，往县西河方向去了。

在日后的三五年中，庞积仓用酒泼陵地的传言，在十里八乡传得有鼻子有眼，无人不知、无人不晓。人们说他每年过年时，都要用自家酒坊出的糜子酒，去把祖先的陵地泼上一遍。

这个传说，让庞积仓的糜子酒名气越来越大，生意越来越红火。

其实，庞积仓从来没有去祖先陵地，泼过一滴酒。他从头一年开始，每到快过年时，就用骡子驮着两桶酒，送到儿女亲家柴凤文家里。回来的时候，驮笼里总是装得满满的，都是柴凤文送的，他却对人说，是自己去城里办的年货。

那一年，庞积仓给柴亲家送糜子酒回来，对屋里人王麦香说：“柴亲家的儿子崇林，过了这个年要进书房念书。我咂摸着，咱家黑子过罢年也得去书房念书，等识了字回来好替我记账。”

麦香问：“呼家庄满槐园找不出一个识字探文的，你让黑子跟谁念书去?”

庞积仓说：“你娘家柏社村的蓝先生，家里开了私塾，让黑子去他那里念书，吃住托付给你兄弟长福。长福家道不好，咱也不能亏欠他，每年给他贴补些钱粮。他要是乐意，有空来给我拉个下手，比他种那点烂沟圈子地，强得多!”

过罢十五，王麦香带着刚满六岁的儿子，去了柏社娘家。因为担心儿子太小离不开妈，王麦香陪着儿子，在娘家住了十多天。

王长福的妻子叫余子英，模样周正，心地和善。虽然结婚时间短，余子英自己还没有生养，却让黑子晚上睡在她炕上，即使黑子尿湿了被褥，她也没有半句怨言。

王长福两口儿对黑子，就像亲生娃一样，黑子和舅父妗母，也热络起来。黑子催母亲说：“你回去吧，妈，我是学生，不会惹舅舅妗子生气的!”

小儿子很懂事，王麦香省了不少心，高高兴兴回呼家庄去了。

黑子去书房的头一天，蓝先生给他起了个官名，叫庞志柏。

庞志柏在柏社蓝先生开的私塾里，共总念了六年书。刚去的时候，他还是个因为解不开裤带、时常尿裤子的毛头小子，一转眼长成了十二岁的半大小子。

舅父妗母对志柏的好，满槐园没有人不晓得的。虽然王家家道贫寒，庞志柏的童年，依然充满了幸福和快乐的回忆。

咬道狗

庞志柏上私塾的最后一年，遭遇了一场飞来横祸，在他的心里留下了难以愈合的伤口，也对他日后的人生道路，产生了深远的影响。

事情是由一条咬道狗引起的。

关中东府乡下，有一种恶狗，专咬路上过往行人，时常咬得路断人稀。百姓把这种狗叫咬道狗，招了祸的人个个恨之入骨。

柏社村的娃娃去私塾念书，本来有一条近路，要经过一条背巷。背巷里住着一个老财东，叫王老五，家里养了一条咬道狗，见人就咬。村里的娃娃每次去书房，都要从村外绕个大圈子，多跑好多路。庞志柏恨死了这条狗!

王老五的姐夫田百臣，在县城曾举人家当管家，曾举人的儿子曾绍杰，任关中道尹，田百臣抱着曾家的粗腿，无人敢招惹他。庞志柏怕生出事来连累舅父，只得和别的娃们一道，忍气吞声绕道去私塾念书。

这一年，私塾又添了两个五六岁的小子娃，一个叫王春发，一个叫毛福海。王春发小名叫狸猫，是本村人，因为家里穷，母亲又断了一条胳膊，狸猫穿的衣服破破烂烂。毛福海跟庞志柏是姨表兄弟，家住毛家庄，离柏社村只有三里路，寄宿在柏社他姑家。毛福海虽然家里也很穷，母亲王麦花却十分能干，福海穿的衣服，都是母亲用大人的旧衣服改的，十分得体。

毛福海刚到柏社时上学误入背巷，被王老五家的狗咬伤了。庞志柏听说福海治伤，花了五块银圆，对王老五的小儿子蚰子说："你家的狗咬伤了毛福海，请郎中花了五块大洋，回去跟你大要五块大洋，拿来交给毛福海。你要是不把钱拿来，我非弄死你家的狗不可！"

后晌到了书房，庞志柏问蚰子："钱拿来没？"

蚰子说："我大说了，毛福海要是不走我家门口，我家的狗咋能咬上他？甭说咬了一点伤，咬死也不管！"

庞志柏说："你大歪得很么！福海明明走得是官道，啥时候走你家门口来？你们要是不讲理，别怪我不客气！"

放学回家的路上，庞志柏对狸猫说："你也让咬道狗咬过，你恨那狗不恨？"狸猫说："恨，恨不得剥它的皮、吃它的肉！"

庞志柏说："我想了个法子，能弄死它，不过得你帮忙。"

狸猫说："黑子哥，让我做啥你尽管说，只要能弄死咬道狗，叫我做啥都行！"

庞志柏说："你大炸狐子做了不少炸枣，你明天偷偷拿两个炸枣来，交给我，别的事你就甭管咧！"

狸猫忍不住嘿嘿笑了。他把流到嘴边的清鼻涕一吸，说："这办法嫽得太！我大年头里炸的那个狐子，嘴炸得稀巴烂。要是把咬道狗的嘴炸烂了，看它还咬人不！"

第二天清早，王老五正在屋里端着麻壶品酽茶，突然听到大门外面"嘭"地一声闷响，他家的狗"吱哩哇啦"怪叫着跑了回来。王老五急忙放下麻壶，搭着鞋走出窑门一看，整个狗头血糊糊的，尾巴夹在屁股缝里，一面疼得怪叫，一面像陀螺似的在院顾里转圈圈。

这条咬道狗，当天晚上就死了。

第二天清早，毛福海一到书房，就对庞志柏和狸猫说：“我姑父说，王老五家的狗，昨晚上晏驾咧！”

狸猫问：“啥叫晏驾？”

庞志柏说：“皇上死了才叫晏驾。”

狸猫说：“皇上又不是狗。”

庞志柏笑道：“皇上想杀谁就杀谁，比咬道狗还歪！”

半早晨时，王老五拿着在大门口拣的一枚炸枣，找到狸猫家门上。他训刮狸猫的大，吃了熊心豹子胆，竟敢在太岁头上动土，唆使儿子用炸枣炸死了他家的狗，非要狸猫的大赔他二十块大洋。

狸猫的大王有根五短身材，穿着套裤，脸面黑里透红。因为日子过得泼烦闹心，经常摔碟子拌碗，拿老婆娃娃出气。他一听说狸猫炸死了王老五家的狗，要赔二十块大洋，气得怪叫唤。

吃晌午饭时，王有根把狸猫绑在枣树上，用吆牛的短鞭子抽，每抽一鞭子，狸猫的身上就多一道鲜红的血痕。狸猫咬着牙，一句不吭。庞志柏闻讯跑来，一把夺过鞭子说：“炸枣是我让狸猫拿的，狗是我炸死的，不关狸猫的事，王老五要钱叫他找我要来！”

王老五没有找庞志柏。他私下找到王长福，吓唬他说：“乡里乡亲的我也不想把事闹大，我家的狗是你外甥炸死的，呼家庄你姐夫开着酒坊，有钱得很！你去跟他要二十块大洋，咱一河水就算开咧。他要是连这一点面子也不给我，咱到县署里见！”

王长福心想，王老五的姐夫田百臣，是关中道尹曾绍杰家的管家，若要打官司自家必输无疑，不如吃个哑巴亏一了百了。他找了个借口，从本家兑挪了二十块大洋，交给了王老五。

余子英埋怨道：“一条烂狗哪能值二十块大洋？又不是黑子的错，明明是想占欺头勒揹咱哩!”

王长福说:“忍一忍算了,这件事千万别让黑子知道,他知道了肯定搁不下!大姐夫的脾气你又不是不知道,事闹大了,非把黑子打个半死不可!”

过了几天,赔钱的事终于传到了庞志柏耳朵里。庞志柏瞒着舅父妗母,提着斧子去找王老五算账。蚰子听到风声,赶紧跑回家关了大门。庞志柏提着斧子,在大门前叫骂不绝,声言不退钱,就要砍门!平日受过王老五欺压的庄稼人,纷纷围聚在庞志柏身旁,吵吵嚷嚷,替庞志柏打抱不平。

王老五在门缝里看得仔细,他自知理亏,生怕犯了众恶,从门槛底下塞出来5块大洋,庞志柏依然不依不饶,叫骂不休。舅父闻声赶来,把庞志柏拉回家中,庞志柏觉得愧对舅父妗母,跪在地上号啕大哭。

王长福把庞志柏拉起来,说:“娃呀,王老五仗势欺人,咱斗不过他!”

庞志柏用衣袖拭了泪,倔强地说:“如今是民国了,谁要骑在老百姓头上拉屎拉尿,老百姓就要革他的命,把他打倒!”

王长福拢了拢齐肩长发,摇摇头,叹了口气,背着双手转身走了。

庞志柏后晌到了书房,把王老五退的五块大洋,交给了姨表弟毛福海。

庞志柏回到呼家庄后,把这件事私下告诉了母亲。母亲从自己积攒的私房钱中,取出二十块大洋,塞到儿子书包里,让他带回柏社还给娘家兄弟。

庞志柏6年的私塾学业就要结束了。庞积仓特意去了一趟县城,备了一份厚礼,让酒坊的两个伙计抬着食摞,跟自己一搭里去柏社谢先生、接儿子。

到了蓝先生家后,庞积仓让伙计把酒菜摆到八仙桌上,让黑子给蓝先生磕了头敬了酒。然后让黑子跟伙计到外面等着,自己一面陪蓝先生饮酒,一面叙谈。

蓝先生干巴利索,山羊胡子,花白头发,剪辫子后,也留了王长福那种披在脑后的短发。他待人随和,知道许多乡间人不知道的大事,受到乡民们的格外尊重。两人聊了一阵民国以来的新鲜事,庞积仓突然用筷子点着墙上的画轴，说：“画上这老汉，是蓝先生的老父亲吧？”

蓝先生“噗嗤”一笑，含在嘴里的酒菜喷了一地。

蓝先生笑道：“这是孔圣人的画像，你儿子这几年读得就是他的书。如今大清已亡，男子剪发、女子放足，许多地方都在兴办新学，孔圣人的书，背时咧！大清举人吴子言，在县南寺前镇办了一所竞化高小，与我等冬烘腐儒办的这种私塾，大相迥异。志柏若能去竞化高小就读，在学问上必有大长进！”

庞积仓连忙摆摆手说：“蓝先生，你说的那些三纲五常，我都解不下咯！不是我狗咬吕洞宾，不识好人心，我就黑子这么个儿，眼下兵荒马乱，还是让他跟我回家，安安分分过日子为好。他识的字不少咧，能帮我记账就行了。”

蓝先生放下筷子，把身子向椅背上一靠，说：“妇孺之见！正因为眼下时局动乱，民不聊生，国家才急需‘修身、齐家、治国、平天下’的人才。志柏少年有志，日后必成大器！我教书多年，不会看走眼的!”

庞积仓见蓝先生对自己的儿子赞不绝口，心里美滋滋的，很是得意。他随口答道：“那就依你，让他再去洋学堂上几年学，日后若能在县署谋个差事，你我脸上都光彩！”

女大当嫁

竞化高小是民国初年关中道里的一所有名的新式学堂。学校开设了多门新课程，传授现代新知识，还订了许多新的杂志报纸。庞志柏平时最爱看的，是《申报》和梁启超办的《新民丛报》，他如饥似渴地汲取着扑面而来的新知识。

由于受“强种救国”思想的影响，庞志柏和同窗好友耿秉烛一道，成立了健身会，每天坚持在双腿上捆着沙袋、铁瓦练长跑。

莘莘学子，青葱年少。他们如同久旱的禾苗逢甘霖，每天都在“咯咯叭叭”拔节生长……

时间就像县西河里的水，不知不觉间，在洗衣女人“叮叮咚咚”的棒槌声里流走了。

希罕十五岁时出脱成了大姑娘，个头和母亲一般高，脸盘像一轮满月儿，浑身上下充满青春活力。就是性子太野，不乐意学针黹女红，整天在外面疯跑，走起路来脚底生风！天生长得皮实，经常跟村里那些野小子一搭里厮混，爬到高高的树上捋榆钱、摘桑葚、掏鸟窝；下到河道里摸鱼、捉蟹、踩王八。打起架来一点也不怯场，性情哪像个女娃娃！

希罕又特别爱喝酒，时常往酒坊里钻，喊一声：“我渴咧！”操起葫芦瓢在酒缸里舀半瓢酒，“咕咚咕咚”噇上一气，把葫芦瓢往酒缸里一撂，转身跑了。

庞积仓埋怨麦香：“你也不管管你那野女子，希罕恁大的娃咧，没一点点规程！”

麦香说：“那还不都是你惯的！”

庞积仓不言语了。女儿学会喝酒，就是他这个当大的从小引逗的。他时常对槐园人说：“我家希罕从小跟着我，是在酒坊里长大的，不用人教她喝酒，熏也熏上酒瘾咧！”

这一年，柴崇林十八岁了。去年柴家就合好日头，托媒人送到呼家庄要给儿子完婚。因为希罕死活不乐意，麦香推托说：“希罕还小，才刚十四岁，过了年再说吧！”

希罕不乐意出嫁，是因为去年柴崇林来呼家庄拜年时，右手中指断了半截。据他说是跟人习武时误伤的。村里有从柴镇回来的人却说：“柴家少爷的断指，是和镇上一个小媳妇鬼混，被人家男人堵在屋里剁掉的！”

柴崇林是柴镇一霸，那男人也不是省油的灯，把奸夫淫妇光着身子，捆住手脚堵上嘴，变着法子折磨到半死。柴崇林被剁了半根手指，小媳妇也被挑了脚后跟一条懒筋。

第二天，柴崇林和小媳妇被人送到了医院，那小媳妇的男人却从此在柴镇消失了，有人说逃走了，有人说被柴家人谋害了。

有关柴崇林的丑闻不管是真是假，希罕反正铁了心不愿意嫁到柴家去了。她一想起柴崇林那张扁平的白脸，浑身都不自在。

十朵菊花九朵黄，十个闺女九像娘。

15岁的希罕，出脱得腰是腰，胯是胯，花朵似的俊脸蛋白里透红，一指甲能弹出水来。庞积仓背过人对麦香说："咱希罕娃越长越俊，跟你刚嫁到县西河时一样好看，把满槐园的大姑娘、小媳妇，都比下去咧！"

这一年一开春，柴家又托媒人送来日头。

媒人说："去年柴家少爷来呼家庄，见了希罕一面，回去就像中了邪，经常缠着他大，要和希罕完婚。男大当婚女大当嫁，如今俩娃，都到了谈婚论嫁的年龄，这事再不能拖咧！柴家老爷说，再拖下去他儿子非疯了不可！"

庞积仓见媒人把话说到这分上，私下劝麦香说："希罕迟早是柴家的人，这是木板上钉钉没有挪头的事。柴家要娶，就把希罕娃发落了吧！"

麦香只得忍气吞声，换了庚帖，把日头接了下来。

希罕结婚前两天，庞积仓打发妻弟王长福，骑着骡子去寺前镇把黑子接回来。

寺前镇这天逢集，镇街上挤满灰头土脸、破衣烂衫的庄稼人。王长福把骡子拴在一户熟人家院里，打算穿过镇街到竞化高小去找黑子。正在人流中朝前挤，人群突然向两边分开，王长福被挤倒在阳沟里，爬起来一看，一群学生手里抖动着彩色小纸旗，一边走一边高呼口号：

"取消二十一条！"

“外争国权！内惩国贼！”

“誓死力争，还我青岛！”

……

游行队伍里有一群女学生，排着队伍一边走一边唱歌：

又是苦兵灾，
又是苦荒灾，
我们该在哪里讨生活?
看来还是要革命，
我们大家一起来，
埋葬这个旧世界！
……

游行的学生队伍刚过去，王长福又在人群中朝前挤，挤到十字口戏楼前，怎么也挤不动了。他踮起脚一看，一个穿长袍、戴眼镜的中年男子，站在戏台子上讲话，台子下面有几个学生正在散发传单，里边就有黑子。

王长福挤过去，一把抓住黑子的胳膊，拉到僻静处说：

“黑子，希罕后天结婚，你大让我接你回去。”

“希罕说她不乐意这门婚事，咋又应承咧?”

“还不是你大逼的！村里从柴镇回来的人说，柴家少爷仗着他大有钱有势，在镇街上能踢能咬，横行霸道，不是个善茬！捆绑不成夫妻，生拉硬拽凑合到一搭，就把希罕娃害了！我给你大说过好几回，你大就是不开窍，听不进去咯！”

庞志柏说：“舅你先回，我今儿学校有事，明天照准赶回来……”

第二章

希罕逃婚

明天就是希罕结婚的日子。日头偏西时，庞志柏在耿秉烛陪同下，回到了呼家庄。这时他已在槐园当中，买了一院庄子，把家从西沟口的土窑里，搬到了槐园当中的砖窑里。

庞积仓非常看重女儿的婚事，早已请来木匠割箱子打柜子，准备好了丰厚的陪嫁。庞志柏一进家门，看到满院花不棱登、红红火火，庞积仓特意从县城请的勺勺客孙长顺，正在院子里临时搭建的席棚下，蒸、炸、煮、炒，几个贴厨的也忙得手脚不停。扑鼻的肉香在院顾里弥漫。

因为用胡墼临时盘的茶水炉子火不旺，庞积仓叫人正在捻弄炉子，王麦香在炕上倒饬女儿的嫁妆。

庞志柏跟父母打过招呼，转身到了妹妹住的窑里，他问妹妹："你真得答应嫁给柴崇林咧?"

希罕灰不塌塌说："还不是咱大逼的，我正等着你回来，拿主意哩!"

庞志柏悄声告诉妹妹："前几天，我们学校从蒲城柴镇转来一个学生，我跟他打听过，柴崇林那根断指就是他偷女人时，被人家男人用刀剁掉的。这小子不是东西，这婚绝不能结!"

"哥，你快想想办法，要不然、要不然我就不活咧!"

庞志柏说："不想结就不结，蛤蟆还能绑在鳖腿上！办法我早想好咧，我晚上去找十几个伙计，明天都拿着家伙，躲在村外的楸树园子里，等到柴崇林来了把他挡回去。他要是背着鼓寻槌，我就打折他的腿，让他爬着回去！"

"要是打出人命，咋办呀？"希罕替哥哥担心。

"打死了哥去抵命！"为了保护妹妹，庞志柏做了最坏的打算。

喝完汤，到了鸡上架时，庞志柏告诉父亲，他要和耿秉烛到沟口土窑里去睡觉，让父亲把大门关上。

庞志柏和耿秉烛走后，希罕心里乱糟糟的，她担心极了，害怕极了，只怕明天闹出人命来。她思量着，柴家有钱有势，明天来的人肯定不少，要是抢亲咋办？要是真打起来，不管柴家死人还是庞家死人，这事都绝难收场。

她宁可自己去死，也不愿意连累自己的亲哥！

想来想去，希罕心中突然冒出一个新主意：跑！明天柴家来娶亲时，自己离开了呼家庄，两家就打不起来了。

交过夜后，院子里月光朦胧。茶水炉子内的炭火露出一片红光，木锅盖上冒着一缕白汽。从县城请的勺勺客孙长顺封了火，被王长福领到酒坊睡觉去了。院子里静悄悄的，只能听到大铁锅里的开水，发出"吱吱"的声响，还有促织在墙根浅吟低唱。

因为劳累了好几天，庞积仓夫妇睡得正酣。

这边窑里，希罕一手端着高脚油灯，一手打开新割的桐木箱子，摸出母亲给她压在箱底的几锭银子，揣进怀里。又顺手在箱子里取了一把崭新的剪子，眼下恶狼成灾，要是碰上狼，拼死也要戳上它几剪子！

希罕踩着洒落在院子里的月光，蹑手蹑脚开了大门。一闪身消失在沉沉夜色中……

第二天一大早，庞家乱成了一锅粥。

王麦香听说女儿跑了，霎时天旋地转，浑身稀软，身子一歪“扑塌”一声，倒在地上犯了病。人们急忙把她扶到炕上，叫来大槐园的郎中给她禳治。庞积仓一下子乱了方寸，如同疯了似的又哭又嚷，扑前扑后，不知如何是好。

王长福指派几个来帮忙过事的相候，赶紧到各处寻找，打听希罕的下落。庞志柏也打发村里几个相好的发小，分头去亲戚家寻找，他和耿秉烛一道，去柏社舅家和毛家庄姨家去找。

临近端晌时，寻找希罕的人前脚跟后脚都回来了，连希罕的影子也没找着。庞志柏说：“克里马擦，先吃饭，吃完饭再去找！”

众人正在席棚底下吃饭，大门外忽然传来了“呜呜哇哇”的唢呐声。庞志柏把饭碗一撂，说：“你们先吃着，我去看看！”

这时接新媳妇的花轿车，“轰隆轰隆”进了槐园。柴崇林在庞家大门口下了马，他头戴黑礼帽，身穿蓝长袍，栗色马褂，披红挂花，觍着脸就要往进闯。

王长福拦住他说：“希罕真的跑咧，我这么大年纪，一了不会糟怪……”

话音未落，只见柴崇林胳膊一甩，王长福打了个趔趄，跌倒了。

柴崇林吼道：“跑咧？胡说！明明是想昧婚，把人藏起来咧！”说着手一挥，对身后几个随从喊道：“跟我进去搜，今儿找不着人，咱就住在这搭，不走咧！”

柴崇林领着人刚冲进大门，庞志柏怒目圆睁、双手叉腰，像一尊门神堵在门巷里。他大声斥责道：“哪来的这帮土匪！手之舞之想干啥？想打家劫舍吗？要不滚出去，别怪老子不客气！”

这时候，在席棚下坐着吃饭的几个小伙子，也撸起袖子，抡着槌头喊叫着冲过来，推推搡搡把柴崇林一干人，轰出了大门。

柴崇林退到大门口，依然揪着庞志柏的衣襟死活不丢手。

秉耿烛一把拽掉柴崇林胸前的红花，抹掉他头上的礼帽，顺手撂在粪坑里。

庞志柏一拳捅在柴崇林的面门上，柴崇林口鼻流血，一连倒退了几步跌倒在地，摸了一把脸，弄得满手满脸是血。

满村巷围观的男人、女人、大人、碎娃，哄笑着，喊叫着：

“见过箍盆箍瓮的，还没见过箍人的！”

“红萝卜敲磬，不是个好槌槌！”

“大白天抢亲，没王法咧！”

……

柴崇林一看犯了众恶，急忙从地上爬起来，捂着鼻子指着庞志柏，恶狠狠地说：“庞志柏，你敢打我，老子饶不了你！”

庞志柏冷笑道：“你再敢轻狂，老子揭了你的皮！”

因为呼家庄人多势众，柴家的人只能看着少爷挨打，站在一边干瞪眼。柴崇林丢了丑失了面子，才得知这里不是自己要横发踅的地方。他在随从搀扶下上了马，一闪眼没了踪影。

龟兹和轿夫一看柴少爷骑马跑了，急忙挟着响器，赶着花轿车，失急慌张追赶柴少爷去了……

财富·亲情

呼家庄的人都晓得，希罕是庞积仓的心尖尖、宝贝疙瘩。小时候揣在怀里怕压了，含在嘴里怕化了，顶在头上怕吓了。希罕的失踪对庞积仓来说，几乎是致命的一击。

人常说祸不单行，就在希罕离家出走半年后，王麦香因为思女心切哭瞎了双眼，病情加重离开了人世。直到临咽气时，她还在呼唤着：

“希罕，回啦！妈想我娃咧……”

“希罕，回啦！妈想死我娃咧……”

这时候的庞积仓，除了酒坊还经营着面坊、油坊、粉坊，添置了五十多亩水旱地，还有西河滩的十亩竽园。

入夏后，十亩芋园蹿到一丈多高，密匝匝的锈实了，连野鸡、欺鸠也飞不进去，就像深不见底的一潭碧水。一阵川道风吹过，十亩竽园前推后拥，“哗哗哗”的声响，在庞积仓听来和倾倒银圆的声响一样好听。多年来，酒坊、油坊、面坊、粉坊的生意，红红火火，十亩芋园也是铁杆庄稼，年年稳赚。每到入冬前，庞积仓打发妻弟王长福领着人，把河川里的竽子全割运回来，编成庄户人炕上铺的芦席、盖房子用的苇箔，运到县城集市上，准能卖上好价钱！

今非昔比的庞积仓，用工已近二十人，除了河南康家，还添了湖北刘家和山东卫家弟兄俩，农忙时还要用短工。昔日的扁担客仅仅十几年功夫，已经成为继雷盛云之后，富甲一方的土财东。

正当庞家的日子过得风生水起、越来越红火时，突然祸从天降，女儿跑了，老婆死了，庞积仓心灰了，魂丢了，从早到晚神情恍惚，说起话来前言不搭后语。

庞积仓把家事完全推给妻弟王长福打理，撂开手啥也不管了。一整天像虫子一样蜷在炕头，或像一只老猫缩在院顾一角，闭着双眼晒着太阳，任凭自己的魂灵在躯壳外四处徘徊。

夜深人静时，庞积仓时常一个人趿拉着鞋悄悄出了门，就像游魂野鬼，苦愁着脸，在先他而去的糟糠妻子坟前一直坐到天亮。

有一天早上，庞积仓耷拉着脑袋离开坟地，慢慢地往回蹭着，迎面碰上了乡财东呼子贤。呼子贤满脸幸灾乐祸，笑着问：“积仓老弟，县城晚上有戏，你看去不?”

庞积仓好像没听见，没搭腔。

呼子贤可着嗓子，大声喊道：“我问你话哩，你聋咧?”

庞积仓一脸麻木，说：“我满肚子装得都是戏，还去看啥戏哩!”

呼子贤离去后，庞积仓方才回过神来，明白受了奚落。他冲着呼子贤的背影唾了一口，心中骂道：“你别烧包，你儿子顶门是个败家子，你那点家当，迟早会叫顶门踢沓光! 打墙的板上下翻，日后谁笑话谁，还指不定哩!”

一闪眼大半年过去了，庞积仓依然茶麻咕咚，打不起精神，懒得过问家事。麦香入土后，儿子跟他大吵大闹了一场，把妹妹出逃、母亲去世的怨恨，都发泄在父亲身上。烧过头七纸后，儿子去了学校，此后再没回来。

庞积仓的心情，一点也不比儿子轻省。当财源滚滚而来的时候，所有的亲人却离他而去，他像在荒野中迷了路的夜行人，一下子找不到了前行的方向。多少年来劳心费力累积财富，为了啥? 不就是为了留给子嗣后人吗? 如今女儿没了，老婆没了，连儿子也不认他这个大了。一个本来浑全的家，只半年工夫就弄得七零八落、家破人亡。

庞积仓的心里瞀乱得很，他后悔到了脚后跟，后悔自己鬼迷心窍、逼女儿出嫁。泥人还有个土性子，女儿大了，心里有主意了，当初要是随了女儿，哪能落到这步田地!

避过庞积仓，王长福唉声叹气地对康拴牢说：“自打希罕跑了，我大姐殁了，我大姐夫就像丢了魂。作坊的伙计牛拽驴不拽，你说咋整呀?”

康拴牢说：“我有个法子，能治你大姐夫的病。”

王长福问：“啥法子? 快说!”

康拴牢神神道道说：“掌柜的那是想你大姐，想出来的病，给他找个填房女人，兴许能把他的魂收回来!”

腊月月初，在王长福的撮合下，庞积仓把县南一个新寡的女人，娶回了家。这个女人叫韩冬雁，心慈面善，从头到脚刷板得干净利落。

把韩冬雁迎娶回来那天晚上，庞积仓把这个女人裹在身子底下，亢奋得喊出了声："我要儿子！我要女子！你给我生！生一炕儿子！生一炕女子……"

腊月二十八那天，庞积仓依旧赶着骡子驮着两桶糜子酒，去了一趟蒲城柴镇。因为做不成儿女亲家，庞积仓对柴凤文在感恩之外，又增添了一份愧疚。做人不能没有良心，要是没有柴凤文的承携和扶帮，庞积仓只怕直到如今还是个扁担客。

到柴家后，庞积仓怀着忐忑不安的心情，从捎马里取出三十两白银，放在八仙桌上，小小心心对正在抽水烟的柴凤文说："咱做不成亲家，还是好兄弟。这三十两银子是你当初给娃定亲时，送的聘礼，我得退还给你。"

柴凤文嗔怪道："你这不是瓤我哩吗？过去的事提它做啥？这点小小不言的事情，你千万甭往心里搁！崇林成家快半年咧，娶得是县城福瑞祥商号的千金，他丈人在县署给他找了个跑腿的差事，还给小两口儿买了个四合院。这银子你还拿回去，希罕做不成我的儿媳妇，就做我的干女儿，等她出嫁时，这点碎银子给我干女儿添点嫁妆。日后有啥难场只管言喘一声，咱老弟兄俩千万甭见外！"

庞积仓涕泗横流。他哽咽着说："还不知道这一辈子，再能不能见上这歪女子……"

父子反目

庞积仓续娶韩冬雁时，曾打发妻弟王长福骑着骡子，去竞化高小接过志柏。妹妹的失踪和母亲的突然离世，让庞志柏悲痛欲绝，至今还没有缓过劲来。他流着眼泪对舅父说："我大的钱都穿在肋子上，他舍不得花钱给我妈看病，才要了我妈的命！"

王长福说："医生治得了病治不了命。你妈的命苦，病来得急，县城的医生叫来时，人已经不行咧！"

庞志柏和父亲打气憋，没有回去。

庞积仓发恨说："不想回来，就永世再甭回来，我权当没这个儿！"

仲夏时节，庞志柏突然回到家中。一进大门，就瞅见一个陌生女人正在前院洗衣裳，水窖旁的几株扫帚菜，已经由翠绿色变成了紫红色，长了一人多高。歪脖子杏树下，父亲睡在躺椅上打呼噜。

陌生女人猫着腰，拧着刚洗好的衣服，没看见刚进门的庞志柏。

这女人身上穿着阴丹士林偏襟布衫，毛蓝裤子，腰里系着印花布遮裙，黑亮厚实的头发，在脑后挽成了一个好看的发髻。她抖抖拧干的衣服，胳膊一扬搭在火绳上，转过身时瞅见了庞志柏，猛地愣住了。

庞志柏叫了一声大，庞积仓没有应。

韩冬雁醒过神来，喜眉笑眼问道："你是黑子吧，你大睡着咧！你先进屋里歇着，我这就给你拾掇饭去！"说着转身到厨房里去了。

韩冬雁刚走，庞积仓睁开了眼。

庞积仓用蒲扇拍打着腆起的肚皮，问："学校里完咧？这次回来不用再去了吧？"

庞志柏说："大，我考上了省立二中，在家只住两天，就去西安报名。"

庞积仓瞪着牛眼，冲着儿子吼道："考上咱也不上！家里这么一大摊事，要不是你舅帮忙快把我挣死咧！你回来跟你舅历练几年，把家事管上，我也该过几天消停日子了！"

庞志柏说："大，我要到省城去上中学，外面的世事大着哩！我想到外面去闯一闯。"

庞积仓突然挺直身子，吊着脸说："我正要问你，这些年你在洋学堂学了些啥？天天出操，舞刀弄棒，到底是行伍，还是学堂？还时常叫上一伙娃，就像狗连蛋窜来窜去，宣传啥狗屁革命，你们是不是要造反呀?听老子的话，趁早收了心，回来踏踏实实给我过日子！要不然你就走吧，走了就别再回来，我也落个眼不见、心不烦！"

庞志柏一听父亲说出了绝情话，眼泪在眼眶里直打转。他说："大，没我妈咧，你就多嫌我咧！你眼里只认得钱，连自己的儿子、女子都不认咧！"

庞积仓被儿子的话，气得火冒三丈。他用蒲扇指点着儿子，吼叫着："你滚！我怎么养了你这个忤逆不孝的东西。你翅膀硬咧，跑回来教训老子来咧，滚！滚得越远越好，我至死也不想再见你！"

庞志柏哽咽着，转身跑了。他听见继母韩冬雁在身后呼唤着他的小名，他没有回头，撒腿跑出了门，跑出了村。

通往坟地的牛车道上，盛开着一片片红、白、蓝、紫相间的打碗花，木拉蔓和粘粘草把它们长长的枝枝蔓蔓，铺展在路面上。庞志柏被这些枝枝蔓蔓绊倒了，爬起来又接着跑。他记不得栽倒了几次，裤子被酸枣刺挂烂了，葛针扎进了肉里，磕膝盖被瓷瓦片子割破了，殷红的鲜血洒落在碧绿的草叶上。身上的衣服被黄褐色的泥土、绿草的汁液，染得一塌糊涂。

庞志柏一口气跑到母亲坟上，趴在坟头上号啕大哭。他哭得忘记了时辰，哭得昏天黑地，哭得百鸟噤声，夕阳西沉。

太阳落山后，庞志柏在母亲的坟头前，磕了三个头，说："妈，我走咧！我记着你临咽气时给我丢的话，一定要把妹子找到。今后你儿不管走到哪里，也不会忘记你的大恩大德……"

庞志柏一步三回头，哭泣着离开了母亲的坟地，在一片血色的暮霭中向柏社走去。

庞志柏赶到柏社时，天已经黑了好一阵子了，余子英看见庞志柏裤腿烂了几片子，还有几处伤口在往外渗血，心疼地说：“妈呀，你这是咋弄的？成了这样！”急忙取出一个小纸包，捏出些药面揞在伤口上。

舅父听说他为上中学的事，和父亲翻了脸，不由得又想起了死去的大姐，抱住外甥哭作一堆……

为了供大姐留下的这个儿子上中学，王长福把槽头上拴的马牵到集上卖了。

入冬时，舅父生怕庞志柏在学校受冻，让余子英给庞志柏缝了一床厚墩墩的被褥。他又把自己冬天铺的毛烘烘的狗皮褥子，搜腾出来，让庞志柏去西安读书时带上……

恩师谢靖夫

庞志柏在省立二中的班主任，叫谢靖夫，已人到中年。因为没有右手，用左手写字，书法别具一格，好生了得！此外还擅长国画、金石、收藏，国学造诣极深。

谢靖夫并不是躲在象牙塔中的学究。他在北大当教授时，参加过五四运动，被镇压学生运动的军警用马刀砍掉了右手，回到西安治疗、养伤，痊愈后被聘为省立二中国文教员。他极具爱国之心，时常在课堂上，讲述他同北洋军阀政府斗争的经历，在莘莘学子中激起了高昂的爱国热情。

庞志柏和同宿舍的同学冯学迁、张汉云三人，时常一起议论五四运动和国内外大事，决心为拯救积贫积弱的祖国母亲，献出自己的一腔热血。

这一年夏天放暑假后，庞志柏和冯学迁、张汉云商定，利用这个假期，到渭北几个县去徒步旅行。动身前一天，他们来到芙蓉街谢靖夫老师家中，同班同学秦至庵，正在给谢老师搪炉子。

谢靖夫说："至庵是我们家的常客，就住在北城墙根，药王洞 2 号，离这里不远。他看我手不方便，家中除了你们师娘，只有一个小女儿，每个礼拜天都来帮我干些粗重的杂活。"

这四个学生，都是谢靖夫的得意门生。他们不仅学业成绩骄人，更让谢靖夫看重的是，他们都有一颗拳拳的爱国之心，在学校组织的各项政治活动中，堪称中坚力量。

四个学生又各有特点。

冯学迁熟读《史记》，特别崇拜家乡历史文化名人司马迁，自称司马迁的后裔。那天庞志柏问他，为啥不姓司马而姓冯？他说："司马迁入狱后，同族的人怕受株连，把司马两个字拆开，司字左边加一竖，一半人姓同；马字左边加两点，另一半人姓冯。"

秦至庵受其父悬壶济世的影响，对医学颇有兴趣，师生说他能顶半个郎中。

张汉云祖居晋北，对发生在那里的杨家将的故事，耳熟能详，一本《杨家将演义》，被翻成了牛肉包子。

庞志柏勤奋好学，涉猎群书，文笔犀利，写得一手好文章，常有匡俗济世之论。

谢靖夫取出自己创作的书画，还有不少金石雕刻作品，让四个学生欣赏。又从地窖里取出十几件古瓷器，以及汉唐文物，让他们一饱眼福。因为生怕招贼，这些老古董他从来秘不示人。

师娘池雨荷是个性格爽朗、笑容可掬的知识女性，原先也在省立二中任教，为了照顾女儿，调到了离家很近的关帝庙小学教书。池雨荷在外面买了一些熟食和下酒菜，从柜子里取出一瓶西凤酒，盛情招待丈夫的四个得意门生。

师生五人边吃边聊，聊着聊着，聊到了陕西靖国军总司令于百寻，和总指挥胡立僧，聊到了于百寻歌颂俄国革命的长诗《红场歌》。冯学迁说："我听人说于百寻是晚清遗老，又是国民党人，他宣扬俄国革命，只是附庸风雅而已！"

谢靖夫气愤地说："一派胡言！于百寻确为清光绪年间的举人，因为写诗讽刺封建帝制，受到清政府通缉，后来加入了光复会和同盟会，追随孙中山先生参加了辛亥革命。他在上海创办了多所大学、多种报刊，宣传共产阶级革命主张，现在担任陕西靖国军总司令，是我们秦人中的先知先觉者。陕西能出这样杰出的人物，我们感到骄傲和光荣！你们以后听到有损于百寻先生声誉的言论，一定要痛加驳斥，决不可人云亦云！"

谢靖夫问几个学生："你们假期有何打算？"

庞志柏说："谢老师，我们谋算好了，放假以后到渭北几个县去徒步旅行，一边搞社会调查，一边联络回乡度假的旅外学生，了解全国革命态势。"

谢靖夫说："这个主意好！渭北诸县是陕西靖国军活动的区域，靖国军总司令于百寻、总指挥胡立僧，以及下属的许多高级将领，受新文化、新思潮影响很深。你们这次去旅行，运气好了说不定还能碰上于百寻总司令！"

秦至庵兴致勃勃地说："我也跟你们一搭里去！"

这时，谢靖夫的小女儿春桃，拉着爸爸的衣襟说："爸爸，爸爸，我也要跟大哥哥一搭里去！"众人都笑了起来。

池雨荷抚摸着爱女毛茸茸的头发，说："大哥哥们不是坐车去，是走着去，要走很远很远的路。小春桃赶紧长，等长得跟大哥哥一样高，爸爸妈妈和你一搭里去！"

学生们告别谢靖夫夫妇时，谢靖夫说："我要不是给人家赶几幅画，真想跟你们一块去。我知道你们手头紧，也别太难为自己，我给你们带些钱，所有的花销盘缠我都包了！"

结识于百寻

庞志柏一行四人，第二天一早踏上了旅程。

渭北平原一马平川，土地肥沃，夹在陕北高原和陕南山地之间，号称陕西的白菜心。自从靖国军入驻关中后，弊绝风清，匪盗匿迹，百姓安居乐业。老天爷开眼，这一年夏麦收成不错，秋庄稼也齐整得很，如同浇了油，齐刷刷向上疯长。

省立二中的四名学生，二十多天跑了好几个县，倏忽间到了八月下旬。一日午后，清空澄澈，一碧如洗，庞志柏一行到了富平县。他们听说于百寻和胡立僧住在富平中学，不顾旅途的困乏，也不顾肚子饿得咕咕叫，当即赶往富平中学。

这天夜里，于百寻在富平中学小楼上，接见了庞志柏一行四名学生。于百寻身宽体壮，天庭饱满，地阁方圆，目若朗星，长须飘飘，在庞志柏眼中，他和乡间的父老乡亲一样可敬可亲。

于百寻听说省立二中这四个学生，是在暑期旅行中，慕名跑来见他的，饶有兴致地问："你们这次暑期旅行，目的是什么，能告诉我吗?"

冯学迁说："目的有两个，一是和渭北各县的旅外回乡学生，建立联系，了解全国的革命态势；二是了解民众的生存现状和诉求，向他们宣传新思想。"

于百寻捋着胡须，点点头说："好！唤起民众至关要紧，光靠学生运动成不了大气候。"

庞志柏说："我们这次旅行还有一个目的，就是锻炼脚力。"说着拉起一条裤腿，露出小腿上鼓起来的肌肉疙瘩，说：“于司令，你看我的腿肚子多结实！我自上竞化高小开始，经常腿上绑着铁瓦、沙袋跑步，从来没有停止过锻炼脚力。我觉得革命不能坐而论道，而要身体力行，没有好脚力肯定干不成革命！”

于百寻拍拍庞志柏的肩膀，笑着说：“说得好！小伙子。不过依我看来，比脚力更要紧的是意志，比意志更要紧的是方向。我相信，你们将来都能成为对国家、对百姓有用的俊杰英才！”

接着，于百寻向四个学生讲起了列宁，讲起了俄国十月革命，讲起了自己对国家、民族命运的思考。他捋着胡须语重心长地说：“我跟随孙文先生加入同盟会，参加了他领导的辛亥革命，是国民党人，但我深知这场革命、这个政党自身的弊端。我一直希望中国能出现一个新的、充满朝气和生命力的政党，现在，我的这个愿望终于实现了！”

于百寻清清嗓子，提高了声音说：“我告诉你们一个消息，一个石破天惊的好消息，是今天下午从上海来的一位朋友，亲口告诉我的。他说中国如今也有了俄国列宁建立的那种政党，叫中国共产党，是刚刚在上海成立的！”

于百寻透露的这个消息，使省立二中的四名学生，兴奋异常。

临分手时，于百寻取出四本石印的小册子，送给他们每人一本，书名叫《列宁主义》。他说：“这本书是我和胡立僧总指挥合写的，是我们两人对列宁主义的一些肤浅的认识，希望对你们了解俄国革命，能有所帮助。”

于百寻的教诲，给庞志柏留下了终生难忘的记忆。他后来时常回忆说：“我早先对革命理论的认识，来自一位国民党人，他叫于百寻，他在 1949 年被蒋介石挟持去台湾前，我们一直保持着联系。他是我一生中最崇敬的睿智长者，他影响了我的一生。”

转眼之间，庞志柏在省立二中的三年学业，结束了。

礼拜天的中午，冯学迁、庞志柏和秦至庵，应约来到恩师谢靖夫家中。谢先生正在画油画，画布正中央，是一盆盛开的茉莉花，白色的花朵疏密有致，好像能闻见淡淡的幽香。

谢靖夫放下画笔，招呼三个学生入座后，问他们张汉云怎么没来？冯学迁说：“张汉云昨天领了毕业证，就离开了学校，随父母亲回山西老家去了。他家在西安开的杂货铺子破了产，上不起大学了。”

谢靖夫沉默了一阵，问：“中学毕业了，你们都打算报考什么大学？”

冯学迁和秦至庵都想考北大。那是他们的恩师谢靖夫曾经读书、任教过的全国知名学府，是五四运动的策源地。庞志柏因为不想再连累舅父，打算报考公费的南通医专。

谢靖夫说：“我建议你们都报考沪申大学，沪申大学成立不久，还没有多少人知道。你们猜，沪申大学的校长是谁？就是前年你们在富平县曾经见过的于百寻！那里有我们中华民族最优秀、最杰出的一批知识精英，你们如果能去沪申大学读书，思想必定会有一个大飞跃，将来才有指望成功大事业！”

冯学迁和秦至庵，都表示要报考沪申大学。

谢靖夫看到庞志柏作难的样子，没有言语，把他一个人留了下来。

谢靖夫对庞志柏说：“你们三个家里的情况，我都清楚。冯学迁和秦至庵，一家在山西有生意，一家在西安开诊所，都不愁上大学的费用。唯独你，虽然父亲很有钱，却不认你这个儿！我早想好啦，你别再难为你舅，你上大学的钱，我出！”

庞志柏连忙说：“不不，谢老师，我不能连累你！”

谢靖夫说：“连累啥呀！不就是少逛几回莲池公园，多搞几幅字画吗？一日为师，终生为父，不要辜负了我的厚望，等学成后干出一番事业来！”

庞志柏被沪申大学录取后，回澄城舅父家住了几天。他没有把去沪申大学的事告诉舅父妗母，谎称考上了公费的南通医专。

临去上海时，庞志柏去芙蓉街向恩师和师娘告别。池雨荷取出一套新做的咖啡色西装、一双锃亮的新皮鞋，让庞志柏换上。庞志柏说：“我身上穿的衣裤鞋袜，都是我妗子这几天黑地白日、紧赶慢赶给我做的，新新的，刚上身，不用换！”

池雨荷笑道：“一身老土布、老样式，哪里像学生，像地地道道的庄稼户！到了沪申大学，还不把人家笑死！”

谢靖夫说：“这是你师娘特意为你预备的，快穿上！看合适不？”

庞志柏只得换了身上的衣服和鞋袜。

池雨荷说：“怪合适的！人配衣裳马配鞍，你瞅瞅，衣服和鞋这么一换，小伙子多精神！多帅气！”

庞志柏告别了恩师和师娘，背着行囊朝药王洞秦至庵家走去……

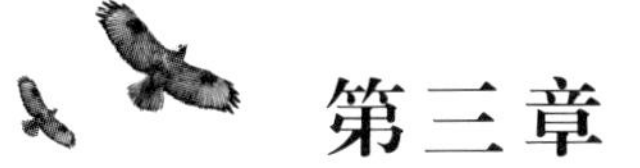

第三章

弄堂大学

临近开学的时候，秦至庵得了重感冒架搁了几天，直到开学一周后，庞志柏一行才赶到了上海。

沪申大学在江湾。给他们拉行李的平板车车夫，是个热心肠，见面熟。他说沪申大学原先叫华南高师，前年开学后校长携款逃往日本，学生代表邀请于百寻担任校长，重建学校，于百寻改成了沪申大学，才刚把校址，由青岛路迁到这里。因为地方偏僻，设备简陋，人们都叫它弄堂大学。

这一天是礼拜天，本地学生回了家，外地来的学生大都上了街，校园里静悄悄的。有一些学生在树荫下看书，有一些学生在洗衣服。

庞志柏一行三人报名后，有人领着他们去认宿舍，宿舍里有两个架子床，分上下铺。领他们的人说："跟你们一起住的还有一个学生，是上海人，礼拜六回家去了，天黑时就来了。"

果然，天麻麻黑时，一个既壮实又机灵的男生背着书包，走了进来。他说："你们是陕西来的吧？欢迎欢迎！我叫陈轲，家在浦东东盛日纱厂，父亲是纱厂工人，母亲在孙公馆当佣工。家里穷，是伯父供我上的大学。以后你们有什么事要我帮忙，尽管说，礼拜天想去哪里玩，我带你们去！"

陈轲把学校的简单情况，向新来的三位同学作了介绍。临了说："沪大的陕籍学生，有好几十个呢！连于百寻校长也是你们陕西人，听说过吧？”

庞志柏笑道：“岂止是听说过，我们还跟于百寻先生有过交往哩！”

听陈轲说，于百寻先生的窗户上亮起了灯光，三个陕西籍学生决定，立即去拜访于百寻。

于百寻的门紧闭着，窗户却敞开着。从窗户上看进去，有人在一面走动，一面大声说话，不时响起爽朗的笑声。冯学迁说：“于校长正在跟人谈话，别打扰他，明天瞅个机会再来！”

冯学迁话音未落，屋内传出一个雄浑的声音：“谁在外面？是找我吗？找我就进来吧！”

三人正不知所措，门开了。一片金黄色的灯光从门洞里扑出来，跌落在门前墁着青砖的走廊上。一个戴着眼镜、文质彬彬的男子，把庞志柏三人，招呼进屋子。

在藤椅上坐着的于百寻突然站起来，瞅着陕西来的三个青年学生，笑道：“我刚才听见外边有人说陕西话，只当是谁呢，原来是你们仨！我还以为你们不来了呢，怎么现在才来呀？”

冯学迁刚说了迟到的原因，那个戴眼镜的男子说：“于校长，您和您的同乡弟子好好聊聊，我先走了。”

于百寻急忙说：“先别急着走，头一次见面，认识一下吧！”他指着戴眼镜的男子，对三个陕籍学生说：“这位先生叫鱼光，主管学生品质教育和教学工作，你们日后少不了打交道。”

鱼光分别和三名陕籍学生握了手，离开了。

于百寻招呼三位新生入座后，捋着胡须，操着浓重的关中乡音说：“沪申大学是国共两党携力合作、共同创办的一所培养干部的学校。据我这几年观察，共产党乃中国新崛起的、一个充满朝气的政党，在这个新兴的政党中，有许多有志青年，他们有主张能奋斗，我对他们寄予厚望。我虽为一校之长，办学主要靠友党各位青年才俊。和全国其他大学相比，沪大设备简陋、条件很差，但是，这里汇集了一批全国最优秀的师资力量和热血青年。我希望你们不要虚度青春年华，认真学习新知识、新思想，将来能成为民族复兴的栋梁之材……”

于百寻先生的肺腑之言，深深打动了来自故土的三个青年学子。

庞志柏在西安上中学时，写得一手好文章。进入沪申大学后不到半年，在社会系的油印刊物《沪大评论》上，发表了七八篇针砭时弊的评论，其中两篇在《申报》副刊上登了出来。

鱼光很赏识庞志柏的文风。在他提议下，庞志柏担任了《沪大评论》的责任编辑。

沪大文学系也有一种油印刊物，叫《沪大文学》，责任编辑叫丁吻月。丁吻月是文学系的才女，常有精短散文和诗作，见诸上海一些大型报刊。

有一天晚上，冯学迁和秦至庵去看电影，宿舍里只剩下庞志柏和陈轲。庞志柏正在看新出的一期《沪大文学》，他对陈轲说：“丁吻月这首诗写得不错！题目叫《啊！黄浦江》，我给你念念：

啊！黄浦江，
你像母亲的血在奔涌，
你像母亲的泪在流淌。
列强的战舰，
撕裂你的胸膛；
军阀的獠牙，
啃啮你的肝肠。
啊！黄浦江，
复仇的潮在高涨，
抗争的雷在炸响。
如万匹醒狮，

一起奔向东方；
看冲天的巨浪，
要将旧世界埋葬。
……

庞志柏问陈轲："你觉得咋样，写得不错吧？"

陈轲说："我不懂诗。但我知道，这首诗是她从内心深处喷发出来的，这和她的人生经历密切相关。"

庞志柏迷惑不解："丁吻月的父亲，不是东盛日纱厂的经理吗？她是在糖水罐头里泡大的，能有啥人生经历？"

陈轲说："你只知道子丑寅卯，不晓得辰巳午未。丁吻月本姓孙，上大学时改为她生母丁霞的姓。丁霞不是吻月的生父孙传玺的正房，是小妾，生下了吻月后改嫁他人。这女人命苦，听说后来疯了，掉到黄浦江中淹死了，连尸体也没找到。我母亲一直在孙公馆做工，和丁霞同病相怜，有关丁霞的事情，我都是从父母亲平时的只言片语中听来的。"

"丁吻月知道她母亲的遭遇吗？"

"知道，是我母亲前年偷偷告诉她的。"

丁吻月的这首诗，在庞志柏的心中产生了强烈共鸣。他奋笔疾书，为丁吻月的诗《啊！黄浦江》，写了一篇激情洋溢的评论，题目是《怒吼吧！黄浦江》，刊登在《沪大评论》上。

在鱼光主持下，《沪大评论》和《沪大文学》不久合并为一个刊物，刊名就叫《黄浦江》，正式成为沪申大学的校刊。为了提高刊物质量，鱼光从美术系给他们找了一名美工，拨了一笔经费，购买了一台手摇印刷机，校刊的面貌焕然一新。

丁吻月杏面蛾眉，冰清玉洁，身材修长，体态轻盈，秀发披肩，身上集中了东方女性所有的优点。在庞志柏眼中，这就是他心目中的东方美神！

丁吻月穿着时下的知识女性最流行的、白色的偏襟短布衫，刚刚遮住膝盖的黑色裙子，长长的丝质白袜，黑色偏带扣布鞋。上衣至腰间缩进去，束出纤细的腰肢，显出婀娜的身姿。黑色的裙裾下露出一双修长的小腿，整个人站在那里，宛若优雅的仙鹤。

当丁吻月头一次站在庞志柏面前时，庞志柏脸红了，心跳加快了。他心里嘀咕："造物主真了不得，世上竟然有这样漂亮的女孩子！"因为心慌意乱，丁吻月说了句什么话，庞志柏竟然没听见，急忙躲开了丁吻月热辣辣的目光。

背后传来丁吻月"咯咯"的笑声。

庞志柏摸了一把发烫的脸颊，心里责怪自己："你这是咋啦？"

枫叶桥药铺

一转眼又到了年终岁尾。庞志柏把自己收集的上百本进步书刊，邮给了澄城中学几个熟悉的师生。

庞志柏又给舅父妗母和恩师谢靖夫，分别写了信。他告诉舅父妗母，自己在学校一切都好，希望舅父妗母不要为自己操心。他在给恩师谢靖夫的信中，讲述了他在沪大的学习、生活情况，说明上学年的费用还有些节余，两个月内仍可维持，让谢老师不要急着寄钱来。

十多天后，谢靖夫把新学年的费用寄到了沪申大学。还在信中叮嘱庞志柏，不必过度节俭，如果损坏了身体，一切努力都将付之东流。

经过近半年的接触，庞志柏对丁吻月的身世，有了更多了解。丁吻月告诉他，在孙公馆里她最亲近的人，是陈轲的母亲陈妈。正是在陈妈口中，她才得知自己还有个干妈叫吴根娣，曾经是她的奶妈。干妈夫妇原先都在东盛日纱厂做工，后来丈夫腿残了，两口子才离开了日纱厂，在枫叶桥开了一家药铺。前几年丁吻月时常由浦东坐轮渡过来，去枫叶桥药铺看望干妈；到沪大后，几乎每个礼拜天，都是在干妈家度过的。

校刊《黄浦江》编辑室，设在竹林旁的平房里，紧挨着学校图书馆，平时除了完成学业和编辑校刊，庞志柏把所有的时间都泡在图书馆里。图书馆的管理员老耿，是个和善的小老头，平时吃住都在图书馆里，对庞志柏的勤奋好学十分赞赏。图书馆对庞志柏来说，不分节假日，每天 24 小时随时开放。

大年初一这一天，老耿头把钥匙交给庞志柏，回家过年去了。校园里静悄悄的，庞志柏看了一清早书，吃早饭时在铁炉子上烤了两个馍，夹着咸菜一边吃，一边又看起书来。

突然，编辑室的门“咚”的一声被撞开了，进来的是穿着红色棉袍，脸颊冻得通红的丁吻月！

丁吻月把手里提的保温饭盒，放在桌子上，扑闪着一对会说话的大眼睛，莞尔一笑时，露出一口洁白的牙齿。她说：“我就知道你又在啃干馍就咸菜，再这样瞎凑合，你的胃会吃坏的！”

丁吻月打开保温饭盒，把热气腾腾的水饺塞到庞志柏手中。她说：“快吃吧，吃完了跟我到我干妈家去，我干爸让你陪他喝酒哩！”

庞志柏推托说：“我不会喝酒，真的不会。”丁吻月说：“不会喝就不喝，大过年的去吃顿饭吧！我干爸干妈等着你呢！”

庞志柏本不想去，丁吻月却不依不饶：“你不去我就不走。”软缠硬磨了好一阵子，庞志柏看见她的鼻翼歙动着，小巧玲珑的鼻尖上急出了一层细汗，清亮的眼睛中汪出了一层泪水，才很不情愿地跟着她出了门。

丁吻月见庞志柏答应了，脸面笑成了一朵花，心里就像灌了蜂蜜，一路莺歌小唱，和庞志柏厮跟着从后门出了校园。

走在路上，庞志柏突然心生疑窦。他问丁吻月：“大过年的，你怎么待在干妈家里，不回孙公馆去过年？”

丁吻月叹了口气，说：“哎，别提了，我那个爸，太没骨气了！见了他的日本主子猪濑壮树，比亲爹还亲！那个家，我实在不想回去了。”

丁吻月把她昨天在家里遇到的糟心事，告诉了庞志柏。她说她昨天中午回家时，父亲正在和猪濑壮树在客厅里喝酒，她母亲也在场。猪濑壮树喝多了酒，两眼红得冒血。他盯着丁吻月说：“半年没见吻月小姐，长得越来越漂亮了！真是秀色可餐哪！我家犬子要是能娶上吻月小姐为妻，太有福气了！”

猪濑壮树一提起他的儿子，丁吻月的气便不打一处来。她早就听说，干爸的腿，就是猪濑壮树的儿子，开车压断的。更让丁吻月生气的是，她父亲竟然赔着笑脸，对猪濑壮树说：“我女儿能嫁给贵公子，是我们孙家八辈子积的福！”

丁吻月正在气头上，她爸让她给猪濑壮树敬酒。猪濑壮树没有接丁吻月的酒，却摸着她的手说：“吻月小姐的手真好，真是纤纤素手，纤纤素手……”丁吻月如同吞了苍蝇似的，恶心得直想吐。她的手一躲，把满满一杯酒全泼在猪濑壮树的脸上……

趁着酒桌上的人大呼小叫、手忙脚乱时，丁吻月跑出了孙公馆，到了枫叶桥药铺，扑进干妈怀中号啕大哭……

庞志柏在丁吻月引领下，过了枫叶桥，走到药铺门前。药铺门敞开着，吴根娣闻声从卧室走出来。站在庞志柏面前的，是个五十岁出头的善良女人，头发已经花白，脸上布满枯皱纹，面相比实际年龄显老一些。

庞志柏按丁吻月的称呼，叫了一声干妈，跪下就要磕头。他说：“干妈，我给你拜年啦！”吴根娣急忙拉起庞志柏，说：“你是文化人，还兴这老套套？男人膝下有黄金，我老婆子可担当不起！”

庞志柏说：“干妈，你和干爸对吻月真好，我替吻月谢谢你们！”

吴根娣说：“我生的两个娃都没成人，多亏有了吻月，她也是我奶头上吊大的，和我的娃一样！”

吴根娣说吻月的干爸上街去了，她让吻月陪着庞志柏去客厅说话，自己转身进了厨房。丁吻月把庞志柏引进客厅，自我解嘲说：“让你见笑了，阿拉上海人就住这种阁子楼！”

丁吻月去沏茶时，庞志柏打量着这套房子的内部结构。临街两间一间是药铺，一间是客厅。药铺后面是干妈夫妇的卧室，客厅后面是厨房，中间有条窄窄的过道，通向后院。客厅里有木楼梯通到阁子楼上。

丁吻月沏好茶，说：“我住在上面，上去帮我挪挪书柜，等会儿下来茶就泡好了，好吗？”上面是丁吻月的闺房，庞志柏不好意思上去，丁吻月已经上了楼梯，他只得跟在后边往上走。

阁子楼上有两间房子，房子顶头有楼梯可下到后院。两间房子只开了一个门，一进门是书房，除了两个书柜，还有写字台和沙发茶几。隔墙一侧有个小门，和丁吻月的卧室相通。

挪好书柜后，庞志柏从窗口看了看后院的情景，后院是片小菜地，院墙上有一扇铁门，上着锁。从墙头看出去，不远处便是浊浪翻涌的苏州河。

两人正在指指点点说着话，忽然听到阁子楼下有一个男人喊道：“老婆子，你看谁来啦！我在回来的路上碰上小巴，他给咱拜年来啦！”

庞志柏问丁吻月：“小巴是谁？”

丁吻月说：“巴福来，晨光大学的学生，他家住在火车站旁边，家里是开旅馆的。”

庞志柏又问：“你们是亲戚？”

丁吻月说：“是我干妈去年托人给我介绍的男朋友。”

庞志柏一愣：“你、你有男朋友啦？”

丁吻月绷着脸说：“有啦。怎么，我不能有男朋友吗？”

庞志柏觉察到了自己的失态：“当然能！我是说你找的男朋友，你爸你妈同意吗？”

丁吻月说："我的事我做主，干吗要他们同意？"

这时候，楼下又传来吴根娣的喊声："吻月，赶紧下来，你干爸回来啦！"

丁吻月和庞志柏沿着木楼梯，一前一后从阁子楼上走下来。

站在客厅里的男青年，穿着雪花呢大衣，戴着学生帽，围着灰色长围巾，浓眉大眼相貌出众，双手提着两个包装鲜艳夺目的礼品盒。男青年愣在那里，一直不错眼地盯着庞志柏，脸上的惊愕，似乎看到从九霄云外下来的外星人。

丁吻月的干爸蔡宝，是个干瘦的小老头，右腿残疾，腋下支撑着拐杖。他冲着庞志柏笑着点点头，打了声招呼："来啦！"又对吻月说："还不赶紧、赶紧把小巴拿的东西接住，愣着干啥？"

巴福来醒过神来，说："不用不用，咱是自己人，客气啥客气！"说着，把礼品盒放在桌子上。

庞志柏急忙走过去，把干爸蔡宝扶到椅子上坐下。他说："干爸，你的腿不方便，快坐下歇歇！"

蔡宝坐下后说："我这条腿呀，是日本大老板的儿子那年弄坏的，那小子不会开车，爬到大货车驾驶室里胡捣鼓。我在大货车后面干活，大货车'扑通'一声倒后来，亏得我躲得快，废了一条腿，差点连命也没了！"

干妈在一旁插嘴说："大过年的，就别说那些糟心事了！"

吃饭的时候，巴福来先是吹嘘了一番，说晨光大学的校舍如何如何漂亮，教授如何如何高明。接着话题一转，对庞志柏说："你的大名我早就知道，吻月对我说，沪大有个大才子叫庞志柏，手握生花妙笔，写的文章好生了得！不过依我看，像你这样难得的人才，放在那个窝里窝囊的弄堂大学，成不了大气候！你要是愿意，我帮你转到我们晨光大学，你意下如何？"

庞志柏一听，巴福来用晨光大学显摆自己，心里很反感。因为是头一次见面，庞志柏本来不想多说什么，没想到巴福来越说越得意，于是他不热不凉地说：“谢谢你的好意！在我看来，我们的弄堂大学是全国乃至全世界最好的大学，能在这所弄堂大学里读书，我感到特别光荣和骄傲！”

巴福来被庞志柏的话，呛得哑口无言颜面尽失。

男主人蔡宝看见两位客人话不投机，端起酒杯说：“大过年的，今天只喝酒，不说别的。来，干杯！”因为庞志柏说他不会喝酒，蔡宝给他倒了一杯酒，让他慢慢喝，转身和巴福来对饮起来。

丁吻月兴致勃勃，只顾和庞志柏交谈，话题总是离不开他们办的校刊，巴福来一句也插不上嘴，心中就憋了气。他只顾低着头喝闷酒。

天黑的时候，庞志柏离开了枫叶桥药铺。干爸干妈看见吻月和庞志柏，志趣相投，相谈甚欢，对庞志柏颇有好感。吴根娣把庞志柏送出门，说：“得空过来坐坐，你离家远，有啥难处就跟吻月说。”

庞志柏连声称谢。

丁吻月一直把庞志柏送到桥头，眼看着他一步步过了桥，消失在河对岸的霓虹闪烁和人影憧憧之中……

丁吻月一转身，正碰上从药铺里出来的巴福来。巴福来双眼红得就像兔子眼，舌根生硬，含糊不清地问丁吻月：“你刚才和那小子在、在阁楼上，干什么呢？”

“我叫他帮我挪挪书柜。你想哪儿去啦？神经病！”

“你要是敢、敢跟他鬼混在一起，我就杀了他，你信、信不信？”

丁吻月推了他一把，说：“快走吧，不能喝就别喝，逞什么能？不知道丢人现眼！”

巴福来两条腿辫着蒜，趔趔趄趄走了。

让庞志柏没想到的是，过罢年开学的时候，巴福来竟然由晨光大学转到了沪申大学。庞志柏私下问丁吻月：“巴福来瞧不起沪申大学，为啥要转到沪大来？”

丁吻月说：“这你还看不出来！他怕你把我抢走，专门来监视我。鼠肚鸡肠，心眼比针鼻还小……”

丁吻月的话，很快就证实了。一天中午，庞志柏和丁吻月两人正在编辑室校对校刊清样，突然后面玻璃窗户上有个人影，一闪眼消失了。庞志柏急忙打开窗户，只见竹影晃动并不见人影。

丁吻月说："别瞅了，我看见了。是他，小人!"

囚禁浦东

这一年夏天，沪申大学又一批进步学生加入了共青团。

入团仪式在图书馆旁边的小树林里举行，由鱼光主持，这次总共接收了二十多个新团员，其中有冯学迁、庞志柏、秦至庵、陈轲和丁吻月。

鱼光在入团仪式上讲了话。他向新团员介绍了自己在苏俄学习、考察时的所见所闻，给大家留下深刻印象。

在谈到国共合作时，鱼光说："沪大不是世外桃源，跟社会上一样，也是鱼龙混杂泥沙俱下，虽然绝大部分学生是好的，但也有少数学生思想右倾。在我们学校，不久前有人偷偷贴出一张《清党宣言》，公然叫嚣什么要把共产党人，从国民党队伍中清洗出去。现已查明，这份《清党宣言》，是由晨大转来的学生巴福来从外面带进沪大，贴在墙上的。同学们，我们要提高警惕，把右派学生的挑衅坚决顶回去!"

鱼光的讲话，赢得了新团员的热烈掌声。

众人离去后，鱼光把冯学迁、庞志柏、秦至庵、陈轲、丁吻月五人留下来，他说："明天是礼拜天，是东盛日纱厂工人夜校成立后上的头一课。党支部研究决定，让丁吻月和陈轲跟你们三个一起去，他们俩从小在东盛日纱厂里长大，人很熟，有利于动员更多工人来夜校上课!"

第二天早上太阳出来时，庞志柏一行五人赶到了黄浦江码头。

晨雾已经散尽，浩瀚的江面上游弋着英、美、日、法等国的大型船舰。这些船舰的鸣笛在庞志柏听来，如同在乡间时常听到的牛哞声。江风拂在他们年轻的面颊上，人人心潮起伏，又都默默无语。

丁吻月站在渡船边，江风吹散了她的秀发，她盯着江面上的船舰，对身边的庞志柏说："人为刀俎，我为鱼肉，这种内忧外患的日子，何时是个尽头?"

江风摆弄着庞志柏的衣襟，他说："我泱泱中华，何能久居人下，自甘凌辱！总有一天，我们要把这些跑来撒野的畜生们，全撵出去!"

经过动员，晚上参加夜校学习的工人，把俱乐部内外挤得满满的。

就在庞志柏给夜校工人讲课时，一个戴着鸭舌帽和墨镜、穿着风衣的男子，从后门挤了进来。他听了一阵庞志柏的讲课，又从人群中挤了出去。

这名男子来到厂区附近的孙公馆，在豪华的客厅内，见到了东盛日纱厂的经理孙传玺。

孙传玺因为生活优渥又白又胖，高高腆起的水牛肚皮，使他的坐立行走都很吃力，稍有劳动便上气不接下气。他里面穿着洁白的西装，外面套着黑色燕尾服，短胳膊短腿，走起路来迈着碎步，一摇一摆，摇摇摆摆。有一次，孙传玺的日本主子猪濑壮树，冲着他嚯嚯一笑，说："你真像一只企鹅!"孙传玺走到穿衣镜前，扭着身子说："像！真像!"

孙传玺瞅了一眼站在面前的陌生男子，问："你说你知道我女儿的事，什么事说吧!"

巴福来进门时，已摘掉了墨镜，他不敢在孙传玺面前摆谱，孙传玺不仅是东盛日纱厂的经理，也是他的准岳父。孙传玺只有一个女儿，若能成为孙公馆的乘龙快婿，孙家这万贯家私就会落入他姓巴的囊中。

巴福来脸上堆满了笑，冲着孙传玺点头哈腰说："我叫巴福来，是吻月的男朋友，去年吻月的干妈托人介绍我俩认识的。”

孙传玺骂了一句粗话：“扯蛋！什么狗屁干妈，吻月是我的女儿，不是她的！给我连个招呼也不打，就想把我女儿卖了，没门！”

巴福来如同被扇了一记耳光，脸红成了猴屁子，他眼珠的溜溜一转，心里又有了主意。要战胜庞志柏把丁吻月弄到手，就得让这个准岳父从情感上先接纳自己。

巴福来向前凑了凑，舔摸着说：“孙经理，你是吻月的生身父亲，你要是不同意，谁也不能把吻月抢走对吧？我今晚上来，其实有重要事情相告，你的宝贝女儿受共产党诱惑，已经加入了共青团。她在沪大不好好读书，和共党分子庞志柏时常一起鬼混，在沪大名声臭得很！今天她和庞志柏领着沪大三个学生，到东盛厂召集了上百名工人，正在夜校煽动工人闹事，用罢工强迫你给工人增加工资……”

孙传玺拍了一下沙发扶手，打断巴福来的话，怒气冲冲地说：“这不是要造反吗？不行，我得找些人把他们轰出去！”

孙传玺刚把手放在电话上，巴福来按住他的手说：“孙经理，先别急着打电话！你现在让人去赶他们，就会和上百名工人发生冲突，这正是他们求之不得的结果！”

孙传玺一想也是，把手从电话上移开了：“那你说怎么办？”

巴福来胁肩一笑，一脸媚态：“有一个两全其美的办法，你给警察局长打个电话，让他派警车在街口等着，等这几个学生离开厂区，走到街口时把他们抓起来，不就脱掉干系了？”

“你这叫吃了灯草放轻巧屁！警察局长不是我的孙子，他会听我的？”

“没有不吃腥的猫，只要你舍得花钱，警察局长比孙子还听话。”

孙传玺想了想，说：“不行，我女儿怎么办？不能让他们把我女儿一起抓走！”

巴福来说：“这好办，你让他们只抓男的别抓女的，安顿人到时候把你女儿带回来。她要是不离开沪大，一辈子就毁啦！”

巴福来刚刚走出孙公馆，迎面碰上了丁吻月。因为路灯昏暗，巴福来戴着墨镜，丁吻月没有认出巴福来。巴福来心中有鬼，匆匆忙忙离开了。

工人夜校上课结束后，丁吻月没有和庞志柏他们一道返回沪大，为了向父亲讨要生活费，她连夜回到了孙公馆。前院是用人住的几间房子，给丁吻月开门的是陈妈。陈妈悄声告诉吻月："刚才出去那个人，你认识他不？他叫巴什么来，我听见他给你爸说，你在沪大跟一个共党分子鬼混在一起，还说你们在夜校挑唆工人闹事，要让警察抓你们，你可得小心，别让警察抓去了！"

丁吻月走进客厅时，孙传玺正从楼梯上走下来。丁吻月叫了一声爸，问："你还没有睡？"孙传玺说："这么晚了，你跑回来干啥？"吻月说："我的生活费没了。"孙传玺说："吻月，你从小到大跟爸要钱，每一次我都多给你，生怕委屈了我的千金小姐。爸这些年把你惯坏了！我给你钱，是供你去读书的，不是让你和共党分子鬼混在一起，还领着那个姓庞的共党分子，到东盛纱厂来造我的反！"

丁吻月的脸一下子气白了。她说："是巴福来给你告的状吧？他在沪大滋事生非，破坏国共合作，在社会上和那些流氓地痞鬼混，他说的话，你也信？"

孙传玺说："不管怎么说，你必须和那个姓庞的共党分子断绝来往，你要是不听话，沪大你就别去了！"

巴福来走后，孙传玺一直站在二楼卧室窗户前，焦躁不安地等着女儿被用人带回来。吻月进门后和陈妈在前院交谈了一阵子，他看得一清二楚。第二天一早，丁吻月返回沪大后，孙传玺就把陈妈辞退了。

头天晚上，庞志柏等人被关进了浦东警察局。抓捕他们的理由，是夜不归宿，图谋不轨，怀疑和最近发生的几起抢劫案有关。

丁吻月一回到沪申大学，就把昨天晚上发生在东盛日纱厂的事，向鱼光作了汇报。于百寻听说这件事后，立即把电话打到浦东警察局，到了中午，被抓的几个学生返回了沪申大学。

第二天早上，沪大的公告栏里，贴出一张新告示：巴福来被开除了学籍。

金笔·怀表

秋天，是成熟的季节，也是收获的季节，在这美好的季节里，庞志柏和丁吻月坠入了爱河。这对相互倾慕已久的青年男女，终于向对方敞开了自己的心扉。

这天中午两人编完校刊，一起步入图书馆一侧的竹林，在一座亭子里坐下来，四围的翠竹青葱可爱，时而传来悦耳的鸟啼声。庞志柏穿着师娘池雨荷做的咖啡色西装，丁吻月依然穿着白色偏襟短布衫，过膝长的黑色裙子，白丝袜，偏带扣黑布鞋，齐耳短发，青春靓丽。

他们头一次相依相偎，头一次接了吻。

丁吻月对自己的初吻，终生难忘。那从未体验过的、欲醉欲仙的感觉，让丁吻月沉迷其中，也不知过了多长时间，悦耳的鸟鸣，把丁吻月从沉迷中唤醒了。她脸颊发烫，自言自语："这是真的吗？"

庞志柏问："你说啥？"

丁吻月红着脸，神秘地一笑说："我不告诉你……"

巴福来陷入了精神的泥淖中，难以自拔。

自打被沪大除名后，巴福来去了一趟晨光大学，希望回到晨大，继续完成学业，没想到在教务室碰上了于百寻。原来晨光大学，也是于百寻参与创办的，巴福来回到晨大的希望又泡了汤。

此后，巴福来一直窝在他家的小旅馆里，因为无所事事，百无聊赖，只能以抽烟、喝酒打发日子，从早到晚醉醺醺的，总是眯着双眼，老像没有睡醒的样子，头发也懒得理，乱蓬蓬的像鸡毛掸子。

巴福来的父亲死得早，母亲一直在火车站开小旅馆维持生计。多亏小叔子巴长生，在车站警务室当头儿，时常照顾他们孤儿寡母，小日子还算顺当。

有一天，巴福来在母亲的催促下，揉着惺忪的睡眼，去火车站警务室找三爸巴长生，他哭丧着脸，让三爸给他在警务室谋个差事。巴长生经不住侄子再三央求，只得把巴福来安排在警务室，让他去开那辆破吉普车。头几个月巴福来还算规矩，时间一长，和几个多次进过局子的痞子拉上了关系，经常出没酒店、妓院、赌场，又添了几样恶习。

身上有屎狗不离。一个礼拜天，巴福来和几个狐朋狗友在外滩上踅摸，一眼瞅见丁吻月和庞志柏，手挽着手站在江边喁喁私语。巴福来牙根咬得“咯咯”响，他恨声道：“庞志柏！你夺走了我心爱的女人，我绝不与你善罢甘休!”

庞志柏和丁吻月没有看见巴福来，他俩沉浸在自己的交谈中。

丁吻月盯着浑浊的江水，说：“最近我老做着一个梦，梦境就在这个地方。”

庞志柏问：“你在梦里看见啥了?”

吻月说：“我梦见天下着大雨，有一个年轻女子，她疯了，身上什么也没穿，她呼喊着还我的女儿！她、她跌跌撞撞，突然掉进了黄浦江中，江水咆哮着，吞没了她最后一声呼叫……”

庞志柏说：“你说的这个年轻女子，就是你的母亲丁霞!”

丁吻月问：“你咋知道的?”

庞志柏说：“是陈轲告诉我的……”

巴福来领着几个痞子，开着车到了一个背巷巷口停住了车。从这条巷口进去，一直可以走到沪大的后门。大一、大二的师生平时上街，都不愿意绕远路出正门，出后门穿过这条百米长的小巷子，就到了繁华的大街上。

巴福来说：“等那两个狗男女一会儿下了电车，你们就往巷子里走。

到巷子中间找地方猫着，把那个男的狠狠给我揍上一顿!”

“揍死了怎么办?”

“可别揍死，揍个半死不活就行了。”

“那女的好办，哥儿们几个尝尝鲜，凑手开个洋荤。”

“屁话！那女的迟早是我的人，不许你们动她一指头!”

“那、那你也不能、不能让弟兄们白干，不是?”

“干完了事，我带你们去萼春楼。”

几个痞子高兴得嗷嗷叫……

说来也巧，这几个痞子躲在暗中，正要对庞志柏下手时，突然从沪大后门过来几个人，听到呼叫声，急忙打着手电筒奔跑过来。

一个痞子情急之中，在庞志柏头上拍了一砖，转身和同伙跑出背巷，跟巴福来一起乘车逃走了。

这几个沪大学生，正是与庞志柏同宿舍的冯学迁、秦至庵和陈轲。他们原来打算去看电影，发现庞志柏受伤后，急忙把他背着送往附近一家医院。

庞志柏在送往医院途中苏醒过来。到医院后头上缝了十多针，第二天一早被用担架抬回沪大，躺在学校医务室静养。

丁吻月守在病床前，寸步不离陪着他。

庞志柏挨黑砖后，鱼光召集几个党团员骨干专门开了一次会。大家都认为，肯定是和庞志柏有过节、后来被学校除了名的巴福来，暗中唆使人干的!

冯学迁说：“我和陈轲去火车站警务室问过了。警务室说，巴福来那天出去执行任务，根本没有作案时间，和他一起出警的人可以证明。”

鱼光说：“巴福来的叔父，是车站警务室头头，肯定问不出个子丑寅卯来。”庆幸的是，庞志柏的伤并不重，医生说休息一段时间就好了，不会留下后遗症。于是，没有再就这件事深究下去。

一转眼又到了年终，沪大的学生正在准备期末考试。庞志柏的伤口已经痊愈，这一天下午，他正独自在小树林里看书，突然有人在背后用手蒙住了他的眼睛。

那是一双光滑柔软的、女孩子的手，庞志柏说："别闹了吻月，我落了这么多功课，急死了！"

丁吻月"咯咯"笑着，在他身边坐下来。她问庞志柏："你毕业后，回陕西还是留上海？"

庞志柏反问道："我要是回陕西，你跟我去吗？"

"去！你去哪儿，我就跟你去哪儿，哪怕是天涯海角！"

庞志柏笑道："我要留在上海。"

丁吻月说："金窝银窝不如自家的狗窝。人家都说你们老陕守家，你却要留在上海，为什么？"

庞志柏说："人生无处不青山，革命者以四海为家，我要当一个职业革命者！在上海，一场革命的狂风暴雨即将来临，这个时候我怎么能离开上海？"

丁吻月把头伏在庞志柏胸前，她听到了庞志柏的心跳，声音是那么铿锵有力！丁吻月觉得自己的心脏，也和他的心脏一起跳动。她流泪了，秀发在庞志柏宽阔厚实的胸脯上，轻轻地蹭着……

此时天色已晚，红日西坠，瓦蓝的天空映衬着几缕蜜色的薄云，如同随风飘落的丝绸。就在这如诗如画的傍晚，这对坠入爱河的青年男女，互赠了定情的信物。

丁吻月把带着自己体温的一块精美的怀表，送给了庞志柏，她打开表壳，里面有她的彩色肖像。她说："这是我十六岁生日时，住在法国的姑姑送我的生日礼物，给你吧！"

庞志柏送给丁吻月的，是一支康克令金笔，是他去年在永安有限公司买的。按照大上海约定俗成的习惯，康克令金笔是男女青年首选的定情信物。永安公司推销金笔的小姐长得特别标致，人们都叫她康克令小姐。

丁吻月发现，笔身上刻着三个字母：pzb。这是庞志柏三个字拼音的缩写。她笑着问庞志柏：

"这支笔是为我买的吗？我记得是咱们一起办沪大校刊时，你买的，你是不是对我蓄谋已久了？"

庞志柏笑道："那时候咱俩刚认识，我就是有这个贼心，也没这个贼胆。不过，永安公司推销金笔的那个康克令小姐，长得太像你了！她对我说，你有女朋友吗？买支金笔送给你的女朋友吧！我就买了。"

丁吻月在庞志柏身上拧了一把，笑道："贼不打三年自招了吧！"

庞志柏说："我送你的东西，没有你送我的值钱。"

丁吻月笑道："在我心中，它是最值钱的！"

搁浅的初恋

一转眼到了深秋季节，天气一天比一天冷了。丁吻月已经好些日子没有回过家了，这个礼拜天她决定回一趟浦东，把过冬的衣服取来，顺便再跟家里要点生活费。

她下了渡轮，踏上了浦东江岸，一眼瞅见了东盛日纱厂那破破烂烂的棚户区，又想起了被孙公馆赶出来的陈妈。这个消息是陈轲告诉了庞志柏，庞志柏告诉她的。陈妈在孙公馆做工近三十年了，为了保护吻月，说了几句实情话，就被孙传玺赶出了孙公馆，失去了工作，这也太绝情了！

丁吻月打定了主意，在回家之前先去看看陈妈，给她说几句宽心话。陈妈没有想到丁吻月能来看她，激动得不知说什么好，急忙把吻月拉到屋内叙话。说起丁吻月的生母丁霞的悲惨遭遇，陈妈泪如雨下，和丁吻月抱在一起哭作一团。

在陈妈的一再挽留下，丁吻月在陈家吃了午饭后，才起身告辞，离开了陈家。

在回家的路上，丁吻月神情恍惚，欲哭无泪，浑身一点力气也没有了，索性坐在路边一块大石头上，瞅着不远处滚滚奔流的黄浦江发呆。今天陈妈告诉她的一切，使她和孙传玺二十多年的父女亲情，轰然崩塌。为了顾及孙家的面子，也生怕伤害了年幼的吻月，陈妈把这些事一直隐瞒了二十多年。眼看着这个禽兽不如的父亲，要用他的“父爱”毁掉吻月一生的幸福，陈妈再也忍不住了。

陈妈流着泪告诉吻月，她的生母丁霞出身贫苦，是个孤儿，十六岁那年到孙公馆当用人。她并不是孙传玺的小妾，因为长得出色，孙传玺心生邪念，趁家中无人时强奸了她。眼看着丁霞的肚子一天天大了，为了遮丑，孙家对外宣称已纳丁霞为妾。孙传玺的老婆是个面善心恶的女人，自己不会生养，丁霞生下吻月后，逼着孙传玺把丁霞嫁给了开赌场的任苟。任苟一喝醉酒就暴打丁霞，丁霞跑过几次，都被任苟找了回来。后来任苟就把丁霞锁在一间屋子里，一年四季不许她出门，也不许她穿衣服。丁霞因为思念女儿，还要承受任苟非人的折磨，后来疯了。有一天夜里下着大雨，任苟又喝醉了，在丁霞屋子里出来时忘了锁门。丁霞浑身上下一丝不挂，从屋里跑出来，掉到黄浦江中淹死了……

这天傍晚，丁吻月一回到孙公馆，便和孙传玺大吵大闹了一场，夜里躺在床上，不知流了多少眼泪。天亮的时候，她打定了主意，永远离开孙公馆，去和干爸干妈一起生活。

丁吻月收拾好东西准备出门时，才发现门从外面锁上了。任凭她哭干了眼泪，喊哑了嗓子，也没有人理会她。整个孙公馆如同一座坟墓，一片死寂。

因为孙传玺防范极严，丁吻月找不到任何逃离的机会。无计可施时，她决定用绝食逼孙传玺就范。

丁吻月一连三天粒米未沾牙，孙传玺终于向女儿屈服了，他答应了女儿的要求，不再干涉她和庞志柏的婚事。孙传玺打发人通知庞志柏，立即到孙公馆里来，由他当面把这件事情说清楚。

孙传玺写了一封信，派人赶紧送往沪申大学，当面交给了庞志柏。信是这样写的：

庞志柏先生：

爱女吻月自回家至今已逾三日，粒米未进，命悬一丝，孙某忧心如焚，决意满足你二人心愿。接信后速来寒舍一叙。

伫候玉音 顺颂台绥

孙传玺草草

庞志柏接到孙传玺的来信后心急火燎，他一刻也没停留，带着信向鱼光作了汇报。

鱼光让庞志柏和同宿舍三人马上动身，去浦东解救丁吻月。他说："孙传玺虽然同意了女儿的婚事，很可能还要节外生枝。必要时你们就把于校长这个如来佛祖抬出来，我谅他也不敢用鸡蛋碰石头。"

两个多小时后，庞志柏一行四人赶到孙公馆大门口。守门人说："孙经理说了，只能让庞志柏一个人进去，别的人都在门口等着！"

孙传玺显然已经等不及了，他急得抓耳挠腮，在屋内踅来踅去。他一见庞志柏，就把自己的打算和盘托出："我只有这么一个女儿，我不能让她离开我！我同意把她嫁给你，但你得答应我马上离开学校，到东盛日纱厂来给我当助手。等几年我就把这个厂子，交给你和吻月打理，你不会不同意吧？"

孙传玺死死地盯着庞志柏。

庞志柏几乎连想也没想便脱口而出："我绝不会到日本人的厂子里去做事！也绝不同意你用封建家长制这一套，把女儿逼向绝路！你要是不马上恢复她的自由，我就去报告于百寻先生，让警察把你抓去坐牢！"

孙传玺气得两眼冒火。他踏着企鹅步就地转了一圈，停在庞志柏面前，气急败坏地说："你别拿于百寻吓唬我，于先生不会不讲孝道吧！你们把我唯一的女儿抢走了，我老了谁来管我？你们要是把我逼急了，我就和女儿一起死了算了！"

孙传玺说完这些话，似乎把浑身的力气全用尽了。他像一个输光了钱的赌徒，一屁股跌坐在沙发里，竟然把脸埋在膝头上，“呜呜”哭起来。

二十多年前的一夜销魂，给孙传玺在这个世界上留下了唯一的这点骨血。他对于那个掉入黄浦江中淹死的女佣，如同他玩弄过的众多女子一样，几乎没有留下什么特别的印象。然而这个疯女子留给他的这点骨血，却被他视为生命，如果失去了女儿，他的生命也将枯竭！

他真的哭了，哭得捶胸顿足、悲痛欲绝……

庞志柏退缩了。眼前的这个男人，是个没有人性的冷血动物，为了满足自己的私欲，什么违背常理的事他都做得出来！

庞志柏生怕这个失去理智的男人，真的会干出失去理智的事情。他低着头沉默片刻，决定急流勇退，以牺牲爱情的沉重代价，换取心上人的生命和自由。

“孙经理，我想好了，明天我就离开上海，回陕西去。以后绝不再来干扰你女儿的生活。”

庞志柏两眼一热，泪水夺眶而出。

孙传玺猛地抬起头：“你说得是真的?”

庞志柏说：“我给你写个字据，你把字据交给你女儿，让她日后走自己的路，断了对我的念想。”

孙传玺立即让用人取来纸笔。庞志柏写好字据后，从怀里掏出那块怀表，轻轻地放在信纸上，带着无限怅惘的心情，一步三回头，恋恋不舍地离开了孙公馆……

庞志柏返回沪申大学后，立即把自己的决定，告诉了鱼光。

要求和庞志柏一起退学回陕西的，还有秦至庵。秦至庵刚收到家中来信，他的父亲得了不治之症，将不久于人世，为了给父亲治病，家里把诊所卖了，已经无力供秦至庵完成学业。

鱼光同意了他俩的退学请求。他说：“早点回陕西也好，全国的革命高潮很快就要到来，各地都缺乏干部。陕西已成立共青团地委，主要领导人是魏柯书，他是共产党人，北大毕业的。你俩回去后要尽快和他取得联系，在组织的领导下投入到革命洪流中去……”

第二天上午，庞志柏和秦至庵厮跟着，登上了北去的列车。

为他俩送行的冯学迁和陈轲，一直等到列车在视野中消失后，才转过身来。一回头，才发现有个脸色憔悴、头发散乱、脸颊上挂着泪珠的姑娘，站在面前。

“丁吻月！你啥时候来的？”

冯学迁和陈轲几乎同时惊叫起来……

第四章

茶为媒

庞志柏和秦至庵一回到西安，先去芙蓉街拜访恩师谢靖夫。

谢靖夫已辞去执教的差事，开了一家字画古董店，门脑顶悬挂着黑色匾额，刻着“残荷轩”三个古铜色大字，左下角缀着一枚巴掌大的砖红色印章，刻着“长安靖夫”四个篆字。

两年未见面，两个学生和恩师、师娘都欢喜得不得了，坐在一起有说不完的话。吃过池雨荷精心张罗的饭菜，两人告别了恩师、师娘，去了北城墙根秦家。

秦至庵的父亲瘦成了皮影人，满手满脸枯皱纹，已经在家躺了一年多。家中唯一的靠山倒了，诊所没了，秦家的日子越过越艰难，已经到了坐吃山空的境地。

秦至庵的父亲有气无力地说：“至庵，爸是有今儿没明儿的人了，没给你留下啥财产，只给你留下那个膏药秘方，是你老爷手里传下来的。有了这个秘方，你们就饿不死了……”

庞志柏鼻子一酸，泪水夺眶而出。

整个土窑洞内弥漫着压抑的气息，庞志柏几乎喘不过气来。他枯坐了一会儿，起身告辞，秦至庵把他送出了门。庞志柏说：“你家这样子，先别去找组织，我会把你的情况告诉组织的。”

庞志柏按照鱼光写的地址，在饮马池巷一幢旧宅里，找到了共青团陕西地委负责人魏柯书。

魏柯书满头又粗又硬的短发，如同用猪鬃做的鞋刷子，方头大耳、阔嘴厚唇、身宽体壮，看样子酷似街头使拳脚的卖艺之人。

魏柯书看过鱼光的介绍信，高兴地说：“你回来得正好！澄城中学正在西安招聘教员，上个月有个从北大回来的学生，叫江一帆，也是团员，应招去了澄城中学。你去了正好有个伴当，要齐心协力，把澄城县的学生运动逐步推向高潮……”

招教人员雇了一辆马拉轿车，把庞志柏送到了澄城中学。

庞志柏一到澄城中学，就见到了江一帆。

江一帆高额颅、八字眉、洋葱鼻，看样子是个实诚人。江一帆激动地说：“我到澄中后，发现师生中流传的上百本进步书刊，都是你从沪申大学寄来的。在《黄浦江》上有不少你写的文章，写得太好了！真没想到咱俩还能一搭里共事，太让人高兴了！”

庞志柏和江一帆越说越投机，俩人彻夜长谈，毫无倦意。

江一帆告诉庞志柏，目前师生的革命热情很高，但城里的镇嵩军和地方当局，还有学校领导，都站在革命的对立面。特别是县署执事柴凤文，是开展工作的最大绊脚石。

庞志柏问：“你说的柴凤文，是不是蒲城县柴镇那个大财主？”

江一帆说：“没错，就是他，就是他！听说他家财万贯，和澄城县城里的曾举人家是世交，前年走曾举人的儿子、关中道尹曾绍杰的门子，当了澄城县署的执事。听你的口气，好像认识他？”

庞志柏说：“岂止是认识！不是冤家不聚头，看来又要和柴家人过招了！”

庞志柏把早先和柴家的恩怨情仇，向江一帆学说了一遍。

江一帆问：“上面有新的指示没有？”

庞志柏从行李箱中，取出一个牛皮纸袋子，说："这是魏柯书给的几份新文件。按照文件精神，年前最当紧的，是把共青团组织建立起来，为了团结更多师生，还应同时建立青年社、学生会。通过这些组织的活动，提高师生的思想觉悟，为明年开春后的斗争，做好准备……"

天黑严实后，庞志柏赶到了柏社村舅父家里。

舅父一家人正在喝汤。王长福一看见外甥回来了，喜出望外，急忙催着妻子余子英给志柏去拾掇饭。

王长福得知志柏这两年没去南通医专，而是由谢先生资助上了两年沪申大学，生气地说："黑子，你咋能花人家谢先生的钱？舅就是卖房子卖地，也要供你上学……"

说到伤心处，庞志柏和舅父抱在一起，哭作一团。

妗母也撩起衣襟，擦起泪来。

两年不见，表弟世毅已经长得和桌子一般高了。庞志柏从裤兜里掏出一支带小手电的钢笔，送给了世毅，世毅高兴得跳了起来！庞志柏给舅父妗母也买了礼物。给舅父的是一个竹片做的老头乐，给妗母的是一方洋布手帕。虽然都不值钱，舅父妗母都高兴得不得了！

这天夜里，庞志柏睡在舅父妗母的土炕上，他又闻到了那熟悉的土腥味。快过年了，舅父妗母按照乡俗，用黄泥浆把窑里旮里旮旯，粉刷一新。屋里屋外拾掇得清清爽爽。妗母余子英生怕庞志柏晚上受冷，把炕烧得就像摊煎饼的鏊子。

这天晚上，庞志柏久久难以入眠，小时候在柏社上私塾的往事，又一件件浮上心头。他记得那年夏天，他得了急病发高烧，神志不清。舅父连夜冒着大雨，牵着马跑了三十里路，请来了郎中。天明时病回了头，郎中临走时，妗母把自己戴的一副银镯子从手腕上褪下来，塞到他的药箱里。

想到那些年舅父妗母对自己的关爱，庞志柏的泪水顺着脸颊，滚落在枕头上。

第二天早上庞志柏醒来时，舅父去了呼家庄，妗母正在做早饭。

余子英告诉志柏："如今你大的摊子越扑腾越大，越来越离不开你舅咧！你舅年轻，又识些字，你大把里里外外的事都托付给你舅经管。你舅顾了这头还要顾那头，把马卖了以后来回跑了几个月，两头不见日头。后来你大开了口，让你舅骑着骡子，就是柴家给的那匹骡子，再没跑过腿……"

正说着话，在灶巷里烧火的世毅惊叫起来："妈呀快来！锅鬻了！"

余子英急忙过去，掀开锅盖，用勺子扬了扬锅里的稀饭，又给火上压了些炭灰。她对儿子说："用文火，慢慢烧！"

早晨饭做好了。妗母对志柏说："我摊了几张椒叶煎饼，熬了些四六子红豆稀饭。你赶紧洗脸，洗了闻热吃！"

余子英一面拾掇饭菜，一面和志柏拉着家常：

"你大跟韩冬雁过了五六年，本指望韩冬雁能给他生养一男半女，没承想这么些年韩冬雁连个鸡娃，也没给他生出来。我听你舅说，你大如今肠子都悔青咧！他是老人，不好给后人下话，你活泛一些，回呼家庄看看你大，一河水就开了。我跟你舅商量过咧，得赶紧给你瞅个媳妇，把婚事办了，明年给你大生个孙子，啥事都没咧……"

十多天后，余子英给庞志柏瞅了个对象，是郭家庄的财东郭奉堂的大女子，叫郭水仙，跟余子英的娘家一个村的。已经和人家说好了，让庞志柏后天去郭家庄相亲。

王长福骑着骡子，到县上告诉了庞志柏。庞志柏还作念着丁吻月，本想把婚事搁滞几年，怎奈经不住舅父妗母苦苦相劝，终于答应了去相亲的事。

第二天一大早，庞志柏跟着舅父回到了呼家庄。父子俩打了个照面，庞志柏叫了一声大，庞积仓用鼻子"哼"了一声，啥也没说转身出门去了。继母韩冬雁倒是格外热情，问这问那，似乎跟庞志柏有关联的事，她都特别上心。

这一天是腊月初一，大雪初霁，万树梨花，日头出来了，如同刚刚揭去盖头的新嫁娘，通红圆润，朝气蓬勃。庞志柏骑着康拴牢给他备的枣红马，到郭家庄去相亲。

枣红马在原野上奔驰，如同一团火球，在冰天雪地里燃烧着，滚动着。不大一会儿，就到了郭奉堂家大门前。

庞志柏把马拴在青石拴马桩上，走进了郭家大院。

大院里所有的门都紧闭着，庞志柏跺了跺脚上的雪，大声问："有人吗?"

过了一阵，窑门"吱咛"一声打开了，慢腾腾走出一个老汉。老汉没留胡子，背驼得很厉害。他歪着头打量了一眼庞志柏，说："你是呼家庄来相亲的吧？水仙一大早就到前槐园帮人家蒸花馍去了，你到前头房里歇着，我给你找她去。"

庞志柏独自一人坐在冰冷的大房里边，左等右等不见人回来。大房里没住人，没生火，庞志柏的两只脚冻得像猫咬似的。他刚想出门走走，一个身后留着一根长辫子的女子，端着茶盘走了进来。

那女子冲着庞志柏一笑，说："先生，你喝点热茶，暖暖身子!"

那女子把茶盘放到八仙桌上，返身走到门口，又转回身说：

"先生，你甭等咧，喝了这碗热茶就回去吧!"

庞志柏一脸迷惑："说好了让我今儿来相亲，咋连个照面也不打，这不是日弄人哩么!"

那姑娘笑道："不瞒你说，这家的大小姐昨晚上在村里听了些闲话，说你大那人，脾气太怪，把你妹子逼跑咧，你还有个后妈，嫁到你家准没好日子过。大小姐一早就躲起来了，你回吧，她不会见你的!"

听了这一番话，庞志柏松了口气，就像卸下了沉重的担子。

庞志柏一面慢慢品茶，一面打量着眼前的姑娘。那女子被他看得不好意思起来，刚转身要走，庞志柏叫住了她，说：

“你等等，我还有话问你哩！”

那女子转回身，低着头抚弄着辫梢。她高挑个儿，眉清目秀，身上的棉袄棉裤，是用家织的土布染色后做的，上红下绿，显得有些单薄，衣裤虽然打了几个补丁，却十分合身整洁。那饱满的胸脯、突显的臀部，显示出她已完成了由青涩到成熟的变化过程。

庞志柏眼前一亮，他问那姑娘：“你不是这一家人吧？”

那姑娘说：“我是她家的使女子，她家的老太婆是瘫子，我是来伺候她的。”庞志柏又问：

“你叫什么？”

“我叫天娥，姓李。”

“你家在哪个村？”

“就这个村，住在村东头。”

“家里还有些啥人？日子好过不？”

“我家连垫席大一块地都没有，我大常年四季给人家熬活。我妈死得早，我和弟弟都是外婆管大的。打我记事起，就没过过一天好日子。”

李天娥几句简短的话，打动了庞志柏的心。他慢慢站起来，意味深长地瞅着李天娥，说：“谢谢你的茶，我该走了！你等着，再过几天我会去你家要茶喝的！”

李天娥不知所措：“我家、我家可没茶给你喝。”

庞志柏回头一笑：“白开水也行！”

庞志柏上了马出了村。他走到村口拐弯时回头看了一眼，他看见李天娥还站在郭家大门口，半个身子隐在大槐树后边，只露出半张脸，还在瞅着他哩！

过了几天，王长福到李家去提亲。

李天娥的父亲李旺，是个憨厚老实的庄稼人，从早到晚一句不吭，就像一棵车前草，长在牛车道上，任凭人畜践踏，没有人关心他的存在。

李旺听王长福说，呼家庄庞积仓家的少爷，看上了他女儿天娥，李旺爬满皱纹的脸上，露出了难得一见的笑容，当即满口应承下来。

说到彩礼时，李旺说：“只要我娃嫁过去有吃有穿，我啥也不要！”

庞志柏星期天回到柏社，妗母高兴地说：“你瞅下郭家庄那个李天娥，人家把婚事应承下咧！她家和我娘家前后槐园紧挨着，李家穷是穷点，可那女子把家，过日子是把好手。她是我眼瞅着长大的，自小心灵手巧，如今成了大姑娘，长得有模有样的，奶头奓得又高又翘，尻子圆得像笸篮。你甭笑，话丑理端，妗子是过来人，这种女人特别能生，不信你往后就晓得了。”

对儿子自己瞅的这个媳妇，庞积仓并没弹嫌啥。只是当着王长福的面，发了一句牢骚：“娘家太穷，门不当、户不对咯！”

王长福说：“啥当不当、对不对的。李家这女子，蛮好的！要模样有模样，要本事有本事，一点也不辱没咱黑子！”

庞积仓不再言喘了。眼看着儿子收了心，成了十里八乡唯一的大学生，还当了县城中学的教书先生，庞积仓暗自欢喜。他把儿子的婚事，完全交给王长福去打理。

王长福说：“李家穷，彩礼上不要抠掐，给装上三石麦，再拿上二百块响元。”庞积仓说：“能成咯。”

王长福说：“李旺没本事，儿子还小，都不济事，咱多买些肉、菜和别的物料，给李家送一些。李家发落娃要出席待承咱，清鼻流到嘴里，咱自己吃自己。”庞积仓说：“能成咯，你看着办。再甭给我说，我嫌泼烦，劳心死咧！”

结婚的日子，定在腊月二十八，只剩下二十来天时间。王长福换了庚帖，送了彩礼和日头，又忙着找裱糊匠裱糊洞房，找油漆匠油漆门窗和家具，找银匠打首饰，找裁缝定做凤冠霞帔。一过腊月二十，王长福就着手找相候、备花轿、请厨子、跑采买、搭席棚、盘炉灶、定乐人、说亲戚，从早到晚忙得不可开交。

腊月二十八那天，庞家红红火火，用花轿车把李天娥拉到呼家庄，给庞积仓当了儿媳妇。

那天晚上闹完洞房，到了后半夜。李天娥没脱衣裳，头一挨枕头就响起了鼾息声。庞志柏问：

“你睡着啦？就那么乏！”

天娥没吭声。

庞志柏犹豫了好一阵子，终于鼓起勇气，把一只手搭在女人饱满的胸脯上。他感觉到了女人激烈的心跳，女人的胸脯在潮起潮落。当他试图把手伸向她的衣襟下时，突然被女人甩过来的、戴着银镯子的手打落了。

男人的手并没有退缩，更加坚定地伸向了女人的腰间。出乎意料的是，女人的腰里竟然勒着许多条红裤带，而且都绑了死疙瘩。

烛光中，女人的眼里充满了迷惘，她对男人说：

“你数数，总共几条红裤带？你要能数清，我都依你。”

男人数了数，说：“十条。”

女人说：“不对，是十一条。”

男人又数了数，说：“是十条，没错！”

女人说：“还有一条，在我心里。”

男人说：“你已经嫁了我，还有啥解不开的心结？”

女人说：“我听人说，你要走南闯北去革命。要是在外头碰上比我好看，又识字探文的女人，就不要我了，是吗？”

男人说：“你知道我为啥要去革命？就是为了解救像你这样的穷苦人，我怎么舍得丢下你，去找别的女人！”

女人泪如泉涌：“你说的革命真好，我愿意嫁给革命！”

女人递给男人一把剪子：“给！把那十条红裤带，都铰断！”

……

初露锋芒

头天晚上，几乎折腾了一夜，庞志柏和李天娥都睡失觉了。直到日上三竿，韩冬雁爬在窗户上叫他俩吃早晨饭时，小两口儿才从酣睡中醒来。

这时候，庞积仓已经赶着骡子，驮着两桶糜子酒，进了北城门洞子，进了县署。

又到了年终岁尾，庞积仓照旧要给柴凤文送两桶糜子酒。原先往柴镇送，打个来回两头不见日头。前年柴凤文来到澄城，当了县署执事，送酒时就少跑了许多路。

柴凤文照旧备了一桌酒席，热情待承庞积仓。

吃着喝着，柴凤文把话题转到了庞志柏身上。他说："志柏刚到中学教书那阵子，我还谋算着把教育局长的位子腾出来好让他坐。可他硬是不给我留一点面子！中学的校长黄旭不停地在我耳边嗡嗡，说庞志柏给学生娃散发共产党的书刊，散布异端邪说，还成立了共青团、青年社、学生会，扬言要和政府、和镇嵩军对着干！看在咱老弟兄俩面子上，我实在抹不开这张脸，要是放在旁人，我早把他关到没风的地方了！我把丑话说在前头，你要是不管，让他惹出事来，别怪我不给你兄弟留面子！"

庞积仓窝了一肚子火，从县城回到家里。儿子刚结婚，他不想说那些烦心事，弄得一家人连年也过不好，让四邻八舍看笑话。

大年初二，按照乡俗，庞志柏牵着枣红马，驮着新媳妇，去柏社给舅父妗母拜了年。初三又去郭家庄给丈人拜了年。

一过十五，庞志柏要回学校，他去给父亲打招呼。

庞积仓正蹲在椅子上，端着白铜水烟袋抽水烟。他拔出烟管，“噗”的一声吹掉烟灰，一面在烟盒里抠烟丝，一面紧绷着脸说：“年头里我去县署看柴执事，听他说你在学校不好好教书，成天唆使学生娃，跟县署作对。人家掏了钱把娃送到学校，是为念书的，你这是把娃们往邪路上引！”

庞志柏说：“你甭听柴凤文瞎咧咧，他破坏国共合作、压制学生革命，学生当然要造他的反！”

庞积仓把水烟袋往八仙桌上一蹾，冲着儿子吼道：“放屁！你说的是人话吗？人说话要凭良心！要是没有柴凤文帮衬，咱家能过上这好日子？混账东西，你、你、你想把老子，气死呀你！”

父亲的斥骂，勾起了庞志柏压在心底的怨恨。他冲着父亲喊道：“你以后别给我提柴家的人！你以为使了柴家一点臭钱，就亏欠了人家？为了巴结柴凤文，你把我妈、我妹子的命都搭上了，难道她俩在你心里，还没有一个柴凤文值钱？”

庞积仓被儿子的话，气得浑身哆嗦，他正要扑过去打儿子，韩冬雁从身后拦腰抱住了他。韩冬雁嚷嚷着：“赶紧走吧黑子，大过年的，父子俩成啥精哩，也不怕邻家笑话！”

庞志柏狠狠剜了父亲一眼，转身出了门，去了县城。

春夏之交，澄城中学的共青团支部、学生会和青年社，依照省学联快邮代电精神，成立了五卅惨案后援会。五卅惨案发生在上海。日棉八厂的资本家，枪杀了工人领袖、共产党人顾正红，庞志柏在沪大的几个同窗挚友，也倒在了血泊中。以此为导火索，反抗帝国主义列强的熊熊烈火，在全国迅速燃烧起来。

澄中的师生在后援会的组织下，利用县城集日上街游行、讲演、贴标语、发传单。他们手中举着五颜六色的纸旗子，振臂高呼：

“坚决支持上海工人学生的正义斗争！”

“打倒日本帝国主义！”

“抵制日货！”

“打倒美、英帝国主义！”

“废除不平等条约！”

……

驻扎在县城内的姜青海部队，把参加游行的师生强行赶回了学校。

当天晚上，庞志柏在召集学运骨干开会时说：“姜青海团匪是镇嵩军刘阜威的部队，和北洋军阀一个鼻孔出气。好在靖国军杨啸林的部队，已经包围了澄城县城，我们要尽快和靖国军取得联系，只有得到他们的支持，才能取得斗争的胜利！”

散会后，庞志柏和江一帆抓着绳子，从城墙上溜下来，赶到了大浴河边的柳池村，把城内的情况告诉了杨啸林。

杨啸林说：“我马上派人向姜青海下通牒，他胆敢镇压学生运动，我就用大炮轰开城门，带着靖国军冲进城去，把他手下那点毛毛兵，全撵出澄城去！”

庞志柏和江一帆心里有了底，又从原路返回了城中。

第二天上午，魏柯书派来的人到了澄城，约庞志柏和江一帆到乐楼见面，时间定在中午十二点。庞志柏和江一帆准时赶到了乐楼，西安来人却迟迟没有闪面。他俩在乐楼前一面等候，一面谝闲。

江一帆说：“没想到你们澄城，还有这么美个乐楼！”

庞志柏告诉江一帆：“澄城虽是偏地小邑，历史却很悠久，悠久的标志，除了城东巍峨的唐精进寺塔，就数城西这木结构的乐楼了。中间是主楼，两翼是对称的侧楼，绿色琉璃瓦覆顶，飞檐下面有斗拱，挑角上头有脊兽，下头有风铃，精致气派得很！”

江一帆问：“这乐楼是那个朝代建的？”

庞志柏说："乐楼初建于唐代，一千多年来屡建屡毁，每次重建都保留了原先的式样。现在的乐楼是明代修葺的，已经四百多年历史了……"

两人正谝得起劲，魏柯书派的人来了，一见面就连声说："对不起！对不起！我有点事架搁了！"握过手后，来人自我介绍说他叫张鼎，澄城冯原镇人，在省立三中毕业后，被教务主任魏柯书留校任教，上个月刚刚加入共产党。

张鼎说："魏先生派我来，是协助你俩搞学运的，这里人多眼杂，说话不方便，到乐楼上头去说吧！"

三个人前脚跟后脚，进了乐楼。

乐楼内有十根粗壮的通天柱，脑顶为"八卦藻井"，绘制着"火焰宝珠"图案。三人沿着木楼梯拾级而上，踏上了高悬在空中的回廊。站在回廊里向外可远观四面八方，向内可俯视门首、楼梯。张鼎说：

"在这里开会最安全，以后碰头的地点，就搁在这里！"

张鼎和庞志柏同庚，精明强干，目光敏锐。了解了澄城学运的情况后，张鼎说："不能把胜算都押在靖国军的帮助上，靖国军走了咋办？敌人会比过去更嚣张！我们的立足点应该放在唤醒民众的觉悟，把更多民众吸引到斗争中来。民众动员起来了，我们就会立于不败之地！"

自第二天起，张鼎和几个学运领导骨干，不分白天晚上联络各界民众，动员他们一起参加斗争。

经过几天紧张的准备，后援会决定下一个集会日，举行更大规模的游行示威。

到了集会日这天早上，新上任的校长黄旭听到风声，请示教育局局长后贴出告示，公布了三条校规：取消节假日，不准随意外出；不准传阅宣扬异端邪说的书刊；不准在学校内外，滋事生非。违者，一律开除学籍！

这张告示刚贴出来，就被愤怒的学生撕得粉碎。

中午进城赶集的人正多时，学生们潮水一般涌出学校，涌到县署门前。工商界职员及许多民众闻声赶来，县署门前聚集了上千人。

柴凤文吓破了胆，躲在县署二楼窗户后面偷看动静。他自知众怒难犯，不得不同意学生代表的要求，马上召开县政咨议会，研究解决学生们提出的要求。

在咨议会上，庞志柏义正词严，当面揭露了地方官绅勾结姜青海团匪，镇压澄中学生运动的倒行逆施行为，迫使当局撤销了压制学生运动的规定，撤销了教育局长的职务。坐在校长位子上，屁股还没暖热的黄旭，也被撵下了台。

县政咨议会结束后，庞志柏等人带领师生，在城内进行了大游行。之后分作两路，一路由江一帆带领，留在学校坚持城内斗争；一路由庞志柏带领，出东城门到了柳池村，在杨啸林的司令部住下来。

庞志柏和杨啸林相谈甚洽。两人谈得最多的话题是于百寻、是国共合作、是孙中山先生的三民主义。谈到高兴时，两人都有了相见恨晚的感慨。

自第二天起，庞志柏把带来的一百多名师生，分为十个小队，深入周围各个村子，向民众宣传反帝、反军阀的革命思想。

在一个多月的相处中，庞志柏对杨啸林有了深入了解。杨啸林是蒲城人，幼时家贫，只上过两年私塾，父亲因为遭恶人诬陷，被清政府处以绞刑。杨啸林疾恶如仇，深孚众望，被贫苦百姓推举为“中秋会”首领，亲手击毙了恶霸李永，从此声名大震。后来加入了靖国军，由孙中山先生介绍参加了国民党。

大约一个月后，共青团地委调庞志柏和江一帆去省学联工作。杨啸林依依不舍地对庞志柏说：“留下吧，留下跟我一起干，我这里缺的就是你这样的人才！”

庞志柏谢绝了杨啸林的挽留，他紧紧握着杨啸林的手，说：

“只要目标一致，一定后会有期！”

大闹曾家楼

庞志柏和江一帆在省学联工作期间，同时参加了中国共产党，庞志柏的入党介绍人，是魏柯书和吴树。在和国民党右派争夺领导权的斗争中，庞志柏被选为国民党省党部委员。

这一年冬天，庞志柏回澄城时，见到了新任的澄中校长刘涛。刘涛为国民党左派人士，思想进步。他问庞志柏："关中道尹曾绍杰有个洋女婿，这个人你了解不?"

庞志柏说："知道一些，曾绍杰的女儿留学英国时，嫁了个英国女婿，叫福克斯，是个医生。前些年福克斯随妻子来中国，住在澄城城内的曾家楼上，在楼下面街开了一个诊所。"

刘涛说："福克斯表面上是个救死扶伤的医生，实际上是个大坏蛋！他勾结镇嵩军师长麻耀武，自甘肃武装贩运大烟，祸害澄城百姓，又从劫墓贼手中，盗购了许多珍贵文物。更让人气愤的是，他利用行医之便，强奸了民妇赵白氏，赵白氏跳井死了，她男人赵四上告无门，也上吊死了！"

过罢春节，庞志柏返回西安后，立即把福克斯的罪恶，向团地委做了汇报。团地委决定让庞志柏和江一帆，立即返回澄城，组织发动民众运动，迫使县署将福克斯绳之以法！

庞志柏和江一帆返回澄城时，杨啸林部已经撤离澄城。没有了靖国军的支持，他们只能孤军作战，斗争将比过去更激烈。在刘涛的支持下，江一帆担任了澄中训育主任，共青团支部改为特支后，庞志柏担任了特支书记。

经过半个多月的准备，一场声势浩大的民众运动爆发了！

这天中午，大街上突然出现了师生游行队伍，队伍前列的长条幅上写着：“惩治罪犯福克斯运动大同盟。”口号声此起彼伏：

“打倒帝国主义列强！”

“打倒反动军阀！”

“处死福克斯为民申冤！”

“柴凤文包庇福克斯罪责难逃！”

……

市民们纷纷涌上街头，加入了游行队伍，人数很快增加到三千多人。

澄城全城在沸腾！在燃烧！在咆哮！

游行的民众涌到曾家楼大门前，大门关得死死的，福克斯诊所的门也关着。挤在前面的人，把诊所的招牌拆下来，抱起石头砸得粉碎。

福克斯听到外面惊天动地的呐喊声，急忙和妻子上了二楼，妻子啼哭不止，福克斯浑身筛糠。正不知如何是好，管家田百臣跑上楼来，引着福克斯夫妇到了后院，把他俩藏在秘密地下室里。

这时，愤怒的民众砸开了诊所的门，把家具和医疗器械全部捣毁。一些学生冲进二楼福克斯夫妇的房间，“稀里哗啦”又撕又扯，“叮叮咣咣”又摔又砸。他们找遍了楼上楼下，前院后院，没有找到福克斯，把躲在厕所里的田百臣，拉到大门前。

田百臣平日见了老百姓牛得很！见了权贵洋人小尾巴摇得比哈巴狗还欢。他没想到这些平日低眉顺眼的草民，一旦造起反来竟然这么可怕！

田百臣河虾似的弯着腰，浑身不停地哆嗦着。

庞志柏站在高台阶上，大声向民众喊话：“这个田百臣，是曾家养的一条狗！福克斯通过田百臣，和县署执事柴凤文狼狈为奸，和军阀、劫匪相互勾结，做尽了坏事！他们是一伙披着人皮的狼，披着人皮的狗……”

三千多人的呐喊，排山倒海。庞志柏手一挥，喊道：“现在，咱们马上去县署，找柴凤文算账去！”

人们像暴风雨中的山洪向县署涌去，不大功夫，县署门前被愤怒的民众围得水泄不通。一片呼喊声中，柴凤文在县署官员的围护下，从大门内走出来，他站在台阶上，举起双手舞动了几下，喊道：

“大家静一静！你们谁是头？请站出来说话！”

庞志柏跃上台阶，怒气冲冲站在柴凤文面前。

柴凤文一双鼠眼睁得圆溜溜的，装出不知内情的样子，问：“志柏贤侄，你不是进省城做官了吗？咋又回来当教书匠啦？”

庞志柏冷笑道：“我可没你那么大官瘾！我最感兴趣的，就是拆穿你的鬼把戏！”

柴凤文的脸一片红一片白，他强作笑脸道：“志柏贤侄，你们又有啥要求，直接找我么，何必这么兴师动众呢？”

庞志柏说：“我们不兴师动众，你能答应我们的要求吗？”

柴凤文说：“只要我能办到，肯定答应！”

庞志柏一口气列举了三个条件：“第一，英帝国反动分子福克斯，强奸民妇赵白氏，致死两条人命，必须尽快把福克斯捉拿归案，严加惩处；第二，福克斯从劫墓贼手里盗购的珍贵文物，必须悉数追回；第三，福可斯与军阀麻耀武勾结，武装贩运的大烟必须全部销毁，所获赃款必须全部没收。这三条，你能做到吗？”

柴凤文说：“能！能！一定能！”

江一帆指着柴凤文的鼻子说：“你要是敢耍花招，我们就把你这个县署砸个稀巴烂……”

身陷囹圄

包围县署的民众刚一撤离，柴凤文当即叫来贴身随从侯昭。侯昭是柴凤文到澄城赴任时，从柴镇老家带来的家仆。柴凤文关上门，气急败坏地对侯昭说：“你马上去曾家楼，给田百臣送个口信，让他赶紧把福克斯送走！记住等天黑再出城，穿上当地人的衣服，千万别让学生逮住！让他赶紧去高陵，把这里发生的事告知关中道尹曾绍杰，让他赶紧去省公署告状！”

侯昭转身正要走，又被柴凤文叫了回来：“你急着走啥？扑着戴孝帽去呀！先等等，我给麻耀武师长写封信你带去！”

柴凤文匆匆忙忙写好信，交给侯昭说：“麻师长的队伍就在高陵，你让福克斯把信亲手交给他！”

侯昭把信揣在怀里，神色慌张地从后门溜走了。

庞志柏和江一帆回到学校，把柴凤文答应的三个条件，写了十多份告示，派学生到各处去张贴。江一帆说：“把柴凤文答应的条件公之于众，让全城民众监督，他要是红口白牙说了假话，民众就不会放过他！”

与福克斯和柴凤文的斗争，取得初步胜利。

这天晚上，庞志柏摸黑回到家里，那边窑里黑着，父亲和继母已经睡了，是天娥给他开的大门。

天娥告诉丈夫：“咱娘说，你们在县城闹事那天，咱大也在城里，他携了一笼笼鸡蛋，是去县署给柴凤文送的。县署门前人太多，挤来挤去把鸡蛋笼笼挤到地上，让人踩得稀巴烂。回来骂了好几天，气到现在还没消，你这时候回来是寻着挨骂哩!”

庞志柏说：“他睡下咧，不会起来骂了，明儿等他起来，我早走咧!”

小别胜新婚。庞志柏和天娥说了一阵私房话，相依相偎着正要亲热，马房传来了父亲的斥骂声：“你这条犟驴，敢给老子尥蹶子！老子揭了你的驴皮、放了你的驴血、打折你的驴腿，让你再胡踢乱咬，再满世界撒野……”

庞志柏推开倚在怀中的天娥，垂头丧气说：“脊背咬了搔腔子，咱大那不是骂驴，是骂我哩!”

天娥眼里噙着泪说：“那是骂我哩！天天夜里都要骂，不迟不早我刚睡着就骂，这半年我没睡过一个安生觉。”

庞志柏说：“你又没惹他，他为啥骂你?”

天娥说：“还不都是为你！日后咱好好教书，别再闹了行吗?”

庞志柏咬牙切齿地说：“不行！我们非把这个黑暗社会，闹个底朝天不可!”

庞志柏夫妇窗户上的灯光亮了一夜。小两口儿毫无睡意，肌肤相亲的渴望早已消失殆尽。这一夜，隔壁的一只郎猫在窑背上叫唤了一晚上，庞志柏和李天娥也眼睁睁熬到天亮。

东方拂晓时，庞志柏已经离开了呼家庄，撩开大步向县城走去……

年关就要到了，天阴沉沉的，一大早就飘起了鹅毛大雪。

澄城中学校园内看不见一个人影，学生们正在教室里参加年末考试。就在这时，满脸横肉、杀气腾腾的麻耀武带着一伙丘八，跟着柴凤文冲进了中学大院。因为有一大群带枪的士兵壮胆，柴凤文张牙舞爪地吼叫着：“澄中所有的人，都出来！快出来!”

正在答卷的学生听到喊声，向窗外一探头，惊呼道：“柴凤文带着一伙兵来抓人啦!”

一霎时，师生们从各个教室蜂拥而出。他们很快聚成一堆，将几个学运领导，围在中间。

士兵们端着刺刀，和师生们面对面站着。柴凤文又扯着公鸡嗓子，喊道："学生们不要怕，我知道你们是上了共产党的当。今天我们只抓煽动闹事的，别的人一律不追究！庞志柏、江一帆，赶紧站出来，不要连累别人！"

师生们呼喊着："不许抓人！把我们都抓走吧！"人群开始乱了。

麻耀武招了招手，城墙上立即响起"哒哒哒哒"的机枪声……

庞志柏抬头一看，学校操场旁边的土城墙上，架着几挺机枪，士兵们跟蝗虫一样把土城墙爬满了。

庞志柏和江一帆昂首走出人群。

柴凤文从衣兜里掏出一份名单，念了十多个师生的名字，把这十多个师生和庞志柏、江一帆，一起带走了……

庞志柏和江一帆被捕后，单独关在一间牢房里。

入夜后，牢门"哗啦啦"打开了，一个戴着脏兮兮的白口罩，围着脏兮兮的白围裙的狱卒，提着饭笼笼，猫着腰走进了牢房。饭笼笼上面盖着脏兮兮的白布，狱卒揭开白布一角，就像变戏法一样从里面摸出两只烧鸡，一瓶西凤酒，又摸出两个黑瓷蒸碗，倒上酒说：

"吃吧喝吧！吃饱喝足了，好上路，别当饿死鬼！"

江一帆的脸上，当即失去了血色，木头人似的愣着，脑子里一片空白。

庞志柏神色坦然，一手抓着鸡腿，一手端着酒碗，吃一口烧鸡就一口酒，独自大吞大嚼。

狱卒对江一帆说："兄弟，吃吧喝吧！死不了的！"

庞志柏说："再甭装神弄鬼咧，你一开口我就认出你啦！"

狱卒"嘿嘿"一笑，伸手摘了脏口罩。

江一帆惊叫道："妈呀是你，张鼎！吓死我了你！"

张鼎急忙摆摆手，说："小声点！"

庞志柏问张鼎：“你怎么进来的？”

张鼎说：“魏先生派我来了解澄城民众运动开展情况，来了以后听说你们被捕了，我去找我哥张安，他在县署当差，找监所一个伙计帮忙，我就穿了这身皮裳进来了。”

庞志柏说：“我们正愁和外面联系不上，你来得正好！你出去以后，马上和澄中团特支取得联系，让他们以澄城各界民众的名义，发表宣言通电全国。同时向北京‘国民会议促成会’发电，揭发柴凤文武装镇压民众运动的罪行！”

张鼎说：“好！我再组织一些人，马上去动员城乡民众，参加游行示威，要求当局释放被捕师生……”

庞积仓进城

王长福正在油坊忙活，一个来买油的外村人说：“县城里的学生娃和县署摽上劲啦！这回把天捅了个窟窿，抓了十几个学生娃和教书先生，关到大牢里好几天咧！”

王长福心头一惊，忙问：“都抓了些啥人？”买油的说：“领头的就是你们家少爷，这么大的事难道你们还不晓得？”

王长福问：“你说的话，靠准靠不准？”买油的说：“那还能有假！你们呼家庄也太背咧，外村都吵红了，你们还不晓得！”

王长福当即赶到酒坊，心急火燎地对庞积仓说：“哥，甭胡谝咧，柴凤文把黑子抓去下了大牢，好几天咧！你赶紧去城里找柴凤文，让他把黑子放了！”

庞积仓疯着脸说："我不去！谁让他不听老子话，成天在外头生踅事，自作自受！"

王长福说："你说的这是人话吗？黑子是你儿！他下了狱你还说风凉话。你要是今儿不去把黑子救出来，你这一河滩破事爱叫谁管谁管去，我再不来咧！"

王长福转身要走，被酒坊的伙计拉住了。康拴劳劝说掌柜的不要跟少爷怄气，赶快去县城搭救儿子要紧！

庞积仓骂了一句"孽种！"说："老子的话往日都当了耳旁风，如今惹出事来，还得老子去给他擦屁子！"说完拾起身走了。

康拴劳叹道："哎！黑馍有气白馍也有气，都说咱掌柜的日子顺活，哪里晓得家家都有本难念的经！"

庞积仓回到自己住的院里，冲着窑里喊道："冬雁！给我拾一笼笼鸡蛋，我看柴亲家去呀！"

韩冬雁说："你前几天刚提走一笼笼鸡蛋，哪还有鸡蛋！"

庞积仓说："没鸡蛋就算咧，赶紧给我捉那两只守雏鸡去！"

韩冬雁说："守雏鸡等几天就下蛋哩，杀了多可惜！"

庞积仓说："再甭心疼咧，赶紧捉鸡去！过了年我买几只下蛋鸡，还你……"

庞积仓用荆条笼携着两只母鸡，探头探脑走到县署大门前。大门两旁增加了七八个穿老鼠皮的丘八，胛骨上扛着长枪，瞪大眼盯着过往行人。

庞积仓不认识这些当兵的，不敢冒冒失失进去。一直等到柴执事家的伙夫买菜回来，才把他带进去。

伙夫告诉庞积仓："柴执事多喝了你送的糜子酒，正在屋里睡觉哩！太太刚才叮咛不准任何人进去，打搅老爷睡觉。你去找个避风的地方等着吧，他醒来以后要到前面去当班，你就能看见他了！"

庞积仓把鸡放在过道里，在靠墙的连椅上坐下来。

过道里的穿堂风像刀子一样，在他脸上刮来刮去，不大一会儿手脚都冻麻木了。他只得站起来，在过道里轻轻地跺着双脚。就这样坐一会儿起来跺一会儿，一直等到快端晌了，才看见柴凤文穿着厚厚的棉袍、棉鞋，戴着狗皮帽子、兔皮耳套，揣着双手从后院走出来。

柴凤文的酒劲还没完全醒过来。他看到一个脸色冻得乌青的乡下汉子坐在走廊里，醉眼蒙眬中一时没认出来，厉声问："你是做啥的？谁让你进来的！"

庞积仓费力地在冻硬的脸上，挤出一丝笑意，点头哈腰说："柴、柴亲家，我是积仓！"

柴凤文这才认出了他："咋是你？冻坏了吧！快跟我进屋，先暖和暖和再说。"

柴凤文喊来侯昭，叫他把鸡送到后院家里去。庞积仓眼看着侯昭进了月亮门，冲着他的背影喊道："兄弟！把鸡留下，把笼、笼给我捎过来！"转身跟着柴凤文，进了柴凤文的公务室。

房间内生着火炉子，一股热烘烘的气浪迎面扑来。柴凤文把揣在袖筒里的铜手炉放在桌子上，给庞积仓沏了茶，俩人围着房子中央的铁炉子说着闲话。

庞积仓喝了一杯热茶，才觉得身上从里到外活泛起来。他把话头转到正题上："听说我那混账小子，又给你惹事咧！"柴凤文取出一根纸烟，递给庞积仓。

庞积仓说："我不逗那咯！"

柴凤文用火筷子夹了一疙瘩炭火，点上纸烟抽着，说："这回你儿闯得祸大咧！他领着那帮、那帮乳臭未干的学生娃，把人家曾家楼给砸咧！曾家的洋女婿把他告到了省公署，省公署下了命令，派队伍来把闹事的头头逮住关了起来，等候上面处置。只怕你儿这次凶多吉少，性命难保！"

庞积仓说："黑子这害货，真不让人省心，你把他关起来让他好好反省反省，以后不再胡闹就行咧。他再不成器也是我的儿，没了他我还指望谁呀?”

说到这里，这个对儿子冷若冰霜的庄稼汉子，突然动了舐犊之情，两行清泪顺着脸颊滚落在地上。

柴凤文说：“不是我不帮你，我人微言轻说了屁不顶咯。要是私下放了他，我这乌纱帽保不住不说，只怕连这吃饭的家伙也保不住咧!”

正说着，门外传来潮水般的喧闹声，听声音好像有千军万马。

柴凤文不知发生了什么事。正要起身问个究竟，侯昭一头闯了进来，上气不接下气地说：“不好咧，那伙人又来闹事哩！还有不少庄稼户，有五六千人，把县署大门堵死咧!”

柴凤文急得就像热锅上的蚂蚁，在屋子里踅了几个来回，突然冲着侯昭吼道：“麻师长！那个麻师长干什么吃的?”说着急忙去给军营打电话，拨了一阵没拨通，气得丢下话筒骂道：“真他妈活见鬼，麻师长的电话，咋打不通!”

突然，桌子上的电话刺耳地响起来，柴凤文急忙抓起话筒，大声说：“喂！麻师长吗？噢不是，你是谁？关中道尹……”

话筒里传来“喀拉喀拉”的声音，庞积仓听不见话筒里说什么，只看见柴凤文掏出手巾，沾着额颅上的汗，断断续续说：“于百寻……于百寻知道，我知道，你说啥……他认识庞、庞志柏……好，好，我马上放人，马上放!”

柴凤文放下电话，对庞积仓说：“好亲家，你家志柏可了不得，竟然有通天的本事。在北京的于百寻发话咧，他给关中道尹曾绍杰打了电话，曾绍杰让赶紧放人！我这就把志柏放出来……”

庞积仓见儿子没事了，拾起身出了门，携上荆条笼走了。柴凤文在他身后喊道：“积仓兄弟，我派人去饭店包两桌酒席，给志柏贤侄压惊，你吃了席再走!”

柴凤文本想落个顺水人情，庞积仓却没有理会，头也没回端直出了县署，走了。

庞积仓一走，柴凤文慌了神。于百寻是何等金贵的人物！他是国民党中央委员，西北靖国军总司令！庞志柏能让于百寻下令，放他出狱，也能让于百寻下令，把他这个小小的芝麻官，送进牢房。如今他的身家性命，就握在庞志柏手中！

柴凤文急忙吩咐侯昭，赶紧去安排两桌酒席。转身匆匆忙忙赶到大牢，让狱卒打开牢门，把庞志柏等十多名师生放了出来。

柴凤文不住地点头哈腰，向庞志柏道歉，说自己准备了两桌酒席，为受了委屈的师生压惊。

庞志柏冷笑道："给我们压惊？我们惊什么？惊得是你柴凤文吧！酒席留着给你自己压惊吧！"

庞志柏、江一帆等十来个师生，刚一走上大街，就被示威的民众围了起来。人们欢呼着，把刚出牢的师生们一次次抛起来，许多人热泪涟涟……

张鼎好不容易挤到了庞志柏和江一帆面前。庞志柏急切地问："福克斯抓住没有？"张鼎摇摇头说："没，那两个狗男女，已经逃回英国去了！"

出狱后的当天晚上，庞志柏回到了呼家庄。

天娥因为牵心着狱中的丈夫，哭肿了双眼。庞志柏突然平安归来，天娥眉喜眼笑地对丈夫说："这回多亏咱大，他今早晌携着两只母鸡，去县城找柴执事说情，柴执事后晌就把你放了！"

庞志柏摇摇头说："哪有恁简单！要不是县城几千人去县署门前示威，要不是许多省地通电支持我们，要不是于百寻先生在北京发了话，柴凤文这老狐狸，绝不会放过我们……"

第五章

药王洞

春来了，冰消了，天暖了，花开了。

一日午后，秦至庵背着捎马走进澄城中学，他通知庞志柏和江一帆马上去西安，参加党的紧急会议。

秦至庵在父亲去世后，担任了党组织的交通工作，顺便背着捎马卖点膏药，于公于私两不误。

三人匆匆忙忙回到西安。

魏柯书在会上介绍说，前些年被陕西军民赶走的刘阜威部队，在直系军阀吴佩孚、奉系军阀张作霖、山西军阀阎锡山的支持下，网罗镇嵩军旧部和豫西流匪，号称十万大军逼近潼关，企图重新占领西安，控制大西北。魏柯书按照党中央指示，和驻陕的国民军将领一起召开了紧急会议，议定了国共合作坚守西安的重大决策。

魏柯书说："目前驻守西安的部队，主要是国民军两个师，师长为杨啸林和李驭龙。我们的任务是动员和组织民众，和国民军一道完成守城任务，绝不让刘阜威的军队踏进西安城半步！"

就在这次会议上，庞志柏被任命为北城区党支部书记。

开完会后，魏柯书把他和廖梦棠留了下来，廖梦棠是电报局党支部书记。魏柯书交给他俩一个紧急任务：马上动身去蒲城尧山，收编一支地方武装，必须在两天之内，也就是说，在刘阜威包围西安城之前，把这支队伍带回西安！

廖梦棠比庞志柏小几岁，此时还不到二十岁，却比庞志柏高出一截，沉稳机灵，少年老成，两人一见如故。

对去蒲城收编地方武装，廖梦棠提出质疑："杨啸林为什么不派他的人去？他是蒲城人，更有利于说服拉杆子的蒲城人。"

魏柯书说明了原委：这支武装力量共总四百来人，两个头儿，一个叫冯彪，一个叫冯剑，叔侄关系。上个月，他俩联名给杨啸林写信，要带队伍投靠杨啸林，杨啸林派人去接时，冯彪却改变了主意。他说手下人不愿意离开家乡，冯剑倒是想跟杨啸林干，但队伍是冯彪拉起来的，胳膊拧不过大腿。杨啸林得知冯剑是中共党员，所以才找到魏柯书，试图通过冯剑，把这支队伍拉过来。

据魏柯书说，冯彪过去在胡立僧手下干过，给廖天佑旅长当过马夫，廖梦棠的父亲廖更新是廖天佑的贴身卫士，冯彪和廖更新关系一直很好。冯剑在省立二中读书时，和庞志柏同为学生干部，这都是可以利用的关系。

当天夜里，庞志柏和廖梦棠快马加鞭，一路朝北疾驰而去，第二天早上赶到了蒲城县尧山冯家堡子，见到了冯家叔侄二人。

叔父冯彪是个粗人，腰粗膀圆，胸无点墨，开口说话便日娘捣老子，没有几句中听的。侄儿冯剑在体型上、性格上，与叔父毫无相似之处。他长得单薄，戴着黑边眼镜，穿着驼色长袍，若不是斜挎着盒子枪，咋看也是个教书先生。

庞志柏把杨啸林的信递给冯彪。冯彪不识字，递给冯剑后说："冯彪言而无信，实在无颜面去见啸林兄弟。请二位体谅冯某的难处，我手下有百十个老人，都是当初跟着我起事拉杆子的拜把子兄弟。他们本来就不想离开本土，刘阜威又马上要打西安，他们怕丢了性命，留下老婆娃娃受恓惶，这都是实情。”

当廖梦棠提起父亲和冯彪的老关系时，冯彪摇头叹息道：“哎，那都是老黄历了，好汉不提当年勇，日月不催人自老。我冯彪何曾不想去正规军混个团长、旅长干干，年纪不饶人咯！”

廖梦棠想依靠父亲的老关系，说服冯彪的计划落了空，只能把希望寄托在冯剑身上。

这是一个月白风清的夜晚，远处山脊起伏，近处树影婆娑，夜蝙蝠在夜色中飞来飞去。庞志柏看见冯剑在窗外，独自踅来踅去，把他叫进屋内叙话。

冯剑一进屋，就紧紧握住庞志柏的手，说：“老同学，没想到今天在这里见面了！半年前，组织指示我加入这支队伍，本来已经说服了彪叔，带着自己一杆人去投杨啸林，后来他变了卦。请二位放心，我对这支队伍中每个人的思想倾向，都摸得清清楚楚，除了彪叔和八九十个老人手，大家都愿意去投杨啸林。等会儿他们睡下后，咱们就出发……”

第二天入夜后，庞志柏和廖梦棠骑着马，带着这支三百多人的队伍，赶到了西安城北门外，老远就看见城外篝火连绵，人喧马叫。向附近的百姓打问后得知，刘阜威后晌已兵临城下，把西安包围了。

怎么进城呢？硬冲显然不行。情急之中，庞志柏突然想起了北城墙根西边，有条暗道。暗道在城内的出口，在秦至庵家的土窑洞里，土窑洞挖在土城墙上，暗道直通城外一条荒沟，庆幸的是，荒沟里并没有敌人驻守。

这条暗道是秦至庵的父亲在世时，为了对付兵匪抢劫挖的，庞志柏在西安上学时，跟着秦至庵钻过这条暗道。

庞志柏和廖梦棠把马寄放在百姓家中，带着队伍悄儿没声进了荒沟。荒沟内野树搭伞，杂草丛生，洞口依然隐蔽得很好。

庞志柏先独自进入暗道，叫秦至庵打开洞口，之后又返回城外。等到所有的人都进入暗道后，庞志柏才松了口气，回头看了一眼月色朦胧的沟野，一弯腰又钻进了洞口…….

喋血城头

杨啸林派来的人把冯剑的队伍带走了。

魏柯书对庞志柏和廖梦棠说："幸亏你们赶得快，这一段刘阜威还没有布防完，别的地方都堵死了。敌人下午一来，就在四周挖壕沟，正在做攻城的准备。你们两个支部的任务，是带领钟楼到北城墙根的民众，协助杨啸林的猛虎团、雄狮团，守卫北城墙西段。赶紧找个地方把肚子喂饱，好好睡一觉，明天早上带上人进入阵地！"

魏柯书因为有急事，一说完就转身走了。

廖梦棠对庞志柏说："你是单身，我家在钟楼跟前，赶紧跟我吃饭去！"

庞志柏跟着廖梦棠，赶到了端履门外的天佑茶庄。

茶庄内只有一个四十来岁的女人，和一个半大小子，廖梦棠告诉庞志柏："这是我妈和我弟。"廖梦棠的母亲圆脸、微胖，留着中年女人常留的泡泡头，发髻上插着亮晃晃的银簪子，藕荷色的偏襟长衫，宽腿裤子，都镶着黑底红花的宽边，举止大方，谈吐不俗，一看就是经过世面的女人。

廖梦棠说："妈，这是我的一个新朋友，澄城人。我俩刚从蒲城办事回来，快饿死咧，赶紧给我俩弄点吃的！"

廖梦棠的母亲做饭时，梦棠领着庞志柏去后院房间歇息。因为天太黑，庞志柏头一次来，下台阶时不慎踏绽脚了，崴了脚，疼得头上直冒汗，被梦棠的弟弟扶到房间后，脚面霎时肿胀起来。

廖梦棠摸黑叫来一位白胡子老头，给庞志柏捏了一阵脚，又给脚面上涂了一些红药水，说明天就可以下床，三天后就能出门。廖梦棠要给老者医资，老者说："老邻家给啥钱哩么！"拾起身夹着药包走了。

一吃过饭，廖梦棠就去联络党团员，动员民众去守北城墙。临走时他叮嘱弟弟，好好照顾志柏哥。弟弟涎着脸笑道："我听你的，但有一个条件，你得让我去守城墙，还得给我一只手枪！"廖梦棠瞪了弟弟一眼，撂下一句话："别蹬鼻子上脸，门都没有！"一闪眼在门口消失了。

庞志柏感到脚不甚疼了，和廖梦棠的弟弟聊起来。

"你叫啥？上几年级？"

"我叫廖勃，上五年级。"

"你哥是哪个学校毕业的？"

"他是电报传习所毕业生，在电报局当报务员。"

庞志柏的目光，落在桌子上的插屏镜框上。镜框里，镶着一个军人的半身相片，神采奕奕，年轻威武。

"这是你爸的相片子？"

廖勃点点头："我爸是靖国军胡立僧部队的，他不在咧……"

庞志柏沉默了一阵，神色黯然说："你爸是不是在战场上牺牲的？能给我说说他的事吗？"

廖勃说："我老家在蒲城，我爸叫廖天佑，是日本士官学校毕业生，辛亥革命时，我爸参加了同盟会，后来参加了胡立僧的靖国军，和北洋军阀打仗时，立过战功，当了旅长。我哥不是我父母亲生的，他是渭南人，他亲爸叫廖更新，给我爸当过贴身卫士。有一回打仗，我哥的父亲用自己的身体，挡住了敌人的子弹，用自己的命换了我父亲一条命。后来我父亲在打仗时负了重伤，临死的时候他对我妈说：'廖更新留下一个儿子，叫廖梦棠，如今妈也死了，梦棠成了孤儿，在渭南街头流浪，你一定要找到这孩子，把他和廖勃一样当自己的亲儿子抓养成人。'后来，我妈就带着我去了渭南，把我梦棠哥找了回来。再后来，胡立僧派人把我们接到了西安。”

庞志柏这才得知，原来廖梦棠是廖天佑收养的义子。了解了廖梦棠的苦难经历，庞志柏和他的心贴得更紧了。

那不断传来的打炮声，让庞志柏坐卧难安。

第三天早上，他的伤脚刚能落地，就拄了一根棍子出了后门，要去上城墙。廖勃不让他走，一把没拉住跌了个尻子蹲。廖勃的母亲闻声跑出后门，冲着庞志柏的背影喊道："你吃些再走！"庞志柏说："顾不上吃了！"头也没回，一瘸一拐向城北走去。

街上到处都是来来往往、匆匆忙忙的男女，到处都充满着战前的紧张气氛。

庞志柏脚歪颠着，走了不远遇上一辆马车，去给城墙上的人送锅盔。好心的马车夫说他正要去城北，可以把庞志柏捎上。

马车在街巷里奔跑，把“哒哒”的马蹄声遗落在后面。

马车夫对庞志柏说："刘阜威是西安人的死对头！前些年祸害咱西安人，欠了一笔血债，如今又跑来祸害咱西安人！这两天西安的青壮年都上了城墙。没有枪就使马刀，使黄鳝尾，啥趁手使啥，横下一条心，要和刘阜威决一死战！"

马车夫的话，让庞志柏深受感动。他想，有这样勇敢、不怕死的民众做后盾，国民军就一定能战胜刘阜威，守住这座古城！

庞志柏一上城墙就忘了脚痛，丢掉手中的棍子，投入了激烈的守城战斗。

城墙被敌人的炮弹轰塌了一段，城外的敌人端着枪一面扫射，一面沿着城墙塌落的斜坡向上冲。庞志柏手中没有武器，跟着一些没有武器的市民，抱着石头砖块向冲上来的敌人砸下去。随着一阵阵鬼哭狼嚎，敌人的尸体沿着陡坡一直滚到了城壕里。

十多个敌人又冲了上来，在一阵激烈的混战中，冲上来的敌人全部被消灭。敌人的又一次进攻被打退了。分配刚刚缴获的枪支弹药时，廖梦棠给了庞志柏一支短枪，五十多发子弹和两颗手榴弹。

这次局部战斗，我方也付出了一死三伤的惨重代价。

把死伤者往下抬时，庞志柏看见担架上的一个战士，身上的新军装全让血浸透了。仔细一看，原来是刚刚从蒲城接来的冯剑！冯剑的头上有个血窟窿，殷红的鲜血，泛着粉红色的泡沫向外涌流。肚子被刺刀豁开了一道口子，担架旁边涌出了一大堆灰色的肠子，肠子拖到地上，绿色的粪汁不断涌出。

庞志柏五内俱焚，他“扑通”一声跪在地上，双手掬起滑溜溜的肠子轻轻地放在担架上。他带着哭腔说：“他没死，他还有救……”

抬担架的市民说：“他死咧！”

庞志柏紧紧抓住冯剑的手，大声叫着：“冯剑，我的好兄弟！”失声痛哭……

庞志柏带着人用土袋子垒防御工事，廖梦棠带着人往城墙上搬运石块砖头。这些断砖碎石，是女人和孩子到处搜寻来的，一堆堆堆在城墙下，守城的人在战斗间歇运到城墙上，变成了手中的武器。

入夜后，庞志柏和廖梦棠正在掩体内谈话，突然传来“轰”的一声巨响，一发炮弹落在城头上。敌人又一轮进攻开始了……

转眼间，庞志柏上了城墙一个多月了。

庞志柏已经记不清打退了多少次敌人的进攻。这几天情况有了变化，敌人的进攻突然停下来，偶尔打几炮，也毫无攻城的迹象。从城墙上看得很清楚，敌人正在城外日夜不停地挖着壕沟，新挖的壕沟又深又宽，很显然，因为久攻不下，敌人改换了策略，围而不攻。他们绕城一周挖这么深的壕沟，就是要隔断城内外的联系，等城内存粮吃完后，把城内军民全部饿死！

因为敌人多日没有进攻，守城的人慢慢松懈下来，有一些人白天回家看看，晚上却没有按时赶回来。加上战斗减员，守城的军民人数减少了三分之一。

这天夜里敌人突然又发起了进攻，隆隆的炮声中，城墙又被炸塌了一段。敌人一拨跟一拨往上冲，眼看守不住了，多亏附近的军民及时赶到，把冲上来的敌人又压了下去。

枪炮声停止了。庞志柏刚刚离开城垛子，突然听到一个熟悉的声音。扭头一看，月光下有一个留胡须的老汉，正在忙前忙后，用沙哑的嗓子招呼人用担架抬伤员。

庞志柏惊叫了一声："谢老师!"

谢靖夫也认出了庞志柏，回转身向庞志柏走来。就在这时，突然又一发炮弹落在附近，庞志柏大喊一声："卧倒!"急忙扑过去，把一个叫芦冰泉的男子压倒在地，一块弹片击中了他的背部，庞志柏当即昏了过去。

谢靖夫把庞志柏抱在怀里，用嘶哑的声音呼唤着庞志柏的名字。

廖梦棠闻声跑过来，他用手去扶庞志柏的脊背，沾了一手热乎乎的鲜血。他急忙和芦冰泉一起，用担架把庞志柏抬下了城墙。

谢靖夫扶着担架，一边疾步奔走，一边呼唤着庞志柏的名字。庞志柏声息全无，生死未卜……

锦绣旗袍店

庞志柏被抬进一个大院落里，院门口插着有红十字的白旗子，院内横七竖八，全是等候救治的伤员。庞志柏是危重伤员，命悬一线，直接抬进手术室进行抢救。

负责手术的医生叫张乃华，是谢靖夫的邻居，母亲是法国人。张乃华的长相更多地保留了母亲的特点：高鼻子、深眼窝、皮肤特白，一头乌黑的短发，自带卷儿。因为过度劳累，长时间睡眠不足，张乃华面容憔悴，眼内充血，眼眶微胀而发青，身上的白大褂子上沾满了血迹。一个年轻俊俏的女护士正在旁边忙活，她叫岳荣，是张乃华的新婚妻子。

谢靖夫对张医生说："这是我最喜欢的学生，你一定要把他救活！"

张乃华瞪了他一眼："不是你的学生，我就见死不救吗？"

张乃华刚刚给庞志柏取出弹片，庞志柏醒了。只听"当啷"一声，张乃华把弹片用镊子夹着，丢在白瓷盘子里。他从眼镜框上面盯着庞志柏苍白的脸说："兄弟，你今儿捡了一条命，弹片要是偏一点点就没命啦！"

伤口处理完了，张乃华说："还好，没什么大碍，不过失血太多，要好好保养，两三个月就能康复。"

谢靖夫说："没事就好，送到哪里去养伤？"

张乃华说："近处家家都安排了伤员，他是你最喜欢的学生，抬到你家去，让雨荷嫂子好好陪护他！"

谢靖夫说："张医生，你还不晓得，我、我没家咧！昨天刘阜威一发炮弹，把我家炸了个大坑，把你雨荷嫂子炸死咧，连个浑全尸身也、也没留下……"

谢靖夫涕泗横流。庞志柏心想，日后再也见不到性格爽朗、笑容可掬的师娘池雨荷了，忍不住泪水顺着脸颊，滚落在担架上。

芦冰泉经营着一家车马店，也是谢靖夫的邻居。庞志柏是为了救他受的伤，他要把庞志柏抬到他的车马店里，让妻子服侍庞志柏养伤。谢靖夫不放心，没有同意。

廖梦棠说："走吧走吧，抬到我家去，我妈在军队医院当过护士，最有护理经验！"谢靖夫问廖梦棠家住哪儿？梦棠说在端履门。谢靖夫说

“太远，送到九府街王太太旗袍店里去，那里离得近，王太太人好，快走吧！”

廖梦棠惦记着守城墙的人，于是又找了一个小伙子，和芦冰泉一起抬着担架，去九府街送庞志柏，自己返回城墙上去了。

王太太叫王静秋，家住九府街，门前的金字招牌上写着“锦绣旗袍店”五个大字。当庞志柏被抬到她家时，她刚烙了一篮子油酥饼，打发两个女儿抬着给守城的人送去。

王静秋急忙招呼来人，把庞志柏抬到里间炕上。转身问谢靖夫这小伙伤咋样？谢靖夫说：“伤倒是不太要紧，就是失血太多，要天天换药，千万不能感染，药和纱布我都带来了，张医生说只要好好补养，两三个月就能下炕。”

谢靖夫临走时，对送他出来的王静秋说：“他叫庞志柏，是我教过的学生中最优秀的！劳驾你看在我的面子上，多费些心在他身上。”

王静秋说：“放在我这里你再甭操心，我会像照顾亲儿子一样照顾他！”

王静秋和谢靖夫年龄不差上下，也是年过半百的人了。她心慈面善，对庞志柏悉心照料，特意买了几只母鸡，天天给庞志柏熬鸡汤喝，天天给他喂饭、换药，从来没有泼烦过。庞志柏从王静秋身上，体会到了失去多年的母爱，每当夜深人静，想到王静秋慈母般的关爱，止不住泪流满面，枕头上时常泪迹斑斑。

半个多月后，庞志柏的伤些微好了点，已经有了一些精气神。这天入夜后，王太太的大女儿又来给庞志柏送饭，庞志柏一边吃饭，一边和小姑娘拉话：

“你叫什么名字？上学没？”

“我叫彭云锦，在关帝庙小学上学，城里一打仗学校就放了假。”

这时候，突然冒出一个小姑娘的声音，稚嫩而清亮：“大哥哥，我叫彭云绣，我会写我们全家人的名字。我妈说等打完了仗，就让我跟着姐姐一搭里去上学！”

庞志柏循声看去，这才发现了站在暗处的小姑娘。

“云锦、云绣，你姐妹俩的名字，真好听！谁给你们起的？”

“是我妈妈起的。”

“你妈妈是做什么的？”

彭云锦说：“我妈妈原先在逸仙中学教书，后来不教书了，开了这个旗袍店。”

小云绣急忙补充道：“我妈妈说，我姐姐叫云锦，我叫云绣，所以叫锦绣旗袍店！”

“你爸爸是做什么的？”

“我爸爸……”

这时王太太突然走了进来。她打断了女儿的话，说：“别跟大哥哥多说话，大哥哥身上有伤不能多说话。快去写字去，写完了睡觉！”

云锦、云绣悄儿没声离开了。

庞志柏说：“小姐妹俩既聪明又漂亮，真可爱！”

王太太从炕墙上取了碗筷，说：“你的伤口还没好，早点歇着！”说着转身要走。庞志柏说：“大妈，你要是不忙，能陪我坐一会儿吗？”王静秋说：“不忙不忙，自打围城以来，没接过一件活，乱成这样子，命都保不住，谁还有心思做旗袍。”说着在椅子上坐下来。

“大妈，家里平时就你们娘们仨？云锦、云绣的爸爸呢？”

王静秋似乎没有听到庞志柏的问话，她如同木雕泥塑，端坐着一动不动。庞志柏后悔不该冒冒失失提出这个问题，也许她的丈夫和梦棠的义父一样，死于非命，或是抛妻别子另觅新欢。总之一提起她的丈夫，便勾起了她的痛苦记忆。

庞志柏无地自容。他吞吞吐吐说：“大妈，对不起，我不该问你这个……”

王太太长出了口气，坦然说：“没事，我丈夫叫彭公祥，是我在西秦高师的同学，临毕业时，学校要留他在高师任教，他为了参加革命活动，拒绝了学校的要求。可惜呀！可惜他壮志未酬身先死，我怀上云绣那年，他被镇嵩军刘阜威逮捕后，枪杀了……”

王太太依然如同木雕泥塑，端坐在椅子上一动不动地盯着窗外。窗外一片漆黑，王太太发亮的目光，像两把刺破黑暗的利剑。

庞志柏突然意识到，看似平平常常的王太太，身上却储积着一种巨大的潜力。这种力量来自对北洋军阀、对刘阜威、对一切反动派的刻骨仇恨！他想，我们共产党人的革命事业，要取得胜利，所仰仗的，正是来自民众的这种力量。

这是足以摧毁整个旧世界的、伟大的力量……

铜墙铁壁

在王静秋的精心护理下，两个月头上庞志柏的伤口差不多好了。王静秋让他等好利索了再走，庞志柏却一天也待不住了。

庞志柏离开旗袍店时，王静秋母女三人把他送出老远，一直看着他的身影，消失在关帝庙拐弯处，才回家去了。

庞志柏匆匆忙忙，赶到北城墙上。

廖梦棠一看见庞志柏，从掩体内一跃而出，伸开双臂把他抱了起来，高兴得就地转了几圈。庞志柏觉得脊背上的伤口，如同锥子扎似的，忍不住“哎呦”一声，脸上顿时失去了血色。

廖梦棠这才想起他的伤，连忙放开他，说：“还没好利索，你急着跑来干啥？快来人，用担架抬回去！”庞志柏笑道：“别别别，没你想得那么严重!”

两人来到城墙外围被炸塌的地方，站在土袋子垒的工事后面，向北眺望。

廖梦棠说：“就在这个豁口，敌人三个多月发动了上百次进攻，有好几回眨眼守不住了，临了都被我们打退了！在这上百次战斗中，守城的军民牺牲了一百多人，受伤七八百人，硬是用自己的热血肉身子，筑起了这道铜墙铁壁!”

站在庞志柏面前的廖梦棠，如同经过战火燃烧后只剩下躯干的树桩。整个脸面就像刀劈斧斫成的，棱角生硬，如同沙漠腹地的风砺石。他的变化太大了，变得庞志柏差点认不出来了！他的头发就像狮子头上的长毛，乱糟糟的一撮一撮扎向脑后，颧骨突出、眼窝深陷、眼圈发青。最刺眼的是右边脸颊上，坌起一道粉红色的伤疤。就像有一条软体虫子，吸附在黑黝黝的脸颊上，和整个脸面极不协调。

庞志柏说：“脸上的伤疤咋弄的？差一点伤了眼，多危险!”

梦棠说：“没事，拼刺刀落下的，留个纪念！刚拆了线，张医生说慢慢就长平了。”

庞志柏又说：“才三个来月，你瘦得脱了形!”

廖梦棠笑道：“我是秦琼的马，有内膘!”

廖梦棠的调侃，并没有让庞志柏开心，反而让他感到深深的内疚。他觉得自己在王太太家里，待得时间太长了，其实早就该回到这里来!

廖梦棠指了指外面的壕沟说：“敌人付出的代价更大。自打挖了那道壕沟，白天没了动静，都是到了晚上趁我们不防备时，突然发起进攻。开始我们吃了几次亏，后来不敢有一丝一毫懈怠，连睡觉时枪也抱在怀里……”

两人正说着话，有两个人上了城墙。

庞志柏扭头一看，认出一个是自己的老师谢靖夫，一个是魏柯书。魏柯书对庞志柏说：“我跟谢老师去王太太家看你，她说你刚走，上了城墙，我们就跟屁子赶到这里来了！”

谢靖夫说：“志柏，柯书现在是杨啸林师部的政治处处长。他和杨师长商量，决定办一份守城战报，柯书担任主编，责任编辑我推荐了你。你在沪大编过校刊，轻车熟路，要是身体不碍事，就把这个担子，挑起来！”

庞志柏说：“责任编辑当然是谢老师，由谢老师坐阵，我来跑龙套。我的伤全好了，跑腿熬夜的事我全包了！”

魏柯书笑道：“你们俩推来推去，总得有人负责吧？我是主编我来拍板。责任编辑是庞志柏，谢老师和王静秋老师都是编辑。你们只管改稿、组稿，每天有人按时来送稿取稿，别的事情你们都不用管！”

廖梦棠说：“去吧志柏，我要有你那两把刷子，这事还轮不上你！你去安心办报，守城的事交给我，你再甭操心！”

庞志柏和魏柯书厮跟着从城墙上下来，匆匆忙忙赶到濯园，从后门进入濯园后院。

濯园的前院是杨啸林的师部，后院是魏柯书的政治处。后院早先是个水塘，水塘中有荷花游鱼，水塘正中间有一间独立的西式平房。因为多年来战事不休，疏于管理，水塘的水干涸了，就改成了花园。

魏柯书和庞志柏正在回廊里谈话，一个身材魁梧的军人，从通往前院的小门走过来。庞志柏扭头一看，认出是杨啸林！杨啸林也认出了庞志柏，他大声笑道：

“哈哈，庞志柏，我们又见面啦！”

杨啸林久久握着庞志柏的双手，没有松开。

庞志柏说：“杨师长，咱们在柳池村分手时，我说的话你还记得不？”

杨啸林大声说：“只要目标一致，一定后会有期！”

两人开怀大笑。

魏柯书在一旁笑道：“闹了半天，原来你俩是熟人！刚才我还对谢老师说，咱们推荐庞志柏当责任编辑，杨师长要是不同意咋整呀？谢老师给我出主意说，你就对杨师长说，那天去蒲城接冯彪队伍的两个人，其中就有庞志柏，杨师长肯定同意！”

杨啸林惊诧道：“志柏兄弟，没想到战端未开，你就不吭不哈立了头功！来来来柯书，咱们和志柏到前面说话！”

这天下午，杨啸林让厨师特意做了一顿羊肉泡馍，招待庞志柏和魏柯书。

吃过饭后，杨啸林取出自己写的短文，交给庞志柏说：“这是我写的发刊词，你是大学生，有不合适的地方给改改，别让我把人丢在西安！”

杨啸林写的发刊词，只有短短五百来字，庞志柏很快看完了。他高兴地说：“嫽得很！守城的军民看了一定会热血沸腾，斗志更加旺盛！”

庞志柏暗自心想，杨啸林在柳池村说过，他只上过两年私塾，没想到能写出这么精炼、这么鼓舞人心的好文字！内心对杨啸林，又增添了几分敬意。

魏柯书看过杨啸林写的发刊词后，说：“杨师长的发刊词中，用了一个成语‘铜墙铁壁’，我看就用这几个字作报刊名，你们看如何？”

杨啸林和庞志柏都觉得甚好。

应魏柯书的请求，杨啸林提笔写下了“铜墙铁壁”四个颜体大字，交给了魏柯书。

粮食！粮食！

西安城已经连续几个月，听不到枪炮声了。然而，一个比枪炮声更具杀伤力的敌人——饥饿，却日复一日夺去了越来越多市民的生命。

绝望和悲观的言论，在城内到处流传，说与其跟着国民军饿死，还不如打开城门，放刘阜威的兵进来。刘阜威再可恶，也不至于看着满城的百姓眼睁睁饿死。

连日来，各个城门口都有一些民众在聚集闹事，嚷嚷着要出城找饭吃，硬是被守城门的军人挡了回来。

一日午后，庞志柏和谢靖夫走进濯园师部。杨啸林和李驭龙二位师长，正在高一声低一声议事，看见庞志柏和谢靖夫来了，两人停止了争论。

杨啸林夸奖道："二位编辑辛苦了！《铜墙铁壁》最近越办越好，对守城军民鼓舞很大！也有美中不足，报上的文章都是正面内容，这当然是主流，还有非主流的东西。例如，对一些消极悲观的言论，还有一些人鼓动民众闹事，动摇军心民心，要写一些措辞严厉的文章，坚决给予回击！"

谢靖夫说："眼下城内的粮荒，越来越严重，树皮扒光了，好多人吃了观音土巴不下，活活憋死了。这些天有不少市民，到编辑部来找我们，问守城啥时候才能结束？对眼下严重的粮荒，上面有啥解决办法？我们就是为这件事来的，希望二位师长能给我们一个明确答复，我们也好向民众做工作。"

杨啸林紧绷着脸说："我的答复只有两个字，坚持！坚持就是胜利！我们已经通过电台，和北京方面取得联系，北京方面回电说，李守常请于百寻出面，准备飞往苏联，促成国民一军冯焕章回国北伐，以解西安之围。只要我们再坚持一个月，冯焕章的部队就能赶到，胜利就一定是我们的！"

谢靖夫看到李驭龙挠了挠头，叹了口气，便问李驭龙："不知李师长对目前形势，有何看法？是否同意杨师长的判断？"

李驭龙说："啸林兄的想法，驭龙不敢苟同。目前守城的兵力不足一万人，围城的镇嵩军达七万之众，相差悬殊啊！现在西安城内，每天要饿死一两千人，不能再顶下去啦！人命关天哪！咱不能吊死在一棵树上。为了保住更多军民的性命，应该采取权宜之计，派人出城和刘阜威谈判。只要刘阜威答应进城后，不加害守城军民，我们就放他进城。如果啸林兄同意我的意见，我愿意冒死出城，亲自去和刘阜威谈判。”

杨啸林如同发怒的猛虎咆哮着：“我再说一遍，只要我杨啸林还有一口气，就绝不向刘阜威低头！”

杨啸林冲着庞志柏、谢靖夫大声说：“把我的话告诉全城军民，我杨啸林师全体将士，宁可全部战死、饿死，也绝不向刘阜威低头求和!”

《铜墙铁壁》编辑部设在关帝庙内。

编辑室的三个人，除了对每天送来的稿件进行挑选、修改、润色外，还要负责重点采访和重要稿件的撰写。这后一项工作，成了庞志柏的主要任务。

庞志柏和恩师谢先生从濯园出来，匆匆忙忙往关帝庙赶。

刚刚走上正街，迎面吹来的风中挟裹着一种极难闻的味道，通过鼻腔一下子冲上脑门。他们看见不远处的巷口，有人拉着平板车出来，以为是拉大粪的，又觉得那味道不像是大粪，这种极难闻的味道，他俩从未闻到过。这时候那辆平板车已经拉到跟前，后面竟然一辆接一辆，不断有平板车从巷口拉出来。

树上的一群乌鸦，突然飞起来，“呀！呀!”地叫着，在头顶上盘旋。

庞志柏突然意识到，原来他俩闻到的，是腐烂后的死尸的味道!

他看见平板车上盖的席片下面，露出十多只赤脚，有大脚、小脚、白脚、黑脚。他终于明白了，这些平板车上拉的都是饿死的人，有大人、小孩，有男人、女人……

谢靖夫的老伴池雨荷被炸死以后，他一直在左邻右舍蹭饭吃，自从到了《铜墙铁壁》编辑部，跟庞志柏一搭在王静秋家吃饭。

王静秋的丈夫彭公祥出身名门，去世后留下一些家私，王静秋在家里能吃的东西都吃光以后，把祖传的宝贝一件一件换了粮食。时下全城都闹粮荒，正应了“米珠薪桂”这个成语，这些很值钱的祖传宝物，能换回来的粮食实在少得可怜！

有什么法子呢？保命要紧！

过了一些日子，王静秋家能换粮食的东西，全换完了。没了粮食就没了挖抓，旗袍店只剩下半袋杂合面了。

这天傍晚，庞志柏和谢先生编好明天的稿件，王静秋还没带饭过来。两人饿得前心贴后心，头昏眼花，摸黑到了九府街旗袍店。

王静秋躺在炕上，张乃华医生正给她号脉。庞志柏忙问张医生，“王大妈得的啥病？”张医生正要开口，王静秋在背后拉拉他的衣襟。张乃华说：“没事，就是累了，气血有些虚，增加些营养，休息些日子，就好了。”

张乃华离去后，王静秋吩咐大女儿云锦赶紧去厨房，给谢伯伯和大哥哥盛饭吃！

晚饭还是杂面糊糊。两人正蹲在厨房门口“呼噜呼噜”喝杂面糊糊，黑暗中有一双亮晶晶的眼睛，吸引住了庞志柏的目光。他知道那是小云绣，急忙走过去把小云绣拉到灯光下，把没吃完的半碗杂面糊糊，塞给云绣，说：“你吃吧，大哥哥吃饱了！”

云绣把双手背在身后，说：“我不吃杂面糊糊，妈妈说杂面糊糊，只给谢伯伯和大哥哥吃。你们吃饱有了劲，才能打败刘阜威，替我爸爸报仇！”

“那你和姐姐、妈妈吃啥？”

“我们吃榆树皮糊糊。”

庞志柏看见小云绣近来瘦了许多，细细的脖子支撑着大脑袋，一双大花眼陷到了窑窝里，忍不住流下泪来。

这天夜里，两人拖着沉重的步子，回到关帝庙小学，他们没有点灯，在黑暗中坐了很长时间。庞志柏终于开了口：“王太太得了浮肿病，她是因为饥饿，连站的力气也没了。”

谢靖夫说：“她家那点杂合面，自己舍不得吃，留给咱俩吃，咱是爷们，不能和孤儿寡母抢饭吃，一定要想办法弄些吃的回来!”

到哪里弄吃的呢？两人费尽心思，商量来商量去，决定从明天起，再不能到旗袍店去蹭饭吃，以后办报的事，由庞志柏一人承担，谢先生专门解决吃饭问题。

谢靖夫因为饥饿，肋条根根可数，就像搓板似的排列着。他几乎是以乞讨的方式，一点一点搜集食物，头几天还好些，后来搜集的食物越来越少。他一想到云锦、云绣失去光彩的眼神，想起庞志柏凸显的颧骨和凹陷的双腮，想起得了浮肿病躺在床上的王太太，心中难受得直想掉泪。

这天中午他只要了两个馍，都给外出采访的庞志柏留着，自己饥肠辘辘，饿得眼前发黑。他看见教室外面窗台上放着一些晒干了的蓖麻籽，心想蓖麻可以榨油，自然也可以充饥，他抓了一把蓖麻籽，剥去甲虫似的硬壳，把白色的内瓤放进嘴里嚼了嚼，一种怪味直冲脑门。

饥不择食的谢先生，一口气吃了十几颗蓖麻籽，他头冒虚汗，肚子越来越疼，疼得大声呻唤，在地上打滚。

庞志柏外出归来，背起谢先生急忙去看张医生，刚走出关帝庙小学，庞志柏两腿一软跌倒在地。芦冰泉正好路过，帮着把谢先生背到张乃华诊所。

经过张乃华医生紧急救治，谢先生脱离了危险。

张乃华说：“这是蓖麻中毒，很危险的!”谢靖夫神志清醒后，急忙对庞志柏说：“饿坏了吧？我给你留了两个馍，怕老鼠偷吃了，扣在饭盒里，是纯麦面的，快去吃吧!”

庞志柏急忙转身走出门。他泪如雨下，蹲在墙角泣不成声……

芦冰泉一回到城墙上，立即把庞志柏他们断粮的消息，告诉了廖梦棠。

廖梦棠心急火燎，他把守城的事交代了一下，急忙从城墙上下来，骑着自行车发疯似的直奔天佑茶庄。他的母亲刚刚卖了西街的房产，家里昨天买回来两袋面粉，他用自行车驮了一袋，直奔关帝庙小学……

正是廖梦棠送来的这一袋面粉，让王静秋母女加上谢靖夫、庞志柏五人，保住了性命，度过了最艰难的最后十天。

一日清早，庞志柏和谢靖夫刚起床，魏柯书突然来了。他把一张稿纸拍在桌子上，大声喊道："好消息！好消息！杨师长说，要把这个大好消息用大号字排版，中午十二点前必须让全市军民都知道！"

庞志柏急忙拿起稿纸，只见上面写着：

> 国民军将领冯焕章，在中共和苏联的支持下，已由莫斯科返回国内，于内蒙古五原县誓师，就任国民军联军总司令，于百寻代表国民政府监誓。冯焕章完全采纳了李守常提出的方针：进军西北，解西安围，出兵潼关，策应北伐。目前正率部向西安挺进，近日即可兵临城下，将刘阜威所部驱逐出陕境！

数日后，国民联军进抵西安近郊，与刘阜威部展开激战，刘部溃不成军狼狈逃窜。历时八个月的守城战斗，取得了最后胜利。

第六章

东府风雷

西安解围那天，全城军民欢欣鼓舞。天尚未亮，男女老少走出家门，奔走相告胜利的消息！成千上万的军民涌出城门，与城外的国民联军一起欢呼胜利。住在城外的老百姓，箪食壶浆，蜂拥入城，慰劳守城的军民。人们不管认识不认识，见面后都要相视一笑。这是胜利的喜悦，是从内心溢出来的！

解围后头一天，在冯焕章主持下，国民联军驻陕总司令部成立，于百寻被任命为总司令。之后集城内战死、饿死的五万具尸骨，丛葬于西大冢，围冢建造革命公园，供后人纪念祭祀亡灵。

于百寻代行陕西事务后，立即着手整饬弊政，兴办大学，出版进步书刊，推动工、农、学、妇运动，在整个陕西境内掀起了新的革命高潮。

为了培养军队政工干部和农运骨干，于百寻委托魏柯书举办了“政治训练班”。

这天中午，于百寻打发魏柯书把庞志柏叫到司令部，他捋着胡须说：“好小子！你给沪申大学争了光，沪大能培养出你这样的人才，我感到骄傲！好钢要用在刀刃上，我打算收编高峰五师和侯吉人师，这两个师眼下都驻扎在蒲城，正愁没有可靠的人去办这件事，魏先生给我推荐了你和张鼎，你们俩准备一下，明天出发吧！”

第二天一大早，庞志柏就和张鼎骑着马，一路朝北直奔蒲城。收编工作仅用了一星期，圆满完成了。

从蒲城回到西安时，“政治训练班”已经结束。

负责训练班的魏柯书，担任了联军政治部主任。魏柯书把庞志柏、吴勤虎、骆伯安、沈钟叫到政治部，围着熊熊燃烧的火炉子坐下来。红红的火光照在众人的脸上，越发显得人人精神焕发。

魏柯书似乎在拉家常。他说：“最近中央决定，要在条件较好的一些省份，掀起农民运动的高潮。中央特别指出，陕西农民运动的重心，放在关中，省委决定，关中农民运动的重心，放在澄城、合阳、大荔、朝邑四县交界的广大农村。指挥中心放在澄城寺前镇竞化高小。”

魏柯书喝了口水，接着说：“为了给农民兄弟壮胆助威，于司令已经把高峰五独立二师，调到寺前镇驻防，师部就驻扎在竞化高小。独立二师政治部主任由庞志柏担任，骆伯安和沈钟负责组织和宣传。吴勤虎的家，就住在寺前镇附近的西吴坡，先前组织派他去广州农民运动讲习所学习农民运动经验。他从广州回来后，一直在东府做宣传鼓动工作，为开展农民运动打下了基础。庞志柏三人的任务，是支持和协助吴勤虎，在东府迅速掀起农民运动的高潮……”

高峰五是白水县人。幼时家贫如洗，做过佣工，喜好习武，辛亥革命时率众攻入县城，杀了知县，投了革命党人。与清兵作战时智勇超群，负伤后返回故里，先任民团团总，后加入靖国军。几十年戎马倥偬，为人豪爽、不拘小节。他性情剽悍，肤色黝黑、络腮胡子，绰号黑豹，笑起来“嘎嘎”声如同赶鸭子。

在高峰五师长的接风宴上，庞志柏多喝了几杯酒，浑身燥热毫无睡意。他在床上躺了一会儿，披着棉大衣蹑手蹑脚出了门。

一轮明月点亮了深邃的夜空，明月周围缠绕着几朵镶着白边的浮云。

操场上堆起来的积雪，在月光中闪烁着幽光。幻觉中，庞志柏似乎听到了清亮、稚嫩的歌声：

荠荠菜，铺麦田，不论是谁都可剜。
不必问，不掏钱，尽管剜，没人嫌。
世上东西千千万，样样都被人霸占，
只有荠荠菜，留给大家剜！
我们趁空间，拿着刀和镰，
去到土城外，找片好麦田，
大家快快剜，过一回我们的快乐天！
……

蒙眬中，庞志柏似乎看见竞化高小的一群少年学生，有男有女，排着队伍，携着笼笼，从满眼新绿的村野小路上走过来……

突然身后有人问道："你怎么不睡？是不是想媳妇了？想了就回去一趟，都到家门口了！"

庞志柏回头一看，是骆伯安。

庞志柏说："说不想她那是假话。每次回家都要跟父亲大吵大闹一场，还有啥心思回那个家！"

庞志柏叹了口气，转了话题："不说那些泼烦事了。伯安，你看竞化高小这座楼，是仿照日本东洋式楼房建造的。竞化竞化，乃竞争进化之意，从这所学校出来的人，许多人都走上了革命道路。真是良才辈出、良才辈出啊！我是十三岁那年，到这所新式学堂读书的。就在那几年家庭发生了重大变故，我成了封建家庭的逆子，也成了黑暗社会的叛逆者……"

骆伯安说："我们闹革命，不都是被这个黑暗的社会逼的！拿勤虎大叔来说，他小的时候家里穷，父亲缴不起上面摊派的苛捐杂税，当着甲长的面骂道，也不问地里打没打粮食，七税八税只管要，什么父母官，简直猪狗不如！甲长告诉了知县，他父亲被抓到县衙，打得浑身稀烂，十冬腊月剥掉棉衣棉裤，在柳树上捆绑了几天，活活冻死了！勤虎大叔为了报仇跑到西安，参加了孙书堂的队伍，当了营文书。我和他就是那时候在行伍里认识的。”

庞志柏双目炯炯：“他是一粒火种！有了这粒火种，要不了多久东府就会燃起燎原大火。”

一转眼，冰消雪融，春回大地。

这一天寺前镇逢集，四周村落的民众纷纷涌入这个千年古镇。

镇街两旁人头攒动、旌旗招展。指挥锣鼓队伍的壮汉身着黄色戏装，手执丈二摇杆，摇杆上缠系着各色彩绸。分列在街道两旁的铙钹、皮鼓、勾锣长队，随着摇杆舞动的节奏，“咚咚锵锵”“噔噔嗒嗒”，惊天动地，十分壮观！

戏楼前的广场上人山人海，上百支长号、唢呐一齐朝天吹响。三眼铳子东起西落，随着震耳欲聋的巨响，空中升起缕缕青烟。两头金狮围着八仙桌，上蹿下跳，在阵阵叫好声中翻滚腾挪。

这些衣衫破烂、满脸皱褶的庄稼汉，脸上洋溢着难得一见的笑容。今儿是他们的盛大节日，他们被压抑得太久了！终于有了发泄的机会，咋能不放开手脚，美美地疯张一回呢！

在“噼里啪啦”的鞭炮声中，竞化高小新式门脸两旁，挂上了两个新做的大木牌。一个写着“中国国民党东府临时党部”，一个写着“东府农民协会总会”。

就在这天晚上，吴勤虎加入了中国共产党，庞志柏和骆伯安是他的入党介绍人。墙上挂着镰刀锤子的旗子，在马灯的映照下闪着烁烁红光。

吴勤虎热泪纵横。他说：“我识字不多，讲不出多少大道理，我只想说几句心里话。我为啥要加入共产党？不是为了升官发财，而是为了让天下的受苦人，都能挺起腰杆做人！我铁了心要跟共产党走，枪林弹雨不后退，钢刀底下不低头!”

吴勤虎朴实的内心剖白，赢得了一片热烈掌声。

农协总会房间内的灯火，一夜没有熄灭。经过热烈讨论，确定了掀起农运高潮的计划。

天快亮的时候，屋外刮起了大风，突然从远处传来一声沉闷的雷声。

庞志柏问：“今天啥日子?”

吴勤虎说：“惊蛰。”

庞志柏说：“惊蛰一过，龙就要抬头了……”

夏阳渡

短短几个月内，东府农民运动风起云涌。

在澄、大、朝、合四县毗邻的农村，已经建起了一百多个村级农会组织，加入农会的民众达到三万多人。

农民协会连续召开数千人大会，斗争了民愤极大的恶霸乡绅，处死了作恶多端的匪首，击败了反动军阀、地方武装的多次进攻。一向横行乡里的农村恶势力吓破了胆。贫苦农民扬眉吐气，加入共产党的农运骨干已达到八人。

有一天晚上，吴勤虎从合阳县一回来，就告诉庞志柏：“合阳县黄河岸边有个村子，叫夏阳渡，就是当年韩信木罂渡军、活捉魏豹的那个地方。村里有个恶霸地主叫唐孚舜，家里养着十多个带枪的家丁，经常耀武扬威欺压百姓，大家都怯火他，没人敢出头成立农会。听合阳同志说，前几天在夏阳渡突然冒出来一个农会组织，农会主席是个女的，叫石蓝草，原先是黄龙山里的一个女匪首。石蓝草的男人，叫杨拴，是夏阳渡人，多年前拉杆子上了黄龙山。半个月前夫妇俩带着一起上山为匪的二十多个人，回到了村里，一回来就宣布成立了农会。石蓝草在群匪中的威望，盖住了丈夫杨拴，被推举为农会主席，村里人出于对土匪的恐惧心理，都被逼迫加入了他们的农会组织。”

这真是节外生枝！

庞志柏觉得，夏阳渡成立农会的事比较复杂，一定要把情况先搞清，才能对症下药。他让吴勤虎派人去夏阳渡，通知石蓝草到寺前镇议事。

第二天上午，石蓝草一杆七八个人骑着马，到了寺前镇。

在竞化高小门口，他们被站岗的士兵挡住了。士兵说：“上面交代了，只能进去农会主席一个人。”

杨拴要动粗，被石蓝草制止了。

当石蓝草在马的嘶鸣声中走进竞化高小时，庞志柏和高峰五正在室内，和于百寻、魏柯书交谈。于百寻即将返回北京，特意来向部属告别。

听到马的嘶鸣声，庞志柏探头向窗外瞅了瞅，只见一个丰盈矫健的女子，留着剪发头，腰里扎着皮带，打着裹腿，斜背着盒子枪，英英武武走进农协总会办公室。

庞志柏心想，这大概就是那个自称农会主席的女匪首石蓝草吧！敢于只身一人闯入独立二师师部里来，还真有些天不怕、地不怕的气派！

于百寻和高峰五等人的告别谈话，终于结束了。

高峰五要留于百寻他们吃午饭，于百寻说没时间了，还要去别的部队转转，上了吉普车离开了。

当庞志柏、高峰五送走于百寻、魏柯书等人，返回竞化高小时，正巧碰上了从大门里出来的石蓝草。

庞志柏和石蓝草的目光相遇的一刹那，石蓝草的脸上掠过了一丝微笑。随后一个剽悍的庄稼汉子，牵过一匹膘肥体壮的栗色马，滚圆的马屁股，如同绸缎般光滑。石蓝草一抬腿，“嗖”的一声翻身上马，在一阵散乱的马蹄声中，和几个随从绝尘而去。

石蓝草如同一阵风，一闪眼消失得无影无踪。虽然只是惊鸿一瞥，她的面影却镂刻在了庞志柏心中，怎么也忘不掉了。

下意识中，庞志柏总觉得她和自己记忆中的一个人，十分厮像。这个人是谁呢？他竭力搜寻着自己认识的年轻女子，终于有一个人，突然在他的记忆中显现出来。

这个人，就是他失散多年的妹妹希罕！石蓝草的长相，很像妹妹希罕，特别是那一笑，眼角向两边一挑，那神情实在太像了！和妹妹厮像的女子，他过去遇见过几个，那都是因为太想念妹妹的缘故。至于眼前的这个石蓝草，更与妹妹八不沾边。

无论如何，庞志柏也把纯真善良的妹妹和这个女匪首无法联系起来。

吴勤虎蹲在椅子上，一面抽旱烟，一面和农协总会几个领导议事，庞志柏走了进来。

吴勤虎连忙站起来说："这石蓝草就是倔，我让她招呼她的人去吃饭，她不去。让她再等一会儿和你见一面，她说等不得了。就像打机关枪，'嘟嘟嘟嘟'一阵子，说完了夏阳渡成立农会的事，转身走了！"

"为啥这么着急？"

"她说唐孚舜被他们看押起来了，她怕耽搁时间长了会出事，所以急着赶回去了。"

"唐孚舜家不是有十多个家丁，十几条枪吗？他们咋把唐孚舜抓起来的？"

"她说他们通过唐家的长工，说服了家丁一个头目。昨晚上里应外合冲进唐家宅院，缴获了十几条枪，把唐孚舜抓了起来。"

"他们打算咋处置唐孚舜？"

"石蓝草临走时说，不管咱们承认不承认夏阳渡农会，他们明天照样召开大会。然后让群众用石头，把唐孚舜砸成肉泥！"

"咋能这样干，这不是乱来吗！"庞志柏的眉头拧成了疙瘩。他说：

“只有经过东府农协总会批准，才能执行死刑。一个总会没有批准成立的村级农会，咋能擅自执行死刑?”

师政治部和东府农协总会一行九人，骑着马，连夜赶到了夏阳渡。在离村子尚有一里地的崖畔上，众人下了马。

一钩蛾眉新月高悬在夜空中。庞志柏站在沟崖边，瞅着朦胧的月光下浩瀚的黄河，倾听着铺天盖地的大河涛声。河对面的渡口隐隐约约闪烁着一星灯光，河这边的夏阳渡，黑呼呼一片，偶尔传来几声狗叫，很快又恢复了一片死寂。

庞志柏说：“你们守在这里，我和吴大叔步行进村，如果需要你们进村，我会用手电划圈通知你们。记住，看不到信号千万不要进村!”

庞志柏和吴勤虎进村后，很快和石蓝草夫妇接上了头。

四个人走进河神庙耳房里。石蓝草笑道：“我没有猜错吧！我说你们肯定会支持我们，咱们本来就是一家人么!”

庞志柏正色道：“我们是国民联军，你们是黄龙山上的杆子、是劫匪，怎么是一家人?”

吴勤虎一下子紧张起来。他瞅瞅庞志柏，又瞅瞅石蓝草，连忙打圆场说：“有话好好说，千万别动火、别动火……”

这时，石蓝草的丈夫杨拴开了口：“长官，你说这话，我可不爱听！你怎么不问三七二十一，就说我们是劫匪？我们都是被唐孚舜逼得没活路了，才结伙上了黄龙山。黄龙山里的杆子比地窝蜂还多，我们跟他们不一样，我们从来没有伤害过一个贫苦百姓，是专门打富济贫的绿林好汉!”

石蓝草接过丈夫的话头，说：“我们在黄龙山听说山外来了国民联军，支持贫苦百姓成立农会，专门和唐孚舜这样的恶霸地主作对。我们才回到家乡，也照猫画虎成立了农会。兄弟们抬举我，叫我当农会主席，我不识字，有不对的地方请多多指教!”

庞志柏说：“明天上午，我们要在村里找一些人，搞一些调查。如果真像你们说的那样，我们就批准你们村的农会合理合法。如果经过调查，证明唐孚舜手中果真有几条人命，我们一定会批准你们的意见，开完斗争大会后，立即处决唐孚舜！”

石蓝草的眼角一挑，又露出迷人的笑容。她调侃说：“我是土匪头领，你不会把我和唐孚舜一起枪毙吧？”

庞志柏的眉头拧结在一起。他的眼前又产生了幻觉，看到了他家院子里那颗歪脖子杏树。妹妹希罕“咯咯”地笑着，在杏树下荡着秋千。风儿掀起了她的花布衫，就像花蝴蝶上下翻飞。抖落的杏花，从树上纷纷撒落下来……

庞志柏脱口而出：“你、你是希罕？”

石蓝草心中“咯噔”一下，颤声道：“你是……”

庞志柏两眼精光四射：“我是你哥黑子呀！”

兄妹俩意外相逢，抱头痛哭……

石蓝草向哥哥诉说了她那年逃离家中后的遭遇。

柴家来娶亲的头天晚上，她生怕第二天闹出人命来，害了自己的亲哥，就从家里跑了出来。她打算跑到柏社，在舅家躲起来，没想到跑到沟圈子时，夜色中传来了一声长长的嗥叫。狗从来不那样叫，那肯定是狼！远处有几个晃动的黑影，还有一些跳动的绿光。她知道那是狼，而且是好几个！

她突然想起被群狼祸害了的二姨，霎时毛发倒竖、心跳不已，两腿一软，“扑沓”一声跌坐在地上。

狼群离她越来越近，她以手当脚，把自己挪到路边的土崖底下，这样可以避免来自背后的袭击。石蓝草借着月光，第一次看见了恶狼那丑陋凶残的嘴脸、饿得精瘦的腰身、三角眼中的凶光、黄瓜嘴里尖锐的牙齿。她一面呼喊着救命，一面挥舞着剪刀，使恶狼难以近身。

恶狼在轮番与她纠缠，似乎在有意消耗她的力气，等到她精疲力尽时再一齐扑上来，把她撕成碎片。

她的力气终于使完了，胳膊再也难以抬起来了。她的呼救声，被沉沉的夜色吞没了。她闭上双眼，凄惨地叫了一声："妈耶!"

回应她的是一声响彻夜空的枪声!

当她睁开眼时，狼都不见了，围着她的是一群马和一群人。一个长着圈脸胡的中年男子走到跟前，借着月光瞅了瞅她说："嘿！还是个大闺女，长得怪好看的!"

骑在马上的壮汉问石蓝草："你是哪个村的？深更半夜跑到这里来干啥？喂狼来啦?"

石蓝草说："我是呼家庄人，我大给我说了个女婿，明天就要完婚。我不乐意，就跑出来了。"

马上的壮汉说："我们正要去呼家庄，找大财主庞积仓讨些钱粮，好养家糊口，你给我们带路吧!"

石蓝草一听说，这些人是找他大要钱要粮的，急忙跪在地上，哭求他们放过她大和庞家。她哭得鼻涕一把泪一把的，还不住点地磕着头，泣不成声。

那壮汉半天没吱声，骑着马绕着石蓝草转了一圈，勒住马说："只要你答应跟我们走，我就不去打搅你大了。"

石蓝草心想，只要能让她大和庞家躲过这一劫，自己就是舍出性命，也值。于是答应了壮汉的要求。

石蓝草被圈脸胡扶上了马，马上的壮汉用一双有力的胳膊捆住了她。之后，便在一片凌乱的马蹄声中，一路朝北向黄龙山疾驰而去。

石蓝草告诉哥哥，那天夜里救她的，是黄龙山上的一支杆子，头领就是杨拴。杨拴要娶她做媳妇，她寻死觅活不答应，后来跳了崖，没摔死，是杨拴为她治好了伤。

当她得知杨拴他们都是穷苦人，从来没干过伤天害理的事，终于答应嫁给了杨拴。

石蓝草还告诉哥哥，唐孚舜是个大色鬼！他要是看上哪个女人，非弄到手不可，为了欺男霸女，害死了几条人命。

杨拴的母亲长相出众，是个人样子。唐孚舜为了霸占她，打发杨拴的父亲给麻耀武的兵营去送军粮，半路上支使人害死了他！

杨拴的母亲，也因为不甘凌辱，上吊死了……

关中悲歌

正当东府农民运动势如燎原烈火、蓬勃发展时，形势突然发生了大逆转。蒋介石背叛了孙中山的遗训，向共产党人举起了屠刀。向来标榜革命的冯焕章，公开表示支持蒋介石，他让自己的参谋长石敬亭，担任了陕西省代理主席。

按照石敬亭的换防命令，国民联军独立二师移驻白水。联军中担任干部的中共党员，以开会为名全部被囚禁在竞化高小，听候处理。

以魏柯书为首的三十多名中共党员，突然与外界失去一切联系。他们在夜以继日的煎熬中，度过了头一个星期。

这一天，庞志柏去上厕所，担茅粪的农民从破草帽的衬布里，取出一张纸条塞在他手里，悄声说："往脑顶瞅，有信放在第四个马眼，明天这个时候我来取。"说完戴上破草帽、挑着粪桶走了。

庞志柏回到住宿处，把信偷偷塞给魏柯书。信是吴勤虎派人送来的，信中说敌人查封了所有农会组织，一些农会干部被抓后不知所终。大多数农会干部接到通知后，隐蔽起来了。

第二天，魏柯书与庞志柏写了一封联名信，通过担大粪的人交给了吴勤虎。让他尽快把信送到于百寻手中。

囚室内的时光度日如年，因为随时可能被枪杀，难友们普遍吃不下饭、睡不着觉，心情郁闷烦躁。唯有魏柯书、庞志柏、张鼎，还有新结识的难友刘志彤，心境坦然，能吃能睡。除了吃饭睡觉，四个人一起打扑克、下象棋，从早到晚乐此不疲。

一个多月后，关押在竞化高小的人，全部被释放。由于于百寻先生的庇护，庞志柏等三十多名中共党员幸免于难。

庞志柏连夜回到呼家庄。

天娥告诉志柏："毛福海他大去世前欠了村里的财东毛重泰一笔债，尽都是埋福海妈时借的。毛重泰趁福海去了耀县皮坊、福海媳妇去熬娘家，把福海家大门上的锁子换了。咱大这些日子一直住在县上，替福海媳妇打官司。他说不管花多少钱，也要给福海把庄子要回来！"

父亲不在家，庞志柏心情格外轻松，抱住天娥不松手。天娥说："抱恁紧做啥？我又跑不了！"庞志柏说："快两年没见面，想我不？"天娥说："我盼你就像快饿死的人盼舍饭，每回灶火里烧出炭人人、墙上爬着喜蛛蛛、听到树上嘎鹊叫，我都要等着你回来。等到天黑等不着，想哭不敢哭，捂着被子流眼泪。"庞志柏说："等我在外面混出人样来，买一套房子把你接出去，省得再受这窝囊气！"

庞志柏在呼家庄住了几天，之后返回西安，去药王洞见了秦至庵。

秦至庵告诉庞志柏，中共陕西省委已经成立，他现在是省委交通员，省委书记叫耿秉烛，是庞志柏在竞化高小的同学。

庞志柏通过秦至庵，很快见到了耿秉烛，昔日的同窗好友久别重逢，兴奋之情自不待言。耿秉烛告诉庞志柏，他在天津南开中学毕业后，考上了北京大学，家里拿不出学费，上不起大学。这件事让于百寻知道了，特意派人把学费送到他家里。他在北大时认识了陕籍学生魏柯书，如今两人都是省委成员。

庞志柏把东府农民运动由高潮到惨败的过程，向耿秉烛做了详细汇报。耿秉烛沉痛地说："蒋介石在上海叛变了革命，李守常同志被敌人杀害了！我们共产党人和革命者的鲜血流成了河，这个教训太深刻了！"

庞志柏气愤地说："我们这次吃了大亏，亏就亏在敌人手里有军队、有枪炮，我们却两手空空。我们在东府搞农民运动，靠的就是独立二师做后盾，要不然根本对付不了地方小军阀、土匪和地主武装。我请求重回独立二师，二师师长高峰五是个直杠子，倾向革命，一直想让我留在二师帮他治军。我相信二师一定会和我们站在一起，和蒋介石斗争到底！"

耿秉烛非常认同庞志柏的看法，也非常支持他重回独立二师的打算。

第二天早上，庞志柏动身去了白水。独立二师师部，驻扎在靠近黄龙山的仓颉庙里。庞志柏大难不死重回二师，高峰五设宴为他接风，当席宣布任命庞志柏为独立二师总参谋长。

这一年夏天，当地里的麦子开始搭色，"算黄算割"鸟啼叫不止时，突然有一红、一白两匹马，沿着田间的蹚土路，一路朝北向仓颉庙奔驰而来。高峰五和庞志柏得到通报，立即从庙里走出来。两匹马在"咴咴"的鸣叫声中停在台阶下，从马上跳下来两个人，一个是杨拴，另一个是吴勤虎。

高峰五大呼小叫着，让吴、杨二人到仓颉庙中叙话。

众人一进仓颉庙，高峰五就叫勤务兵安排酒菜。

吴勤虎急忙说："不用不用，我们有急事来的！"

吴勤虎告诉高、庞二人，自今年开春以来，东府四县临近地区的红枪会组织发展很快，目前已经形成了一支组织严密的武装力量。农民军的领导，是吴勤虎和杨拴。短短几个月内，几小股反动军阀都被红枪会收拾了。唯有驻扎在韦庄的赵贵堂部，因为人多枪好城墙坚固，一直攻不下来！他们俩来，是请求二师支援他们打韦庄的！

高峰五笑道："韦庄那破城墙，我撒泡尿就冲塌咧！"

高峰五让人搬出一门迫击炮、两挺机枪，还有几箱炮弹、子弹和手榴弹。他让庞志柏、骆伯安和沈钟三人，带着三十多名精壮士兵，连夜乘车去支援攻打韦庄。

攻打韦庄城的战斗临近拂晓时打响，吃早晨饭时已经结束了，赵贵堂部全部缴械投降。在这次战斗中，杨拴身负重伤，庞志柏找来医生给他处理了伤口，当天晚上把他和蓝草用军车送到柏社，在舅父家中隐蔽起来。

庞志柏乘军车连夜返回白水。

庞志柏回到仓颉庙的第二天，独立二师撤离白水，移师泾阳。

过了几天，省委交通员秦至庵到了泾阳。秦至庵告诉庞志柏，中央最近在汉口召开了紧急会议，决定在全国举行武装起义。陕西省委制定了渭华暴动计划，时间定在明天午夜十二点。省委让庞志柏一定要说服高峰五，让他按时把队伍拉到渭河渡口，那里有渡船接应。

庞志柏把参加渭华暴动的事，告诉了高峰五，问他敢不敢干？高峰五牛眼一瞪，说："咋不敢？早死早托生，怕个球！我要当缩头乌龟，迟早要叫宋致远吃掉！你说吧，咋样干？我听你的……"

庞志柏说："宋致远是冯焕章部五虎上将之一，这个人不可小觑，不得不防！"

第二天晚上交过夜时，独立二师逼近渭河渡口。在渡船上负责接应的人叫雷关斗，庞志柏和他接上头，催促士兵登上十二条渡船，在朦胧的月色中向对岸挺进。

当渡河的人过半数时，渭南城外枪声大作，战斗已经打响。

高峰五、庞志柏在雷关斗陪同下急忙上了船。刚行至河心，突然渭河两岸同时响起了枪炮声，宋致远的部队早已埋伏在两岸苞谷地里，向正在渡河的独立二师开了火。"轰隆"一声，一颗炮弹落在船舷上，庞志柏一下子被掀翻在激流中。他顺水漂流了一里多路，终于爬到了岸边。

岸上的战斗还在继续，杂沓的脚步声、喊叫斥骂声、炒豆子般的枪声不断传来。

河边有一大片芦苇和菖蒲，庞志柏在里面隐蔽了两个多小时，听到枪声渐渐平息后，奋力爬上岸，钻进苞谷地里。庞志柏的左臂负了伤，疼得直冒虚汗，折腾了大半夜，身上一点力气也没有了。他随手掰了一穗嫩苞谷，刚啃了几口，听到了一声鸡叫声。

庞志柏心想，天亮后敌人肯定要在渭河两岸大搜捕，得赶紧到村里找个可靠的人家，躲起来，要是天明以后落到宋致远的人手中，就没命了！

庞志柏摸黑到了村口，隐身在一片树园子里。

村里一片死寂，不知什么虫子，在不停歇地低声鸣叫，流萤带着一盏盏绿色荧光灯，飞来飞去。庞志柏刚从树丛中走出来，黑暗中猛不防冒出一个人来，两人差点撞在一起，都吃了一惊。

庞志柏试探着问："乡党，你是这个村的吧，让我在你家躲躲好吗？"

对方盯了他一阵，突然开口了："你不是二师的参谋长庞志柏吗？我是雷关斗！"

庞志柏心中狂喜："雷关斗！原来是你，太好啦！村里你有熟人吗？快找个地方躲起来，天快亮啦！"

雷关斗说："这个村叫雷庄，我就是这个村的，刚逃回来。快走，到我家去！"

雷关斗的媳妇带着娃去了娘家，雷家只剩下关斗的父母亲。雷关斗的父亲在门口察看动静，母亲急忙给他俩做饭。

吃过饭后，天大亮了，关斗父亲挪开屋后地窨子上的杂物，让他俩藏到地窨子里。

这时候，敌人已经在渭河两岸开始了大搜捕。周围各村几乎家家户户，都有人参加了渭华暴动，敌人开始了惨绝人寰的大屠杀。

当敌人冲进雷家，逼着雷关斗的父亲交出儿子时，雷关斗的父亲说："我儿子让你们打死咧，连尸首也没落下！"

敌人说："你胡说，有人看见他跑了！"用刺刀逼着雷关斗的父亲交人。雷关斗的父亲说："要人没有，要命有一条！"匪兵一时性起，刺刀扎进他的胸口，从脊背上扎出来，又扎进身后的土墙里。雷关斗的父亲叫骂不绝，一口鲜血喷到匪兵脸上。

雷关斗的母亲疯子似的扑上去，咬住匪兵的胳膊不松口，被另一个匪兵用枪托砸破了头……

雷关斗的父母亲死了。

雷关斗的岳父闻讯赶到雷家，料理亲家的后事。

夜深人静后，他带着饭下到地窨子里。他告诉女婿，这两天匪兵在周围几个村子，杀了上百人，有十多户灭了门。匪兵把铡刀架在村口，许多人是用铡刀铡死的，有的被剖腹剜心，惨不忍睹。多亏关斗媳妇带着娃去了娘家，要不然也遭了殃!

天低云暗，风声呜咽。渭河两岸无村不戴孝，处处闻哭声……

交农风暴

庞志柏在雷关斗家地窨子里，躲了一个多星期，胳膊上的伤口开始溃烂、化脓，“噘儿噘儿”疼痛难忍。

庞志柏生怕再不治这条胳膊就废了，天黑后他在雷关斗陪伴下，转移到了西吴坡吴勤虎家中。庞志柏在西吴坡山沟一个暗窑里，躲藏了两个多月，在吴勤虎夫妇的悉心照料下，伤口慢慢长好了。

庞志柏打算去西安找组织，却苦于身无分文。想来想去，决定先回一趟呼家庄，跟父亲要点钱做盘缠，再去西安。

吴大婶从箱子里取出一件褐色袍罩、一顶黑礼帽、一双白布袜子，还有一双棉窝窝，把庞志柏从头到脚刷板一新。吴大叔花了五块大洋，雇了一辆木轮轿车，把庞志柏送到了王长福家。

庞志柏的突然到来，让舅父妗母高兴极了。王长福流着泪说：“村里人传说，你在参加暴动时，被打死了，我只当再也见不到你了！老天有眼，你活着回来了!”

余子英高兴得泪流满面，连声说：“回来就好！回来就好！你舅这些日子一提起你就哭，天天晚上睡不着。这下好了，能睡个安生觉了!”

余子英告诉庞志柏：“天娥和希罕都怀上了，天娥若要是生个男娃，就在庞家把根扎下了!”庞志柏说：“我大连儿子都不往眼里搁，有了孙子也不会上心!”

庞志柏问：“咋不见杨拴和希罕?”舅父说：“我怕走漏风声，把他两口子藏到村东头狸猫家里。狸猫家独门独院，一出门就能钻山沟，安全!”

舅父又告诉庞志柏：“你大已经晓得了希罕的消息，还到柏社来看过两次希罕，想让希罕两口儿在呼家庄落脚。我说希罕当过农会主席，若是走漏了风声，要杀头的。你大哭得鼻涕一把泪一把，他临走时唉声叹气说，这女子也白养活了，一个都指靠不上咧！”

庞志柏摸黑到了狸猫家，见到了妹妹和妹夫。

妹夫杨拴的伤口，早好了。他打算等风声过去后，回一趟夏阳渡，把家里的房子和地卖了。卖的钱买一辆大车，再把养在本家的两匹高脚牲口，牵回来一匹。狸猫家沟口有一孔窑闲着没用，还有几亩沟圈子地荒了几年了，都给了他。他和蓝草以后就把家安在柏社了。

庞志柏在呼家庄家里住了几天，便急于返回省城去找组织。他去向父亲要钱做盘缠，父亲凶巴巴说：“你跟共产党干，共产党能不给你钱?”

庞志柏说：“我跟共产党干不是为了发财，是为了给天下受苦人找条活路。大，当初你也是穷人，我爷我婆我两个哥咋死的？饿死的！你不能吃了几年饱饭，把他们都忘咧!”

庞积仓的肺都要气炸了。他冲着儿子吼道：“我看你是中了共产党的邪，别在我跟前念藏经，我不信那一套！从今往后我不是你大，你大是共产党！你也不是我儿，你是共产党的儿，你跟共产党过去吧!”

父亲的绝情话伤透了庞志柏的心。他睡在自己这边窑里，整整一天没有起来。

半夜时，李天娥推醒了丈夫，庞志柏看见妻子手里攥着一把银圆，忙问她哪来的？天娥偷声换气说：“我知道大藏钱的地方，刚才去马房偷着拿了十五块大洋，够你去西安的盘缠咧！”

庞志柏忧心忡忡地说：“他的钱肯定有数，要是知道丢了钱会找你事的！”

天娥满不在乎地说：“我不怕！嚷嚷出去别人只会笑话他，只认钱不认儿，守财奴！”

庞志柏扮作要饭的，一进入西安城，就发现到处张贴着通缉令。通缉抓捕的人，都是参加过渭华暴动的重要人物，他的名字和照片也随处可见。

庞志柏不敢在街上逗留，一瘸一拐向药王洞走去。

到秦家后才得知，秦至庵年前刚结婚，娶得是他姨妈的女子，叫吴银杏，也是穷苦人家出身，还是地下党员。吴银杏打来一盆清水，对庞志柏说：“看你的脸脏得像敬德，垢痂有铜钱厚！给，这是洋碱，快洗洗，洗了好吃饭！”

庞志柏笑道：“装啥就得像啥，脸洗净了就不像要饭吃的了。”

吃过饭后，秦至庵把省委负责人张水宽的住址和联络暗号，告诉了庞志柏。庞志柏把破布袋掖在腰里，里面装着讨饭的碗筷，拄着枣木棍子，一瘸一拐离开了药王洞。

黄昏时分，庞志柏找到了甜水巷张水宽的住处。

他敲了敲门，问屋里有人吗？

门内有人应道：“兀谁？敲什么敲？”话音未落，糊着白竹纸的花格子风门“吱哼”一声开了。从门里出来一个中年男子，穿着浅灰色长袍，戴着黑色礼帽和无框眼镜。

庞志柏正要对暗号，那男子发了火，冲着他吼道：“出去、出去！臭叫花子，找死呀！”庞志柏眨眨眼，说：“你丈母娘病咧，让你给她抓些药送去，今天就去！”

那男子愣了一下，问道："带药方子没？要几副药？"

"用上次的老方子，再有三副药就行了！"

这男子正是临时省委负责人张水宽。

对上暗号后，张水宽把庞志柏让进屋内。庞志柏正要把二师兵变失败的过程汇报给张水宽，张水宽打断他的话说："情况我都知道，不用说咧！"

庞志柏向他打问高峰五的下落，张水宽说："昨天刚出狱，放心吧，有人花了大价钱，他死不了！"

张水宽又告诉庞志柏："我也是刚接手，临时主持省委工作。前任省委书记耿秉烛，因为坚持时机不成熟，反对渭华暴动，犯了机会主义错误，被开除了党籍。"

在谈到下一步工作时，张水宽说："按照上级指示，省委决定逐步恢复党的地下工作，把农民重新组织起来，为开展减租、减息、减捐、减税斗争，做好准备。你马上返回去，协助东府特委工作吧！"

庞志柏在药王洞秦至庵家住了一宿，第二天搭车到了西吴坡，他把省委的指示告诉了吴大叔。吴勤虎说，他已经接到了省委的指示，召集特委开了一次秘密会议，大家都很赞成省委的决定。

时值关中历史上少有的大年馑，连年旱灾致使麦秋两料颗粒无收。反动当局和地主恶绅、加上各路反动军阀催粮逼款，贫苦百姓室如悬磬，灶绝炊烟，被压迫得喘不过气来。

庞志柏说："开展减租、减息、减捐、减税斗争，正当其时。东府特委工作恢复以后，一定能把贫苦农民重新组织起来，在东府掀起新的革命斗争高潮！"

自第二天起，庞志柏扮作乡间游医，和吴勤虎一道走村串户，找原先的农运骨干谈话，做宣传鼓动工作。经过几个月努力，到了腊月月初，一场空前规模的交农运动，在澄城县已成一触即发之势。

山雨欲来风满楼。

就在这时，庞志柏突然得到了一条重要消息，说是国民党省政府主席任明轩到了澄城县署，宣布县署改为县政府，柴凤文被任命为澄城县长。县城里这几天黑地白日唱大戏，柴凤文天天盛宴招待任明轩。

庞志柏和吴勤虎商量后，决定把交农运动的时间，提前到腊月十日举行。如果能把任明轩围困在县城里，对取得这场交农运动的胜利，非常有利。

腊月九日入夜后，东府特委用鸡毛传贴的方式，把提前行动的指示通知了各村农运骨干。

第二天拂晓，来自各个村落的数万名贫苦农民，扛着犁、耧、笆、耱、杈、锨、镢、耙等各式农具，吆着牛、驴、骡、马，赶着铁轮大车，从四面八方涌向县城，把四面城门堵得严严实实。穿着破衣烂衫、灰头土脸的庄稼人，呼喊声一浪高过一浪 。他们要求站在城门楼子上的县府官员，马上去告诉柴凤文，叫他出来回话！柴凤文要是不闪面，就要火烧城门！再冲进去，一把火烧了县府！

其实，柴凤文就躲在城门楼子里，听到下属的报告，不得不在城墙上露了面。他刚喊了一声："乡亲们，我是县长柴凤文……"声音就被排山倒海般的呼喊声淹没了。

吴勤虎站在高处一挥手，呼喊声很快平息下来。吴勤虎喊道："大家静一静，听他说些啥!"

柴凤文接着说："你们谁是领头的，请到县府里来。凡事好说，只要你们的要求合情合理，我一定答应……"

柴凤文话音未落，又被一片呼喊声淹没了。

庞志柏对站在身旁的吴勤虎说："吴大叔，这位省府主席任明轩，和我过去在省党部共过事，我去和他当面谈。"

吴勤虎说："我跟你一搭里去!"

庞志柏和吴勤虎在柴凤文的引领下，走进县府，见到了省府主席任明轩。任明轩一见到庞志柏，立即惊叫道："哎呀呀！这不是志柏兄弟吗？多年不见，都快认不出你来了！快请，请屋里说话！"

庞志柏说："吴大叔，你去和柴县长谈谈，我跟任主席叙叙旧。"说着跟任明轩进了屋。

刚一进屋，任明轩就取烟沏茶。他满脸堆着笑，说："真没想到今儿在这里能遇到你！老伙计，你一个文化人儿，咋跟这些种田扒粪的泥腿子，搅和到一搭里了？"

庞志柏不卑不亢说："我家祖祖辈辈都是种田扒粪的泥腿子，不跟他们搅和在一搭，还能跟谁搅和到一搭？你现在官运亨通，当了一省之长，门槛高了，高攀不起了！"

任明轩尴尬地一笑，说："你这话就见外了，朋友永远是朋友，我可不是那种势利眼。这回农民闹事，都有些啥要求你尽管说，看在你的面子上，能办的我立马办！"

庞志柏说："要求很简单，一句话，农民要吃饭！如今苛捐杂税多如牛毛，贫苦农民没饭吃，都活不下去了！"说着从怀里掏出一封请愿书，递给任明轩说："他们要求减租、减息、减捐、减税，具体要求，都写在上面，你看看吧！"

任明轩看过请愿书，面露难色。他说："不好办呀！这些要求太过分了！当农民就得缴皇粮国税，这是自古以来的老规矩。咱不能坏了老先人留下的规矩！"

庞志柏厉声说："官逼民反，这也是历朝历代留下来的教训！今儿要是不答应他们的要求，他们就要火烧城门，冲进县府。只怕你丢了官职不说，性命也保不住了！"

任明轩头冒虚汗。他掏出手巾，一面擦着额头的汗，一面无可奈何地说："那就、那就按他们的要求，办吧……"

庞志柏又问："你打算把柴凤文，如何处理？他积怨甚深，民众都要求把他赶出澄城！不答应他们的要求，他们不会撤走的！"

任明轩说：“那就撤、撤了他的县长吧……”

风雪年关

因为一直忙于协助东府特委工作，直到年尽月满，庞志柏才搭上了回呼家庄的轿车。

回到家后，庞志柏才得知入冬以来，呼家庄的穷汉家饿死了七八口人，父亲却跟着大年馑发了家，没花多少钱粮买下了村中五院庄子，加上原先两院，有了七院庄子。又添了几十亩好地，总共有了百十亩田产。

天娥告诉志柏，她和蓝草都生了，生的都是小子娃。天娥生的娃叫小虎，已经快半岁了，蓝草生的娃叫小龙，比小虎小两个月，名字都是妗子给起的。小虎、小龙模样很厮像，就像一个妈生的，豹头花眼，太招人喜欢了！

庞志柏这才看见了被窝里睡的儿子！他正要去抱小虎，天娥拉住他说：“别逗他，刚哄睡着！”

天娥说：“庞家添了孙子，本当是喜事，咱大跟没事人一样，到现在也没看过一次小虎！他现在还着我的气哩！去年过罢年，你走的时候没盘缠，我从马房给你拿了 15 块银圆，第二天晚上，就被大知道咧！大把我从家里撵出来，‘咣当’一声把大门关了。我想回娘家，怕路上有狼，圪蹴在门楼底下冻了一夜，娘开了大门我才回到家里。”

正说着话小虎哭醒了。庞志柏发现儿子满脸通红，一摸额头烫得像火球，嚷道：“小虎烧成这样，给娃看郎中没？”

天娥忍不住泪如雨下。她说：“我没一文钱，拿啥给娃看郎中？大厌嫌我娘们俩，跟他要钱他不给，还问我没钱花咋不去偷？窑里冻得像冰窖，块子炭都锁在马房里，不让我搭炉子，小虎才着了凉……”

庞志柏憋着一肚子气，到了父亲窑里。

窑里热乎乎的，父亲坐在炕炉子前，端着白铜水烟袋抽水烟，继母盘脚搭手坐在热炕头上。庞志柏对父亲说：“大，你要还认小虎是你孙子，给我几个钱，我给娃看病去！”

庞积仓把刚刚吹着的媒纸，“噗”的一声又吹灭了，一开口说话，就像吐冰块子：“想跟我要钱？纸洋我没有，现大洋我舍不得。我给你说过了，赶紧找个地方，把你那贼媳妇和娃搬出去，省得我看见这些害货心烦！”

庞志柏一看父亲吃了秤砣铁了心，父子之间恩断义绝，转身出了门。他听见娘在身后抱怨父亲：“跟娃说话不会良善点，就像吃了枪药，那是你亲儿，虎毒还不食子呢……”

庞志柏一进自己这边窑门，便对天娥说：“大不认我这个儿了！你赶紧拾掇一下，咱到柏社舅家去！先给小虎把病看好，等过了年就去西安。”

天娥说：“眼下正遭年馑，你又没事做挣不来一文钱，到了西安非饿死不可！”庞志柏说：“你怕饿死就留下，我这回走了，再不回来咧！”说着，转身就向外走。

天娥急忙拉住丈夫的衣襟，流着泪说：“我跟你走！就是要饭吃，我也跟着你，就是饿死，咱也不分开！”

西北风在昏暗的村野里，号叫着。

大年三十的夜晚，庞志柏抱着发高烧的儿子，李天娥抱着一包袱衣物，顶着刺骨的寒风和鹅毛大雪，深一脚浅一脚、跌跌撞撞走了十多里路，终于到了柏社舅父家中。

舅父一家人正在熬年夜。舅父独自在厦房里，守着祖宗影轴前的灯火。妗母和两个女儿金镯、银镯在包饺子，表弟王世毅在那边窑里写毛笔字。

王长福这些年为姐夫庞积仓当管家，收入不菲，日子比一般庄户人家殷实得多。

庞志柏一家三口，深更半夜突然到来，王家人一下子手忙脚乱起来。王长福摸黑叫来郎中，给小虎打了针吃了药，小虎退了烧，渐渐安静下来，睡着了。

郎中说："亏得这娃皮实，要是身子骨瓤些，就难说了！"

送走郎中，王长福去了一趟狸猫家，把蓝草一家三口叫了过来。妗母把捏好的饺子全煮了，十来口人"呼噜呼噜"吃光了一大锅饺子，又拉了一阵话，刚刚入睡鸡就叫了。

大年初一这天，王世毅告诉表哥庞志柏，因为澄城地面不太平，近年来兵连祸结，他被在蒲城做生意的伯父，带到蒲城中学去读书。他去蒲城时，带了几十本进步书刊，都是表哥庞志柏送给他的。没想到有人向县党部告了密，县党部的人带着警察，到学校没收了书刊，把王世毅抓去关了起来。

王世毅告诉志柏，县党部带着警察来抓人的，不是别人，正是柴凤文的儿子柴崇林。舅父得知消息后，央求姐夫庞积仓去找柴凤文说情，才把王世毅救了出来。

王世毅想叫表哥把他转到西安去上学，庞志柏说："这事好办，过罢十五我要把家搬到西安去，到时候把你也带去，还能有个照应。"

初二晌午，余子英对庞志柏说："你大那人，其实心眼不坏，花了不少钱替福海打赢了官司，硬是从毛重泰手里把庄子赎了回来。要不然福海小两口儿在毛家庄，连立脚的地方也没咧！"

一提起毛福海，王长福又想起了福海的妈麦花。他说："福海他妈那一年收麦时，叫一群狼祸害在沟里，没几个月福海他大也死了。当时福海才十一岁，还有个正吃奶的兄弟。福海去给毛重泰当长工，小兄弟给了人。唉！我那二姐命咋也恁苦……"

说到这里，王长福泣不成声。

正说着话，毛福海小两口儿给舅父、妗母拜年来了。毛福海的媳妇叫蓝印花，是蓝先生的小女儿，这门亲事是蓝先生去世前定的。

毛福海告诉舅父，过了初五他就带着印花到耀县去，按皮坊的规矩，学徒三年期满才能出号，他在皮坊已经做满三年，等正月初五出了号，租一间房子做皮货。逢集日时到正街摆地摊、卖皮货……

正月初十那天，王长福骑着骡子，去了一趟呼家庄。晚上回来的时候，骡子驮着两口袋麦子，是庞积仓带给蓝草度春荒的口粮。

庞志柏摸黑到了狸猫家里，把父亲捎麦子的事告诉了妹妹。他说："咱大又让咱舅劝你和杨拴，到呼家庄落户哩！"蓝草说："我给大说了不去，我和杨拴商量好了，等过了十五，跟着你和嫂子，把家搬到西安去。"

庞志柏说："眼下正闹饥荒，你们到西安吃啥？那两口袋麦吃完了吃啥？"

杨拴说："哥，活人还能让尿憋死，我有车有马，进了城能揽活拉脚，活不旺也饿不死！"

庞志柏说："你们这不是找罪受吗？咱大跟我生分了，不让我进咱家的门，可他心里还有你这个女儿。他的年纪大了，你俩替他把家事管上，也算替我尽了孝道。"

蓝草说："哥，我这几年跟着你，总算长了见识开了眼，我铁了心要跟着共产党走！勤虎大叔说忠孝难以两全，我若留在呼家庄，咱大肯定不会让我跟勤虎大叔来往。到那时若翻了脸，连父女情分也没了。我盘算好了，过几年咱大老了，我就把他接到城里去，给他养老送终，也算做小时咱大没有白疼我。"

杨拴说："哥，咱两家去了西安，还能相互有个帮衬；再说哩，蓝草当过农会主席，我也当过红枪会的头儿，开弓没有回头箭，我们认准了这条道，跟着共产党走，死也不回头。你就答应我们吧！"

庞志柏觉得他俩说的不无道理，也就答应了下来。

刚过罢正月十五，庞志柏兄妹两家就要去西安。

余子英不无担忧地说："黑子不挣钱，没一点进项，两大家子人到了西安，喝风巴屁呀？"她劝王长福再去给大姐夫说说，这亲亲父子俩，拌了几句嘴，咋能说断就断了，弄得吴越之仇似的。

王长福说："还说啥呀？我的嘴皮子都磨薄咧，屁不顶咯！这父子俩究根揭底，走得不是一条道！"

王长福雇了一辆木轮轿车，让天娥和蓝草抱着小虎、小龙，坐在轿车里，轿车上放着两口袋麦子，是舅父给志柏两口儿的。庞志柏和王世毅俩人，坐在杨拴的铁轮大车上。大车上也装着两口袋粮食，是庞积仓给女儿女婿的。粮口袋上铺着厚厚的麦秸和被褥，在冰天雪地里，上了路。

经过一路颠簸，第二天后晌，木轮轿车和铁轮大车进了古城西安。

又飘起了雪花，街道两旁到处都是流动的灾民，大车和轿车走到省府大门前，路被人群堵住了。庞志柏看见黑压压一大片，全是破衣烂衫的灾民，有好几万人。灾民们个个面如冻梨，啼饥号寒，他们在冰天雪地里呼叫着：

"我们要吃饭！要吃饭！"

"老天爷呀！你睁睁眼吧！"

"救救我们的娃娃呀！"

……

反动军阀政府大门前，全是穿着黄色军装、端着汉阳造的丘八，围成了一道厚厚的人墙。广场上有大批警察，穿着黑服装，手里挥动着棍棒，正在追打、驱赶灾民。一些灾民看到求告无门，转身哭泣而去，有的拼死与"黄狗"和"黑狗"揪扯，被打得头破血流。

李天娥掀起轿车布窗帘一角，看见外面雪下得正紧。街道旁躺着一具女尸，两个蓬头垢面的碎女娃，伏在女尸上啼哭不止。

李天娥流着泪说："恓惶死咧！"她把馍布袋塞给车夫，让他递给那两个碎女娃。

杨拴问："志柏哥，人太多过不去，咋整呀？"

庞志柏说："赶紧掉头、掉头！从西边那条巷子绕过去！"

轿车刚调头，李天娥看到一群娃娃扑过去，把碎女娃手中的馍布袋扯得稀烂，馍被争抢一空……

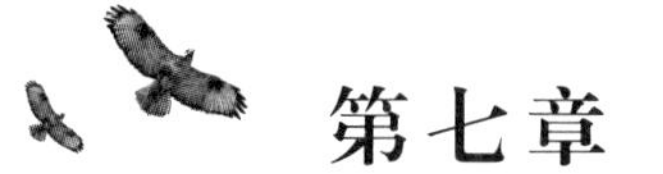

第七章

安身立命

木轮轿车和铁轮大车，在车马店的栅栏门前停了下来。

栅栏门关着，杨拴过去叫门，一个头上戴着毡帽子、脚上穿着毡窝窝的汉子，站在栅栏门里说："单另找住处去，我的店年头里就关了门！"

庞志柏喊道："芦冰泉！店开得好好的，为啥要关门？"

芦冰泉认出是庞志柏，连忙赔笑道："哎呀呀原来是志柏哥！快进来快进来！我的店对天王老子关了门，也不能对你关门！"

栅栏门开了。轿车和大车一前一后赶进了车马店。

芦冰泉和庞志柏围城时有过生死之交，显得格外殷勤。他跑前跑后卸车、牵牲口上槽、给客房搭炉子，打发女人赶紧煨炕、做饭，把客人服侍得十分熨帖周到。

吃过饭，天黑了，雪也停了。

庞志柏安顿众人歇息，带着王世毅出了车马店。逸仙中学一过十五就开学，他得把表弟上学的事先安顿好。去年他最后一次见到谢先生时，听说他的女儿谢春桃和女婿米念成，从临潼中学调到了西安，都在逸仙中学教书，他打算把世毅就近安顿在逸仙中学读书。

谢靖夫家离车马店不远，中间只隔着几家门面。

西安围城时谢家片瓦无存，房屋全毁了，解围后谢靖夫在原先的房基地上，盖了这座两层小楼。清理废墟时发现在尚未倒塌的半边地下室内，所有上百件古董完好无损，依旧整整齐齐排列着。谢靖夫扑通一声，跪在地上号啕大哭。

有了这些古董，谢靖夫就有了底气。

女婿米念成临潼老家的房子，本家兄弟住着，田产变卖后得了一大笔款子，全交给岳父建造芙蓉街住房使用。新建的住房上下各两间，女儿女婿住上面，谢靖夫住下面。下面一间住人，一间作门面房，又恢复了“残荷轩”字画古董店。大灾之年店里生意不景气，谢靖夫不计较挣多挣少，只是为了一份嗜好、一份执着。

谢靖夫正在店里摆弄他的古董字画，看见庞志柏来了，喜出望外。庞志柏把表弟到逸中读书的事告知了恩师，谢靖夫当即把女儿、女婿从楼上叫了下来。

米念成是个沉稳内敛、白白净净的小伙子，小平头、国字脸，穿着一身洗得走了色的蓝制服，胳膊肘和磕膝盖上补了四块显眼的大补丁。站在米念成旁边的谢春桃，九年前还是个小毛丫头，如今变成了端庄、俏丽的小媳妇。

庞志柏虽是头一次见到米念成，和春桃也九年没见过面，但早已听说这对年轻夫妇在临潼中学任教时，秘密加入了共产党；米念成和谢春桃也早已得知，庞志柏和谢先生情同父子。三人一见如故，如同家人一般非常亲切。

议妥了王世毅上学的事，米念成夫妇上了楼，王世毅去了车马店，留下庞志柏和恩师二人叙话。

谢靖夫去给炉子添煤时，庞志柏端详着墙上挂的师娘池雨荷的相片子，师娘依旧笑容可掬地瞅着他，似乎正要张口给他说什么。师娘给他买的皮鞋，至今还穿在他脚上，师娘却再也见不到了！庞志柏忍不住泪如雨下。

谢靖夫说：“再甭难过咧，人死如灯灭，死了就再不受罪咧!”

坐在炉子上的水壶开了，“突突”地冒着白气，把茶壶盖冲得“当当”直响。谢靖夫一面沏茶，一面问庞志柏：“你兄妹俩拖家带口，要在西安安家，就要先解决住的地方，没有窝可不行啊！”

庞志柏说：“我正在谋算这件事，你是这里的老住户，我想托你打听一下，看能不能租一块地方。大些的能住下我们两家人，小些的租两套分开住也行。”

谢靖夫说：“长安米贵，居之不易呀！眼下正闹饥荒，吃饭是头等难事。住房的事好说，围城死了那么多人，空闲的房子很多，要租要买都不犯难。你刚把家搬来没个事做，手头肯定不宽展，我给你找两套好的、便宜的房子。虽是兄妹俩，分开住还是方便些……”

庞志柏离开残荷轩，回到车马店时已经到了后半夜。

第二天一大早，庞志柏把表弟送到逸仙中学，托付给米念成后匆匆忙忙往端履门赶。大街上行人稀少，刺骨的寒风挟裹着雪糁子，打在脸上生疼。

庞志柏一进天佑茶庄，廖大妈便笑着说：“梦棠年前回来咧，一回来就到处找你，没找着。他还睡着没起来，你去后院吧！”

庞志柏走进廖梦棠住的房间时，梦棠正在穿衣服，两人久别重逢，高兴得不得了。庞志柏问：“我来找过你好几次，没见着你，你这两年干啥去了？”

廖梦棠一面系扣子一面说：“西安解围以后我进了省总工会，后来调到武汉，在全国总工会工作了一年。年前刚调回陕西，还在电报局工作，任南区党总支书记。”

庞志柏也把自己这两年的经历，向廖梦棠大体说了说。

廖梦棠听说庞志柏兄妹刚把家搬到西安，正在租房子，双手在磕膝盖上一拍，说：“嗨，算你有运气！我妈年前刚买了一套大宅子，别说你兄妹俩，再添几家人也能住下。走，跟我看看去！”

离开天佑茶庄时，廖梦棠把庞志柏兄妹租房子的事，告诉了母亲。廖大妈说：“志柏是你的好兄弟，搬过来住就是了，我又不缺这仨核桃俩枣，别外气了！”

廖家新买的宅子，在端履门内西柳巷1号，和天佑茶庄近在咫尺。前院有个鱼塘，鱼塘边有几杆青竹，还有一颗石榴树。鱼塘北侧是三间大房，一明两暗，负阴抱阳。后院面东有一座两层小楼，上下各五间。小楼对面的花园，因为疏于管理长满杂草，杂草里面夹杂着一些枯萎的芍药和牡丹，芜秽荒凉。所有的门锁都锈迹斑斑。

廖梦棠引着庞志柏，把前后院细细看了一遍。从后院出来时，廖梦棠问庞志柏：“咋样？你住前院，你妹子住后院，满意吧？”

庞志柏笑着摇摇头，说：“有了这个宅子，你也该去渭南把媳妇和儿子接来了。还有你弟弟廖勃，已经上中学了，要不了几年也得成家。你弟兄俩一人一院子，哪还有地方往出租？”

廖梦棠说：“我那媳妇命苦，去年冬得瞎瞎病殁了。小儿子跟着岳父、岳母生活，我一个光杆杆好凑合。要说廖勃，将来要替我妈打理茶庄，结婚只能在茶庄，用不着这地方！”

庞志柏说：“你别说了，我是不会住在这搭的，我在芙蓉街那一片人熟，我不会离开那些老熟人。你赶紧找个人成个家，我还等着喝你的喜酒哩！”

庞志柏离开西柳巷1号后，又回到了芙蓉街残荷轩。

谢靖夫高兴地说：“我刚才去九府街给你找房子，碰上王太太。她一听说你把家搬来了，只管埋怨你，给她连个招呼也不打，以为她是老太婆没使处了。她说关帝庙街5号原先住着老两口儿，上了年纪，去年被乡下女儿接走了。走的时候把大门钥匙丢给了她，让她碰上合适买主把房子卖了。王太太让你们先住着，权当给主家看房子，买与不买以后再说。”

庞志柏问：“总共几间房子？”谢靖夫说：“三间，当下你们娃小，先凑合住着，等娃们大些再另想办法。”

王静秋已经把关帝庙5号的钥匙，给了谢靖夫。庞志柏跟着恩师，去关帝庙5号看了看，发现三间房子都挺宽绰，院倾也挺大，还能盖两间，就把钥匙接了过来。

和谢靖夫分手后，庞志柏匆匆忙忙回到车马店，把找房子的事告诉了妹夫、妻子和妹妹。

杨拴说：“哥，你和嫂子住在关帝庙5号，我已经把这个车马店盘下了!”

芦冰泉的岳父寇向阳是同官县人，在东大街开了一家向阳旅馆。寇向阳没有儿子，只有一个女儿，近年来因为疾病缠身，决定把旅馆交给女婿和女儿经营。车马店正寻思着要出手，一时又卖不出去，就盘给了杨拴。

庞志柏问：“租金多少?”杨拴说：“没说死，说得是活话，芦冰泉说车马店日后挣了钱，多少给他几个，挣不来就算了。”

庞志柏说：“话是这么说，咱不能做亏心事，亲兄弟明算账，租金肯定得给。咱铆足劲干他三五年，等手头松泛了，把这两处地方都买下。”

绝密文件

庞志柏把家安顿好以后，又按照省委指示，去协助东府特委开展工作，返回西安时，已经到了落叶满长安的深秋季节。他到天佑茶庄去找廖梦棠，廖梦棠不在茶庄。

廖大妈说：“梦棠新找了个女人，搬到西柳巷新宅子里去住了。”

当庞志柏走进客厅时，廖梦棠正和一个年轻女子，拥在沙发里调笑。

庞志柏猛不防走了进来，廖梦棠一把推开那女子，红着脸说："大哥，你咋不搭个腔，闹得人多不好意思!"

廖梦棠转脸对那女子说："紫云，这就是我常给你说的志柏大哥，我们俩是狗皮袜子没个反正，你也别不好意思!"那女子用发夹拢好头发站了起来。她向庞志柏粲然一笑，鞠了个躬，说："大哥你好，让你见笑啦!你们兄弟俩聊，我不奉陪了。"说完一闪身进了套间。

庞志柏瞅见那女子眉清目秀，高挑个儿，穿着一袭绣花墨绿色缎子旗袍，转身时旗袍开叉处露出一痕雪白，越发显得楚楚动人。庞志柏附耳低语道："艳福不浅啊！是青楼女子随便玩玩解解闷，还是情投意合要做正经夫妻?"

廖梦棠脖子一拧："哥你把我看成啥人了？她姓师叫紫云，我们是在武汉总工会工作时认识的。她丈夫叛变后，她差点掉了脑袋，跑到西安来找我，想在这里躲一些日子，我们就成了半路夫妻。"

庞志柏笑道："要是正经夫妻，可不能这么马虎，人家那么金贵漂亮的女子，大老远从武汉跑到咱这大西北来，你就这么不哼不哈，算结婚啦?"

廖梦棠说："西安如今还是宋致远的天下，不要声张的好。要不找个日子，我请几个贴心的朋友，弄几个菜聚聚咋样?"庞志柏说："这还差不多!"两个人一直聊到半夜。庞志柏这天晚上没有回家，躺在廖梦棠书房的单人床上睡了。

就在这天傍晚，江一帆穿着风衣戴着墨镜，提着一个漂亮的点心盒，来到关帝庙 5 号。

江一帆来这里找过庞志柏几次，李天娥知道他跟丈夫一样，都是地下党员。江一帆把点心盒交给李天娥说："这里面包的东西很重要！要是落在敌人手里，我们的人都得掉脑袋，你懂我的意思吗?"

李天娥使劲点点头。她把点心盒紧紧抱在怀里，就像抱着一个金娃娃，生怕被人抢走似的。

江一帆又特别叮嘱："一定要藏到敌人找不到的地方，遇到危险情况时赶紧烧掉，千万不能落到敌人手里！"

江一帆走后，李天娥打开点心盒，从里面取出厚厚一沓文件，塞到枕头里觉得不妥，取出来又塞到炕洞里还是不放心。她想起江一帆叮咛的话："情况危险时赶紧烧掉！"于是又从炕洞里取出来，拿到灶房埋在柴火堆里。

李天娥刚从灶房出来，听到有人敲门。她以为丈夫回来了，应了一声过去开了门，没想到一下子闯进来七八个黑皮警察。一个镶着金门牙、拿着短枪的警察，质问李天娥："你是庞志柏的女人吧！让你男人赶紧出来！"

李天娥的脸吓白了，她自小到大哪里经见过这种场面，身子像筛糠似的哆嗦个不停。她带着哭腔说："他早上走咧，再没回来，没说去哪搭，我啥都不晓得……"

金门牙把手枪一挥："搜！给我旮里旮旯细细搜！"

一伙黑皮警察在屋里屋外乱搜腾起来，小虎吓得哇哇大哭，李天娥把小虎抱在怀里，瞅着黑皮警察翻箱倒柜。枕头撕开了，荞麦皮撒了一炕；炕洞里的灰扒了出来，屋内灰尘飞扬。李天娥的心情慢慢平静下来，她暗自庆幸没有把那一厚沓文件放在炕洞和枕头里。

黑皮警察搜腾了大半天，一无所获。

天黑了，李天娥以为他们该走了，没想到金门牙往椅子上一坐，冲着一个个垂头丧气的黑皮警察说："今晚上咱就守在这搭，准能抓住庞志柏！"

李天娥在敌人搜查时，一直操心着埋在厨房柴火堆里的文件。当两个黑皮警察走进厨房时，她手里捏着一把汗，心快要从嗓子眼里跳出来了，直到黑皮警察从厨房里空着手出来，她才放了心。

李天娥琢磨着，这些人守在这里不走，要是搜出了那些文件就出大事了！得赶紧想个办法，把文件烧掉！李天娥很快想出了好主意。她对金门牙说："长官你们渴了吧？我去给你们烧开水去。"

金门牙说："去吧去吧，怪有眼色的！把爷们伺候好了，等会儿你男人少受点罪。"

李天娥转身去了厨房，借烧开水的机会，把埋在柴火堆里的文件塞进灶火里烧了。

这天夜里李天娥魂不守舍，怀里抱着小虎一直坐到天亮。她想：丈夫一夜没回来，兴许知道黑皮警察守在家里等着抓他，才躲了起来。要是丈夫因为别的啥事耽搁了回家，随时都会回来，这正是她最担心的！

第二天早上，庞志柏醒来时日头已经洇红了窗户纸。离开西柳巷时，廖梦棠送给他一辆佳丽牌自行车，是德国造的。他骑着自行车匆匆忙忙往回赶。

庞志柏路过北木头市时，路边有个正在吃油糕的中年妇女叫住了他。庞志柏下了自行车，一看并不认识这个女人。

那妇女额颅上有个紫色的圆坨坨，是拔火罐留下的。她压低声音对庞志柏说："我家那个女房客桑茹，昨天后晌叫警察抓走咧！我听见她对警察说，她是庞志柏领导的党员，还说了你家的住址，警察正蹲在你家里等着抓你呢！"

庞志柏装出满不在乎的样子，说："没事，谢谢你，我走啦！"说完又跳上自行车，拐进一条背巷，从后门进了九府街旗袍店。刚一进屋，王太太慌忙说："一伙黑狗正在你家里，等着抓你哩！我今儿一大早，就打发云锦去十字口等你，你没碰见她？"

庞志柏说："我知道他们在家里等着抓我，拐到背巷绕过来的。"

庞志柏想去药王洞秦至庵家中躲躲，王静秋急忙拉住他说："人家正抓你，你还满世界乱跑，不要命啦！赶紧躲到我家地窖子里。"

庞志柏在那个好心女人的帮助下，躲过了一劫。这时另有一个人，正在一步步掉进敌人的陷阱里。

这个人就是江一帆。

今儿一早，江一帆的妻子常玉琴，正在柏树林街省委秘书处后院刷牙，突然听到门外有人喊道："牛奶！鲜牛奶！"常玉琴急忙开了后门，接过牛奶瓶拿回屋里。她剥开奶瓶子上的商标纸，只见背面写着：

桑茹昨天被捕，内情不明。

江一帆看过密信，变脸失色说："瞎咧！桑茹和庞志柏单线联系，她要是供出庞志柏，那包密件落到敌人手里，就坏大事了！"说着转身就向外走。

常玉琴问："你去哪里？"

江一帆说："我得马上去庞志柏家，把那包重要文件和组织名册取出来，单另放个安全地方！"

江一帆在关帝庙5号门前下了黄包车，上前敲了敲门，门开了一条缝，露出李天娥半张脸。李天娥刚说出"不好"两个字，"咣当"一声把门又关上了。

江一帆立即意识到出事了！他正调头要离开，金门牙领着黑皮警察从门里冲出来。两个警察扑上去，扭住了江一帆两条胳膊，江一帆喊了一声"啊呀！"跪倒在地上，他疼得眼冒金星，只当自己的胳膊被拧断了。

江一帆被拖起来押走了。

西柳巷1号

庞志柏隐蔽在旗袍店后，王静秋打发云绣把在十字口守候的云锦，叫了回来，让她去关帝庙打探消息。彭云锦假借串门子，得知警察在庞志柏家门口抓走了一个陌生男人，急忙转身往回走。走到丁字口往九府街拐弯处，看见一个贼眉溜眼的光头男人，鬼鬼祟祟在巷口踅摸。

回家后，彭云锦把情况告诉了母亲，王静秋当即去里屋告知了庞志柏。她说："你留点神，我到门口盯着去。"

王静秋端着鲜猪血喷染的针线笸篮，坐在门外的上马石上，盘旗袍上的鸳鸯扣子。她心想，敌人一定发现他们抓错了人，派便衣特务在这里踅来踅去，等着抓庞志柏！又一想这些狗东西，为啥不在关帝庙街等着，到九府街来干啥？难道对庞志柏和旗袍店的关系，有了怀疑？

正琢磨着，一眼瞅见在街头踅摸了半天的光头特务，背着手，摇头晃脑走过来。光头特务走到王静秋面前圪蹴下来，点着烟吸着，涎皮赖脸、胡拉乱扯了几句闲淡话，突然压低声音神秘地问：

"老太太，听说这一片有共产党，你看谁是共产党？"

王静秋冷笑道："谁是共产党我咋知道？脸上又没写字。"

"那你看没看见，谁经常和陌生人来往？"

王静秋听出来了，这个狗特务并不知道她和庞志柏的关系。她说："我吃饱饭撑的，管人家那些闲事干啥？"

就在这时，王静秋瞅见李天娥从丁字口拐进了九府街，朝自己这边走来，她的心一下子悬到了空中。这狗特务八成认识李天娥是庞志柏的女人，要是李天娥不留意，冒冒失失问起庞志柏来，不是露馅了吗？

王静秋想得没错，李天娥果然是来打探丈夫情况的。李天娥走到旗袍店跟前，瞅见了王大妈异样的目光，还有旁边圪蹴的特务，于是装出不认识的样子端直朝前走了。特务问王静秋：

"刚过去兀个女人你认不认得？"

"认得，没说过话，她家在关帝庙那一片。"

"她男人你见过没？"

"见过，听人说在省党部干事，不太清楚。"

特务觍着脸往王静秋跟前蹭了蹭，嘴一咧，露出一口七差八合的黄牙，门牙上粘着一片绿菜叶子。他坏笑着低语道：“那是老早的事，她男人就是共产党!”

从特务口中吐出的烟酒味，把王静秋呛得差点背过气去。她把头一偏，说：“你是不是吃屎啦？咋这么臭!”

特务讨了个没趣，讪讪地笑了笑拾起身走了。

与关帝庙街5号一墙之隔，是张乃华医生的家，两家的大门开在两条街巷。这天深夜，在大门外蹲守的特务撤离后，庞志柏拐进背巷，敲开了张乃华医生家的门，之后搭着梯子，从张医生家回到自己家中。

听完天娥的学说，庞志柏问妻子：“家里猛不防来了那么多特务，你怕不?”

天娥说：“一开始吓死我了，后来就不太害怕了。”

天娥把掩藏和烧了密件的过程，给丈夫学说了一遍，庞志柏说：“天娥，你真能行!”

听到丈夫的夸奖，李天娥心里如同灌了蜂蜜，甜滋滋的。

为了防止意外，庞志柏在杨拴的车马店里隐藏了几天。

这天傍晚李天娥来到车马店里，交给了丈夫一封密信，说是后晌一个叫廖勃的学生送来的，是世毅领他来的，他俩是同班同学。庞志柏展开密信，只见上面写着：

> 党团省委机关已被敌人捣毁，所有领导成员均被逮捕。明天中午12点，在西柳巷1号碰头，议定组织隐蔽和赴上海向中央汇报事宜。

庞志柏擦了一苗洋火，把廖梦棠写的密信烧了。

李天娥说：“今儿我去关帝庙市场买菜，有一个后巷的女人问我，蓝草和你男人既是兄妹，为啥一个姓庞一个姓石?”

庞志柏问："你咋说的？"

李天娥说："狗特务正在抓你，我怕连累蓝草，就说你弄错了，蓝草不是我娃他爸的妹子，是我的妹子，从小给了人，所以跟我不一姓。"

庞志柏说："天娥，你真聪明！日后不管谁问起咱俩和蓝草的关系，你就这么说，记住啦？"

天娥使劲点点头。

庞志柏又说："组织里的事，长短、贵贱不敢给外人说，明白吗？"

李天娥说："明白着哩，我又不是瓜子！"

庞志柏按照约定的时间，骑着自行车准时赶到了西柳巷 1 号。

客厅内摆好了一桌丰盛的酒席，廖梦棠假借婚礼请客，为召开紧急会议作掩护。庞志柏一到，参加会的人到齐了，他们都是市内基层党组织负责人，互相并不陌生。

新郎新娘给客人敬过一圈酒，廖梦棠说："大家一边吃喝，一边说话，由于叛徒出卖，党团省委机关被捣毁，领导成员被一网打尽。今儿请大家来，一是商量一下组织隐蔽的事，二是去上海向中央汇报的事。我的意见是由志柏哥负责转移和隐蔽，我去上海跑过交通，负责去向中央汇报。"

有人提出质疑："党团省委被破坏，会不会是江一帆被捕后出卖了组织？"廖梦棠说："我了解过啦，江一帆被捕前党团省委已经被破坏了……"

突然，外面传来一片嚷嚷声，打断了廖梦棠的话。众人一片慌乱，正不知如何是好，廖梦棠又开了口："大家都别慌，坐下接着吃接着喝……"

随着杂乱的脚步声和斥骂声，一伙端着长枪、短枪的特务闯了进来。为首的特务头子是个瘦猴，他斥问道：

"谁是廖梦棠？"

"我！我是廖梦棠。"

"他们都是什么人？"

“是我的朋友和邻居，是来喝我的新婚喜酒的。”

廖梦棠转脸对师紫云说：“别愣着，快给各位长官看酒！看酒！”

师紫云端了一杯酒，递到瘦猴面前说：“长官请喝酒！”

瘦猴盯着师紫云施过粉黛的、俊俏的脸，色眯眯地说：“听口音，不是陕西人！我说么，陕西这鬼地方面朝黄土背朝天，到哪里去找这么水灵灵的女人？可惜呀，这么好的女人嫁给了共产党，等着守活寡去吧！”说着胳膊一抡，打掉了师紫云手中的酒杯，吼道：

“把廖梦棠给我铐上！”

特务给廖梦棠戴上手铐押走了。

敌人刚一离开，庞志柏赶紧对大伙说：“敌人真把我们当成喝喜酒的了，趁他们还没灵醒过来，赶紧离开这里！紫云，把后门打开，让大家从三泰巷出去。”

师紫云领着众人去了后院。

庞志柏推着自行车出了前门。他刚走到端履门牌坊跟前，忽然看见刚刚离去的几个特务，又跑了回来。他急忙把自行车推到路边，猫着腰，和一个钉鞋的老头拉起话来。

特务们一个接一个从身后跑了过去。最后是那个特务头子瘦猴，一把抓住庞志柏的胳膊，说：“小子，你跑不了啦！”庞志柏转身的一刹那，一记重拳落在瘦猴的鼻梁骨上。瘦猴栽了个尻子蹲，捂着脸疼得“吱哩哇啦”怪叫，鼻血落在白色府绸衫上，斑斑点点艳若三月桃花。

庞志柏看见刚跑过去的一个特务，听到动静，又折返回来了。他急忙跨上自行车，在街道上的行人中间拐来拐去，沿北大街飞奔而去。

骑过一大段路程，庞志柏扭头向后一瞅，糟糕！那两个特务也骑着自行车从后面追过来。

庞志柏加快车速，一口气骑到北城墙根，拐弯时他又向后看了一眼，两个特务离他不过二三百米的样子。

他一拐进药王洞街，把自行车靠在上城墙的台阶下，然后飞奔到秦至庵家大门口，大门关着，庞志柏纵身一跃翻过墙头，双脚落在院内。

墙外传来自行车的响声和特务上气不接下气的说话声。

秦至庵不在家，庞志柏急忙进了土窑，对吴银杏说：“特务在后面追我，我得马上出城，记着把洞口堵好！”

庞志柏话未落音，人已经在洞口消失了。

这时，那两个追赶庞志柏的特务，气喘嘘嘘爬上了城墙。城墙上没找见庞志柏，城墙外是杂树野草丛生的荒沟，看不到一个人影。

瘦猴说：“这小子，肯定从城墙上跳下去跑了……”

昔日恋人

庞志柏离开西安，匆匆忙忙赶到了西吴坡。

吴勤虎听说他要去上海找中央，立即取出一沓纸币交给他做盘缠。庞志柏乘车由同蒲路到榆次、由榆次到天津、再经海路直达上海。

庞志柏稀里糊涂到了上海，却不知道如何与中央联系。

他来的时候盘算了一路，自己毕竟在上海读过两年书，还有一些熟人，他觉得和中央可能有关系的人，首先数陕西的乡党冯学迁，听说冯学迁在他离开沪大后，被中央重要领导人雷皓宇送往苏联学习深造。其他几个熟悉的，要么在五卅惨案中牺牲了，要么返回所在省市去了。

剩下的，只有陈轲和丁吻月。

庞志柏听说陈轲已经成为中共党员，还当过学联主席，要是能找到他，或许能找到和中央联系的途径。至于丁吻月，只听说她后来和孙传玺断绝了父女关系，离开了孙公馆，不知去向。

庞志柏决定去浦东找陈轲。路过枫叶桥药铺门口时他站住了。一切都还是老样子，和六年前相比药铺的招牌显得老旧了，一点儿也不鲜亮。门板上的漆皮也一块块剥落，大概过去的六年中没有刷过一次油漆，看来药铺的生意并不景气。

柜台后面坐着一个老头，正低着头搓纸绳。庞志柏认出是丁吻月的干爸蔡宝，他说："干爸，我是庞志柏，吻月还在你这儿住不？"

蔡宝剜了他一眼，不耐烦地说："你还记得吻月？吻月她不在这儿，我不知道她在哪儿，你走吧走吧！"

庞志柏碰了一鼻子灰，知道问不出啥名堂，转身过了枫叶桥，乘渡轮去了浦东。

庞志柏在棚户区找到了陈轲家的窝棚。应声出来的，是陈轲的母亲。陈妈认出是庞志柏，急忙把他引进屋内。

庞志柏在沪大读书时，到陈家来过多次，与陈家人并不陌生。陈妈告诉他，陈轲已经和吻月结了婚，小两口儿住在枫叶桥药铺。陈妈问庞志柏成家了没？庞志柏说："我儿子都两岁了！"

庞志柏问陈妈："我刚才路过枫叶桥药铺，见到了吻月的干爸，他为啥说吻月没在他那儿住？好像对我还有气。"

陈妈说："这你也怨不得人家。你那年丢下吻月，一个人回了陕西，吻月为了你得了一场大病，差点丢了性命，人家咋能没气？"

这天下午，当庞志柏又一次来到枫叶桥药铺，蔡宝好像换了一个人。他赔着笑脸说："庞先生，对不住得很！上午慢待你了，我家吻月得知你来过，就像疯了！她埋怨我没有留住你，连你去了哪儿也不知道。快进来快进来，来客厅里坐！"

蔡宝朝阁楼上喊道："吻月，庞先生又来啦，快下来！"

"庞志柏！"

如同天外仙音，从阁楼上传来久违的呼唤声。接着便是一连串踩踏着木楼梯的脆响。响声停了，丁吻月如同从天上掉下来似的，突然站在庞志柏面前!

丁吻月从头到脚瞅着庞志柏，嘴里喃喃着：“你比在沪大时壮实多了！怎么连封信也不写？我以为这辈子再也见不到你了！啥风把你吹来的?”

庞志柏笑道：“这还用问，西北风！我是孔雀东南飞，又落到上海这棵梧桐树上了!”

“你要留在上海，不回陕西了?”

“不，我是来找党……”

庞志柏刚说出一个“党”字，突然意识到了什么，改口说：“当年的老同学陈轲。听说他现在是你的丈夫，他在家吗?”

丁吻月一面沏茶，一面冲着庞志柏神秘地一笑，说：“他呀，他不在家，你还没学会撒谎，你早就加入了吧?”

庞志柏淡淡一笑，说：“我听回陕西的沪大同学说，陈轲和我是一年加入的，他还担任过学联主席，我想找到他就能找到中央。”

丁吻月的一双秀目突然睁大了：“你、你要找中央？那你应该知道联络地点、联络人、联络暗号呀?”

庞志柏说：“陕西的党团省委全被敌人捣毁了，所有领导都被捕了，交通员也被捕了，我来找中央，就是汇报这些情况的。”

丁吻月说：“那你找陈轲算是找对了。陈轲现在是上海地下党组织的联络员，你可以通过他把情况反映给中央领导。”

庞志柏惊喜道:“吻月，你也加入了，是吗?”

丁吻月笑而不语。

庞志柏突然觉得，眼前这个女人变得更加可亲、可敬了，他甚至产生了想把她拥入怀中的冲动。

丁吻月身材匀称，四肢修长，虽然比在沪大读书时瘦了一些，却增添了许多成熟女性的动人之处。昔日的恋人如今已名花有主，庞志柏自己也早为人夫、为人父，在他眼中，吻月和天娥都是好女人，值得男人一辈子去珍惜。只不过一个具有黄土地一样质朴的本色，被家乡人称为麦色人；

一个则肤色白皙，袅袅婷婷，充满了江南水乡一样的清新和迷人。

丁吻月告诉庞志柏，自打庞志柏离开上海后，她生了一场大病，病愈后抱定了终身不嫁的决心，一门心思投入社会活动中。五卅惨案发生那天，陈轲为了掩护她受了重伤。陈轲在家养伤那段日子，她去浦东探望过几次，有一次因为误了渡船在陈家留宿了一夜。她后来改变初衷同意嫁给陈轲，其实并非出于感恩，而是为了陈轲的母亲，一看到陈妈，她就想到了自己的母亲，就想痛哭一场。母亲在世时，和陈妈如同亲姊热妹，若不是陈妈把她母亲的悲惨遭遇告知了她，她至今还被孙传玺蒙在鼓里。她在情感上已经把对母亲的百般思念，不知不觉转移到陈妈身上。当她那天晚上和陈妈睡在一起，陈妈向她替儿子求婚时，她几乎连想也没想就答应了。答应以后却莫名其妙地抱住陈妈，痛哭了一场。

听完丁吻月的诉说，庞志柏安慰她说："陈轲和你从小青梅竹马，如今志同道合，他很优秀，你应该珍惜这一切。"

丁吻月叹息道："只是觉得，这老天爷太会捉弄人了！"

庞志柏听说丁吻月的干妈吴根娣，病卧在床好几年了，跟着吻月到里间去看望了干妈。刚从干妈房间出来，陈轲回来了。

由于陈轲的牵线，庞志柏第二天一早，就和中央委派的人见了面。见面后才得知，这个人原来是自己的入党介绍人吴树！

吴树对庞志柏说："陕西的情况，中央已经从别的渠道知道了。雷皓宇同志让我转告你，中央已派得力干部，去陕西恢复党团组织。据可靠消息，杨啸林已率部由豫西进入潼关，很快就要入驻西安。雷皓宇同志让你择日返回西安，转告新的省委领导，一定要利用杨啸林过去和我党的友好关系，使陕西的革命形势有一个长足的发展。"

这天晚上，陈轲在客厅支了一张折叠床，让庞志柏歇息。夫妻俩从早到晚围着庞志柏转，他们在一起时有说不完的话。

时隔数日，庞志柏要返回陕西。陈轲有任务抽不出身，让丁吻月去火车站为庞志柏送行。

在火车站月台上，庞志柏默默地注视着丁吻月充满忧伤的眼神。丁吻月的双眼，充满了血丝，显然晚上没有睡好。

丁吻月依依不舍地问："你还会来上海吗？"

火车一声长鸣，就要发车了。庞志柏刚上去，火车开动了，他急忙找了个座位，把头探出车窗，挥着手大声喊道：

"吻月，我要来的！我还要来的……"

邂逅钟楼

西安民众做梦也没想到，这一年秋天形势会发生如此大的变化。

杨啸林所部参加完中原大战，挥师西指，一路长驱直入抵达西安古城。

宋致远带着他的队伍仓皇逃离。

杨啸林部入驻西安第三天，庞志柏由上海回到了西安。他没顾上回家，先去药王洞找秦至庵。秦至庵把新任省委书记的联系办法告诉了他。

在送庞志柏出门时，秦至庵推出那辆佳丽牌自行车，说："这是你那天丢在外面的自行车。辐条断了几根，鸡腿也碰歪了，我给你修好了，骑走吧！"

庞志柏骑着自行车，按秦至庵告诉他的接头办法，来到柏树林街老宅子，找到新任省委书记边鸣钟。

边鸣钟光头、胡子拉碴，穿着一身粗布衣，没穿袜子，一双旧布鞋露出了脚指头，看外表像个种田扒粪的农夫。庞志柏把上海之行的过程，向边鸣钟陈述了一遍，又向他转达了雷皓宇同志的指示。边鸣钟告诉他，宋致远逃离西安时，狱中的同志砸开牢门跑了出来。庞志柏得知廖梦棠出狱的消息，立即骑着自行车赶往西柳巷1号。

廖梦棠一看见庞志柏，高兴得跳了起来。他说："吉人自有天相。我原以为这回成了宋致远的刀下鬼，没想到这么快又恢复了自由，咱兄弟俩稀忽儿见不上面了！"

师紫云从街上买回来四盘菜，两荤两素。廖梦棠从立柜中取出一瓶西凤酒，两人边喝边聊。

庞志柏刚一提起江一帆，廖梦棠摇摇头说："别提他，一提他我就浑身不舒服。"庞志柏问："听你的意思，江一帆叛变了？"

廖梦棠说："跟叛变差不多。他在狱中情绪消沉得很，跟所有的同志都不交流，整天坐在草铺上发茶。后来我找他谈过一次，他终于说出了真心话。他说出狱以后，再也不参加政治活动了，随便找个闲差，能养家糊口混日子就行了。"

庞志柏说："他是省委秘书，兼管组织工作，掌握着全省党组织和党员的情况。我听边鸣钟说上次省委被破坏后，基层组织和党员队伍，却完整保存下来。这证明江一帆并没有出卖组织和同志，只是在暂时强大的敌人面前，对革命前途失去信心罢了。也许随着形势发展，他日后还会回到革命队伍中来。"

廖梦棠不以为然："我看难说，朝秦暮楚，首鼠两端，这号人八成靠不住。骑驴看唱本，走着瞧吧！"

一瓶酒见底后，庞志柏起身告辞。

廖梦棠夫妇留他吃晚饭。庞志柏说："我走的时候跟家里连招呼也没打，也不知道天娥急成啥了！"说罢离开了西柳巷，骑着自行车匆匆忙忙往回赶。

庞志柏骑着自行车，刚到钟楼北侧，突然在路边行走的三个军人中，瞅见一个熟悉的面孔。他急忙跳下自行车，大喊一声："张汉云！"三个军人同时转过身来，其中一个正是庞志柏在省立二中时的老同学，张汉云！

张汉云也认出了庞志柏，急忙跑过来紧紧握住老同学的手，激动得不知说什么好。

庞志柏说："你这家伙，啥时候到杨啸林部队的？"

"中原大战时，经朋友介绍进了杨啸林部队，你现在在哪里发财？"

"发什么财呀，无业游民，跟叫花子差不多。"

"要是没事干，到我们警卫团来吧！给我当军需主任咋样？"

"你是警卫团的……"

旁边一位军人说："他是我们张团长。"

庞志柏笑道："好啊！给张团长牵马垂镫，我一定尽职尽责！"

张汉云向庞志柏介绍了身边的两位军人：副官詹五奎，团文书史浩然。庞志柏和他俩握了手。

和张汉云意外相逢，又找到了一个衣食无虞的差事，庞志柏心中的喜悦自不待言。分手时张汉云把警卫团团部的驻扎地址，告诉了庞志柏，约他明天中午十二点以前，赶到团部里来。

第二天上午十一点，庞志柏骑着自行车赶到了警卫团团部。

在张汉云房间内还有三个青年军人，除了詹五奎和史浩然，还有一位面容清瘦的年轻军人。庞志柏和这位陌生军人握过手后，张汉云介绍说："他叫武秋江，是孙书堂部的少校联络参谋，来军部办事，也是咱的好兄弟，我把他也拉来了。"

几个青年军人围着桌子嚷嚷着："张团长，快开始吧！"

张汉云笑道："急什么急？想吃奶还得等我解开怀呀！"说着揭开蒙在桌子上的白布，露出了一热一凉两大盆酒菜，还有两瓶太白酒。

庞志柏笑道："我还以为是你们制作的沙盘，原来是酒菜，闻着好香！"

张汉云给一溜五个军用搪瓷缸子中，匀上酒，说："今儿约大家来，是为了欢迎咱们新来的兄弟庞志柏。昨天晚上我才听说，他和咱们杨将军是老熟人！杨将军已经批准，由庞志柏担任咱们团的军需主任，来，为欢迎咱们新到任的军需主任，干杯！"

话音刚落，门帘一挑又走进来一位身材魁伟的军人，一进门便埋怨道：“嗬！有酒偷着喝呀！张团长，太不够朋友了吧！”

张汉云笑道：“贺老兄，你不是不会喝酒吗？”

贺一鸣眼一瞪说：“谁说我不会喝酒？曹孟德怎么说来着？若要解忧，唯有杜康。你们知道杜康是哪里人吗？是我们白水人！白水人不会喝酒，还叫白水人吗？”

众人笑道：“好哇！改日到贺参议家喝杜康酒去！”

张汉云对庞志柏说：“这位是杨将军的参议，贺一鸣先生！”

张汉云要对贺一鸣介绍庞志柏，贺一鸣摆摆手说：“不用介绍，杨将军刚给我介绍过，他叫庞志柏，澄城人，和杨将军是老相识。我是白水人，澄城和白水一沟之隔，也算是我的同乡，我是特意来看望庞志柏的！”

众人一面饮酒，一面交谈。贺一鸣几杯酒下肚，话多起来，他性情耿介，快人快语。庞志柏心想：贺一鸣这个朋友，交定了！

第八章

军需主任

一日午后，庞志柏去竹笆市同聚军衣店定做军衣，意外碰上了分别已久的骆伯安。骆伯安当了军衣店的经理，庞志柏跟他闲聊时，得知那年一起去国民联军独立二师的沈钟，也在军衣店打杂。第二天，庞志柏把沈钟带到警卫团，让他担任了军械官。

转眼之间又到了年终岁尾。

由于南京方面军费欠账有增无减，又不愿意过多增加地方负担，杨啸林部普遍拖欠军饷，官兵生活水平难以保障。又该过年了，没有充足的资金改善官兵生活，全军上下士气普遍低落。官兵冲突、开小差的现象时有发生。

就在这时，杨啸林收到一封匿名检举信：警卫团团长张汉云，伙同军需主任庞志柏等人，盗用军车私自经商做生意，大发黑心财。如果不严加查处，势必造成军心涣散，战斗力将丧失殆尽。

杨啸林让贺一鸣看了匿名检举信，委托他去警卫团明察暗访。如果真有徇私舞弊、中饱私囊的败行，一定军法处置！

贺一鸣对警卫团用军车做生意，改善和提高官兵生活早就耳有所闻。他还曾经向杨啸林说过这件事，建议全军各部都能这样做。杨啸林不以为然，说这叫不务正业，简直是胡闹！

其实其中有没有徇私舞弊，贺一鸣还真心中没底。他暗自庆幸杨啸林把这件事，交给他去调查，如果真有这种事，也好替张汉云、庞志柏他们，遮盖一下，日后不再做就是了。

经过两天明察暗访，贺一鸣发现自己的担心完全多余。

庞志柏利用军车闲隙便利时做些生意，完全是为了改善和提高官兵生活条件。除了改善伙食、发放福利品，还每人每月有一定数额不等的资金补贴。家庭遇到困难的，还能享受一份特殊补助。庞志柏由此赢得全团官兵的拥戴和赞扬。

更让贺一鸣佩服的是，庞志柏还制定了一整套生产自救的管理机构和财务制度，账目清晰票据齐全，对生产自救活动的收支情况，月月都要公布于众。

两天后，贺一鸣把一份"开展生产自救工作总结"放在杨啸林的桌面上。这份总结是庞志柏写的。杨啸林一字一句看完这份总结，凝结在脸上的冰霜渐渐融化了。他欣喜地说："一鸣，你看出来没有？庞志柏是个难得的人才！"

贺一鸣说："咱们西北军不是老蒋的嫡系，是后娘养的，老蒋处处坑咱们！这下有办法了，老蒋不给咱们肉吃，咱们自己打兔子吃，这不叫不务正业，叫生产自救！"

杨啸林说："给庞志柏写的材料前面，加上军部一段按语，要求在全军推广他们的经验，你看如何？"

贺一鸣苦笑道："我早给你建议过，你不听我说咯！"

杨啸林赔笑道："是我的错，我向你道歉！这件事交给你了，明年一年一定要抓出成效！"

贺一鸣告诉庞志柏，白水老家自己的兄嫂，近年身体欠佳，照顾老母亲的饮食起居，已显得力不从心。他已经把老母亲接到西安，在母亲晚年，要好好报答母亲的养育之恩。

为了接母亲进城，贺一鸣结束了多年来居无定所的生活，在西安马道巷购置了一套宅子。这是一座晚清遗留下来的老宅子，分为前后院，隔墙上有小门相通，共总七间房子，前院四间后院三间。贺一鸣家住在前院，后院三间房子空着，妻子龚逸雪要租出去，贺一鸣不同意。他说招了房客怕母亲嫌聒，一家人独门独院，落得耳根清净。

庞志柏去马道巷找过几次贺一鸣后，与贺家人渐渐热络起来。

龚逸雪言谈举止若软玉温香，她祖籍天津，出身名门，自小受过良好教育，在南开中学读书时，与贺一鸣相识相爱。后来贺一鸣返回陕西白水探望父母，和杨啸林一见如故，从此投笔从戎，担任了杨啸林的参议。龚逸雪在一所教会学校学了两年英语，来到大西北与贺一鸣结为夫妻，如今他们已经有了一个五岁的女儿。

贺一鸣把母亲从白水老家接到西安时，龚逸雪在西秦高师担任英语教员。为了侍奉公婆和陪伴女儿，两口子一商量，龚逸雪毅然辞掉了工作。

贺一鸣的母亲待人随和，心地善良，虽然年事已高却耳聪目明，谈吐不俗，深明大义。小女儿倩倩聪明漂亮，全家人视为掌上明珠。一家老小四口和和美美，日子过得有滋有味。

每当见到贺一鸣的母亲，庞志柏就想起了自己的母亲。母亲是因为失去女儿后，精神受到刺激、病情加重，才离开人世的。庞志柏时常为此暗自垂泪。

有一天回到家中，庞志柏对天娥又提起贺一鸣的老母亲，他说他想认贺大妈做干妈。天娥说："贺大妈有两个顶天立地的儿子，并不缺你这个干儿子！你不是说她没女儿吗，不如让她认下我这个干女儿，我自小没妈，也能尽一点当女儿的孝心。你要有心日后跟着我，只管叫干妈就是了。"

一提起干妈，庞志柏就想起了丁吻月的奶妈吴根娣，他忍不住脱口而出："照这么说我就有两个干妈了，可惜没有一个正式的，都是跟着别人乱叫的。"

李天娥一脸狐疑："你哪里还有一个干妈？我咋不知道？"

庞志柏后悔说漏了嘴，他打圆场说："那个干妈在上海，是同学的干妈，我跟着乱叫的。"

李天娥没有看出破绽，不再细究此事。

倏忽之间又到了过大年的时候，正月初二那天，庞志柏和李天娥带着小虎，抱着已经半岁的女儿小英，提着礼品去马道巷给贺大妈拜年。

庞志柏和贺一鸣在书房里说古论今，天娥抱着小英和贺大妈在里屋叙家常，小虎和倩倩在院子里放花炮、堆雪人、猜枚、跳坊，龚逸雪在厨房里煎、炸、煮、炒，锅碗瓢盆叮当作响。

两家人欢天喜地度过了这一天。

庞志柏一家是天快黑时，才离开贺家的。

贺母不听劝阻，硬是在龚逸雪搀扶下从里屋走出来，一双小脚迈着碎步，手拄的拐棍在青砖地面上敲出一长串脆响，一直把才刚认的干女儿一家人，送出大门。

大年馑已经过去，人们的日子日渐见好。

杨拴车马店的生意慢慢红火起来，庞志柏每到月头上，也有了一笔丰厚的收入，兄妹两家终于结束了东挪西借、忍饥挨饿的绞结日子。他们不到三年功夫，把居住的两处宅子买了下来。车马店的生意有石蓝草料理，杨拴把铁轮大车改为胶轮大车，经常在外面承揽运输活挣钱，日子过得既忙活又舒心。

刚进城时，庞志柏托王太太给天娥和蓝草做了两袭旗袍。天娥是白地紫丁香花旗袍，蓝草是绿地野蔷薇花旗袍。王太太花了加倍的功夫，做工十分精细。李天娥苦日子过惯了，平时舍不得穿压在箱子里，每逢四时八节、去马道巷看干妈时，才取出来穿穿。石蓝草一次也没穿过，她从早到晚忙得像陀螺，店里店外旋来转去，一个乡间弱女子大难不死，历经磨炼，变成了巾帼不让须眉的女汉子！

有一天早上，庞志柏正在团部和张汉云议事，宪兵营的宋绮文领着严新民来见他。严新民也是竞化高小毕业的，比庞志柏大两级。宋绮文把严新民介绍给庞志柏，转身走了。

严新民关上门，对庞志柏低语道："我受上海地下党组织委托，专程回西安找你。上海地下党组织打算让你去上海参加培训，培训结束后，组织关系转入上海地下党组织，以后和陕西地方党组织断绝任何联系。省委领导让我征求你的意见，如果你同意，后天就出发！"

庞志柏问："上海地下党组织和中央是啥关系？"

"上海地下党组织是中央的派出机构，受中央委托主管全国白区工作。"

"加入了上海地下党组织，就要留在上海吗？"

"那倒不一定，到时候老石会给你安排。"

"老石是谁？"

"上海地下党组织的负责人石英，年纪跟你差不多，忠诚可靠，他以后就是你的上级领导。"

陕甘特派员

庞志柏随严新民到上海后，夜里仍然下榻在枫叶桥药铺。

陈轲说："以后来上海千万不要住旅馆，最不安全！来了就住这儿，遇到紧急情况出后门潜入居民区，很安全。"

庞志柏问咋不见干爸？

丁吻月说："干爸病了，乡下老家有个老中医能治他的病，侄儿把他接回老家治病去了。好在干妈的病已经好了，药铺全靠干妈打理。"

陈轲告诉庞志柏："蒋介石在上海设立了特工总部，安插了许多特务和密探，大肆搜捕共产党人，破坏党的地下组织。就在大前天，由于叛徒出卖，三十多名党的重要干部被逮捕。眼下上海的形势非常严峻，随时可能牺牲，你要有思想准备！"

庞志柏说："谢谢你的提醒，我会小心的。"

第二天一早，庞志柏在陈轲的引领下，来到法租界一家豪华公寓，见到了石英。

石英告诉庞志柏："雷皓宇同志指示，要在全国挑选一批忠诚、干练的同志，充实上海地下党组织工作。欢迎你！庞志柏同志，从今天起，你就是上海地下党组织的一员了！"

庞志柏告诉石英，他在杨啸林的警卫团担任军需主任，时常利用军车做些生意，挣了不少钱，除了给官兵办福利外尚有不少节余。他打算回去后，和张汉云团长商量，每月上缴上海地下党组织五万元活动经费。

石英高兴地说："这是雪中送炭！谢谢，谢谢你们！"

正说着有人走进来，把一封密信递给石英，转身离开了。石英看完密信，划着一根火柴烧了。他沉思片刻，把目光落在庞志柏和陈轲身上。

石英说："浦东区交通员阿杰昨晚上被捕了！你俩马上去浦东，通知区委书记老费，让他立即转移，越快越好！"

在赶往浦东的渡轮上，庞志柏默默地注视着浩瀚的江面。江面上有几只白色的水鸟起起落落。

陈轲说："你知道老费是谁？就是你的袍泽乡党冯学迁！"

庞志柏大出意外："冯学迁！他不是去了苏联吗，啥时候回来的？"

陈轲说："冯学迁去苏联中山大学学习，是雷皓宇同志决定的。他在苏联转为联共党员，还当过远东苏维埃政府的什么主任，后来又是雷皓宇同志去苏联时把他要回来，任命为浦东区委书记。"

陈轲和庞志柏在浦东一个棚户区，找到了冯学迁。冯学迁没想到能在这里与庞志柏见面，两人都激动得流下泪来。

陈轲笑道："老乡见老乡，两眼泪汪汪。别作女儿态了，说正经事吧！"

冯学迁擦了泪说："有重要事吗？"

陈轲低声说："和你联系的交通员阿杰昨天晚上被捕了！老石让我俩通知你马上隐蔽，以后有事和阿红联系。"

分手时，冯学迁紧紧握着庞志柏的手，说："这次见面时间太仓促了，等下次见面一定好好聊聊！"

入夜后，在法租界一所教堂密室内，上海地下党组织新吸收的人员培训班开始上课。授课人叫李择田，是雷皓宇委派来的。

李择田说："今天晚上由我给各位介绍一下，上海地下党组织秘密工作室的建构。这个秘密工作室，是请苏联同志帮我们建造的，设计很巧妙。在防止敌人破坏、开展地下斗争中，发挥了重要作用！我们现在所处的位置，是秘密工作室的入口。"

李择田展开一张图纸，接着讲道："各位请看，这是秘密工作室的平面示意图。这是 1 号门，从这里进去向左拐，上台阶到二楼，然后由伪装的 2 号门仄棱着身子，进入狭窄的夹墙过道，再下台阶从 3 号门进入秘密工作室……"

李择田合上图纸说："现在大家跟在我身后，亲眼看看这个秘密工作室的内部结构。过道里没有电灯，我在前面提着马灯照明，下台阶要特别小心……"

短训班办了十多天就结束了。

石英让陈轲找来庞志柏，给他安排了新的任务："为了及时了解西北的情况，组织决定派你回西安，以陕甘特派员的身份建立中央联络员接待站。雷皓宇同志让我转告你，要利用在杨啸林警卫团工作的有利条件，密切注意杨部的动向，特别是杨啸林与蒋介石、甘青二马、四川刘文辉的关系。有条件的话，可以在杨部做些转变思想的工作。"

石英取出两个小玻璃瓶，交给庞志柏说：“这是两瓶显密药水，是用来读写密信用的，使用方法问陈轲。记住，要随时保持和上海地下党组织的联系！”

庞志柏点点头，把显密药水装入皮箱。

石英又说：“眼下还有一个任务，需要你回到西安后马上去完成。吉恒力决定在西安招收一百名爱国青年，去参加察绥民众抗日同盟军，他已经派了一个叫南塔的同志去了西安，住在东大街向阳旅馆。南塔到西安人生地不熟，你和他接上头以后，要尽力协助他完成招兵任务……”

第二天早晨，庞志柏乘火车离开了上海。

这次是陈轲把他送到火车站的。在月台上等待发车时，陈轲说：“吻月今天在报上看了一个招生广告，是上海无线电工程学校登的，她想去报考，我没有同意。她跟我闹别扭，一天也没理我。”

庞志柏说：“这是好事么！有一技之长，总比啥也不会强……”

火车一声长鸣，就要发车了。两人匆匆握别后，庞志柏轻轻一跃，踏上了已经启动的列车……

逸中事件

庞志柏从上海回到西安后，一直为招兵的事四处奔走。就在这时，逸仙中学发生了殴打戴传咸事件。

那天中午，逸仙中学的全体师生集中在中山纪念堂里，讲台上悬挂着孙中山的巨幅彩色画像，下面用十分规整的楷书写着总理遗嘱。国民党政府要员戴传咸站在讲台上，指手画脚给师生讲话。讲台下，王世毅、廖勃和燕连云在窃窃私语：

“戴传咸出言不逊，来者不善!”

“戴传咸和老蒋是拜把子兄弟，也不是什么好鸟!”

“狗嘴里吐不出象牙!”

“别吭声，听他放什么狗屁。”

戴传咸接着讲道：“我这次一到西安，就闻到一股味道。什么味道？一种尚未开化的、野蛮的、茹毛饮血的味道！在中国历史上，秦国向来被称为虎狼之国，孔子周游列国没到过你们这个地方，所以你们就离经叛道、就野蛮不开化、就相信异党的歪理邪说……”

戴传咸的讲话被呐喊声打断了：

“戴传咸，不许你诬蔑秦人!”

“戴传咸，闭上你的臭嘴!”

“戴传咸满嘴喷粪!”

“戴传咸从逸中滚出去!”

……

坐在后台的校长韦万江，失急慌张跑到前台。韦万江是个矮胖子，脸上堆着两块赘肉，眼睛挤成了两条细线。他挥舞着一双粗短的胳膊，声嘶力竭地喊道：“大家不要吵！静一静！静一静……”

台下的呐喊声淹没了韦万江的声音。

燕连云捡起一块半截砖，一侧身，手臂划出一个漂亮的弧线，半截砖飞了出去，不偏不斜，从韦万江的头顶上“嗖”的一声，飞了过去。戴传咸看见有个什么东西，朝自己的脑门上飞过来，下意识中把腰一弯脖子一缩，半截砖“咣当”一声，砸在身后的桌子上，把坐在桌子后面的教育厅厅长张东昌，吓得如同受惊的猴子，从椅子上跳了起来。

戴传咸面如土色，魂都吓丢了。他在张东昌的搀扶下，从逸仙中学的后门仓皇逃窜。

逸中后门，正对着莲池公园东门。刚刚从公园里遛鸟出来的谢靖夫，突然看到从逸中后门窜出两个人来，一个搀着一个的胳膊，失急慌张上了黄包车，一路催着车夫向南跑了……

这时候，逸仙中学内的骚乱，仍在继续。

愤怒的学生就像潮水一般，冲出中山纪念堂。

最先出来的一批学生，看到戴传咸乘坐的猪肝色小卧车，还泊在纪念堂外面，立即把气撒在小卧车上。陕西愣娃们余怒未消，砖头、石块“叮叮咣咣”砸向小卧车。小卧车的玻璃“哗啦”一声碎了，车身上布满了坑坑洼洼的麻点。

站在外围的王世毅脱掉了身上的布衫，跟一位抽烟的教师要了洋火，把布衫点着后，从体无完肤的小轿车窗口塞了进去。

一片呐喊声中，火势越烧越旺。当大火终于熄灭时，小卧车如同荒野中的野兽遗骨，只剩了一个空架子。

赶跑了戴传咸，火烧了他的小汽车，按说这伙陕西愣娃们的气，也出得差不多了，发生在逸仙中学的这场骚乱也该平息了。人们没想到的是，有一股暗流正在从上到下涌动着。

此日正午时分，开饭的钟声敲响了，下了课的学生一窝蜂涌向灶房。灶房前的板牌上贴着一张新告示，公布了开除十五名学生的名单。

学生们越聚越多，情绪越来越失控，王世毅抱起一块石头，把张贴告示的木牌砸得粉碎。

廖勃振臂一呼：“走！找韦万江说理去！”愤怒的学生像开闸的洪水，冲向韦万江的住处，把他的房间围得水泄不通。

韦万江的门紧关着，廖勃捡起砖头，砸开窗户跳进房间，把韦万江拉了出来。韦万江喊道：“大家不要吵，有话好好说……”

王世毅指斥道：“韦万江，你开除学生的决定是错误的，必须马上收回成命！”

韦万江辩解道：“开除学生的决定，是省教育厅张东昌厅长的指示，要收回成命，你们找张厅长去！”

廖勃说："闹了半天，原来是屎巴牛跟着屁轰轰！你是张东昌的狗吗？张东昌让你咬人你就咬人？让你吃屎你就吃屎？今天我们打不上主子，先给你这条走狗一点颜色看看！"

廖勃话音未落，一拳捅在韦万江的鼻子上，立时血流如注，他捂着鼻子，杀猪似的号叫着……

一个多小时后，大批警宪包围了逸中，全校师生被赶进大礼堂里。警宪按照韦万江提供的名单，抓捕了六名学生，王世毅和燕连云两人，在六名被捕的学生里边。廖勃翻墙逃走了。

警车尖叫着开出了校门。学生们以为要把这六个学生拉去枪毙，许多人跟在警车后头穷追不舍。追了一会儿，看见警车开进了九府街模范监狱，才折返回学校去了。

时隔二日，庞志柏提着几盒包装精美的茶叶，走进马道巷贺一鸣家。贺一鸣说："都是自家兄弟，常来常往，带什么东西！"

庞志柏说："这是天佑茶庄廖大妈送我的，我给你带了几盒。"

贺一鸣说："你和天佑茶庄交情不浅！"

庞志柏说："我和廖大妈的长子廖梦棠，有生死之交，围城时要不是廖大妈的一袋面粉，我哪能坐在你这儿跟你说话，骨殖也埋在革命公园的土冢里了！"

贺一鸣收起茶叶，说："却之不恭受之有愧，你既然拿来了，我就收下。记着，下不为例！"

两人说了几句闲话，切入正题。庞志柏说："前两天逸仙中学闹学潮，逮了六个学生，你听说了吧？"

贺一鸣说："事闹得那么大，全西安人都知道，我能不知道？"

庞志柏说："逮捕的六个学生，为首的是我表弟王世毅。还有一个学生叫廖勃，是天佑茶庄廖大妈的小儿子，这小子倒窜得快，警宪冲进逸中时翻墙逃走了。你也知道，我是舅舅和妗子拉扯大的，他们把儿子交给我，如今关了大牢，我咋向他们交代？”

说到这里，庞志柏的眼圈红了。

贺一鸣给庞志柏和自己斟上茶。他说：“这件事真让杨啸林作难，从内心讲他是同情学生的，逸仙中学的中共党团组织一直很活跃，师生中阅读进步书刊几近公开，杨将军睁只眼闭只眼，从不干涉。按他的本意，把逮捕的学生关几天，放了算了，问题出在教育厅厅长张东昌身上，他是CC骨干，是奉老蒋之命来西安监视杨啸林的。杨啸林不能不做做样子，学生迟早是要放的。”

庞志柏说：“蒋介石派特务监视杨啸林，说明老蒋根本不信任他。杨将军何须画地为牢，受老蒋掣肘？”

贺一鸣叹了口气，说：“杨将军毕竟是老蒋任命的省府主席，你表弟还有廖勃、燕连云三个人是主犯，本来要杀头的，杨将军交代这次绝不开杀戒！这已经是天大的面子了。”

庞志柏回到家，把情况告知了妻子。天娥愁容满面说：“这事要是让咱舅、咱妗子晓得了，还不伤心死了！瞒了初一瞒不了十五，他们迟早会晓得的。”

庞志柏说：“我明天一早回澄城去，把事情当面给舅舅、妗子说清楚，让他们千万别着急！”

庞志柏没想到，傍晚时分王长福和康拴劳牵着两匹马，进了大门。王长福有个侄儿叫王志毅，在澄城教育厅当职员，王世毅被捕的第二天，王志毅就得知了消息，急忙回到柏社告知了叔父王长福。

王长福和余子英痛哭流涕，一夜没合眼。天尚未明，王长福赶到呼家庄，给庞积仓打了招呼，和康拴劳一道骑着马，匆匆忙忙来到了西安。

一进庞志柏家门，王长福忍不住放声大哭，把庞志柏和李天娥的心，都哭碎了。

王长福听了庞志柏的叙说，得知儿子并无性命之忧，才慢慢平静下来。因为着急上火，王长福的头发猛地白了一撮子，牙疼得厉害，腮帮子肿得像起面馍。天娥给舅舅熬了些绿豆汤，又搭了一壶祛火的梨茶，两口子陪着舅父说了半夜宽心话，王长福才稍稍放下心来。

第二天一早，王长福在庞志柏两口儿陪同下，去狱中探望了儿子。之后和康拴劳骑着马，回澄城去了。

税务官

此日一大早，庞志柏走进军营，沈钟说张团长在团部等他。庞志柏走进警卫团团部时，张汉云正在和一个陌生男子交谈。这个男子留着大背头，戴着黑框眼镜，穿着灰色长袍，显然是个文化人儿。

张汉云对中年男子说："这就是我们的军需主任庞志柏。"

中年男子和庞志柏握了握手。

张汉云悄声对庞志柏说："这位同志大名叫秦岭，是省委领导成员，受陕北红军刘志彤之托，想让咱给他们搞一批军火。正好咱们要给蓝田驻军送一批武器，我打算借这个机会，把这批武器分出一部分，送到陕北去。陕北红军没有军车，只能派驻在洛川的骑兵接应。最重要的是保密！具体怎么送、走那条路送，咱商量一下。"

庞志柏说："接头的地点，放在澄城县北的黄龙山雁落岭出山口，那儿离洛川比较近。咋样？"

张汉云看了看军用地图，说："好！接头的时间放在大后天晚上十二点，天黑之前出发，路上不架搁的话，天亮之前就能赶回来。"

时隔二日，运送枪弹的大卡车临近傍晚时开出了军营。执行这次特殊任务的除了庞志柏以外，还有警卫团副官詹五奎、团文书史浩然、军械官沈钟，再加上司机毛蛋，共总五人。

军车一路朝北疾驰。将近午夜十二点钟时，在雁落岭出山口和陕北红军骑兵接上了头，交接完军火后，军车随即折返回来。

路过柏社村时，庞志柏去看了看舅父妗母。王世毅被捕后妗母病倒了，庞志柏决定在柏社待两天，给妗母宽宽心。

军车未敢久留，匆匆忙忙赶回西安去了。

第二天，庞志柏打发狸猫请来乡间很有名气的胡先生，给妗母看了病抓了药。庞志柏一面给妗母熬药，一面听舅父又说起父亲的事。他很乐意听舅父妗母说父亲的事，虽然他至今在情感上，无法谅解和接纳父亲，父亲和他也断了父子情分，但他毕竟是自己的父亲。不管恨也好怨也罢，他得读懂父亲这本书，这本不同于一般庄稼人的奇书。

柴凤文仗着儿子柴崇林在省党部干事的面子，二返长安回到澄城又当了县长。庞积仓如今不但给柴凤文供酒，还给他供油、供米、供面。为了和柴凤文套近乎，他特意在县城买了两间门面房，一间自己住，一间租给单屠户开肉铺子，也不收房租，让单屠户不要断了他的肉吃，就行了。

过年的时候，单屠户照旧要给庞积仓送半扇猪肉。他让单屠户在肉砧子上一劈两半，带前腿的一半自己留着，带后腿的一半送给了柴县长。

为了出行方便，庞积仓特意请来木匠，为自己打制了一辆小型木轮轿车。他经常手里挥舞着短鞭子，赶着驾辕骡子坐着小轿车，在乡间的蹚土路上“咯噔咯噔”来回奔走，就像大城市里的阔佬出门时坐的小汽车。

他在乡下住些日子，又花插着到城里住上几天。有时候他也让续娶的妻子韩冬雁，坐在小轿车里，跟他进城待上几天，看场戏、进一趟饭馆子，体会一下城里人的生活，然后再把她送回呼家庄的庄稼院里。

庞积仓上岁数后发了福，柴县长给他起了个绰号叫“庞老胖”。只要不是十冬腊月，他总是光着膀子，露出身上酱红色的肥肉。胖人怕热，夏日正午歇晌时，屋内不通风，庞积仓总要夹着一领凉席，到街巷的槐树底下睡午觉，任凭旁边的叫驴可着嗓子干嚎，他依然打着呼噜睡他的觉。

这个习惯，即使后来住在城里也没改变过。

就在庞志柏离开柏社，返回西安的第二天晌午，庞积仓独自去戏园子看戏。他走进戏园子时捎戏刚演完，本戏还没开。庞积仓刚在后头坐下，坐在当中的柴凤文，看见了他那谢了顶的、光亮的大脑门，于是“老胖！庞老胖！”大呼小叫着，让他过来坐在自己身边。

看完戏后，柴凤文又让庞积仓跟自己一道，去了县府。

上过茶后，柴凤文说：“老亲家，我听人说志柏贤侄前两天回来过，带了好些人，腰里都别着家伙，有这回事吗?”

庞积仓说：“我不晓得，我跟那犟驴早就不认咧!”

柴凤文说：“是黑地里回来的，都穿着军衣坐着军车，到过他舅家，连夜走了，你咋能知道?”

庞积仓说：“他如今要成龙变虎、上天入地，我都管不上咧!”

柴凤文说：“他不听你的听他舅的，你让他舅给他带个话，只要他以后不再找我的麻缠，跟我井水不犯河水，我保证让你四季发财、岁岁平安!”

柴凤文喝了几口茶，又接着说：“你今儿来得正是茬口。我昨天把税务官骡子球给撸了！这小子心太脏，吃独食，我想让你接替骡子球当这个税务官，你看如何?”

庞积仓有些作难：“我怕不行。我不识字，不会记账，啥都解不下咯。”

柴凤文说：“这你别担心，有专门记账的，里面的门门道道他会告诉你。这可是碰破头也抢不到手的肥差！官油壮捻子，不沾白不沾，沾了也白沾，白沾谁不沾!”

此后，庞积仓当了一年税务官，又挽了一大疙瘩钱。

在这一年中，他大兴土木，对多年来添置的七院庄子进行了翻修改造。新修的七院庄子，全是一线起的砖挂窑面子，窑面子脑顶是一溜一米多高的砖砌花墙，花墙底下是双排压嵌的砖雕仿木椽头，雕饰着龙凤呈祥、鱼戏荷花、蓝、梅、竹、菊等图案，比呼子贤家的院子气派得多！庞积仓住的正院还特意修了纳门砖窑，当街的门楼上砖石雕刻着骏马、龙凤、雄狮、梅花鹿、麒麟等吉祥物，个个生动传神，妙不可言！在满槐园的残墙破院衬托下，庞积仓新修的庄院越发显得耀人眼目。

如今的庞积仓，已经成为继雷盛云之后，在澄城显露头角的新的暴富户。他对柴凤文不断膨胀的贪欲，深感不安。为了防止引火烧身，他见好就收，毅然辞去了税务官这个肥差。

庞积仓早已把两眼盯在靠近蒲城的沟壑里，那里布满了大大小小几十个炭窠，在他眼中炭窠里出的不是炭，是黄金！是白银！

庞积仓打算用积攒的钱去开炭窠，挖出了炭，黄金白银就会像县西河的水，不断地往自己家里流。

庞积仓的炭窠开在尧头镇枣树沟，他让王长福啥也别管，腾出手只管招呼人打井筒子。

王长福毕竟也上了岁数，庞积仓让毛福山去给他拉下手。

毛福山是毛福海的小兄弟，自小给了万家河的万豁豁。万豁豁是大财东，妻子年过四十没有生育。只说毛福山掉到了福窖里，没想到万豁豁中年得子，毛福山便糟了罪，成天挨打受气，终于被赶出家门成了乞丐。

庞积仓把毛福山找了回来。毛福山略通文墨，心眼活泛，非常能干，自打到了庞家给姨夫帮了不少忙，庞积仓很喜欢毛福山。

韩冬雁也经常给毛福山偏吃偏喝，缝缝补补，视若己出。

日子就像烈火干柴，越烧越旺，唯一让庞积仓烦躁不安的，是韩冬雁那扁平的肚皮。自打把韩冬雁娶回家，他时常夜里梦见韩冬雁的肚皮鼓得高高的，待到梦醒时，摸着妻子那扁平的肚皮，又陷入了绝望中。

没有后人，这万贯家私谁来承接？想起村里那些没儿没女的孤寡老人，到不能动时连倒口水喝的人也没有。有的直到死了好多天，尸体已经完全腐烂，村民们闻见恶臭才发现他早死咧！

庞积仓也曾动过心思，想收养毛福山当儿子，没想到毛福山一口回绝了。毛福山说他宁可去要饭吃，再也不给人当儿子了……

雨夜除奸

庞志柏和张汉云正在商量采购的事，贺一鸣和武秋江走了进来。庞志柏心想，武秋江是孙书堂部联络参谋，也是秘密党员，到这里来八成有重要事要办。

庞志柏的推测很快证实了。在杨啸林暗中支持下，所属孙书堂部和川北红军，秘密签订了共同反蒋抗日的盟约，代表孙书堂部和川北红军签约的人，就是武秋江。这件事已经被蒋介石察觉，蒋密电杨啸林：武秋江通匪有据，仰即就近缉拿，送南昌行营审办。杨啸林明令缉拿，暗中保护。

听了贺一鸣的介绍，张汉云和庞志柏对武秋江赞不绝口。

武秋江笑道："先别急着夸我，还有一件麻缠事要劳驾二位。我们既然和川北红军签了盟约，就由过去的敌军变成了友军，川北红军托我想法子给他们弄一部电台，我想请你们帮这个忙。"

庞志柏说："电台的事好说。我们警卫团已经升格为警卫旅，我马上要去上海采购一大批物资，正好能把你的事捎带着办了。"

武秋江悬在心中的石头落了地。

庞志柏在上海站下火车后，到各家电器公司转了转，购买电台的事依然没有着落。

天黑时突然下起了大雨，他在一家小饭馆吃了饭，好不容易找到一辆黄包车，赶到枫叶桥药铺时已经到了晚上九点多钟。雨越下越大，他敲了好一阵子门，里面才传出拖拖拉拉的脚步声，问：“谁呀？这么晚了，还来敲门！”

庞志柏听出是干妈吴根娣的声音，大声说：“干妈，我是庞志柏，快开门！”

门开了，庞志柏一闪身进了药铺。

身后的暴雨倾盆倾缸，如浇如注，伴随着一阵阵天崩地裂般的雷声。吴根娣把雷声、雨声关在门外，哆哆嗦嗦说：“志柏哎！你可来了，快去看看吻月，她病了好些日子了……”

“吻月她病啦？陈轲呢？”

吴根娣泣不成声：“陈轲、陈轲他、他被人害死二十多天了……”

吴根娣的话如同千钧霹雳，差一点把庞志柏殛昏。他尚未醒过神来，突然传来一阵紧似一阵的敲门声。

吴根娣的哭声戛然而止。她大声问：“谁？”

“查户口的，快！快开门！”

吴根娣霎时变脸失色，急忙压低声音对庞志柏说：“你把特务引来了！”吴根娣冲着门外喊道：“敲啥敲，别敲了！等我穿好衣服，就给你开门！”

这时，穿着一身洁白睡衣的丁吻月，如同一只仙鹤从阁子楼上一下子飘落在庞志柏面前。

丁吻月啥也没说，拉着庞志柏的手急匆匆向后院跑去……

吴根娣估摸着庞志柏已经逃走了，才过去把门开了。

一个穿着雨衣的男子，一步跨了进来，那男子一手端着勃朗宁手枪，一手掀起雨衣帽子。

吴根娣认出是巴福来，疯了似的吼道：“咋又是你？你这死皮赖脸的东西！我给你说过我女儿病了，他不愿意见你！你出去，快出去，出去！”

吴根娣一面斥骂，一面把巴福来奋力向外推。巴福来胳膊一抡把吴根娣擢倒在地，恶狠狠地说：“刚才有个共产党，躲到你家药铺里来了！

老老实实把他交出来，我就放过你们，你们要是敢窝藏共产党，我就打死你们!”

巴福来刚要上阁子楼去搜查，丁吻月突然出现在他头顶的楼梯口，厉声呵斥道：“巴福来！你有能耐冲我来，欺负一个老太太算什么本事!”

巴福来狞笑着说：“丁吻月，你真行啊！男人刚死，你就把庞志柏从陕西叫到上海来了！你别做美梦了，等我抓住了庞志柏，就一块儿送你们上西天，你俩到天堂去做夫妻吧!”

巴福来把阁子楼上下各个房间连同后院厕所都搜遍了，连庞志柏的影子也没找到。他从未到后院来过，发现后院还有个后门，便认定是丁吻月刚才把庞志柏从后院放跑了。

巴福来返回客厅，用手枪逼着丁吻月说：“是你刚才把庞志柏放跑了！私通共党，你犯了杀头的罪知道吗？走！跟我到总部去，到了那里有你好受的!”

巴福来伸手去拉丁吻月，丁吻月甩脱他的手厉声说：“别碰我！你的手太脏。”说着转身出了门。

雨水劈头盖脸溯进门来。吴根娣顶着风雨追出门，刚叫了一声“吻月”，脚下“刺溜”一滑跌倒在泥水里。丁吻月听到干妈撕心裂肺的哭叫声，回头喊道：“别管我，管好小舫!”转身朝枫叶桥头走去。

一过枫叶桥便上了河堤。河堤的一边是望不到头的深水塘，一边是浊浪翻涌的苏州河。刚向前走了二三十米，突然从树丛里窜出一个人来，一下子把巴福来扑倒在地。巴福来的头重重地磕在石头上，眼前一黑，勃朗宁手枪脱手而出，掉到了苏州河里。

那突然出现的人喊道：“快跑，吻月!”

丁吻月听出是庞志柏的声音，急忙返身向枫叶桥头跑去。

这时，巴福来从短暂的昏厥中醒过来，和庞志柏在河堤上扭打起来。就在庞志柏掉进河里的一刹那间，抓住了河堤边的一棵小柳树。小柳树身子一弯，庞志柏的整个身子一下子悬在了空中，脚下就是汹涌的激流。

刚刚跑到枫叶桥上的丁吻月扭头一看，河堤上只剩下了穿雨衣的巴福来，只当庞志柏掉到河里去了，双腿一软跌跪在泥水里。

丁吻月双手扒着桥栏杆，哭叫了一声："志柏"！泪水和着雨水从脸颊上流了下来……

这时巴福来已经扑到了柳树跟前。庞志柏双手猛一使力，一个鹞子翻身跳到了河堤上，双手刚一松开柳树，树身立即反弹出去，朝着扑过来的巴福来扫了过去。

巴福来躲闪不及，突然脚下一滑，一头栽进了苏州河里，一转眼被激流吞没了……

丁吻月泪眼模糊，并没有看清河堤上这惊心动魄、生死攸关、转瞬即逝的一幕。当她看到河堤上只剩下庞志柏一个人时，立即从泥地上爬起来，跌跌撞撞跑到庞志柏身边，紧紧地抱住了庞志柏，浑身哆嗦着泣不成声。

庞志柏轻轻拍着她的脊背，说："别怕！他掉到河里了，淹死了……"

两人搀扶着正要往回走，丁吻月忽然看见地上有个东西，在水塘对面的街灯照射下，闪着一星亮光。她捡起来一看，原来是一块怀表，看着非常眼熟，打开表壳一看，果然里面有自己的头像！

她惊叫道："这就是我早先送给你的那块怀表！你不要了我又送给了陈轲。一定是巴福来刚才掉在这里的！"

丁吻月嘴唇哆嗦着说："陈轲，一定是巴福来杀害的！"

庞志柏说："老天不容，巴福来死有余辜！他不知杀害了我们多少好同志……"

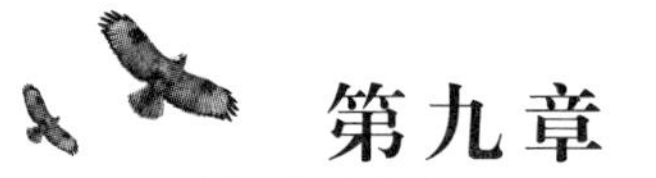

第九章

永裕公司

庞志柏在法租界一家豪华别墅找到了石英。

石英穿着吊带裤、戴着金丝眼镜，正在水塘边饶有兴致地喂鱼。用人毕恭毕敬地说："石先生，有人找您！"石英扭头一看："呀，庞志柏！你这个土行孙，又从地下冒出来了，快，屋里说话！"

进屋后，石英一面冲咖啡一面问："听说杨啸林对红军作战不力，老蒋免去了他的省府主席职务，要把张义安的东北军调到陕西，和红军作战。杨啸林最近有何动向？"

庞志柏喝了一口咖啡，把杯子放在玻璃茶几上，说："在杨啸林军队内部，有左、中、右三种势力，彼长此消，此长彼消。杨啸林时常举棋不定、左右摇摆。所属孙书堂部和川北红军，秘密签订了共同反蒋抗日的盟约，蒋介石电令杨啸林，缉拿和川北红军签约的武秋江，杨啸林为应付老蒋，明抓暗放。我这次来上海，就是受武秋江之托为川北红军购买电台的。"

石英问："买到了没有？"

庞志柏说："还没有。我听说永裕公司是上海最大的电器公司，去了一看的确有我所要的大功率电台，可是我带的杨啸林部出具的关防，根本不顶用！永裕公司的姜经理认死理，非要国民党特工总部的证件不可！”

石英笑道：“来得早不如来得巧！我和永裕公司这个姜经理是朋友，我给他写封信，你拿去准管用！”

信很快写好了。石英把信交给庞志柏，说：“姜先生名叫永裕，他在上海圣约翰大学毕业后，又去美国马萨诸塞理工大学深造，回国后任永裕公司经理，这些年给了我们不少帮助，是我们的老朋友了。”

庞志柏把信装进皮箱，说：“我想在西安开个永茂商行，以经商为名为红军采购转运物资，也便于上面来人联系。这样更隐蔽、更安全，你看行吗？”

石英说：“那当然好！隐蔽和安全顶要紧，不可有一丝一毫的马虎！上海的特务活动非常猖獗。前几天你的老同学冯学迁，被捕后押解到南京去了！”

庞志柏听说冯学迁被捕的消息，吃惊得说不出话来。

石英又接着说：“还有你的老同学陈轲，也被敌人杀害了！”

庞志柏说：“陈轲是被特务巴福来杀害的！昨天晚上巴福来尾随我，到了丁吻月住处。本来想抓我，后来在苏州河堤上和我揪扯时，掉到河里淹死了！”

石英说：“干得好！你又为咱们除了一害。丁吻月正在无线电工程学校学习，组织没有给她安排工作。以后你们就以夫妻名义作掩护，把她那里当作你的落脚点……”

庞志柏起身告辞时，石英告诉他：“去买电台时最好带个懂行的人。你去上海无线电工程学校找廖梦棠吧！”

庞志柏深感意外：“廖梦棠也在上海？”

石英说：“他现在也是上海地下党组织的成员……”

庞志柏提着小皮箱，找到上海无线电工程学校，走进了廖梦棠的宿舍。一个十八九岁的男青年，埋头用电烙铁焊接什么，从窗户射进来的日光质感强烈，似乎伸手就能抓住。日光中升起缕缕白烟，数不清的微尘在日光中游走。

庞志柏问："廖梦棠住这儿吗?"

男青年转过身来，大声喊道："志柏哥，你怎么找到这儿的?"

庞志柏这才认出，他就是廖梦棠的弟弟，廖勃！他拍拍廖勃的肩头说："你这个二杆子，把教育局局长韦万江打得血头烂面，听说警察来了，跑得比兔子还快!"

廖勃憨笑道："我是无名小卒，光脚不怕穿鞋的，逮住我也不怕!"

庞志柏说："你离开西安，也不跟你妈打招呼，你妈快急死咧!"

廖勃说："警察没抓住我，证明我没事，我妈她着的哪门子急?"

廖梦棠出去办事，晚上才能回来，庞志柏让廖勃跟他一起去买电台。两人走进渔港路永裕公司后，庞志柏让廖勃在一楼等着，自己上二楼去找公司经理姜永裕。

姜永裕穿着一身乳白色西服，扎着绛色领带，戴着金丝眼镜，衣冠楚楚、倜傥潇洒。当庞志柏第二次走进姜永裕的工作室时，姜永裕未等他张口就厌烦地说："怎么又来啦? 我不是给你说过吗，没有特工总部的证件，我不能把电台卖给你!"

庞志柏从怀里掏出石英的信，递给姜永裕说："姜经理您请过目，你看看它能不能顶上特工总部的证件?"

姜永裕看完信，毕恭毕敬地说："没想到庞先生您也是石英的朋友!既然都是朋友事情就好办。日后你需要什么型号电器、需要多少，我都给你解决。没有现货，我从别处想办法弄，没有现金，把货先提走，日后付款也行……"

庞志柏没想到姜永裕的态度，突然来了个180度大转弯，他调侃道："姜经理，你不是说那部大公率电台，有买主吗?"

姜永裕说："那倒没骗你。你前两天来看的货昨天买主提走了，不过不要紧，我这里没有别的地方准有!"

姜永裕拨通了电话，用英语说了几句什么，放下话筒说：“我刚才给圣路易打了电话，他是加拿大人，在江西路口开了一家亚洲电器公司，离这里不太远，你去找他吧！”

庞志柏和廖勃到了亚洲电器公司，买到了自己需要的电台。两人雇了一辆板车，把电台拉到火车站，办了托运手续。

分手时庞志柏对廖勃说：“我这次采购的物资特别多，还要在上海待些日子，你回去见到你梦棠哥，让他来找我，我住在枫叶桥药铺，让他晚上来！”

刚得知陈轲被害的凶讯，丁吻月精神几近崩溃。老天有眼，就在这时庞志柏来了，巴福来死了，把她由绝境中解救了出来。丁吻月的情绪慢慢稳定下来，人也有了精气神。

这天晚上庞志柏回到枫叶桥药铺时，丁吻月已在客厅里等他多时了。他一落座就告诉丁吻月：“老石今天指示我，以后和你以夫妻名义住在一起，当然是假夫妻。你这里还是我在上海的落脚点，外人问起时只能说我是生意人。”

庞志柏一说出“夫妻”二字，两朵红云飞上了丁吻月的脸颊，她的心跳突然加快了，为了掩饰窘态，她转身去沏茶。等到沏好茶回到客厅时，她已经平静多了。

庞志柏问：“你不是在无线电工程学校学习吗？你们学员中有一个陕西人，瘦瘦的，人挺精神的，你认识吗？”

丁吻月歪着脑袋想了想，说：“是有这么个人，好像叫廖茂棠，没说过话。我每天按点赶去上课，上完课就往回赶，和班上的男学员很少交流。”

庞志柏刚说了一句：“不是廖茂棠，是廖梦棠……”突然有人敲门。丁吻月立即紧张起来，想起巴福来的事，她至今还感到后怕，一听见敲门声，心就狂跳不已。她变脸失色说：“会不会是巴福来的事，败露了，敌人又抓人来了！”

庞志柏说："不用怕，是廖梦棠，我约他来的。"

庞志柏开了门，廖梦棠跟着他走进客厅。一看见丁吻月，廖梦棠就惊叫起来："丁吻月！你怎么在这儿？你和庞志柏认识吗？"

庞志柏和丁吻月相视一笑。庞志柏说："岂止是认识，我们还是沪申大学同学呢！"

丁吻月给廖梦棠斟茶时，廖梦棠问她："你好像病了，病了吗？怎么好多天不去学校？"

丁吻月不了解廖梦棠，敷衍了几句，转身上了阁子楼。

廖梦棠低声问庞志柏："丁吻月的丈夫在家吗？"

庞志柏没有提巴福来的事，有关丁吻月的情况，他不想让更多人知道。他说："丁吻月的丈夫，也是我在沪大的同学。不提他了，还是谈谈你吧，这几年怎么过来的？"

廖梦棠点了支烟吸了几口说："那次分手后，我被省委派到安康，担任了特委书记，在追击炮营发展了十多个党员。一支红军部队进入安康时，我带着人晚上烧了敌人的兵站。没想到谋事不密，第二天就被逮住关起来，遭了几十天罪，好不容易越狱逃出来。省委领导窦恒叛变后，我到上海向地下党组织汇报，老石把我留在上海，以学无线电作掩护从事地下工作……"

自鸣钟敲响十点时，庞志柏送走了廖梦棠。

庞志柏躺在客厅的折叠床上，辗转反侧难以入眠，刚刚迷糊过去，又被阁楼上橐橐的脚步声唤醒了。只要庞志柏一转身，折叠床便发出"咯咯吱吱"的声响，他不知道是自己影响了丁吻月，还是丁吻月影响了他。

将近子夜时分，阁楼上没了声音，庞志柏刚刚有些迷糊，突然又传来了急促的敲门声。他刚穿上衣裤，干妈和丁吻月几乎同时站在了他面前，干妈说："是路白毛，又来查户口！吻月，赶紧带庞先生上阁楼去！"说着转身喊道，"来啦来啦！我穿好衣服就给你开门！"

庞志柏急忙跟着吻月上了阁楼。一走进吻月的房间，吻月便关上门，拉着庞志柏走进卧室，从衣柜里取出陈轲的一件睡衣催他换上。庞志柏在丁吻月给他系衣带时，听到了阁楼下传来的说话声：

“被窝还热着呢！谁睡在这儿?”

“我，我睡这儿。”

“你不是睡那屋吗?”

“那屋有跳蚤，咬得我睡不着。”

“有人说你家来了客人，人呢?”

“在阁楼上。”

路白毛对跟他一起来的随从说：“走！上去看看!”

“你俩不能上去！他是我女儿刚找的女婿!”

“嗬！男人刚死就嫁人了，够性急的!”

接着传来了踩踏木楼梯的声音。丁吻月刚刚把庞志柏按在床上，给他盖好被子，就传来了敲门声。她应了一声，转身走出套间去开了门。

“你妈说你又找了个男人，让我俩见识见识，看看他人咋样? 能不能配得上我们枫叶桥街最漂亮的女人?”话音刚落，套间的侧门推开了，路白毛两人前脚跟后脚走了进来。

“嗨！起来起来，查户口!”

庞志柏刚要坐起来，丁吻月急忙过去按住被子说：“别起来！你得的是重感冒，别传染给路长官!”丁吻月又转身说：“我先生不是阿拉上海人，他是军人，常在外地。”

“那也得办临时户口!”

“我们刚刚确定关系，明天我就去办!”

“有身份证件吗?”

庞志柏瞥了一眼路白毛，向吻月示意在衣架上的衣兜里。丁吻月取出庞志柏的身份证件，递给了路白毛。路白毛看了看说：“庞先生还是军需主任，干大事的，真了不起!”

路白毛把身份证件还给丁吻月，说：“难怪你这么快又成了家，这位庞先生不但长得帅气，还是个军官！比原来那个小子强多了，以后跟着庞先生好好享福吧！”

路白毛走后，丁吻月对庞志柏说：”“不行，你睡在客厅太危险！药铺里时常有人来买药，要是街坊邻居看出蹊跷，传出去就出大事了！”

庞志柏说：“要不，我去住小旅馆吧！”

丁吻月说：“你不要命啦？架子床必须撤掉，你以后就住到我房间吧！”

庞志柏的脸一下子红到了脖子根上。他嗫嚅道：“不行，不行，那怎么行……”

丁吻月笑道：“孔夫子！别多心，等会儿我就跟干妈睡去。”说着一下子扑进庞志柏怀中，把他紧紧抱住了……

丁吻月离去后，庞志柏独自一人睡在丁吻月的房间里。被褥上弥漫着青年女子特有的体香。他睡意全消，披衣下床，在书架上随手抽出一本书。刚翻了几页，从书中掉下来一页稿纸，是丁吻月的诗稿：

知己

汽笛一声心已碎，
惊醒了一帘幽梦。
车轮滚滚已远去，
碾碎了依依恋情。
从此天各一方，
地各一隅。
山遮水阻不见君，
欲诉心事给谁听？
满眼离恨昔日景，
只留下茕茕孑影。

黄浦江上遇知音，
一纸檄文始识汝。
都是浦东播火人，
神州有难应同赴。
往事不堪回首，
君尚记否？
血雨腥风夜如墨，
梦绕魂牵相思苦。
天涯咫尺两知己，
何日方得为君吐？

庞志柏心中五味杂陈，再也难以平静下来。他反反复复地默诵着丁吻月的诗句，久久难以入眠……

汉中行

陇海线已通到西安。庞志柏这次在上海采购的物资，不再在潼关用汽车转运，而是从上海直接发往西安。

离开上海前他买了一份丰厚的礼品，去永裕公司感谢姜永裕，姜永裕请他吃了饭。交谈中，姜永裕毫不掩饰对国民党右派的憎恶，两人越说越投机。分手时姜永裕亲自开着小卧车，把庞志柏送到了火车站。

庞志柏回到西安，在家中匆匆忙忙吃了饭，骑着自行车直奔警卫旅驻地。军营里空荡荡的，看不见一个人影。庞志柏在库房里找到军械官沈钟。

沈钟说："警卫旅前几天全开到蓝田去围剿红军，听说蒋介石下了死命令，杨啸林亲自到蓝田督战去了。"

沈钟还告诉庞志柏，部队拉走后只留下十来个人，成立了留守处，庞志柏任处长，傅平陆任副处长。

庞志柏问："军部还有人吗？"沈钟说："刚看见贺一鸣参议推着自行车，和武参谋一搭进了军部大院。"

庞志柏没有想到自己走了仅仅二十多天，情况竟然发生了这么大变化！他决定去军部面见贺一鸣，先把情况搞清楚再说。

贺一鸣告诉庞志柏，他和武秋江刚从蓝田回来，哪里是什么围剿红军，只是做做样子给老蒋看罢了。杨啸林对张汉云旅长交代得很清楚，只可尾随不可接近，更不许开枪！

庞志柏问贺一鸣："你去蓝田见没见我们军需处送物资的汽车？"

贺一鸣说："见到了，在豹子沟路边见到的。听附近的山民说，车上物资都让劫匪抢走了，汽车烧了，司机杀了，这伙劫匪一点人性也没有！"

庞志柏大吃一惊。他变脸失色道："毛蛋！毛蛋没了！"

贺一鸣问："毛蛋是谁？"

庞志柏说："是我们军需处的司机，他还是个孩子！"想起毛蛋那张稚气的、总是笑嘻嘻的娃娃脸，庞志柏心如刀绞。

汽车没了，只能想别的办法！庞志柏一脸凄楚和无奈。

贺一鸣听说庞志柏要去汉中，给川北红军送电台和物资，当即打开文件柜，取出几张新绘的川北、陕南军用地图，递给庞志柏说："把这个给他们带去，会有用的。"

贺一鸣想了想，又说："杨啸林密台的台长韩翔，是你嫂子的姑表兄弟，等几天我把密台的密码簿弄来，你一块儿给川北红军带去。"

庞志柏回到家中，立即让杨拴赶着马车，把车站上的电台和物资转运到车马店，隐藏起来。

就在他等待贺一鸣的电台密码时，从上海来的中央联络员边鸣钟，带着满面风尘到了他家里。

边鸣钟过去担任过陕西省委书记，和庞志柏有过一面之交，后来在东府被捕，组织营救出狱后去了江西中央苏区。为了沟通中央红军和川北红军的联系，边鸣钟通过上海地下党组织石英，找到西安永茂商行，见到了特派员庞志柏，让庞志柏送他去川北。

入夜后，贺一鸣把密码本送来了。

没有汽车，如何把中央联络员和电台等物资送往汉中？庞志柏想到了杨拴，用杨拴的胶轮大车送去，是唯一可行的办法。

他又联想到了劫匪，要是半道上碰上劫匪怎么办？庞志柏打开贺一鸣给他的军用地图，手指沿渭河向西滑到宝鸡大散关，由故道穿过秦岭再向南滑行了一段，手指停在了一个点上，这个点就是军需处的军车被袭劫的豹子沟。

从地图上看，豹子沟两面山峰对峙，道路狭窄，劫匪选择在这里出没，正是看上了这段险恶的地形。

庞志柏给天娥打了声招呼，摸黑去了车马店。

杨拴和新招来的车户梅登岩都还没睡，正在马房里一面喂马，一面聊天。槽头的木柱子上挂着一盏油灯，灯草在“吱吱”燃烧，发出一片红光。

庞志柏趁梅登岩去解手的机会，把去汉中的事告诉了杨拴。他问妹夫：“路上可能遇到劫匪，你怕不怕？”

杨拴说：“哥，你忘了我老早是干啥的，就是干这行当的！那些恶霸豪绅，谁家没有几个持枪护院的，我跟他们斗过不知多少回，对付三个、五个，跟喝凉水一样！”

庞志柏瞪了杨拴一眼，说：“这些山林中的劫匪，比乡间那些替财主看家护院的走狗凶得多！这次送中央联络员和电台去汉中，事关重大，决不可掉以轻心！”

庞志柏又告诉杨拴：“我明天一早去留守处拿几套军服，再取几把短枪，一箱手榴弹和子弹。除了咱俩和中央联络员，还有军械官沈钟、联络参谋武秋江，五个人都换上军装，以押送军火为名去汉中。如果遇上劫匪就灭了他们，替牺牲了的毛蛋报仇!”

这时，车户梅登岩突然从黑暗中冒出来，他说：“志柏哥，我跟你们一搭里去!”

庞志柏瞥了梅登岩一眼，说：“你去干啥？看热闹？那可不是过年放鞭炮，劫匪的子弹不长眼！丢了命，你媳妇哭着跟我要丈夫，我到哪里给她找丈夫去?”

梅登岩憨憨一笑，说：“哥，我还没媳妇，家里穷娶不起，我也入过行伍，会打枪!”

庞志柏瞄了他一眼：“真的？你在哪个队伍干过?”

梅登岩说：“我在吉恒力的卫士营当过卫士，卫士营个个都是神枪手，若论准头，他们都比不过我！在射击比赛中我拔过头名，吉恒力还奖给我五块大洋哩……”

梅登岩说到这里，突然卡了壳，脸上的笑容倏然间消失了，眼里闪着泪光。梅登岩告诉庞志柏，几个月前，吉恒力领导的抗日同盟军战败了，梅登岩负伤后昏了过去，醒来时已经到了深夜，他从死人堆里爬出来，捡了一条命跑了回来。

说起吉恒力，庞志柏并不陌生。

西安围城时，吉恒力是冯焕章属下的师长，是西安解围的主力军，他后来秘密加入中共，联合冯焕章，在张家口组建过察绥民众抗日同盟军。庞志柏奉上海地下党组织指示，不仅为这支抗日武装招过兵，还给他们送过款子和军火，对这支队伍的情况，了如指掌。吉恒力外号吉大胆，一手百步穿杨的好枪法，出神入化，千军万马中来去从容。他的卫士营个个身手不凡，到了战场上如狼似虎，残火得很！令人痛惜的是，这支让日寇闻风丧胆的威武之师，在日伪军和国军夹击下，终因寡不敌众溃不成军，吉恒力后来也被杀害了。

庞志柏似乎想起了什么，他问梅登岩：“你是西安人？”

杨拴说：“他是西安西郊鱼化寨人。”

庞志柏一把抓住梅登岩的手，说：“我想起来了！难怪你那一天刚来，我看着有些眼熟！前些年我奉命在西安招收了 100 名爱国青年，去参加吉恒力的抗日同盟军，点名时多出一个，成了 101 个，那个多出来的人，我记得就是鱼化寨人！我开始不让他去他还哭过鼻子，原来那个人就是你！”

梅登岩笑着点点头，说：“哥，不瞒你说，其实我一来车马店就认出你了！可是、可是我听说你在杨啸林的队伍里，跟红军打仗，就多了个心眼，不敢急着认你咧！”

庞志柏觉得，自己已经喜欢上了这个新来的车把式。眼前的梅登岩，肤色黝黑、精明强干，打眼一看就是个热情实诚、非常可靠的汉子。

庞志柏临走时叮咛梅登岩说：“骡子掌快磨完了，后晌把骡子牵上，去骡马市挂个新掌！”

第三天一大早，梅登岩赶着胶轮大车，大车上装着电台等物资，众人坐在大车上，出了西安城。他们在宝鸡歇了一宿，天明后从大散关故道穿过秦岭，正午时分离豹子沟不远了。

庞志柏一行在一棵大松树下歇息了一会儿，目光所及层峦叠嶂、溪流淙淙有声。六个人各自把武器检查了一遍，每人分了几颗手榴弹，吃饱喝足后又上了胶轮大车。

杨拴赶着车继续前行。

刚刚走到被劫匪烧毁的汽车残骸旁，突然传来一声枪响，在寂静幽深的山谷中如同地崩天裂！庞志柏急忙喊道：“快，快隐蔽！”

五个人刚隐蔽到烂汽车后面，十来个土匪骑着马，从对面山林中冲过来。

杨拴拉着驾辕骡子的缰绳，想把大车回到路边树丛后面。

庞志柏冲着他大喊：“别管车，快隐蔽！”

话音未落又传来一声枪响，杨拴身子一歪倒在溪水边，手里依然紧紧缠着缰绳。

五个人已顾不上受伤的杨拴，五把手枪一齐射向冲过来的劫匪。

梅登岩弹无虚发，一连撂倒几个劫匪。剩余的几个劫匪冲到跟前，五个人接连甩出十几颗手榴弹，把剩余的劫匪，炸得人仰马翻。

庞志柏看见所有劫匪都躺在地上不动了，这才急忙转过身子，去查看杨拴的伤情。突然又传来一声枪响，子弹“嗖”的一声从庞志柏头顶飞过，他扭头一看，只见两个没打死的劫匪已经翻身上马，越跑越远。

梅登岩双手端着两把枪，“啪!”“啪!”两声脆响，在“咴咴”的马鸣声中，两个劫匪从马背上掉下来，一头栽进溪水中不动了……

豹子沟又恢复了平静。

硝烟慢慢散去，所有劫匪均被击毙，战斗结束了。劫匪打出的第二枪，击中了杨拴的胸部，杨拴气若游丝、生命垂危。众人把杨拴抬上马车，带着缴获的九匹马赶了十几里路，终于找到了一个有医院的小镇。杨拴被送到医院时，因为失血过多已经去世了!

庞志柏抱着杨拴的遗体，失声痛哭。

庞志柏一行在这个小镇住了一夜。他们把从劫匪手中夺得的九匹马，送给镇上的山民五匹。山民们出于感激之情，抬出家中一口上好的松木枋，帮着把杨拴入了殓。

经过一番商议，庞志柏决定让梅登岩赶着马车，拉着杨拴的遗体，和沈钟一起返回西安，车后拴着一匹马，沈钟骑着一匹马。

分手时庞志柏对梅登岩说：“杨拴的父母死得早，澄城老家没人了，你回去以后先不要进西安城，把杨拴拉到鱼化寨，再把蓝草和小龙叫去，就地买一块地皮把人埋了。”

说完洒泪而别。

送走了梅登岩和沈钟，山民们把胶轮大车上卸的货物，装到了他们的板车上。山民在前面赶着板车，边鸣钟坐在板车上，庞志柏和武秋江骑着马，跟在后面继续前行。

远山如黛，夕阳如血。第三天傍晚，庞志柏一行赶到了汉中。

运输任务完成后，庞志柏在张汉云旅住了两天，之后坐着给留守处新配的一辆军车，车上拉着两匹马，司机齐白松开着车返回了西安。

杨拴在庞志柏返回西安的前一天，已经入葬。

庞志柏牵着两匹马，走进芙蓉街车马店，他把马交给梅登岩，进了妹妹房间。蓝草两眼哭成了两颗红桃，人也瘦了一圈，天娥正在帮蓝草料理家务。庞志柏劝妹妹不要哭坏了身子，自己却忍不住泪流满面。

他让天娥陪着妹妹，转身走进马房，和梅登岩说话去了……

水帘洞

陕北红军交通员鲍智贤，穿着藏青色土布衣裤、头上缠着白羊肚子手巾、脚蹬千层底圆口布鞋，一身标准的陕北汉子行头。他背着捎马，绕着罗圈腿，一摇一晃走进了竹笆市同聚军衣店。

因为是熟客，店老板骆伯安和他打过招呼，转身去忙他的事。

鲍智贤在后院流水灶上打了一碗烩菜，一把捏了四个蒸馍，蹲在院子里填饱肚子后，去屋里歇着喝茶去了。

过了大约半个时辰，军械官沈钟吹着轻松愉快的口哨，背着双手进了军衣店。

骆伯安正在店里忙活，沈钟冲着他笑了笑，问："鲍哥来了没有？"

骆伯安指指后院，说："来啦，在后院等你哩！"

鲍智贤和沈钟，已经记不清这是第几次接头，每接一次头，都有一批重要的军用物资，通过秘密渠道运往陕北，交给了陕北红军。

这些军用物资包括：轻重机枪、步枪、炮弹、子弹、手榴弹、被褥、服装、帐篷、新式二十发驳壳枪、军用地图等等。这些军用物资，大都是庞志柏以军需处的名义，从上海采购回来，又以运往陕南前线的名义，运往陕北苏区。

因为军需处的汽车去陕南时被劫匪烧毁，送往陕北的这批军用物资，在库房内积压了一个多月，直到庞志柏从汉中回来，又给留守处带来一辆汽车，运往陕北的物资才得以成行。

这批物资特别重要。除了十门迫击炮，还有二十多挺轻重机枪、五箱卡宾枪和好多箱炮弹和子弹。沈钟把这次运送的物资种类、数目告知了鲍智贤，鲍智贤高兴得差点蹦起来。他说：“我的妈呀，这么多好武器，你们咋弄来的？”

沈钟说：“我们庞主任神通广大！他通过一位大学教授，和西郊的天主教神父拉上了关系，这批军火是他从神父手里买的。进城时，他模仿国民党要员陈成伯的手迹写了一封信，守城的军官愣是没有看出来！”

两人商定，交接货物的时间为明天晚上十点，地点在西兰公路彬县和长武交界处，一个叫水帘洞的地方。

第二天上午，庞志柏一到军营，沈钟向他汇报了和鲍智贤接头的情况。庞志柏说：“走吧，到外面转一转，我有重要事情跟你商量。”

两人步出军营，在树林里一边散步一边交谈。庞志柏问沈钟：

“你觉得傅平陆这个人，咋样？”

沈钟说：“挺进步的，他不是想加入共产党吗？”

庞志柏说：“那是伪装！上次我去陕南，张汉云旅长私下对我说，傅平陆给他捎过一封密信，信中列举了我们历次提出的军火数目，问张旅长是否如数收到？张旅长给他带回来一封信，说所有军用物资均如数收到，让他以后不要再疑神疑鬼。”

沈钟说：“这真是知人知面不知心！你这一说我倒想起来了，前几天傅平陆突然问我，张旅长像不像共产党？我说你这话啥意思？想陷害张旅长吗？他说他也想加入共产党，就是提着猪头找不着庙门。”

庞志柏说：“你知道那次给杨啸林写匿名信，告我用军车做生意的人是谁？就是傅平陆！他是一条披着人皮的狼，以后在他面前说话一定要谨慎，千万别被他表面上的积极进步迷住眼睛！”

沈钟焦急地说：“今天晚上送军火的事，千万别让傅平陆知道，我看他对张旅长也有了怀疑。他要是狗急跳墙，把咱们的事捅到杨将军那里，就麻烦大了！”

庞志柏说：“不用担心，这小子打光棍几年了，最近娶了个小媳妇，正热火着呢！他晚上不在留守处住，等天黑后他一离开军营，咱们就开始行动。”

沈钟说：“老齐好几天没见人了，没人开车咋办？”

庞志柏说：“老齐请了匠人，这几天在家翻修房子。我已经打发人去通知他了，等会儿他就来了。”

天擦黑时，傅平陆离开了留守处，匆匆忙忙往家里赶。走在半道上，他进了一家亮着灯光的店铺，买了一包烟，抽出一根用打火机点着。刚吸了一口，一抬头瞅见齐白松骑着自行车，风风火火向留守处方向奔去。傅平陆心中嘀咕，齐白松这些天在家中翻修房子，这么晚了还去留守处干什么？莫非庞志柏又要动用汽车，搞什么鬼名堂！

傅平陆越想疑心越大。他一根烟没有抽完，猛地扔掉烟头，急急迫迫向留守处走去。

傅平陆蹑手蹑脚溜进留守处，躲在黑暗中看着庞志柏他们把迫击炮、轻重机枪和几个沉重的包装箱子，装到了车上。正要打上车门，傅平陆从黑暗中走出来，他两眼红得冒血，龇着白森森的大板牙，好像要把人一口吞进肚子里的野兽。他冲着庞志柏恶狠狠地说：

“好你个庞志柏！深更半夜装这么多武器弹药干什么去？别给我说往汉

中送！我了解过，这半年给部队补充的军用物资，和出库数字出入很大，那些短缺的物资你们弄到哪里去了？送给陕北共匪了吧！我这次一定要把你、把你们，统统送上军事法庭！”

庞志柏没有理会傅平陆。他转身对沈钟丢了个眼色，说：“来，跟我到库房去，把出库手续办了！”

两人进了库房，半天没有出来。傅平陆不知他们又捣什么鬼，也进了库房。库房里不见沈钟，只有庞志柏弯着腰在木箱里翻腾什么。傅平陆质问庞志柏：“你在干什么？”

庞志柏抬起身，面对傅平陆咬牙切齿地说：“你死到临头了，知道吗？”

傅平陆看见庞志柏两眼发红，用手枪逼住了他，转身要跑，迎面碰上站在身后的沈钟，沈钟手里攥着一把铁锤，傅平陆一看在劫难逃，如同筛糠一般浑身颤抖。他转身面对庞志柏，“噗嗵”一声跪在地上，一把鼻涕一把泪说：“哥！叔！爷！你把我权当个屁放了，我马上离开行伍走人，绝不坏你的事！”

庞志柏冷笑道：“你以为我还会相信你？”

傅平陆一看求告无门，爬起来转身正要往外跑，沈钟手中的铁锤砸在他的额颅上。只听“砰”的一声闷响，傅平陆一声未吭，四仰八叉倒在地上，当即毙命。

庞志柏和沈钟把傅平陆的尸体，装到空木箱内，抬上了汽车。两人上了驾驶室，齐白松把汽车开出了军营，消逝在沉沉夜色中。

鸡叫头遍时，军车行驶到了一个叫“狼嘴”的地方，因为沟底林木茂密，时常有毒蛇猛兽出没，住在附近的人平日都不敢进这条沟。庞志柏让齐白松停住车，然后和沈钟把装死尸的木箱，抬到沟边，用脚一蹬，木箱翻入沟中，过了一阵才听到坠底时沉闷的响声。

庞志柏骂了一声：“见鬼去吧你！”冲着沟里吐了口唾沫，和沈钟转身进了驾驶室，继续前行。

吃午饭时，到了彬、长二县交界处的水帘洞旁，他们在这里要等到天黑，陕北红军的骑兵才能来把货物接走。

齐白松把汽车开到沟崖下，隐蔽起来。下车后，沈钟从车上搬下来两个子弹箱，里面放着烧鸡、啤酒、罐头和几十个烧饼。三个人围坐在一块巨石上，一面吃喝一面聊天。

深涧里有湍急的溪流，山崖上有一股清泉，飞流直下。瀑布后面，草木葳蕤，一个天然石洞，若隐若现。

有一只老鹰，在湛蓝的天空盘桓。

这天晚上皓月当空，星光灿烂，山岭上不时传来野兽的咆哮声。山风突起，气温骤降，齐白松在避风处笼了一堆火，三人围着红红的篝火，取暖说笑，消磨时间。

沈钟问："日后上面要是追问傅平陆的去向，怎么办？"

齐白松不屑地说："当了逃兵咯！这是常有的事，谁查过？"

庞志柏说："其实我一开始并不想弄死他，避开他就是想给他留条活路，他自己跑来找死，就手把他的小命要了！"

夜里十点多钟，对面山间终于出现了火光，庞志柏急忙让齐白松打开车灯，回答了暗号。

不大一会儿，传来"咴咴"的马鸣和急促的马蹄声，陕北红军的骑兵队伍到了……

同聚军衣店

一个月后，鲍智贤又出现在竹笆市街头。

街边卖羊肉泡馍的摊子周围坐满了食客，都把头埋在青花瓷大老碗上吃得大汗淋漓。鲍智贤尚未走到跟前，便听到一片“呼噜呼噜”的扒食声。

大口汤锅上白汽蒸腾，满锅的羊肉汤“咕嘟咕嘟”沸沸扬扬，上面漂浮着凝脂白玉般的羊油，散发着各种香味的调料包。肉香、油香和各种调料香混合在一起，直往行人鼻腔里钻。

鲍智贤是北方人，爱吃羊肉，一闻到羊肉味两脚走不动了。他不想去军衣店吃大烩菜了，一路风尘肚子饿得“咕咕”叫，不吃一老碗羊肉泡馍，实在对不起自己这副皮囊！

下意识中，鲍智贤的脑子里突然冒出“秦烹惟羊羹”五个字，这是他老早在一本旧诗集中看到的。上古的老先人就知道羊肉汤是好东西，还著之竹帛，昭示后人。今儿要是不吃一碗羊羹泡馍，连老先人也会不高兴！

鲍智贤掇了个小马扎坐下，把捎马搭在双膝上，然后要了四块饼子，慢慢地把饼子掰成指头脸大的碎块块。他很欣赏西安人吃羊肉泡馍的规矩，觉得陕北人那种粗枝大叶的吃法固然省事，却吃不出味道来。只有像西安人这样，耐着性子舍得下功夫，才能真正品尝出羊肉泡馍的风味来。

当鲍智贤低着头，全神贯注地对付一老碗刚煮出来的羊肉泡馍时，坐在不远处的两个食客，偷偷地瞅着他狼吞虎咽的饕餮相，两个头皮泛青的光头凑在一起，低声交谈着：

“这家伙又来了？他隔几天来一趟军衣店，做啥？”

“到军衣店还能做啥？肯定是做军衣咯！”

“你看他那行头、那腔调、那长相，肯定是陕北下来的！”

“陕北人做军衣，肯定是给刘志彤的陕北红军做的！”

“那倒不一定。陕北还有井越秀的队伍，说不定还是肖之楚、刘茂思，甚或甘肃的王钧、二马、地方民团都说不准。”

鲍智贤并不是陕北人，而是晋北人。因为流落陕北多年，装束、口音和饮食习惯，与陕北人酷似。

鲍智贤吃完一老碗羊肉泡，伸出一只粗糙的巴掌，抹了一把嘴巴上的红油圈圈，在饭桌上丢下几张皱皱巴巴的纸币，打着饱嗝背起捎马，穿过街道走进了对面的同聚军衣店。

刚才盯着鲍智贤的两个光头，是国民党省党部的特务。他们搞不清这个陕北人的来历，决定先抓住他搜搜身，若真是给陕北红军做军衣，今儿就抓住了一条大鱼！

两个特务走进军衣店，在后院房间内找到了刚刚落座的鲍智贤。一个特务用手枪枪管抵住他的脑袋，一个在他身上摸到了硬格巴巴的东西，撕开衣襟一看是一封信，信很短只有几句话：

庞兄：

竞化高小一别，转眼七载有余，兄之音容笑貌，至今如在目前。所运物资均已收到，以示谢忱。我处急需电台一部，望从速购运为盼。

弟刘

特务手中晃动着信纸，质问鲍智贤：“庞兄是谁？刘是不是刘志彤？嗯，快说！”

鲍智贤摇摇头说：“庞兄是庞琦，上海一个生意人，刘是刘智勇，他是民团团长，是我的亲戚，我是给他跑腿的。”

特务用枪管戳了一下鲍智贤的前额，额颅上血流如注：“胡说！哪有民团使用电台的？你说的庞琦住在哪儿，你怎么和他接头？”

鲍智贤擦了擦流到嘴边的血，说：“他在上海，我搭火车去上海找他……”

话音未落，门帘一挑，沈钟走了进来，看到屋内的情景一下子张大了嘴，一个字也吐不出来了。

特务把鲍智贤、沈钟和骆伯安一起抓走了。

两个特务刚闯入军衣店时，骆伯安就知道出事了，他急忙沿着木楼梯上到二楼，在面街的回廊里挂了一个红纱灯，这是出了事的信号，来军衣店办事的同志看到红纱灯，就不进来了。

骆老板没想到，沈钟今儿会从后门进来，直接去了鲍智贤下榻的房间，结果三个人都被捕了。

三人被押到省党部，审问了半天，啥也没问出来。他们按照事先约好的口供，只承认是给陕北民团订做军衣，为了对付刘志彤的红军。民团正在扩充编制，所以要购买电台，便于和各部联络抗红。

敌人问："这封信咋回事？为啥要缝在衣襟里？"

鲍智贤分辩道："刘团长让我把信带到上海，当面交给庞老板，我怕丢了，所以缝在衣襟里。"

这时，在里屋监听的特务头子杨致柬走出来，他说："别跟他们啰唆，共党分子狡猾得很，从他们嘴里掏不出一句实话，明天派人去陕北查查，到时候看他们还有啥屁放！"

杨致柬正要转身离去，突然听到有人叫杨先生！扭头一看原来是军衣店的骆老板。他问骆伯安："怎么也把你抓来了？难道你也是共产党？"

这个杨致柬，不久前在军衣店做过一件貂皮大衣，对骆老板的手艺赞不绝口，因为骆老板死活不收工钱，杨致柬特意把他拉到酒楼上吃喝了一顿。

骆伯安苦楚着脸说："这实在是冤枉！我是做生意的，靠手艺和下苦吃饭，能跟共产党有啥关系？"

杨致柬问旁边的特务："你们说他是共产党，有什么证据？"两个特务如同张飞穿针大眼瞪小眼，半天说不出话来。一个特务结结巴巴说："他、他给陕北共匪做、做军衣！"

杨致柬呵斥道："你懂个屁！在商言商，他是生意人，图的就是挣钱，共产党的钱也是钱，为什么不能挣？放了放了，把人给我放了！”

骆伯安当即被释放了。

这时候，庞志柏因为等不见沈钟回来，骑着自行车赶到了竹笆市。当他走到军衣店门前，一眼瞅见二楼回廊里的红纱灯，心头一惊知道出事了，骑着自行车端直朝前走了。

庞志柏到了骡马市街头，迎面碰上了骆伯安。骆伯安给他使个眼色，两人一前一后走到一个背旮旯。骆伯安把刚才军衣店发生的事，告诉了庞志柏，他说：“特务到陕北一查，事情就败露了，他俩肯定凶多吉少！”

庞志柏问：“鲍智贤这次来带啥任务？”

骆伯安说：“刘志彤那里急需一部电台，是他刚才偷偷给我说的。”

庞志柏回到军营时，贺一鸣已在留守处等他多时了。

贺一鸣变脸失色说：“张汉云旅长死了！是在夜里秘密去和红军联络时，不慎掉下悬崖被洪水冲走的！”

庞志柏悲恸欲绝，泪水夺眶而出……

上海诱捕

为了给陕北红军采购电台，庞志柏又一次奔赴上海。

庞志柏按照新的接头地点找到了石英，他把护送电台和边鸣钟去汉中、给陕北红军运送军火、张汉云旅长意外死亡的经过，向石英做了汇报。

石英扼腕叹息：“张汉云是个好同志，他还年轻，死得太可惜了！以后想利用这个关系采购运输物资，肯定没戏了。”

庞志柏说：“张汉云没了，杨啸林的部队我也不想待下去了，以后若要跑采购和搞运输，我会利用在杨啸林部队里的关系，完成组织交给我的任务。”

石英问：“你这次来上海，有要紧事吗?”

庞志柏说：“我这次来，是专意为陕北红军买电台的。”

石英说：“不用买了，中央机关撤离上海时留下一部电台，放在地下工作室里，你给陕北红军带回去吧!”

庞志柏这次来上海前，舅父又来过一趟西安，庞志柏陪着他，去九府街模范监狱看过一次王世毅。那天他突然觉得，短短两三年舅父似乎一下子老了十岁，头发几乎全白了，这都是因为世毅的缘故。

舅父回澄城后，庞志柏去见了贺一鸣，把救表弟出狱的事告知了他。贺一鸣说：“没别的办法，只有请于百寻出面，给陕西省主席李郅写一封信，才能把逸中被捕的六个学生救出来。”

庞志柏从石英住处出来后，立即去找于百寻。于百寻听完庞志柏的叙述，当即给李郅写了一封信，让他立即释放被捕学生。于百寻听说庞志柏来上海，还要为杨啸林部采购军需物资，取出自己一张名片交给了庞志柏。他捋着胡须说：“如果遇到难处就出示我的名片，他们会照顾和帮助你的。”

从于百寻住处出来，庞志柏坐着黄包车直抵枫叶桥药铺。

自从上次离开上海，转眼间一年多过去了。庞志柏看见干妈吴根娣抱着一个小孩，手摇着拨浪鼓逗孩子玩。

庞志柏问干妈：“这是谁家的孩子?”

干妈说：“是陈轲和吻月的儿子，叫小舫。”

庞志柏惊喜道：“是陈轲的儿子！太好了，又是一颗红色的种子!”

庞志柏伸手抱过小舫。小舫摸着他的鼻子、眼睛、耳朵，“咯咯”笑着。干妈笑道：“小舫外人谁也不让抱！他跟你有缘，见了你一点也不怯生！”

丁吻月闻声从阁楼上走下来，冲着庞志柏笑了笑，说："把小舫给我吧，小心他尿到你身上!"

丁吻月接过孩子，在客厅的沙发上坐下来。小舫手脚并用，又抓又蹬，嘴里"呜呜哇哇"叫个不停。丁吻月正要给坐在旁边的庞志柏说什么，被小舫这么一闹，只得掀起衣襟给小舫喂奶。

小舫安静下来，"叽咕叽咕"咂起奶来。

丁吻月从衣兜里掏出一张小字条，递给庞志柏，说："今儿来了一个年轻女子，说她是东亚饭店的服务生，这张小字条是住在东亚饭店的一个房客，托她送到这里来的。"

庞志柏打开字条一看，一眼便认出是廖梦棠的笔迹：

我被病魔缠身，来沪寻求名医，久治无果，现住东亚饭店，有重要家书一封，欲托付秦地故交转给家人。请于明日午时十二点，派人来东亚饭店一楼西餐厅取信。

切切莫误!

看完廖梦棠冒着生命危险送来的密信，庞志柏心急火燎，当即要去见石英。丁吻月说："晚上出去太危险，明儿一早再去吧！"

第二天清早，庞志柏把廖梦棠的信交给了石英。

石英看完信说："廖梦棠被捕了！他现在处于敌特的严密监控之中，失去了行动自由。为了向组织传递重要情报，廖梦棠冒险托付东亚饭店的女工送来了这张字条，因为担心泄密没有在字条上说明真相。得派一个可靠的人，中午十二点按时到东亚饭店，把情报取回来!"

派谁去和廖梦棠接头呢?

庞志柏说："按他说的时间、地点，我去和他接头。"

石英说："不行！你去太冒险！得找一个人和廖梦棠互相认识，又不会引起敌人注意……"

庞志柏突然眼前一亮："我想起了一个人，一个女的，完全可以胜任这一任务!"

"你说的是丁吻月?"

庞志柏点点头。

时间紧迫，庞志柏立即回到了枫叶桥药铺。

庞志柏对丁吻月说："今天中午十二点，要派一个同志去东亚饭店，和廖梦棠接头，廖梦棠手中有一份非常重要的情报，要按约定时间去取回来。我和老石商量，想让你去完成这一任务，你能行吗?"

丁吻月点点头："你放心，我行……"

东亚饭店一楼西餐厅。

墙上的挂钟敲响了十二点，廖梦棠比约定时间提前五分钟到了这里。

此时正是东亚饭店每天食客最多的时候，偌大的餐厅内，红男绿女，熙熙攘攘，觥筹交错，杯盘叮当。餐厅内的陈设富丽堂皇，布满雕花的雪白的天花板，真丝钩织的天蓝色落地窗纱，垂满一串串水晶挂件的枝形大吊灯，带着黄褐色天然纹理的打过蜡的木质地板，雪白的餐桌布上，摆放着玲珑剔透的玻璃杯盘和不锈钢餐具，无不彰显着十里洋场的奢华气象。身着白色衣裙、身材苗条的女招待，如同一只只高贵的仙鹤，翩翩而至，又旋即离去。

廖梦棠坐在临街的玻璃窗户前，慢慢地用餐。

天井二层平台上，一个特务躲在茂密的盆栽后面，死死地盯着廖梦棠的一举一动。

今天出现在西餐厅的廖梦棠，一扫昨天的满面风尘和疲惫不堪，显得格外英俊潇洒、精神焕发。茶色的水晶眼镜，笔挺的带暗纹的深咖啡色西装，一尘不染的洁白的衬衫，带黄色斜纹的深蓝色领带，雪白的丝织袜子，锃亮的黑皮鞋，和刚刚入住东亚饭店的那个邋里邋遢、神情沮丧的廖梦棠相比，简直换了另一个人!

昨天送出的那封密信，实在太重要了！若不到万不得已，他绝不会采取这样冒险的举动。送字条的那个姑娘，昨天去廖梦棠住的房间去送开水，廖梦棠避过监视他的特务，和这个女服务生做了简短交流。当他得知这个姑娘是贫民的女儿，因母亲有病无钱医治，才来饭店打工的，廖茂棠立即写了那张字条，又取出一沓纸币，一起交给了那个姑娘。

今天廖梦棠在餐厅用早餐时，那姑娘老远朝他微笑着点了点头。廖梦棠会意，字条送到了！

廖梦棠一面慢条斯理地用餐，一面用余光瞅着窗外的情景。他看见一辆黑色的小卧车停在马路边，车门打开了，一位身材苗条、娉娉婷婷的摩登女郎，下了车，走进了玻璃旋转门。

摩登女郎进门后目光巡视了一圈，之后款款地向廖梦棠走过来。

廖梦棠一眼就认出这个漂亮的女子，是丁吻月！

丁吻月穿着丝织白旗袍，上面点缀着几簇淡紫色的碎花，疏密有致、内敛含蓄，又不失优雅，臂弯里挎着一个做工精细的鳄鱼皮坤包。为了这次特殊的约见，丁吻月特意化了淡妆，显得端庄俏丽、气度不凡。

当丁吻月走到廖梦棠身边时，突然一只高跟鞋一歪，跌倒在地上。廖梦棠弯腰捡起掉在地上的坤包，递给了丁吻月。就在丁吻月从他手中接过坤包的一瞬间，廖梦棠神不知、鬼不觉地把一张叠成印章大的纸条，塞到了丁吻月手中……

丁吻月完成了任务，满心欢喜回到了家中。

今儿一大早，庞志柏便去办理采买、托运物资的手续，直到过了晚上九点钟，庞志柏尚未回来。吴根娣说："吻月，你要是累了，就先去睡吧。等庞先生回来，我给他开门。"

丁吻月说："我不累！干妈你去睡吧，我再等等。志柏不回来，我不放心，睡不着！"

墙上的挂钟刚敲过十点，庞志柏回来了，他看见丁吻月喜形于色，便知道她今天的任务已经顺利完成了！

庞志柏在客厅刚一落座，丁吻月便把取回来的密信递到了他手中。庞志柏急忙打开一看，上面写着：

我在河南洛阳站被捕，旋即押解南京，后得知系前省委委员窦恒出卖。窦已被徐可钧任为中统专员，他已知你此次到沪日期，强迫我带人来诱捕你，并借此摧毁上海地下党组织。因处境险恶，不便详述。

石英在接到廖梦棠的情报后，立即将上海地下党组织成员转移到了天津，隐蔽起来。

第十章

骆驼客

为了了解警卫旅的现状，庞志柏骑着自行车，到马道巷去见贺一鸣。贺一鸣告诉他，张汉云去世后，杨啸林把原先的张汉云警卫团，改组成特务二团，詹五奎任团长、史浩然任副官，武秋江也调到特务二团当了文书。贺一鸣要介绍庞志柏去特务二团任职，庞志柏婉言谢绝了。

告辞了贺一鸣，庞志柏立即赶往特务二团，去找詹五奎，和他商量给陕北红军送电台的事。詹五奎说："下个月，我们二团要调到洛川驻防，到时候顺便把电台送过去。"

庞志柏回到家，叫上梅登岩，赶着马车把电台等物资运回车马店，隐藏在草房地下室里。

吃过饭后，庞志柏带着于百寻的亲笔信，去面见省府主席李郅。李郅看过信后说："些许小事，何须惊动于老大驾，给我言语一声就行了。好啦，回去等讯吧，我让他们把六个学生赶紧放了。"

庞志柏是怀里揣着银票去见李郅的，如果李郅节外生枝、有意刁难，他就把银票递过去。没想到于先生一笺值千金，李郅看了信，这么爽快就答应了放人，他也就没把银票拿出来，抱拳称谢后离开了省府。

当天晚上，王世毅出了模范监狱，回到了近在咫尺的表哥家里。庞志柏和天娥见世毅高高兴兴、健健康康的样子，放了心。

吃饭时，王世毅兴致勃勃地对表哥说：“多亏你隔些日子，让嫂子给我送些书，这三年牢没白坐，等于上了三年学堂。”

王世毅又告诉表哥：“我在狱中认下一位恩师，说他也是竞化高小毕业的，和你是同窗好友，还是健身会的发起者，你们的关系一直很好。”

庞志柏说：“你说得是耿秉烛吧？”

世毅说：“就是就是。”

庞志柏说：“渭华起义那阵儿，他是省委书记，坚持条件不成熟不同意搞武装起义，被当作机会主义开除了党籍。不知后来咋弄的，进了监狱？”

王世毅告诉表哥，耿先生为了恢复党籍，去上海找中央，没有结果。之后去了上海新闻学院，因为学业出众，受到校长谷志中的赏识，要留他在学院一起办学，他谢绝了。他说西安有一家进步报纸，叫《文化日报》，由杨啸林出资、凌至坚经营，凌与耿是老相识，请耿到《文化日报》共事，耿答应了。没想到干了不到一年，因笔墨官司遭恶人诬陷判了五年刑，再有一年就能出狱了。

庞志柏问：“他说没说，出狱后有何打算？”

王世毅说：“他说既然恢复党籍无望，将来只能去办报。不管干什么，他绝不会背叛自己的政治信仰！”

庞志柏又问表弟：“你呢？你出来有何打算？”

王世毅说：“我出狱时，耿先生给谷志中写了一封信，推荐我和燕连云去上海新闻学院学习。还说等我俩毕业后，回到西安好跟他一起办报。”

庞志柏很赞成表弟的职业选择。他说：“你去上海前先回一趟家，你大你妈这两三年，不知为你流了多少眼泪。在家里多住些日子，给他俩宽宽心。”

傍晚时分，芙蓉街沉浸在一片玫瑰色的霞光中，在“叮叮当当”的驼铃声里，一支驮着盐袋子的骆驼队，在摇曳的霞光中走进了芙蓉街车马店。这支骆驼队总共十二峰骆驼、六个人，从北地千里迢迢来到西安，用食盐换回绫罗绸缎、京广洋货，来回都不空跑。骆驼队每年都要来两三回，每回来了都住在芙蓉街车马店，和老板娘石蓝草成了熟人。

骆驼队熟门熟路，仅用了两天时间，食盐全部出手。返回时要买的货物，也采买齐备，用毡包好，用绳子踅三顺四杀得结结实实，如同猎人捆绑捕获的猛兽，生怕它半路上挣脱绳子跑掉了似的。拾掇熨帖后，只等明天一早动身返回塞北去。

离开车马店的最后一晚上，六个骆驼客照旧要喝一场酒。

这些来自塞外的游牧民族壮汉，个个都是好酒量。特别是他们的头领黑羯子，虽然穿的衣服皱皱巴巴，就像从牛尻子里拉出来的，酒量却好生了得。过去他们每次来，都要拉着杨拴陪他们喝上几碗，如今杨拴不在了，黑羯子非要叫梅登岩陪他们喝酒不可！

梅登岩是个倔脾气，强按牛头不喝水，说自己从来滴酒不沾，不管黑羯子怎么劝说，就是一口不喝。

一直站在门外的石蓝草，一看黑羯子脸上挂不住，生怕得罪了这些车马店的常客，也为了替登岩解围，把门帘一挑走进客房。石蓝草说：“梅老板一了不喝酒，别误了他喂骆驼，让他走吧，我陪你们喝几碗！”

走了一个马车夫，来了一个美娇娘，六个北方汉子一下子来了精神。特别是虎背熊腰的黑羯子，更是摩拳擦掌，一心要把自己送上门的小寡妇，灌得不省人事，好和她成全好事。

黑羯子打错了算盘。他哪里晓得，车马店的老板娘从小在酒坊里长大，爬在她大脊背上时，就学会了喝酒。年龄稍大时，时常背着父母亲到酒坊里要酒喝。她喝酒从来不用小酒盅，而是用酒坊的马勺或者葫芦瓢。

今儿和这些骆驼客一起喝酒，石蓝草依然是从小养成的习惯，一溜摆开七个粗瓷碗，都满上酒，自己先端起酒碗，一仰脖子，“咕咚咕咚”一饮而尽。酒是石蓝草从小爱喝的糜子酒，是舅舅打发康拴劳送来的。屋内顺墙摆着一溜黑瓷坛子，全装的是糜子酒，够蓝草和店里的客人喝上五六年了。

一连喝过几个回合，六个骆驼客已头重脚轻，除了黑羯子外，都出溜到了桌子底下，醉得不省人事。

黑羯子的脸红得像猴尻子，虽然看不清眼前的石蓝草，却硬撑着说：“倒！再倒！他们都是怂、怂包，咱接着、接着喝、喝……”

此时的石蓝草，虽然有些上头，但神志却依然清晰。她看见黑羯子目光呆滞、口齿不清，知道已经胜券在握。果然不出所料，又两个回合后，黑羯子酩酊大醉，趴在桌子上鼾声如雷。

石蓝草迷迷糊糊，回到自己房间，拧了个湿手巾擦了把脸，和衣上炕睡了。睡到半夜，石蓝草被一阵吆喝声惊醒了，仔细一听，是黑羯子在客房里有上句、没下句地唱酸曲：

百灵子雀雀绕天飞，
妹妹是哥的勾命鬼。
羊羔羔吃奶双膝跪，
搂定妹妹一夜没瞌睡。
叫一声亲亲亲上个嘴，
肚子里的疙瘩化成水。
……

唱了一阵子，没了声息。

石蓝草刚睡着，突然感到有一只粗糙的大手，在自己身上乱摸。她大喊一声：“谁?”拉亮电灯，只见黑羯子穿着一条短裤，胸前和胳膊腿上全是黑毛。就像一头黑熊，张牙舞爪扑上炕来，把她压在了身子底下。

正当石蓝草和黑羯子在炕上揪扯、撕打、斥骂时，梅登岩跑了进来。他骂了一句：“龟孙子，你寻死呀！”拖着黑羯子一条腿，从炕上拖到地上，又从地上拖到院庾里。

院庾里洒满月光。黑羯子仗着身宽体壮，爬起来要和梅登岩过招。怎奈酒劲还没过去，两腿拧着麻花，身手矫健的梅登岩刚一出手，就把他结结实实撂翻在地。

这时，客房里的骆驼客听到黑羯子嚎叫，跌跌撞撞跑出来。手里都操着长长短短的家伙，向梅登岩围过来。

一个骆驼客抡着搅料棍，率先向梅登岩扑过来。梅登岩一把夺过搅料棍，抬腿一磕，“咔嚓”一声撅成两半，扔在一边。

又一个骆驼客，冲到梅登岩跟前，双手举起五尺长、茶杯粗的顶门杠子，凌空向梅登岩头顶砸下来。

梅登岩手疾眼快，身子就像灵猿向旁边一闪，顺手夺过顶门杠子，如同孙大圣手中的金箍棒，上下左右闪电一般抡得虎虎生风。一眨眼工夫，就把五个骆驼客全打翻在地，跪在地上哭爹喊娘。

梅登岩还要再打，石蓝草拦住他说：“客人喝多了酒，做出不得体的事，情有可原。要是打伤了，就不好办了！让他们赶紧拾掇一下，早早上路吧。”

梅登岩吐了口唾沫，把顶门杠子撂到一边，说：“都放老实些，谁再敢胡骚情，老子非把他的牛黄狗宝掏出来不可！”

六个骆驼客如同得了特赦令。他们急忙爬起来，归置好行囊货物，牵着骆驼勾着头，灰不塌塌离开了车马店。

这天夜里车马店发生的事，被趴在墙头上的邻居看得一清二楚，第二天一早，就在芙蓉街传开了。

梅登岩的武功，被传得神乎其神，几个好使拳脚的小子，特意跑到车马店里，要拜梅登岩为师。梅登岩婉言谢绝了，他说：“他们那是喝醉了酒，还没灵醒过来。要是放在平时，只怕一个黑羯子也够我对付了。”

庞志柏外出回来，听说梅登岩和骆驼客打了架，急忙到车马店打问情况。梅登岩正在院顾里，打扫大板栗状的骆驼粪。庞志柏问：“你这个二杆子，把人家打坏了没有？”

梅登岩说：“哥，这分寸我还拿捏得住，咱不能砂锅捣蒜，做一锤子买卖。不打不成交，这些骆驼客肯定还会来！”

庞志柏走进妹妹房间，劝妹妹以后不要和客人喝酒，以免无端生出事来。石蓝草轻轻一笑，说：“你放心，没有金刚钻不揽瓷器活，我自小到今喝酒还没醉过！”

庞志柏数落了妹妹几句，刚转身要走，蓝草叫住他，说：

“哥，我有要紧事，跟你商量。”

“啥事？你说。”

“我想合个日头，和登岩把婚事办了。”

庞志柏吃了一惊：“这可是终身大事，你想好没？”

“早想好咧，睡都睡了！只是觉得找了俩男人，没坐一回花轿，偷偷摸摸跟做贼一样，太冤！我得明媒正娶、风风光光结一回婚。”

“你呀你，让哥咋说你好！”

“哥，登岩是个实诚人，利火得很，你不是也怪喜欢他？”

木已成舟，庞志柏自然无话可说。他问蓝草：“登岩鱼化寨的家人晓得不？”

蓝草说：“登岩的父母死得早，伯父伯母把他姐弟俩管大，姐嫁到了三桥镇。伯父说他兄弟只留下登岩一条根，一定要在鱼化寨办婚礼。他把鱼化寨的房子，都拾掇好咧，还说结了婚一定要在鱼化寨住满一月，再回车马店里来住。”

庞志柏心想：自打杨拴去世后，车马店里里外外的事，全落在蓝草一人身上。若不是梅登岩手脚勤快，蓝草早就累得趴下了。

庞志柏说：“你给哥腾出些时间，我得给你准备些嫁妆。咱妈临去世时，叮咛我把你找回来，我把你找回来了。如今咱妈没了，咱大和咱生分了，我这个当哥的要尽到当父母的责任……”

庞志柏一面请木匠割箱子、打柜子，给妹妹准备嫁妆，一面操心着运送电台的事。自打电台藏到车马店里，他没睡过一个安稳觉，一直琢磨着想单另找个安全地方，把电台藏起来。

石蓝草看出了哥哥的心事，她说："哥，要不把电台藏到鱼化寨登岩家里，你看行不？"

庞志柏眉毛一挑，说："好主意！"他想，何不趁给妹妹办喜事的机会，把电台转移到鱼化寨掩藏起来，等特务二团调到洛川驻防，再送到陕北去。

石蓝草和梅登岩结婚的日子到了。

装电台的红漆描金板箱放在花轿车里，石蓝草凤冠霞帔、光彩照人，端坐在板箱上。

梅登岩披红挂花、骑着枣红马，紧跟在花轿车后面。

装通信器材的大柜子装在马车上，走到城门口遇到盘查，站岗的士兵要检查马车上的柜子。庞志柏打开柜子，说："新媳妇是细发人，不乐意别人乱翻她的嫁妆！"他顺手从包袱里摸出一把银圆，塞到士兵手中，说："吃几个喜枣吧！"士兵眉开眼笑，说："同喜！同喜！"把银圆装进衣兜里，从马车上跳下来，说："走吧走吧！"

花轿车和马车刚要出城，从岗楼里钻出来一个值勤的连长。他挡住道，要检查前边的轿车。眼看就要出事，从后边开来一辆吉普车，车上下来几个军人，为首的正是詹五奎。值勤的连长立马站直了身子，给詹五奎行了一个标准的军礼。

詹五奎对他嘀咕了几句。他挥挥手放行了……

特殊使命

梅登岩和石蓝草的婚事，办得红红火火。招待娘家新亲戚的酒席，设在大房里，大房里堆着几千斤中草药，散发出淡淡的药香。庞志柏一打问，才得知登岩的伯父是做药材生意的。

庞志柏在离开鱼化寨时，私下对梅登岩交代，让他以庞志柏的名义，跟他伯父买一百斤药材。避过人把电台等物资打进中草药包中，放在伯父的草药房里，隐蔽起来。

第二天一早，特务二团的文书武秋江，上门来找庞志柏。武秋江说："秦岭来了，要和咱几个弟兄见见面，有要事相商。他在特务二团等你，快走吧！"

庞志柏走进特务二团团部，二团几个党员骨干，都聚集在这里。秦岭两眼放光，激动地说："今晚上把大家叫到一起，向各位报告一个天大的喜讯。中央红军冲破了敌人的围追堵截，已经胜利到达陕北！"

室内立即响起一片欢呼声。

秦岭示意大家不可声张，他说："我是党中央派来，和杨啸林将军接洽的。昨天晚上，我已经把中央首长的亲笔信，交给了杨啸林将军，我俩谈得很好！"

秦岭接过詹五奎递给他的水杯，喝了一口接着说："中央红军到达陕北后，物资供应极端困难，以大功率电台和医疗器材为甚。中央首长雷皓宇，指示陕西地下党组织给予大力支援。这个特殊使命，意义重大！购买大功率电台和通信、医疗器材的任务，由庞志柏同志负责。运到西安后，由詹五奎同志负责运往陕北。目前在杨啸林部，虽然进步力量占了上风，极右分子仍然坚持反共立场，一旦泄密就会人头落地。所以一定要保密……”

众人散去后，秦岭拉着庞志柏进入套间。

秦岭告诉庞志柏：“中央红军一位重要领导人的妻子解云，到了西安，寄宿在七贤庄牙科医院里。必须想出一个万全之策，把解云送到陕北去。”

秦岭又告诉庞志柏，解云上过军校，参加过广州起义，堪称女中豪杰。得知中央红军到达陕北后，解云自上海赶到天津，在石英帮助下到了西安。雷皓宇同志指示，一定要做到万无一失，把解云安全送到陕北。

秦岭和庞志柏反复商量后，决定先把解云转移到澄城，隐蔽在庞志柏的舅父家里，然后再找机会送往陕北。

和秦岭分手后，庞志柏骑着自行车直奔七贤庄，在牙科医院见到了解云。解云中等个儿，俊俏大方，穿着一袭蓝色旗袍。庞志柏很难把眼前这个漂亮的小女人，和自己想象中的女中豪杰联系起来。

庞志柏把去澄城的计划，告诉了解云。他说自己还有一件非常、非常重要的任务，得马上动身去上海，大概得一个星期，让解云耐心等等……

庞志柏这次到了上海，直接去了渔港路，见到了永裕公司经理姜永裕。姜永裕听说庞志柏要买 250 瓦特大功率电台，当即把电话打到了亚洲电器公司。接电话的人是老板圣路易，两人说得是英语，庞志柏一句也没听懂。

姜永裕放下电话，对庞志柏说：“250 瓦特大功率电台，亚洲电器公司没有现货，要给车间下任务单临时组装。车间人员少，承接的活太多，得等两三个月才能交货。”

庞志柏说：“太迟了！客户只给我一个月时间，一月内交不了货，要罚款!”

姜永裕从衣架上取了西服外套，穿在身上说：“走，找圣路易去!”

姜永裕领着庞志柏，坐着小卧车，到了江西路亚洲电器公司。圣路易去了车间，两人当即赶往车间。

庞志柏看到车间内正在组装几十部电台，250瓦特大功率电台，只有一件。圣路易用蹩脚的中国话说：“这台250瓦特大功率电台，是给南京方面组装的，两个月前签的订单，到现在还没交货。”

圣路易去找车间的头儿，嘀咕了几句，转身对姜永裕和庞志柏说：“说好啦，给你们一星期交货！”

从车间出来时，庞志柏心中突然闪出一个念头：既然亚洲电器公司这么需要技术人员，何不把丁吻月介绍给他们呢？如果丁吻月能在这里工作，日后购买电台就更方便了。

他把自己的想法，告诉了姜永裕，姜永裕又告诉给圣路易。圣路易高兴地答应了。

天黑后，庞志柏又回到了枫叶桥药铺，他把介绍丁吻月去亚洲电器公司工作的事，告诉了丁吻月。

丁吻月对这份工作，非常满意，一双秀目中，闪烁着对庞志柏的感激之情。动情之下，又一次扑入庞志柏怀中……

一个星期后，庞志柏在丁吻月帮助下，从亚洲电器公司把电台提了出来。这个二百多斤重的大铁箱子，一运到火车站便引起了特务的怀疑。庞志柏出示了姜永裕给自己的名片，说明自己是永裕公司代表，又说这台250瓦特大功率电台，是受亚洲电器公司老板、加拿大人圣路易的委托，发往南京的。

特务问：“你说的那个加拿大人，他在哪儿？”

庞志柏说：“他让我先把托运手续办好，他要乘晚上十点钟的火车，亲自去南京组装。”

到了晚上九点半钟，庞志柏对站长谎称圣路易已经上了火车。站长随即叫来搬运工，把大铁箱子搬上了火车。

火车开动了，庞志柏擦了一把头上的汗，悬着的心终于放了下来。

三走澄城

庞志柏一回到西安，立即去特务二团找詹五奎。詹五奎告诉庞志柏，特务二团移驻洛川的事，推迟了，最快也得等到两个月以后。

庞志柏觉得，电台放在城里很危险，要是走漏了风声，就是掉脑袋的事。鱼化寨在西安近郊，放在那里也不安全。

火车站的熊站长，是一位非常可靠的老共产党员，庞志柏和詹五奎决定通过熊站长，把大功率电台打入中草药包中，等天黑后，用军车转移到鱼化寨，连同解云和掩藏在那里的电台等物资，一起用军车送到澄城隐藏起来。

为了做到万无一失，确定让史浩然、武秋江、梅登岩随车去澄城。所有人都穿军装，带上武器。

交过夜时，军车开到了澄城郭家庄，在庞志柏的岳父李旺家门口，停下来。李旺已经去世好几年了。这个老佃农在庞志柏的头脑里，没有留下多少印象，准确地说只是一幅肖像、一座雕塑。脸上沟壑纵横，沉默不语，就像地里的一块土圪垯。因为经常出汗，衣服上总是布满了云朵子，是被汗水洇成的。

岳父在世时，庞志柏来过这里多次，很熟悉。因为穷，院子里盖不起房，至今只有两孔祖上留下来的窑洞，窑面子是用胡墼垒的，窑掌子紧靠着土崖。在妻弟李天堂住的窑掌子上，又挖了一孔土窑洞，洞口只有 1 米见方，里面却很宽展，能回开一辆大车。

众人把两个中草药包，抬到窑掌子后面的土窑里，用板柜重新把洞口堵好。庞志柏叮咛妻弟说：“明天有人问起时，就说买了两捆中草药。要是走漏了风声，大家都没命了！”

离开郭家庄后，众人又上了汽车，把解云送到了柏社村。

庞志柏对舅父、妗母千叮咛、万嘱咐，让他们一定要照顾好解云的饮食起居，千万不能出一丁点差错！要是有啥动静，赶紧把解云藏到狸猫家。

妗母要给众人做饭，庞志柏说天亮前还要赶回西安，不吃了……

回到西安后，庞志柏天天魂不守舍，囚在家里，等着特务二团移驻洛川的消息。苦苦等了两个多月，詹五奎捎话说还得等。庞志柏心急火燎，生怕日久生变，决定回一趟澄城，把解云和电台转移到更安全的地方。

庞志柏和梅登岩一行二人，骑着两匹马，星夜兼程，一路朝北赶往澄城。

这次到澄城后，庞志柏先去西吴坡，和吴勤虎接上了头。在吴勤虎家里，意外碰上了张鼎和狸猫。

吴勤虎要给庞志柏和梅登岩做饭，庞志柏说一点儿也不饿。他问吴勤虎：“咋不见大婶？”吴勤虎说：“你大婶年头里没咧，得紧病死的，说不行立马就不行了。狸猫的女人竹叶，去年改嫁了，狸猫嫌人家是石女子，不生，休咧！张鼎媳妇去长安执行任务，牺牲了。我们老少三个，三条光棍，同病相怜咯！”

张鼎告诉庞志柏，竞化高小分别后，他在长安和韩城中心县委，当了几年县委书记，年前改任澄城县委书记。

庞志柏把转移电台和解云的打算，告诉了张鼎三人。他说：“你们对澄城比我熟悉，看看转移到啥地方，更安全一些？”

吴勤虎磕掉旱烟锅里的烟灰，说：“有一个人住的地方，藏电台最合适。他是个羊倌，也是个光棍汉，独自住在山沟土窑里，很少和村里人来往。”张鼎接过话茬说：“你说的是蛾蟒村的侯顺生吧！他是党员，绝对忠诚可靠，把电台转移到他那里，最安全！”

庞志柏说："电台问题解决了，还有解云哩！她可是个大活人，在我舅家躲了两个多月，我怕走漏风声，想给她换个地方。"

张鼎笑道："解云放在哪里，也不如放在我那里安全！我是冯原中学校长，冯原中学在黄龙山底下，远离县城，有情况马上钻山沟，很安全！"

庞志柏道："这真是个好主意！你让解云以教员的名义，住进学校，对外以夫妻相称。你走南闯北多年，从外面带回来一个洋媳妇，没人起疑心。"

商量妥当后，庞志柏一行五人骑着高脚牲口，连夜赶到了郭家庄。庞志柏让李天堂借了一辆大车，把两个中草药包从窑掌子后面搬出来，抬上大车，众人跟着大车直奔柏社村。

解云一看见庞志柏来了，急切地问："志柏同志，今天就走吗？"庞志柏说："今天就走！还不能直接去陕北，先转移到另一个更安全的地方，过些日子再转移到陕北去。"

解云去那边窑里，拾掇自己的东西。庞志柏在这边窑里，和舅父妗母拉话。妗母说："解云在咱家住了这几个月，随和得很，就跟一家人一样。她时常帮我做饭，还帮金镯、银镯识字，从早到晚乐呵呵的。猛地说要走，我这心中怪不好受的……"

佘子英说着说着，扯着衣袖，擦起眼泪来。

王长福说："解云的心在北边，留是留不住的，高高兴兴让她走吧！"

庞志柏和妗母去那边窑里，看解云拾掇好了没有。解云说："我也没有啥好收拾的。有一包书信，我怕带在身边不安全，藏在狸猫家里。等我到了陕北，再找机会派人来取。"

解云解开包袱，取出一件蓝缎子旗袍。她告诉庞志柏，这件旗袍是她离开天津时，石英的妻子送给她的。她把旗袍交给佘子英说："大娘，这两个月给你们添了不少麻烦。这就要走了，我也没啥好东西送你们，这件旗袍留下，改一改，给金镯、银镯做两件小棉袄。这把竹皮电壶，虽说也不值钱，在乡下还算个稀罕物。还有这几个茶杯，都留给你和大叔，早晚也好有一口开水喝……”

庞志柏一行离开柏社，又上了路。李天堂赶着大车，众人或坐车，或骑骡马，在沉沉夜色中一路朝北去了。

王长福因为不放心，也骑着骡子与众人同行。行至蛾蟒村后，把电台等物资从车上抬下来，隐蔽在侯顺生住的土窑里。之后又继续北上，直奔冯原……

这天晚上，余子英牵肠挂肚，守着一盏高脚油灯，一直坐到鸡叫头遍时候，王长福牵着骡子进了大门，告诉她解云已经到了冯原，这才放下心来。

庞志柏和梅登岩返回西安，一直等到五黄六月，终于等来了好消息：特务二团已经调到洛川驻防去了。

詹五奎给庞志柏派了一辆军车，让史浩然和武秋江两人，跟着庞志柏和梅登岩乘车去了澄城。到澄城后，先去蛾蟒村拉了电台等物资，之后又到冯原中学接了解云。为了防止意外，庞志柏让张鼎、吴勤虎和狸猫三人，一起参加了护送任务。

由澄城经落雁岭去洛川，要经过东北军的防线，众人都换上了东北军的服装，解云也换上了东北军勤务兵的衣服，顺利地通过了防线。赶到洛川时天已经麻麻亮了。

庞志柏一行从洛川回来后，在柏社舅父家待了两个来小时。

众人吃过饭后，都到那边窑里歇息去了。舅父又给庞志柏说起他父亲的事，他说枣树沟炭窠的井筒子，已经向下挖了三十多丈，到现在还没挖出炭。参加入股的胡大头，一看挖不出炭要退股金，不想干咧！庞积仓说：“退就退吧，咱栽得起葡萄就搭得起架！不过得按合同只退剩余股金，其余股金等挖出炭挣下钱，连本带利一次退清。挖不出炭，就一风吹了。”

王长福担心再往下挖，会出水，停工好些天了。庞积仓不死心，他让王长福把人赶紧叫回来，不要向下挖，向旁边挖，指不定能挖出炭来。

舅父又告诉庞志柏："你大前些日子，收留了讨饭的小两口。男的改名庞守业，女的叫孙黛，是从河北大老远逃过来的，给你大当了儿子和儿媳妇。这些日子我总看这小两口儿，啥地方不对劲，对过日子一点也不上心。却招引了村里一帮娃娃，在家里给娃娃教字、教打日本的歌子。你大也不问、不管，待在县上不回来，他的心大概凉咧，把世事看淡了……"

庞志柏在柏社待了半天，连夜返回了西安。

三个月后，詹五奎打发武秋江把庞志柏叫到了特务二团。庞志柏一走进团部，詹五奎就高兴地说："雷皓宇同志来信了，他在信中夸奖咱们哩!"说着从衣兜里摸出一封信，塞到庞志柏手中。

庞志柏取出信瓤子，只见上面写着：

五奎同志：

秦岭兄来此，道及你们的努力，我们无限钦佩。你与志柏兄运入的各类物资均已收到，以示谢忱。望继续努力！

雷皓宇

庞积仓之死

入冬以来，庞积仓一直窝在县城里，没有回过呼家庄。他一直躺在炕上病着，没有起来过。

他是在呼家庄发的病。那天清早他正要出门，康拴劳来告诉他，他要的干儿子守业和儿媳妇孙黛，昨天晚上跑了。村里还有好几个年轻后生，跟着他一搭里跑了。有个小伙子给家里留了一封信，说他们几个跟着守业，去陕北投奔中央红军去了。

这个消息如同平地一声炸雷，庞积仓一口气没上来，昏了过去。醒来时万箭穿心，胸口就像要爆炸了。

王长福急忙让毛福山牵来骡子，套上小轿车，把庞积仓扶上车。韩冬雁陪着男人，向县城赶去。

庞积仓在医院昏昏迷迷，躺了七天七夜。韩冬雁寸步不离守在男人身边，一直在默默流泪。她知道男人的病咋得的，要是自己能给男人生个一男半女，哪里会有收养干儿子这档子事呢？男人对她好，从来在她面前不提这件事，这让她更加不得安然。

在庞积仓病倒的第二天，康拴劳骑着骡子，去西安告知庞志柏兄妹，庞志柏刚刚去了上海，没有十天半月回不来。石蓝草心急如焚，生怕见不上父亲最后一面，当即和登岩骑着马，跟康拴劳一道赶回了老家。蓝草走进医院病房时，庞积仓正在昏睡之中，他在嘤嘤的哭泣声中睁开眼，认出了伏在病床前哭泣的，是自己的女儿希罕，立即老泪纵横。他抚摸着女儿的秀发，叫道："希罕，大的娃，你可回来了……"父女俩抱头痛哭。

在这七天七夜里，庞积仓只说过几句话。当他意识到自己在昏昏沉沉中可能再也醒不过来时，他避过女儿女婿，用手把韩冬雁招到身边，有气无力地说：

"冬雁，我如今是土壅到脖子上的人咧！要是躲不过这一劫，丢下你一个人走了，你记着，让他舅去西安，把黑子叫回来，把咱家窑掌子神龛下面的摞砖，扒开，里面有一些银圆，你把它交给黑子，他会给你养老送终的……"

韩冬雁白了他一眼，说："你现在才想起你儿了，早做啥去了？"

人之将死，其言也善。庞积仓说："我那个不孝顺的儿子，走错了路，把一辈子毁了！可他心地善良，为人正直，跟我一样是个驴脾气，认准了的事，十头牛也拉不回来。你放心，跟着他，你不会受罪的。"

庞积仓在内心的煎熬和痛苦中，苦苦挣扎。

这些年家里的日子，一直不顺当，按下葫芦浮起瓢，七事八事搅得他没过过一天省心日子。他翻来覆去回想着自己一生的艰难经历，那些让他至死难忘的情景，如同拉洋戏片子，反反复复在他的脑海中映现：

庚子年大饥荒，他和麦香要饭回来，两个老人和两个碎儿子都饿死在家里……

他从涸窖里把票儿子吊上来，送到柴凤文家里，得到了五十两赠银……

他喝光第一碗糜子酒，把碗摔碎在石头上……

女儿因逃婚离家出走，糟糠妻子离他而去，儿子也和他翻了脸……

大年除夕之夜，他把儿子一家人赶出了家门……

柴凤文委任他当了澄城的税务官。他坐着木轮小轿车，在乡间的蹚土路上"咯噔咯噔"奔跑着……

入夜后，他背着沉甸甸的捎马，回到家里。他提着捎马用力一抖，"哗啦"一声，亮晃晃的白银泻落在炕席上，滚得满炕都是……

庞积仓由赤贫到暴富的传奇经历，在呼家庄方圆十里八乡，成了人们谝闲传的重要话题。

财富的膨胀和亲情的缺失，对庞积仓来说无疑是一场悲剧。他没有逃脱乡间土财主的惯性，把大多数钱财埋在地下，好像是等着自己过世后，好到阴间去享用。在日后的岁月里，这些埋在地下的金银财宝，陆续被这些庄院房舍的新主人，挖了出来；有关庞积仓的故事，也在这些半遮半掩的传闻中，不断地增添着新的内容。

庞积仓在县城看病那段日子，王长福和康拴劳瞒着他，黑地白日在呼家庄给他张罗后事。一面支派村里几个小伙子去打墓，一面请了几个手艺高超的木匠，没黑没明地赶制寿枋。

板是早预备好的柏木二五子，上下左右四整块，乡下人叫"四页瓦"，也叫"四独"。木纹如丝如缕，没有一处节疤，刨花翻卷时柏木异香扑鼻。

左右两面和两头挡板上，雕刻着水榭楼台、各色人物，天上人间其乐融融。精雕细刻一个月后，寿枋做成了，墓也箍好了，庞积仓却奇迹般好了起来。

庞积仓出院的第二天，石蓝草带着父亲给她的五百块大洋，和梅登岩返回西安去了。

当人们发现庞积仓又坐着木轮小轿车，在县城和呼家庄之间的蹚土路上"咯噔咯噔"来回奔跑时，对这个家藏万贯依然拼命攒钱的庄稼人，更觉神秘了。人们觉得他是区别于一般庄稼人的另类，身上蕴藏着一种超越常人的力量。

其实，支撑庞积仓重新振作起来的，是他所开的枣树沟炭窠。炭窠已经挖了两三年，花费了他近半数的积蓄，要是挖不出炭，投进去的财物都打了水漂。这对他来说将是致命的一击！

他已经习惯了干别的庄稼人不敢干、没力量干的事。财富的积累，已经成为他的精神支柱；亲情的丧失，让他对财富的追求更加专注。他在用财富的不断积累，来弥补亲情的不断缺失。

让庞积仓万万没想到的是，夺去他生命的最后一击，正是给他带来无限慰藉的财富。

那天中午他吃毕午饭，折了一根笤帚篾，坐在椅子上挑牙花，毛福山一头闯了进来，双手捧着一样东西，用红绸子包裹着。毛福山大汗淋漓，上气不接下气地喊道："姨夫！姨夫！枣树沟炭窠，出炭咧！出炭咧！出炭咧……"

庞积仓急忙站起来，接过毛福山手里的红绸子包裹，抖抖索索揭开红绸子，露出一块乌黑铮亮的炭块。他眼前一亮，双手把炭块高高举起，如同托起一个刚出生的婴儿。他仰着脸，大叫道：

"老天有眼，老天有眼哪！哈哈哈哈……"

庞积仓的笑声，声震屋瓦。韩冬雁和毛福山都愣住了，傻傻地盯着庞积仓。就在这时候，庞积仓的笑声戛然而止，让他们没想到的事情发生了。先是炭块"咚"的一声，掉在砖墁的脚地上，碎成了一地炭渣渣。随后，那方红绸子从庞积仓高举的手中飘落下来，坠落在地上。紧接着，庞积仓宽厚、沉重的身躯，如同一棵锯断的大树，轰然倒地。

毛福山扑过去，抱住庞积仓，大声呼叫着："姨夫！姨夫！"韩冬雁一下子慌了神，她想帮着毛福山把男人扶到炕上，可是庞积仓太沉了！毛福山年纪小，没力气，两个人费了半天劲，也没有挪动庞积仓的身躯。

当住在隔壁的五大三粗的单屠户闻声赶来时，庞积仓已经停止了呼吸，永远离开了这个既充满诱惑，也充满陷阱的世界。

单屠户说："才刚还好好的，在外面跟我说话来着。咋说不行、立马就不行了？"

韩冬雁指了指脚地上的炭渣渣，抽泣着说："炭！都是为了炭！炭把他的老命要了……"

单屠户在为庞积仓剃最后一次头时，说了几句颇有点哲学意味的话："穷有穷开心，富有富烦恼。人常说，有钱能使鬼推磨，其实能用钱买来的，都不值钱；真正值钱的东西，花多少钱也买不来！"

莲池饭庄

西安全城戒严，街道上的气氛，突然紧张起来。

警车一辆接着一辆，呼啸着在大街上开过。

一队队全副武装的士兵，从大街上跑过。

十字街头，布满了戒备森严的宪兵，在哨子声、吆喝声中，路上的行人纷纷闪避。

庞志柏从军衣店出来，骑着自行车路过钟楼时，迎面碰上浩浩荡荡的游行队伍。队伍中不时出现长条横幅，上面写着：“西北各界救国联合会”“东北民众救亡会”“西安中等学校教职员联合会”“西安学生救国联合会”……

参加游行的人数，比前两天多了好几倍，少说也在七八万人。

游行的队伍群情激愤，手里举着各色纸旗，高呼口号：

“枪口对外！一致抗日！”

“中国人不打中国人！”

“打回老家去！还我东三省！”

……

一群学生模样的东北年轻人，唱着他们刚刚谱写的歌曲《松花江上》：

我的家在东北松花江上，
那里有森林煤矿，
还有那满山遍野的大豆高粱。
……

街道两旁围观的民众，跟着高呼口号。钟楼四周人流如潮，吼声如雷……

庞志柏推着自行车进了家门，瞅见院子里拴着一匹黑马，进屋后，才得知父亲去世了，康拴劳从澄城赶来报丧，天娥到车马店告知蓝草去了。

庞志柏问：“他身体不是好利索了吗？咋又猛地老了？”

康拴劳说：“你大的病，起根发苗是气上得的。他收养的那个干儿子守业，上个月和媳妇偷着去了陕北，还带走村里好几个小伙子。你大为这事差点气死，去县里看了一个月病，好零干咧，人还蛮精神的。没想到过了十多天，枣树沟炭窠出了炭，毛福山到城里给他报喜，他一高兴发了病，吸一锅水烟的功夫人就没咧！”

两人正说着话，天娥和蓝草跟脚走了进来。志柏看见妹妹哭得两眼红红的，还在不住地抽泣流泪，鼻子一酸，泪水夺眶而出。康拴劳说：“都别哭了，哭也哭不活来，赶紧商量一下，回去埋人吧!”

庞志柏擦了泪，说：“老康叔，你来时也看见了，西安出了大事，我实在脱不开身，回不去咯!”

康拴劳说：“你不回去怕使不得，你娘说你大过世前，给你留了话。他这一辈子也不容易，你抽时间回去两天，把丧事办完就回来，耽搁不了啥事。”

石蓝草哭着说：“哥，咱大千错万错，他还是咱大。他是过世的人了，你还有啥跟他过不去的?”

庞志柏说：“希罕，你把哥看扁了。按人情世理，我应该回去，不巧的是西安出了大事，我真的走不开，今晚上还有一个重要会议，要去参加。”

蓝草赌气地说：“你不回去，我让登岩用马车送我回去，咱大权当没你这个儿，我给大顶纸盆去!”

蓝草正转身要走，天娥急忙拉住了她。天娥说：“你急着走啥?你哥回不去，给大顶纸盆也轮不上你，还有我们小虎呢!咱姊妹俩带着娃，回老家给大办丧事去。你去让登岩赶紧套车，我拾掇一下，咱就动身。”

庞志柏说：“着啥急吗?不是后天埋人吗，明天一早动身也不迟。”

李天娥说：“你不知道，咱乡下人办丧事，讲究多，麻烦得很呢!别说了，赶紧拾掇……”

在康拴劳来西安报丧之前，庞志柏和武秋江见过一面。武秋江是来通知庞志柏，去莲池饭庄参加秘密聚会的，这次聚会的召集人是宪兵营的宋绮文。宋绮文是该营中共秘密党组织负责人，历来与杨啸林私交甚密。会不会是杨啸林委托他召集这次聚会呢?武秋江说中共方面也要派人参加，大概来西安调停这次兵变的雷皓宇先生，也是知晓此事的。聚会的地点放在莲池饭庄，也耐人寻味。莲池饭庄是中共高层领导时常开会居住的地方，又和杨啸林公馆濯园，近在咫尺。既然是国共双方派人共同议事，莲池饭庄自然是最为妥当的地方。

一想到莲池饭庄，庞志柏便想到了饭庄的老板班子明。莲池饭庄是杨啸林主持陕政后，委派宋绮文主持筹办的。班子明就是宋绮文百里挑一之后聘用的。此人不惟烹饪技术高超，政治上也十分可靠。庞志柏因为时常与朋友去莲池饭庄用餐和议事，和班子明非常熟悉。班子明的长相很有特色，大鼻子如同珠穆朗玛峰，巍然耸立在一张宽阔的脸面中央。常来用餐的食客没人知道他的名字，却都知道他的外号叫班大鼻子。或者省去姓氏，直呼大鼻子，他随叫随应，从不恼人。大鼻子似乎成了饭庄的招牌，成了写在脸上的广告词。

初夜，庞志柏和武秋江厮跟着，走进了莲池饭庄，班子明和厨师老徐，正坐在火炉边闲聊。

班子明急忙站起来招呼道："哎哟喂，是志柏啊！陕西地方邪，说谁谁到！我刚对徐师傅说，志柏好些日子没来了，这不，话还没说完，你就到了，你说神不神？想吃什么，随便点，让徐师傅给二位去做，我请客！"

庞志柏说："不用不用，有个朋友约我们今晚上来这里聚餐，不用你破费了！"

班子明笑道："你说的朋友，是宋绮文吧？"庞志柏说："没错，你怎么知道的？"班子明说："宋先生白天来打过招呼了，他说今晚上要请几个朋友来喝酒，酒菜徐师傅已经准备好了。宋先生还没到，你俩先来烤烤火吧！"

班子明掇来一把椅子，三人围着火炉坐下来。班子明道："志柏，你的这位朋友，是你在杨将军部队里的朋友吧？"

庞志柏笑道："没错，正是我在行伍里交的好朋友。"

班子明问武秋江："先生贵姓？"

武秋江笑道："免贵姓武，名秋江。"

"武先生好像是、好像是头一回来敝饭庄用餐吧？"

武秋江笑道：“我早先不在西安，调来时间不长。”

班子明说：“志柏是我的朋友，志柏的朋友，自然也是我的朋友！欢迎二位常来饭庄喝茶，聊天！”

武秋江盯着墙上挂的楹联，轻声吟哦道：

莲峰俯三秦胜友如云袖里乾坤大

湖海通九陌高朋满座壶中日月长

武秋江道：“不错，不错，写得真不错！班老板，请问这副楹联，出自何方高人韵士之手？”

班子明道：“这是敝饭庄开张那天，志柏给我送来的。”

武秋江惊叹道：“是志柏写的！志柏，你是红萝卜调辣子——吃出看不出啊！没想到你老弟，还是编楹联的高手！”

庞志柏淡然一笑：“雕虫小技，何足挂齿！”

班子明说：“志柏这副楹联，杨将军也夸过好多回哩！”

庞志柏问：“班老板，杨将军这些日子还过来吃夜宵不？”

班子明说：“他哪有这闲工夫！自打抓住蒋介石，他一次也没来过。晚上的夜宵，都是派卫士过来拿回濯园公馆去吃的。”

庞志柏岔开了话题，问道：“班先生，你这儿来人多，听说没听说雷皓宇先生和蒋介石的谈判，有结果没有？”

“好像还僵着，听说南京方面马上要来人。”

“南京方面会来谁？”

“我吃摸着，蒋夫人肯定要来！”

“听说蒋夫人和张将军……”

正说着话，三个青年军人和一个穿棉袍戴墨镜的男子，走了进来。班子明立即站起来笑道：“宋老弟，你请的朋友候你多时了，你怎么姗姗来迟呀？”宋绮文说：“不是我来迟了，是他俩来早了！”他指了指身边的两个军人说："这位是副官处处长纪中原，这位是副官处副官布东临，都是咱的好兄弟。"

庞志柏、武秋江和纪、布二人握过手后，宋绮文又指了指身后戴墨镜的男子，说："这位是……"那男子打断了宋绮文的话头，说："不用介绍，我和庞志柏是老熟人了！"说着摘了墨镜，对庞志柏笑道："土行孙，我们又见面了！"因为饭庄内光线暗，庞志柏这才认出对方是自己的老上级石英！他紧紧握着石英的手说："老石，原来是你！一个多月没见面，我还以为你离开西安，回延安去了。"石英说："回去又来了。老蒋被抓以后，张杨二位将军邀请延安派人来调停，我就跟着雷皓宇一道来了。"

一个多月前，雷皓宇委派石英等人来西安，和张、杨二人商榷合作抗日事宜。因为庞志柏和杨啸林是老相识，按照雷皓宇的指示，庞志柏和石英等人多次在濯园和杨啸林商谈，为最后制定逼蒋抗日的重大决策，创造了条件。

众人在套间内坐定后，酒菜很快上齐了。宋绮文说："今儿来的，都是自家兄弟，请各位不必拘谨，边吃边聊吧！眼下有一件棘手的事情，得商量一个妥善的解决办法。"他扭头对坐在旁边的纪、布二人说："你俩先把情况介绍一下吧！"

纪中原咳嗽了一声，清清嗓子说："昨天中午，我和冬临去书院门办事，在街上碰上了廖梦棠，他过去在安康特委当书记时，我俩是他的左右手。听说他后来被捕叛变了，我们把他带到宪兵营，质问他来西安干什么？他说他奉南京总部命令，晚上空投到渭南近郊，然后潜入西安城内，是专意来为蒋介石救驾的！我俩把他狠狠揍了一顿，关押起来。"

布东临接着说："我咋也想不通，廖梦棠何等聪明的人，咋能一个人跑到西安来救老蒋？这不是飞蛾扑火，自取灭亡吗？他明知我们俩都姓共，一见面就把来西安的目的和盘托出，这也太不合情理了！"

宋绮文说："我总觉得有些蹊跷，这件事绝不会那么简单！我把我的想法报告了上级，今儿请各位来，是按照上级的指示，征求各位的看法和意见的。”

石英说：“志柏，你和梦棠最熟悉，谈谈你的看法吧!”

庞志柏说：“我和廖梦棠是西安围城时认识的。他对革命忠贞不贰，不是那种贪生怕死的人。他被捕后，利用到上海诱捕我的机会，在敌人的严密监视下，冒死把敌人的阴谋告知了我。要不然，上海地下党组织面临被捣毁的险境，我和老石今天大概不会坐到这里来了！这件事，老石也清楚咯。”

石英说：“据我们的内线掌握的情况，廖梦棠加入国民党的特务系统后，并没有出卖组织和同志，还做过一些对革命有益的事情，他是身在曹营心在汉！我看若有机会，他还能争取过来，回头参加革命的。”

武秋江说：“我看有点玄。廖梦棠如果不忠心事敌，能得到如此重用吗?”

宋绮文说：“我有个想法，把廖梦棠转押到高桂滋公馆，和老蒋的随员关在一起，你们看如何?”

……

莲池饭庄这次聚会，直到午夜时分方才结束。众人吃了班子明让徐师傅做的重庆火锅后，方才散去。

第十一章

马道巷 9 号

过年了。街头巷尾看不到一点喜庆的色彩。

天还阴着，西北风从年前刮到年后，还在不停地刮。入冬以来，天空没有降下一片雪花，干冻干冻。

马道巷 9 号。这天上午，庞志柏夫妇提着礼品，带着儿子小虎、女儿小英拜年来了。龚逸雪从厨房迎了出来。庞志柏问："贺大哥在家吗?"龚逸雪说："在，在书房和我表弟说话呢!"贺一鸣在书房里听到庞志柏的声音，大声喊道："庞老弟，快进来，我有话对你说!"

李天娥带着孩子进了干妈房间。庞志柏走进贺一鸣书房，贺一鸣把庞志柏拉到自己身边，坐下。他说："庞老弟，这位是杨啸林密台的台长，叫韩翔，跟你嫂子是瓜蔓亲戚。韩翔，这位是永茂商行的老板，庞祥初。"

韩翔和庞志柏握了握手，说："咱好像在哪儿见过?"

庞志柏说："见过不止一次，军部里有我几个朋友，我常去那里转转。"

贺一鸣说："韩翔，我的这位庞老弟，当过咱们警卫团的军需主任，走南闯北见过大世面。他比你大几岁，你得叫他哥!"

贺一鸣又转身对庞志柏说："韩翔是北平汇文中学毕业生，是大中学联的领导成员。前几年跑到西安来看他表姐和我，我把他留在杨啸林部，当了密台台长。本想和他一道，跟着杨将军联共抗日，没想到蒋介石这个王八蛋……”

韩翔拉了拉贺一鸣的衣襟，说：“贺大哥，隔墙有耳，莫谈国是……”

贺一鸣说：“国、国将不国，国要亡了，这都是老蒋造的孽！张、杨二位将军共执牛耳，兵谏骊山，逼着老蒋抗日。老蒋当着雷先生的面，答应了联共抗日的要求，可是一回到南京，就把张将军扣押起来，现在又要让杨将军出国考察，是何居心？就是为了斩断他们和共产党结成的抗日联盟。这不是存心让我们当亡国奴吗？”

贺一鸣说到伤心处，泪水夺眶而出……

正说着话，龚逸雪推开门进来了。她说：“一鸣，家里没啥好菜了，你去街上买些熟食和新鲜菜去，该做饭了。”

贺一鸣一离开书房，庞志柏就问韩翔：“你下一步有何打算？”

韩翔说：“去延安，去圆我的梦。”

庞志柏说：“其实要革命，不一定去延安。现在，全国都有我们的同志在战斗！如果你愿意，我可以介绍你去上海，在上海地下党组织领导下工作。”

韩翔满脸狐疑：“庞先生，你、你不是商人？”

庞志柏冲着韩翔笑了笑，默认了。

庞志柏说：“你是搞电台的，现在全国各地的革命组织和军队，都需要电台，我得经常去上海采购电台。上海有个亚洲电器公司，是加拿大人圣路易办的，我可以通过一位朋友，介绍你去亚洲电器公司工作。你回去想想，三天后回答我，去还是不去，好吗？”

韩翔说：“不用三天，我现在就回答你，我去！”

“你有家室妻小吗？”

“有过妻子，结了婚几年，一直没有孩子。我决定去陕北找红军，她不同意，我们分手了。”

“你还年轻，长得又帅气又机灵，日后再找一个志同道合的妻子，不是难事。”

庞志柏给姜永裕写了一封信，让他帮忙，把韩翔安排到亚洲电器公司工作。他把信交给韩翔，说：“亚洲电器公司有个女职员，叫丁吻月，她是我们的同志，比你大几岁，你应该叫她丁姐。如果生活上有困难，就去找她，还可以通过她，和上海地下党组织取得联系。”

第二天，庞志柏又和韩翔见了一面。他交给韩翔一个棕榈手提箱，是他从汉中带回来的，上面编织着“汉中”两个字。庞志柏说：“我给丁吻月捎了些东西，你连箱子一搭里给她！”

韩翔不解。问：“你说啥？‘意大利’给她！”

庞志柏笑道：“不是‘意大利’，是‘一搭里’，就是一起给她！”

三天后，韩翔身上揣着庞志柏给姜永裕的信，提着那个棕榈手提箱，出现在上海火车站月台上。

韩翔把箱子放在地上，扶了扶滑落在鼻梁上的玳瑁眼镜，提起手提箱正要出站，一个穿着雪青色绣花旗袍、婀娜多姿的女子，挡在他面前，问：

“你是韩翔吧？”

韩翔定睛一看，并不认识这女子，一脸疑惑问道：“你是谁？怎么知道我的名字？”

那女子莞尔一笑：“你的玳瑁眼镜，还有这个汉中出的棕榈箱子，都告诉我你就是韩翔！”

韩翔如梦初醒：“你是丁吻月！丁姐！是志柏哥发电报，让你来接我的，对吧？”

“没错，我就是庞志柏的同学，丁吻月。”

韩翔没有想到，丁吻月竟然如此年轻漂亮，他说：“听志柏哥说，你比我大几岁，他让我叫你丁姐。可我看你的相貌，好像还没我大！”

丁吻月笑道：“你真会奉承女人！”

两人一见如故。说着笑着，走出了火车站……

倏忽间半年又过去了，庞志柏接到石英指示，又一次奔赴上海。石英这次交给他的任务，是给北方局购买一台50瓦特电台，秘密送往北平。交货地点为豆腐巷17号，接货人是北方局的林风。

告辞石英后，时间尚早，庞志柏直接去了亚洲电器公司。

他在亚洲电器公司只找到了韩翔，没有看见丁吻月的身影。他问韩翔："丁吻月怎么没来?"

韩翔说："丁姐的干妈病了，她已经好些日子没来上班了。"

庞志柏说："这老两口儿你病了、我好了，你好了、我病了，轮流着害病!"

韩翔从抽屉里取出一个鼓鼓囊囊的牛皮纸袋子，递给庞志柏说："这是丁姐这个月的薪水，圣路易对丁姐的工作很满意，一分钱也没扣。你给他带去吧!"

庞志柏把牛皮纸袋子装进皮包里。他说："这次给北方局采买和运送电台的事，只能咱俩去完成。去给圣路易说说吧!"

庞志柏和韩翔去见了圣路易，购买电台的手续很快办妥了，两人租了一辆三轮车，把电台送到火车站。办完托运手续，庞志柏对韩翔说："你回公司吧，我去枫叶桥药铺看看。明天一早我来找你，咱俩一起去北平。"

庞志柏在小饭馆里吃了饭，赶到枫叶桥药铺时，天已经黑了下来。

丁吻月正在客厅里为干妈熬药，一股浓重的中草药味儿，直往庞志柏鼻孔里钻。庞志柏从皮包里掏出装薪水的纸袋子，交给了丁吻月，两人一起去看了干妈，又回到了客厅里。

庞志柏问："小舫睡着啦?"

丁吻月说："刚睡着，小家伙太调皮，干妈要打理药铺，还要经管小舫，累病了。"丁吻月说她打算把电器公司的工作辞了，陪干妈去乡下亲戚家看病去。乡下给干爸看病的那个老中医，医术不错，让他也给干妈看看。乡下环境好，清静，休养些日子干妈的病就好了。

庞志柏说："你们都去了乡下，我下次来只能住旅馆了。"

丁吻月说："不用，干爸马上就回来了。他的病好多了，你来了还住这儿。"

两人又谈了一阵亚洲电器公司的事。庞志柏问丁吻月对韩翔印象如何？丁吻月说："不错不错！潇洒、帅气、聪明，无线电技术很精，已经升任车间业务主管。嘴巴甜得很，一口一个丁姐，是个怪招人喜欢的大男孩。"

庞志柏讲了韩翔夭折的婚姻，希望丁吻月能多关心韩翔的生活，如果有合适的对象，给韩翔介绍介绍。

丁吻月愉快地应承下来。

庞志柏在枫叶桥药铺住了一宿，第二天和韩翔一道把电台安全送到了北平豆腐巷，交给了林风。之后韩翔返回上海，庞志柏返回了西安。

列车在飞奔

班子明经营多年的莲池饭庄，迁移到了七贤庄，改名为长安饭店。规模比莲池饭庄大了好几倍。一楼是大餐厅，二楼是四十多间客房，后院是一个停车场，可以停放二十多辆大小汽车。

骊山兵变后，国共合作、共同抗日的局面，已经形成。中央代表林老和办事处主任伍云甫，带领数十名工作人员，已入驻长安饭店后面的一个院落里，负责协调和解决国共之间的关系和问题。

有一天，林老通知庞志柏，已接到八路军总部通知，任命他为总部驻外办事机构的总务科长。林老交给庞志柏的头一个任务，是去南京反省院，迎接被释放的上千名政治犯。

庞志柏立即星夜兼程，奔赴南京。

到了南京后，庞志柏在长长的释放人员名单中，找到了一个熟悉的名字，就是前几年在西安同聚军衣店被捕的鲍智贤。两个西北汉子见面后，紧紧拥抱在一起，都流下了激动的泪水。

庞志柏问："怎么没见跟你一起被捕的沈钟？"

鲍智贤说："沈钟在押送南京的路上，跳车逃走了。"

庞志柏又问："你出狱后有何打算？"

鲍智贤说："顺路回老家看看，然后到陕北找部队去！"

庞志柏后来在延安得知，鲍智贤回到山西老家后，因汉奸告密被捕。日本鬼子用一拃多长的铁钉把他钉在门板上，他大骂两天后终于气绝身亡。

庞志柏刚刚办完交接和安置释放人员的工作，驻南京办事处的中央代表叶苍柏接到了总部命令，通知庞志柏马上去上海，完成一项紧急运输任务。

叶苍柏告诉庞志柏："抗日战争爆发以来，日寇不断进行武力挑衅，东南沿海很快就要沦入敌手。今天传来消息说，日军已逼近上海近郊，在上海市内还堆积着五百多吨抗日物资，都是各界民众捐给八路军的，必须在日寇占领上海之前，把这批抗日物资抢运出来！"

叶苍柏拉开抽屉，取出一个牛皮纸袋子，递给庞志柏说："这是总部提取物资的公文，还有对你的委任书，是总部首长井冈杉亲自签发的。从今天起，你不但是总部驻外办事机构的总务科长，还是总部的运输科长，担子不轻啊！"

庞志柏说："请首长放心，我一定尽最大努力，完成党交给我的任务！

叶苍柏说："记住，光靠我们自己不行，还要靠上海的革命团体，靠支持抗日的民众。我相信你一定能完成这一光荣任务！"

夜色沉沉，秋雨绵绵。庞志柏坐着涂了保护色的吉普车，在弹坑累累的京沪公路上，颠簸着向前行驶。

庞志柏问："现在到哪儿啦？"

司机小李子说："快到苏州了。听说这一带敌机轰炸很厉害！"

庞志柏打开车窗，探出头去，远处有一些零零星星的灯光，在黑暗中闪闪烁烁。突然，他听到了嗡嗡的声音，急忙缩回脑袋，大声喊道："小李子，快隐蔽，有敌机！"

嗡嗡声越来越大，小李子说："别慌，我有办法对付它！"他依然开着大灯前行，一架飞机迎面俯冲下来，小李子突然急刹车，随即关了车灯急速后退。密集的子弹，扫射在前面的路面上。

好险！庞志柏出了一身冷汗。

小李子是个精干机灵的小伙子，年龄不大，却是个很有经验的老司机。他神情专注地开着车，又向前冲去。

庞志柏笑道："小李子，你小子还真有两下子！"话音未落，吉普车的右前轮掉进了弹坑中，车身差一点翻了跟头。庞志柏的头被撞伤，他一声未吭倒在小李子怀中。

小李子叫了几声老庞，没有应，急得哭起来。庞志柏从昏迷中醒过来，他说："没事，快赶路，天明了敌机就不好躲了！"

第二天清晨，涂满泥巴的吉普车开进了上海市。庞志柏在法租界一家医院包扎好伤口，让小李子开着车，到亚洲电器公司去找韩翔。

韩翔一上车，庞志柏就问他："上海形势咋样？"

韩翔说："糟透了！驻守上海的国军，打得很顽强，中日双方伤亡都很大。日本人急了眼，从海上大量增兵，国军眼看顶不住了！眼下苏州河以北，都被日本鬼子占领了，市中心的交通全被敌机炸断了，四川北路和杨树浦一带，都不能通行！"

庞志柏咬牙切齿说："一个好端端的上海，被日本鬼子炸得乱七八糟！"

吉普车开到枫叶桥头，庞志柏突然说："小李子，停车！快停车！"车停住了。庞志柏从车窗口，凝视着苏州河对岸。对岸的天空，翻卷着黑色的浓烟，处处房倒楼塌，满目疮痍。枫叶桥药铺那一大片房屋，全部夷为平地。

庞志柏眼睛红了。他问韩翔："你最近见过丁吻月没有？"

韩翔摇摇头说："丁姐的干妈得病后，她一直没回来上班。"

"你错空帮我找找她，还有她的干爸、干妈和孩子。是死是活，总得有个准信！"

庞志柏心想，上次见到丁吻月时，她说要带着干妈，去乡下治病，也不知去了没有？要是去了就能躲过这一劫，要是没去，十有八九遇难了……

吉普车开到法租界拉都路，停住了。这一带空了的店铺和街道两旁，一捆捆打成包的捐助物资堆积如山。在捐助团体女负责人的协助下，庞志柏见到了法租界官员。一番交涉后，法国人只允许这些物资存放 48 小时，超过时限要全部没收。

按照捐助团体负责人的指引，庞志柏和韩翔找到了汽车运输工会。大院里停放着上百辆载重汽车，司机三五成群地聚在一起抽烟说话。

按照司机的指点，他俩走进汽车运输工会办公的蓝房子。房子内挤满了人，一片烟雾缭绕，有人不停地咳嗽，有人发牢骚骂娘。

工会主席是个大个头胖子，穿着马裤呢军衣，架着二郎腿，坐在高腿凳子上抽着雪茄烟。因为屁股太大，一圈赘肉包住了凳子面，看起来好像用三根细棍子，撑着一大坨子肉，随时都有垮塌的危险。他听完庞志柏的诉求，傲慢地说：

"不行！汽车不到法租界外面去！"

"我们付双倍运输费！"

"双倍？八倍也不行。你问问这些车老板，看他们谁愿意跟你去送死？"

庞志柏和工会主席搭不上话，从屋内退出来。他给蹲在外面的一位白发老司机递了一根纸烟，问："老板叔，这么多车闲着，为啥不出去拉货？"

老司机说："仗刚打起来那些天，我们去给国军送炮弹、运伤员，没人怕死。后来，日本人的飞机不停地撂炸弹，一些汽车炸坏了，司机炸死了，有的汽车被国军抢走了，司机被打死了，工会就不让我们出去了。”

正说着话，从铁门口跑进来几个衣着破烂的报童，一面挥动着手中的报纸，一面大声喊道：“号外！号外！八路军平型关大捷！歼灭日军千余人，击毁战车百余辆，重创日军精锐坂垣师团！号外！号外！……”

这是抗战以来，中国军人取得的第一个大胜仗！司机们沸腾了，纷纷挤上前去把报纸抢购一空。

庞志柏的心里一下子有了主意。他站在一个倒扣的木箱子上，挥舞着身份证件和公文，大声喊道：“工友们！我是八路军总部的运输科长，这是我的证件！上海民众捐助给我们八路军五百吨抗日物资，得赶紧从法租界，运到日晖港火车站，请工友们帮帮我们八路军！”

话音未落，白发老司机喊道：“你怎么不早说你是八路军？你前边带路，我们马上去跟你拉货！”

这时，胖子工会主席冒了出来。他看了看庞志柏的身份证件和公文，尴尬地说：“对不起，误会了，八路同志，给你四十辆车，够用了吧……”

四十辆大卡车在一片隆隆声中发动了。庞志柏和韩翔上了吉普车，在前面引路，大卡车一辆接着一辆，从大铁门开了出去……

经过一夜紧张运转，五百吨捐助物资全堆积到火车站站台上。庞志柏找到老司机，要给他们结算运费。老司机说：“我们商量过了，不但不要运费，连汽油钱我们也自己掏腰包。”

“怎么能让大家白辛苦？你们还要养家糊口，运费一定要给！”

“你们八路军把家人丢下不管，到战场上去和日本鬼子拼命，谁给你们钱啦？我们也是中国人，就是饿死，也不能挣八路军的钱！”

庞志柏转身对韩翔说：“你领着大家去找个饭馆子，吃上一顿饭，顺便买些纪念品，发给大家。我还得联系火车皮，不能跟你去了。”

韩翔领着司机们走后，庞志柏把小李子打发回了南京，他顾不上吃饭，匆匆忙忙赶到车站值班室。站长原来是熟人，姓艾，一脸红疙瘩。庞志柏问：“老艾，你不是在北站当站长吗？怎么跑到日晖港站来了？”

老艾说："北站叫日本人占了，我是昨天才调过来的！"

这时候，庞志柏已经脱掉了原来的行头，换上了八路军军装。艾站长看过他的公文和证件，知道了他的真实身份。艾站长说："既然是慰劳八路军的物资，不管多困难，我也得想办法帮你们运走。我这就去给你调车皮！"

车皮问题很快解决了。庞志柏问艾站长："车站有装卸工吗？"

艾站长说："有，但不多。我马上打发人到附近去找些工人、农民来装车。"近百名工人、农民，以及自愿跑来帮忙的市民，在站台上忙忙碌碌了大半天。直到夕阳西坠时，才把货物全部装上火车。

庞志柏要付装车费，装车的人坚决不收，正在推来推去时，突然响起了防空警报声。艾站长刚刚把装载着抗日物资的列车调到树丛旁隐蔽起来，附近传来了巨大的爆炸声，火团落在装载抗日物资的列车上，立即起了火。庞志柏爬上列车，奋力扑救，隐蔽在周围的人，又冒了出来，纷纷爬上列车，帮助庞志柏灭了火。

众人刚刚回到站台上，艾站长突然跑过来，他脸色苍白，语不成句地对庞志柏说："国军已经放弃了大场，日晖港车站也马上要落到日本人手里！你赶紧上车，快！"

庞志柏纵身一跃，跳上了挂在后面的守车。

艾站长挥动着绿色信号旗。

列车开动了。站台上的人群向庞志柏挥着手，喊道：

"八路军同志，再见！"

"多打胜仗啊！八路军同志！"

"八路军同志，战场上见！"

……

香江之湄

庞志柏回到西安，顾不上歇息，忙着转运堆放在长安饭店停车场内的物资。这天晚上十点钟后，累得精疲力尽的庞志柏回到家中，王静秋大妈和二女儿云绣，在他家等他多时了。

云绣长得比妈妈还高出一截，杏面桃衣，青春靓丽，模样和姐姐云锦一样娟秀可人。庞志柏惊喜道："几年没见，云绣长恁高了，模样越发长俊咧！"云绣是个羞脸子，急忙把身子扭开了。

王静秋对庞志柏说："云绣天天念叨着要去延安，巴不得长上翅膀，飞到延安去！她听说你每天往延安送货，拉着我来找你，让你把她带到延安去。"

庞志柏说："咋不早说？早说早到延安了！"

庞志柏从王静秋口中得知，这几年他没顾上回西安，云锦已经结了婚，丈夫叫袁三木，是她在长安兴国中学读书时的老师，两人一起加入了共产党。袁三木婚后第三天去了延安。

王静秋说："云锦要不是有病，也要跟三木去延安。为这事哭过好几回咧！"

天娥说："大妈是上岁数的人了，身边没个人支应着也不行！有云锦陪着，母女俩还能互相照应。"

第二天一大早，彭云绣跟着庞志柏赶到长安饭店办事处，搭上了发往延安的运货车。一辆辆满载着革命青年和抗日物资的大卡车，开出了长安饭店，开出了西安城。之后一路朝北，开过了辽阔的关中平原，开上了沟壑纵横的黄土高原。

高原上的秋天，疏林红叶，景色醉人。高亢、悠扬的陕北民歌，在山原野壑回响：

鸡娃子叫来狗娃子咬，
当红军的哥哥回来了！
头戴红星身穿灰，
骑马背枪看妹妹。
羊肚子手巾三道道蓝，
哥哥就要上前线。
红军的队伍出了川，
妹妹的话儿没说完。
红豆荚荚熬南瓜，
革命成功了你再回家！
……

晚霞烧红了半边天，车队绕过一道山弯，延安就在眼前了！庞志柏指着前方说："云绣快看，延安宝塔山，延安到了！"

彭云绣兴奋地大喊："延安！延安到了！"身子一纵，头"咚"的一声碰在驾驶室脑顶上，双手捂着头疼得龇牙咧嘴。

庞志柏说："碰疼了吧，看看，眼泪都快流出来了！"

彭云绣却"咯咯"笑了……

庞志柏自打担任运输科长以来，时常用汽车、火车做一些大宗运输生意，挣了几十万块银圆，缓解了总部及驻外机构经费不足的困难。

中央代表林老对庞志柏说："你这个运输科长，怪会赚钱的！"

庞志柏说："其实好多事都是逼出来的。我刚开始参加革命时，因为没有路费，连门也出不了，我媳妇从我父亲藏钱的地方，偷偷拿了十五块大洋，我才上了路。父亲发现丢了钱，把我媳妇赶出家门，十冬腊月在外边冻了一夜。那时我就下了一个决心，将来一定要挣好多、好多钱，谁来参加革命，我就给他发盘缠、发经费。”

林老说：“看来你这个总务科长，选对了！”

日寇的铁蹄踏破了祖国半壁河山。上海、南京、武汉、广州相继失守后，抗日斗争形势日趋严峻。

这天中午，林老告诉庞志柏：“又有一项艰巨的采购、运输计划，需要你马上去完成。香港的市民给我们八路军捐赠了一批抗日物资。总部决定让你去一次香港，除了把这批捐赠物资运回来，还要采购一批急需物资，然后连同捐赠物资一道运回来！”

林老拿出一份采购计划，递给庞志柏。

庞志柏大致一看，上面写着：美国道奇载重汽车二十七辆、小型电台一百部、无线电器材若干吨、医药卫生器材若干台（套），还有铜版纸、汽车零配件等等。

庞志柏说：“我的妈呀，这批物资少说也有五十多吨！上海、广东已经沦陷，用什么工具往回运？走哪条路往回运？这简直比上天摘星星还要难！”

林老笑道：“这可不像你庞志柏说的话！天无绝人之路，多动动脑子，陆路走不成走海路，火车运不成用汽车运。为什么要买二十七辆载重汽车，就是为了解决运输工具问题。”

庞志柏说：“那我还得带一个排的汽车司机和修理工去香港！”

林老说：“香港地方党组织来电说，他们那里有一大批年轻人要去延安，香港的年轻人十有八九都会开汽车，司机问题还叫问题吗？”

在送庞志柏出来的时候，林老又叮嘱说：“这次又是你一个人千里走单骑，困难一定不少。国民党特务组织无所不在，香港和越南也有不少他们的走狗，困难一定不少。姜永裕过去帮过你的忙，他移居香港好些年了，有什么困难你就去找他。我等着你圆满完成任务，胜利归来！”

时隔二日，一架从内地飞来的客机，缓缓降落在香港九龙机场。

庞志柏西装革履，戴着茶色水晶石眼镜，提着皮箱走出机舱，下了舷梯。因为出发以前，就给姜永裕拍了电报，姜永裕早已开着小卧车，在九龙机场等候多时了。

时隔数年，姜永裕变化很大，变得几乎认不出来了。前几年的姜永裕，风流倜傥、英俊潇洒，如今的姜永裕，胡子拉碴、眼袋下垂，鬓角添了不少白发，额头上添了不少皱纹。好在身体依然健康，脸上气色不错。见到从内地来的老朋友，喜悦之情溢于言表。两人握手寒暄了几句，一道上了小卧车，驶离了机场。

早在上海沦陷前多年，姜永裕因为对国民党特务统治不满，把他的永裕公司迁移到了香港香江之滨。香港也是祖国的地盘，已经让英国人霸占了半个多世纪。姜永裕时常面对香江浩然长叹、热泪滚滚。这种透心彻骨的疼痛，姜永裕只有在和庞志柏交谈中，才能得到一吐为快的机会。

经过近两个月的奔波和忙碌，采购和捐赠物资交接工作，全部完成了。

由于党的纪律约束，庞志柏和姜永裕相识多年，一直没有公开过自己的真实身份。久而久之，他理解了姜永裕，被他的拳拳爱国之心所感动。在彻夜长谈中，庞志柏取出自己的身份证件，递给了姜永裕。

姜永裕看到上面有井冈杉的亲笔签名，大为感叹！立即取出一个价值不菲的高倍望远镜，交给庞志柏说：“井冈杉将军乃当代名将，能和他的部下合作，三生有幸！这个高倍望远镜，是我送给井冈杉将军的，请你转交给他，代我向他问好，祝他身体健康，多打胜仗！早日把日本鬼子，赶出中国去！”

庞志柏把望远镜放进皮箱里，说：“我一定把你的美意，带给井冈杉将军，我替他谢谢你！”

姜永裕说：“谢我什么呀！跟你们相比，我为国家、为民族做的事情太少了!”

庞志柏和姜永裕商量后，给二十七辆道奇载重汽车，全部喷上红十字，插上红十字旗子。电台和医疗器材、通信器材包装箱，也全部标明为救济物资，并盖上了红十字标记。

陆路都让日本鬼子堵死了，回去只能走海路绕道越南。

越南是法国殖民地，为了确保顺利通过越南，姜永裕通过原武汉国民政府主席徐谦，让法国驻香港领事给驻越南总督写了一封亲笔信。

取道越南，还有一件事让庞志柏担心。德法战争到了一触即发的地步，这次运载的物资，不少是德国造的，要是在越南被法国人查出来，不但物资会被没收，恐怕连性命也难以自保。

庞志柏把自己的担心告诉了姜永裕。姜永裕说：“这好办，我有个朋友叫程买金，会说法语。我懂英语，我和程买金一起送你们去越南，绝对不会出错的!”

过境越南

清晨，薄雾笼罩着浩瀚的海面，一艘巨大的英国商船玛利亚号，缓缓地驶离了香港码头。商船上，整整齐齐排列着几行道奇车，车上装载着各类物资。

薄雾渐渐散去，一面面鲜亮的红十字旗子，在晨风中猎猎作响。

一艘艘飘扬着帝国列强旗子的舰船，在中国的海面横冲直撞。庞志柏站在船舷上，耳边萦绕的，是各类舰船牛哞般的鸣笛声；眼中所看到的，是列强的舰船撕裂开的浪沟。他突然想起了那年去浦东给工人夜校讲课的情景，十五年后，列强的舰船依然在祖国的江面、海面游弋。

庞志柏又想起丁吻月那时面对黄浦江所发的感慨："人为刀俎，我为鱼肉，这种内忧外患的日子，何时是个尽头！"

庞志柏在内心呼喊着："祖国啊！你快点强大起来吧！你的人民受列强欺压、蹂躏的日子，再也不能继续下去了！"

庞志柏轻声吟哦着丁吻月的诗句：

啊，黄浦江！
你像母亲的血在奔涌，
你像母亲的泪在流淌。
……

啊，黄浦江！
看冲天的巨浪，
要将旧世界埋葬。
……

自打那次抢运物资离开上海，一转眼过去了两年。两年来战火连天，庞志柏和滞留在上海的韩翔一直联系不上，丁吻月母子也没有一丁点消息。他天天盼着韩翔的来信，又生怕突然有信来，告知他丁吻月一家人被日寇的炮火夺去了性命！

庞志柏思绪万千，愁恨如潮，忍不住泪如雨下，滴落在滔滔海水中……

玛利亚号停靠在越南港口后，庞志柏安排人把车辆卸在了码头上。之后和姜、程二人一起，匆匆去见法国驻越南总督。法国总督先前收到他国领事的电报，看过领事让庞志柏带来的信后，连卸在码头的货物看也没看，便签字放行了。本来应缴纳的一大笔税款，一分钱也没收。

庞志柏没想到事情办得这么顺当。他邀请法国总督去吃饭喝酒，总督婉言谢绝了。法国总督说：“我这一关好过，还有一关恐怕会遇到麻烦。”

庞志柏问：“还要过什么关?”总督说：“中国国民党方面，在越南设立了一个西南运输公司，其实是个特务机关。特务头子叫沈盘根，是军统头目戴玉龙派来的，这个人架子大得很，可不好对付!”

庞志柏心中没底，通过程买金问法国总督：“总督先生，您和沈盘根打过交道没有?”法国总督摇摇头说：“没打过交道。我听说这个人贪财如命，如果舍不得花钱，根本过不了他这一关!”

庞志柏心想，只要能用钱打通关节，事情就好办！刚刚省下来的一大笔税款，正好派上了用场！

当天下午，庞志柏和姜、程二人赶到西南运输公司，见到了沈盘根。沈盘根长了一颗圆圆的脑袋，样子就像一颗剥了皮的独头蒜。两个圆圆的鼠耳，薄如蝉翼，透过日光，能清晰地看到细若毛发的血管。他上身套着一件麂皮夹克，嘴里叼着吕宋雪茄，双手插在裤兜里。一听说是八路军的物资，沈盘根当即端起架子，爱理不理，态度十分傲慢。

姜永裕让沈盘根看了徐谦的名片，沈盘根方才收敛了几分傲气，开口道：“既然是徐先生的朋友大驾光临，我也不难为你们，不过税是少不了要缴的!”

庞志柏缴过税款，起身告辞。没想到沈盘根拽住他的衣袖不放，非要叫他们去喝酒不可。庞志柏知道这又是敲竹杠，甩是甩不脱的，心想吃点喝点也花不了几个钱，就答应了。

姜、程二人说啥也不去。沈盘根不再强留，拉着庞志柏带着两个随员，去了酒馆。

从酒馆里出来时，天已经黑了好一阵了。没想到沈盘根依然拉住庞志柏不放，非要去巴沟洞玩玩不可!

庞志柏问：“巴沟洞！巴沟洞是干什么的?”

沈盘根笑道："你是头一次来越南吧，连巴沟洞都不知道！用咱们中国人的话说，那里可是一沟野鸡窝！不过上档次的只有一家，叫做什么仙人阁。咱要去，就去仙人阁玩个痛快！"

庞志柏正想再给他们几个钱，把他们打发走，沈盘根却不容分说，叫两个随员架着庞志柏就走。

一走进巴沟洞仙人阁，一群妖艳的妓女便如蝇逐臭般飞扑过来。沈盘根三人被妓女拉走后，庞志柏甩脱了妓女的纠缠，跟着鸨儿去结了账。正要转身离去，突然围上来几个妓女，生拉硬拽把他弄进了房间。

慌乱中庞志柏把几个妓女推出门外，关上门靠在沙发上，迷迷糊糊睡着了。也不知过了多长时间，庞志柏突然觉得有虫子在脸上爬。睁开朦胧的醉眼，原来是一个小女子吻着他的面颊。庞志柏一个鲤鱼打挺坐了起来，呵斥道："你咋进来的？这么不要脸！"胳膊一抡，竟然把身子娇小的女子抡倒在地上。

那小女子跪在地上，双手捂着脸，哭诉道："先生息怒，不是我不要脸，我家里人都叫日本人杀了，我是讨饭的，被人贩子骗到这里。我要是不接客，会被打死的！"

小女子一腔闽南话，引起了庞志柏的疑心。他问：

"你不是越南人，是中国人？"

小女子点点头，泣不成声。

庞志柏引着小女子，到鸨儿那里交了赎金，带着她离开了巴沟洞。

"先生你要带我去哪里？"

"回中国，回家！"

那女子不走了："回家？我不回去！回去会饿死，会让日本人杀死……"

"你放心，我带你去西安。西安没有日本鬼子，我给你找个事做，不会饿死！"

那女子说："先生，你真是好人……"

第二天拂晓，庞志柏怕沈盘根再来纠缠，急忙带领车队出发了。

姜永裕和程买金一直把庞志柏一行送到镇南关，进入中国境内，才返回香港去了。

庞志柏带领着车队，夜行晓宿，经广西、贵阳、重庆、汉中直抵宝鸡。一路朝北走来，日日与林泉烟霞相偎，夜夜与清风明月作伴，风餐露宿，历尽艰辛。这次运输共历时四个月，行程八千里，终于完成了任务。庞志柏瘦了一大圈，南方的毒日头把他的脸面、手脚晒得黧黑。

回到西安时，已经到了这一年的深秋。长安饭店办事处的院落里，丛丛菊花正在飒飒秋风中盛开。林老正在吟哦黄巢的咏菊诗，一眼瞅见庞志柏走了进来，急忙把他引进屋内叙话。听完庞志柏的汇报，林老对他大加赞赏。

此后，庞志柏按照林老的指示，把这批物资分批运往西安、延安和抗日前线。

庞志柏在越南巴沟洞救出的那个女孩，叫管桐，带回西安后安顿在梅登岩的车马店里。管桐从早到晚，极少开口说话，手脚却特别勤快，到了车马店后成了石蓝草的好帮手。

父亲的遗产

转眼间，庞积仓去世满三年了。

康拴劳骑着骡子到了西安。他告诉庞志柏："后天就是你大的三周年，你娘让我来叫你。你大去世时你没回去，如今过三年，你说啥也得回去一趟。你不要搬扯咧，你娘说等你回去以后，她把你大安顿的事给你一交代，她就回娘家一个人过去，不会拖累你。你娘是个良善女人，自己没给庞家生男育女，说话究底不气强，你别跟她过不去。”

庞志柏说：“老康叔，我去长安饭店办事处借一辆汽车，我和天娥、希罕带着娃娃坐汽车回去，只留登岩一个人看门，你骑着骡子头前走吧!”

康拴劳高高兴兴骑着骡子回去了。

第二天入夜后，一辆大卡车开进了澄城县城。庞积仓生前的宅子大门敞开着，院内屋内灯火通亮，穿白戴孝的男男女女出出进进。汽车的轰响把院子里的人都吸引出来了。

最先出来的喊道：“快呀，黑子回来了！希罕回来了！都回来咧!”

众人把庞志柏兄妹两家人，拥着进了门。

庞志柏在父亲灵堂前，上了三炷香，磕了三个头。转身走进屋里和舅父叙话。

舅父说：“依你娘说不叫龟兹，也不待朋亲。行礼的人太多，有钱不打上门客，实在没法子请了一班十口龟兹，让单屠户杀了五头猪，在福兴饭馆待客。天一明就开流水席，尽先让远道来的亲戚坐席，朋亲离家近靠后，估摸赶天黑前事就过完了。”

庞志柏说：“舅，我在县城不能闪面。我这就去我大坟前头烧些纸，然后回呼家庄去。让天娥、希罕和娃们留下，等明天脱了服，天黑以前汽车来接你们回呼家庄。”

庞志柏去里间看望继母。韩冬雁一听说黑子又要走，以为他要连夜回西安，哭着说：“娃呀，你千万甭急着走，你大让我给你安顿的话，我还没给你说哩!”

庞志柏说：“娘，我不走。我先回呼家庄住一晚上，明天事过完了，用汽车接你回呼家庄，有话咱回去再说。”

韩冬雁这才止住了哭。

王长福打发康拴劳陪着志柏，去坟地给父亲烧纸。

一轮明月高悬在深蓝色的夜空，城西的乐楼，虽然只能看到黑色的剪影，她的雄姿如同一幅精美的图画，呈现在庞志柏面前。乐楼耸立在沟壑边的高台上，势若大鹏展翅，凌空而起。在夜风中，挂在四围挑檐下的许多小铁钟，“叮玲叮玲”响成一片，时疾时缓、时轻时重、时有时无，如同来自九霄云外的天籁之音。

庞积仓的坟地，在乐楼西边的沟垴上。向西看，沟坡底是祖居的县西河村，向北瞅，是遥遥在望的呼家庄。坟地是庞积仓在世时自己选的，流露出这个庄稼汉对人生的无限眷恋。

庞志柏在父亲的坟前跪下来。康拴劳点着烧纸，用树枝拨着火，说：“老掌柜，你儿黑子回来了，庞家有后，你就别再操心咧！”

庞志柏伏在地上号啕大哭。

康拴劳说：“别哭了黑子，尽忠不能尽孝，你大不会埋怨你的。”

没想到庞志柏哭得更厉害了，他一边哭，一边诉说着久藏心中的委屈：“大呀，我知道你穷怕了，为了过上好日子，你把你恁爱的女子，逼跑了，把我妈气死了，把你的亲儿子、亲孙子撵出了家门，临了连自己的命也搭了进去！我糊涂的大呀，你这辈子图了啥呀……”

康拴劳终于劝住了志柏，两人坐着汽车，连夜去了呼家庄。

第二天清早，庞志柏醒来的时候，发现院顾里聚了好多人。有男有女，有老有少，都悄儿没声守在门外，一看见他走出来，都争着抢着拉他去吃饭。有的年轻人要跟着他去延安，有的打听去延安的儿子、兄弟、丈夫的情况。庞志柏跟热情的邻居正说着话，康拴劳提着饭来了，众人才慢慢散去。

庞志柏一边吃饭，一边向康拴劳询问父亲留下的房产、田产、矿产的情况。

康拴劳说：“你大过世后留下这一摊子，一直都是你舅撑着。你舅管不过来，几个作坊都倒了灶塌火咧！如今用的长工总共有四家，地归四家长工租种，收成还按你大立的老规程，对半分。七院庄子四家长工一家住一院，从来没收一分钱房租，各种各的地，各过各的日子，这都不费神。

费神的是枣树沟炭窠，出炭那一天，你大腿一蹬走了，啥心也不操咧，这三年苦了你舅，长年四季东跑西颠，不知道磨透了多少双鞋。你二姨家那个碎小子福山，识不少字，蛮灵性的，如今长成了壮小伙子，东家在时就看重他，啥事都叫他跑腿。如今炭窠的事，平时都是福山出面打理，要不是福山，你舅早累得趴下咧！"

吃毕饭，庞志柏让康拴劳引路，跟他去枣树沟炭窠看看。

汽车路过沟口时，庞志柏看到沟坡上有几十棵柏树，棵棵又高又壮。康拴劳说："那些柏树是你大留下的，都是做枋的好材料。"庞志柏说："我记得原先有一沟柏树，是财东呼子贤家的。咋只剩了这几十棵？"

康拴劳摇摇头说："呼子贤一辈子过河沟渠子夹水，一块钱掰成两半花，没料想留下个后人顶门是个倒财子，只几年功夫，把他大留的家产都倒腾光了。呼子贤临咽气时，对顶门说儿呀，我死了以后，你一个月卖一颗柏树，几辈子也吃不穷、花不尽！没承想呼子贤死了三五年，顶门赌光了全部庄子田产，一沟柏树也赌光咧！剩下这几十棵柏树，是他跟你大借钱还赌债时，抵押给你大的。"

庞志柏问："顶门现在干啥？"康拴劳说："他能有啥好下稍！女人带着娃跑咧，他要了几年饭，前年死在村外他家的草窑里。入殓时我去帮忙，尸身上喷了两碗酒，还臭得难以近身……"

正说着话，枣树沟炭窠到了。两人刚一下汽车，从沟崖下一溜土窑洞里，钻出十多个年轻女子。个个装束粗俗、妖里妖气，围着庞志柏争着抢着，往自己的土窑洞里拉。

庞志柏正不知所措，毛福山跑了过来。他冲着那些窑姐骂道："我志柏哥走上海、过天津，啥女人没见过？能看上你们这些女子！一个个长得跟倭瓜一样，都给我滚！滚！"

女子们个个噤若寒蝉，不敢吱声。她们都生怕得罪毛福山，唯有一个白净女子，脸颊上长了一颗胭脂痣，一点也没怯火。她一面嗑瓜子，一面冲着毛福山冷笑道："毛福山，你别当着大少爷的面，要威风！我们到这山沟沟里来，伺候你们这伙炭毛子，靠卖身子挣几个活命钱，容易吗？你小子当初给我是咋说来？你跪在老娘炕头上，发誓要娶老娘当老婆，哄得老娘跟你睡了，你提上裤子不认账咧！你当着大少爷的面，骂我们是臭婊子，你小子连婊子也不如！你的良心让狗吃咧……"

白净女子被几个女人，拉回土窑里去了。土窑里依然传来她不依不饶的责骂声。

庞志柏对毛福山说："这些女子都是穷人家的娃，活不下去了，才来炭窠干这种事。你和刚才那女子到底咋回事，你给我说清楚！"

毛福山说："我是真心想娶她，可咱舅嫌人家是窑姐，名声不好。他托人给我说了个女人，我一点没瞅上……"

庞志柏说："你年纪不小啦，也该成家了。我看那女子对你也有意思，回头我给咱舅说说，让他把那女子给你娶回家。以后跟她好好过日子，别再跟那些窑姐鬼混！"

毛福山说："记住了。哥，其余那些女子咋办呀？我撵了好几回，撵不走咯！"

庞志柏说："好办！愿意跟矿工结婚的，留下。不愿意的，每人发十块大洋，立马走人！以后炭窠再来了这种女人，就劝他们和矿工结婚，不愿意嫁给矿工的，不准在炭窠留宿。矿工在外面嫖妓，咱管不着，谁要在枣树沟干这种恶心事，就叫他卷铺盖，走人！"

毛福山说："这办法好！无规矩不成方圆，我一定照你说的办！"

庞志柏又说："枣树沟炭窠的盈利，不许乱开支！我回头给你个西安的账号，你按月打到这个账号上，我有大用场。你要是胡日鬼倒棒槌，咱这姨表兄弟的情分，就算到头了！"

毛福山说："哥，我是没家没舍的人，要不是姨夫收留我，我到现在还是个要饭的。你放心，我一定好好干，绝不做昧良心的事！"

天快黑的时候，在县城过事的人搭汽车回到了呼家庄。

庞志柏把娘和舅接到窑里，把自己对家产的处置办法，告诉了舅和娘。他说："四家长工，现在各家住一院，归各家所有。毛福山马上要成家，单另给毛福山一院子。其余两院子，给娘和舅一人一院。一百亩水旱地，四户长工各十亩，余的六十亩，舅、娘和福山，一人二十亩。剩下十亩竽园留给舅吧！牲口和大型农具由舅和娘支配。"

庞志柏问舅和娘："这样分行吗？"

王长福说："行咯，就照你说的分！"

韩冬雁说："好娃哩，娘啥也不要。今儿当着你舅，娘把话说到明处，你大死的时候给你留了些银圆，多多少少我也不清楚。今晚上我把它都交给你，我的心事就了咧。等你们明儿走了，我就回娘家一个人过去。"

庞志柏说："娘，你啥也甭说咧，明天跟我到西安去，我和天娥孝敬你，给你养老送终。"

王长福说："黑子他娘，娃有这份孝心，你就跟娃到省城享福去，啥时候想回来，就回来住几天。这里有我看门，你啥心也甭操咧！"

天黑严实后，庞志柏打发毛福山叫来几个有名望的村民，当众烧了父亲放债的账本子。庞志柏说："今晚上叫各位来，不光是当面烧账本子，还有我大沟里留的那些柏树，我打算托付毛福山把它卖了。卖的钱给村里建个学校，请各位作个证见，到时候来帮帮忙。村里没个学校不行啊！好些娃灵性得很，因为没上过学、没文化，把好前程都耽搁咧！有了学校，咱呼家庄将来也能出文臣武将，出国家栋梁，也会扬名天下……"

夜深人静时，按照韩冬雁的指点，庞志柏让毛福山找来一把线镢，挖开窑掌子上神龛下面的摽砖。白花花的银圆从墙洞内倾泻出来，在脚地堆成了一座小山……

第四天一大早，庞志柏和天娥、蓝草带着孩子，去母亲坟前烧了纸，坐汽车返回了西安。

一路朝北

第十二章

风雨夜来客

一个风雨交加之夜，一道闪电把漆黑的夜幕撕开了一道口子，接着是“喀嚓”一声天崩地裂般的惊雷。一个穿着雨衣的黑色身影，走到关帝庙街5号门前，“咣咣咣”敲着门板。

“兀谁?”门内是李天娥的声音。

“是我，贺一鸣!”

门开了，贺一鸣一闪身进了门。雨水从门洞里潲了进来，李天娥急忙把门关上了。

进屋后，庞志柏帮贺一鸣脱掉雨衣，抖抖上面的雨水，挂在衣架上。他问：“贺大哥，雨这么大，天这么黑，你来这儿有当紧事吧?”

“我是无事不登三宝殿。”贺一鸣落座后，从怀里掏出一纸电文，递给庞志柏。

庞志柏展开电文，凑到灯下一看，是西北行营发给蒋介石的。电文中写道：

共匪居心叵测，乘虚南下，足以动摇抗战基础。长烈久住秦陇，尤为共匪所惧，人地最宜。拟令其统领所部，移驻关中，以御匪患。

庞志柏眉头紧锁："这份电文谁拟的？这个谣造得太离谱了！"

贺一鸣右手食指叩击着桌面，说："电文是重庆方面授意，由我们西北行营起草的。"

庞志柏肺都气炸了："无耻！老蒋在西安拘押时，红口白牙向国人承诺，只要他蒋某人存在一日，中国决不再发动反共内战。看来这个蒋某人，又要翻脸不认账了！"

贺一鸣说："蒋介石调赵长烈部入关的命令，已经下达，赵部下辖的三个军，还有川军两个师，已经杀奔关中而来。老弟，情况紧急，你们不得不防啊！"

庞志柏深情地望着贺一鸣："贺大哥，谢谢你！共产党人绝不会忘记像你这样侠肝义胆的朋友。我能有你这样的好兄弟，万分荣幸！请你转告杨部留下来的朋友，蒋介石置大敌当前于不顾，妄想消灭我党、我军的阴谋，注定要失败！"

雨越下越大。突然"咔嚓"一声惊雷，如同在头顶炸响。

贺一鸣穿上雨衣，说："我该走了。"

庞志柏把贺一鸣送到门口，紧紧握住他的手说："贺大哥，这儿离马道巷老远，以后没有特别当紧的事，你别跑了。我会经常去马道巷看你的！"

贺一鸣的身影，一闪眼消逝在夜幕笼罩下的雨雾中……

第二天清早，雨停了，天还阴着。庞志柏骑着自行车，赶到了长安饭店。林老正在和伍云甫交谈，急忙站起来说："志柏同志，货都运完了吧！运完好好歇几天，这几个月把你累坏了。你瞧瞧，瘦了少说也有二十斤！"

庞志柏说："谢谢林老关心，我身子骨壮，能扛住。"

庞志柏从怀里掏出贺一鸣送来的电文，递给林老。

林老看完电文，问庞志柏:“这个电文，你怎么弄到手的?”

庞志柏说：“西北行营一位朋友送来的。我过去和他在杨啸林部共事，他很同情共产党，对蒋介石打击扣押杨啸林极为不满。”

林老把电文交给伍云甫，说：“伍主任，这份情报很重要！赶紧向内台发报，把这一新动向向中央报告!”

伍云甫拿着电文，匆匆走了……

半个多小时后，由蒋介石授意、西北行营起草的这份电报文稿，已经出现在延安中共决策者手中。

这些决策者住着土窑洞，肚子里装着南瓜、黑豆、洋芋和黄米，穿着自己纺织的土布做的不合身的衣服，过着和老百姓一样艰苦的日子。他们却个个精神焕发、思想敏锐，对蒋介石的这一新的军事动向，洞若观火：

> 蒋介石造谣说我们乘虚南下，破坏抗战，是贼喊捉贼。是为他们对边区搞封锁、搞摩擦，甚至挑起局部冲突寻找借口!
>
> 赵长烈进入关中后，估计还不会马上进攻延安。不管咋说目前还是国共合作时期，蒋介石要挑动内战，还有许多顾忌。
>
> 蒋介石骨子里的反共本质，不会变！赵长烈进入关中后，西安必然会成为国共矛盾的焦点，成为革命与反革命斗争的前沿阵地!
>
> 为了粉碎蒋介石的阴谋，一定要安排有隐蔽工作经验的同志，潜入古城，担负起搜集情报的任务。

长安饭店办事处收到中央的电报指示后，林老立即召集有关人员，召开了一次会议，庞志柏也参加了这次会议。会议只讨论了一件事，就是庞志柏今后的工作安排问题。一开始就出现了两种不同意见：一种意见认为，庞志柏在西安人地两熟，有利于做情报工作；一种意见认为，人熟地熟不是有利条件，而是不利条件，随时可能暴露自己。中央应该另派有地下工作经验的同志，来西安从事情报工作。

两种意见争执不下，林老让庞志柏谈谈自己的意见。

庞志柏早就琢磨好了：“我的想法很简单。搞情报工作，肯定有危险，和在战场上一样，随时可能牺牲性命。怕危险、怕牺牲，不是共产党人应有的品质！至于人地两熟，是有利还是不利条件，这个问题也不能绝对化。我相信，只要不脱离群众，发挥集体智慧，就一定能化被动为主动，完成党交给我的任务！”

跟踪·盯梢

赵长烈奉蒋介石的命令，率部从信阳、罗山抗日前线撤出，沿西蓟公路进入陕西。赵长烈的绥靖公署，在西安朱雀路驻扎下来。

雷皓宇在延安开完会返回重庆途中，在西安长安饭店滞留了半天。赵长烈是黄埔一期生，雷皓宇时任黄埔军校政治部主任。因有师生之谊，赵长烈得知雷皓宇已到西安的消息，立即轻车简从，赶到长安饭店拜访雷皓宇。两人说了几句客套话，赵长烈请雷皓宇赴宴，雷皓宇婉言谢绝了。

赵长烈告辞离开后，雷皓宇告诉林老和伍云甫：“蒋介石把赵长烈所部由抗日前线调到关中，是什么目的？司马昭之心，路人皆知。中央这次开会时特别强调，一定要挑选得力的同志，在西安潜伏下来，随时摸清蒋介石、赵长烈的军事政治动态。”

林老说：“庞志柏同志在总部这些年，很少在西安露面，也一直没有以公开身份，入驻长安饭店办事处。把他留在西安搞情报工作，有许多有利条件。他本人对这一工作，也很有信心。”

雷皓宇说：“这次来不及了，以后找机会，我得和他好好谈谈。”

雷皓宇和随行人员石曾华，匆匆离开长安饭店办事处，乘黄包车赶到西安火车站。

火车站的站长姓熊，大个子、大块头，中共地下党员，负责保护雷皓宇的安全。雷皓宇一走进站长室，熊站长就告诉他：“火车晚点了，发车时间约莫得等一个半小时。”

雷皓宇笑道：“你这个站长，应该把名字改改，改成‘老晚点’站长！”

雷皓宇在站长室喝水等车时，突然想起皮箱里还有一封信，是井将军托他交给庞志柏的。刚才在长安饭店办事处光顾说话，把信给忘了。他急忙取出井将军的信，交给石曾华说：“快去，送到庞志柏家里去。”

石曾华当即搭了一辆黄包车，赶到了关帝庙5号。

庞志柏不在家，石曾华把信交给李天娥，掉头走了。

李天娥关了门，尚未进屋，突然外面又传来了急促的敲门声。情急之下，她把信塞进鸡窝里，用麦草盖住，转身去开了门。

两个背盒子枪的特务，闯了进来。其中一个塌鼻子特务，恶狠狠地质问李天娥：

“你男人呢?”

李天娥说：“上海做生意去了。”

塌鼻子嘴一咧：“胡说，刚才明明有人来找过他，你哄谁呢!”

两个特务端着枪，屋里屋外搜了半天，把刚从老家请来的厨师孙长顺，从厨房拉了出来。

塌鼻子问李天娥：“你说男人不在家，兀是谁?”

李天娥说：“长官你弄错了，他不是我男人，是我家请的厨师老孙!”

塌鼻子不信，二话没说，把孙长顺抓走了。

庞志柏昨天下午骑着自行车，去马道巷贺家了解情况，直等到晚上十点多钟，贺一鸣才回到家里。

庞志柏问：“你挺忙的，这个时候才回来，做啥去了？”

贺一鸣说：“我能有啥正经事！做一天乌龟驮一天碑，混一天是三晌。”贺一鸣告诉庞志柏，蒋介石过些日子，要在武功召开一次军事会议，安排部署对边区实行封锁、围剿的计划。筹备这次军事会议的负责人里，就有贺一鸣。

庞志柏叮嘱贺一鸣，一定要把这次军事会议的内容，搞到手。

两人在书房内促膝交谈，直至深夜。贺一鸣安顿庞志柏在书房睡下后，关了灯，回自己卧室去睡了。

第二天早上，庞志柏吃过龚逸雪准备的早餐，骑着自行车往家里赶，走到莲池公园门口，碰上恩师谢靖夫。

谢靖夫悄声告诉志柏：“我在这里等你半天了，你家昨晚上又被特务搜查了，还把做饭的老孙抓走了。我去你家大门口转了一圈，发现一大早巷子里就来了钉鞋的、吹糖人的、卖香烟的，一个个贼眉溜眼，在你家周围踅摸，一看就不是好东西！肯定是昨天没抓到你，又派来一些便衣特务，守在巷子里等着抓你呢！赶紧找个地方，躲躲吧！”

庞志柏道了谢，推着自行车，从翁家巷那条背巷绕过去，到了张乃华医生家里。

张乃华对庞志柏说：“这些日子日本人的飞机，常来撂炸弹，我看见一些人在自己家挖防空洞，也请人帮忙在屋里挖了一个小防空洞。”

庞志柏打着手电，看了看张乃华家挖的防空洞。他说：“关帝庙小学里有大防空洞，在自己家挖小防空洞，有必要吗？”

张乃华说：“怎么没必要？太有必要了！你去钻一回大防空洞，就知道了，人太多空气不流通，时间一长能把人焗死。在自己家挖个小防空洞，空气好，也方便得多！”

庞志柏突然有了灵感。他想起在东府乡下，几乎家家都有一个隐蔽得很好的地窨子。因为时局连年动荡，盗贼劫匪时常夜里翻墙入室，杀人抢劫、祸害百姓。百姓在室内挖个地窨子，把粮食和值钱的东西，藏在里面，若遇上凶残势众的劫匪，里面还可以藏身。

庞志柏当即决定，在自己家里也挖一个地窨子，既可以掩藏机密文件，也可以藏身躲过特务的搜捕。

天黑后，张乃华的妻子岳荣手里拿着铝盒子，装作去给人打针的样子，到关帝庙前踅了一圈。她发现白天蹲守盯梢的特务都已撤离，回来告知了庞志柏。

庞志柏搭着木梯，翻墙回到自己家中。一进门，李天娥就把特务来搜查的经过，告诉了丈夫。她说特务把孙长顺当庞志柏抓去后，审问了一阵，发现抓错了人又放了回来。

李天娥取出石曾华送来的信，交给丈夫。庞志柏打开信瓤子一看，是井将军写给姜永裕的。信中写道，

永裕先生：

蒙馈赠8X20双筒望远镜一个，由志柏同志交到。帮助抗日，良深感谢，专函奉复。随赠小照一张，敬祈惠存，并致敬礼！

井冈杉

庞志柏叫天娥藏好信，他说："这帮特务肯定是跟踪石曾华，到这里来的。这一下麻烦大了，咱们住的这地方又被特务盯上了！"

当天晚上，庞志柏和孙长顺一起，在自己住的炕头开始挖暗洞。挖了半截天亮了，吃过早饭正要接着挖，王世毅从上海回来了。

庞志柏告诉表弟："日寇占领上海以前我去上海办事，到新闻学院找过你两次，都没见上面。听说你参加了全国学联，还担任了大陆通讯社记

者，忙得很!”

王世毅说：“真不凑巧，你来了两次，我和燕连云都去参加飞行集会。你没留地址，想找你也没法找。”

庞志柏问表弟：“毕业后有啥打算?”

王世毅说：“我俩本来打算留在上海，耿秉烛先生托人给我俩捎话，说他现在是西安《工商日报》主编，报社缺少有活力的年轻人当编辑，他想让我俩干，我们答应了……”

庞志柏又问：“回澄城老家没有?”

王世毅说：“还没顾上，没顾上回去。”

庞志柏说：“我托人做了两件二毛子皮袄，还有一双甘肃出的高腰毡靴子、两瓶虎骨酒。你回去给俩老人捎上。”

天娥要给世毅摊瓤皮子，世毅说：“我在外面吃咧!”转身和孙长顺去挖暗洞。

暗洞挖好后，庞志柏又打发天娥叫来梅登岩帮忙，在院顾一角挖了个小防空洞。

冤家路窄

蒋介石在武功军事会议上，制订了对陕甘宁边区包围、封锁和不断蚕食的计划。这份计划，很快被贺一鸣转交到庞志柏手中。庞志柏把它藏在自行车底座下的钢管中，骑着自行车直奔七贤庄。

正巧，这天雷皓宇由重庆返回延安，到了长安饭店办事处。庞志柏手里拿着那份刚刚弄到手的情报，走了进来，他把情报交给了雷皓宇和林老。情报中说，在武功军事会议上，蒋介石密令驻军西安的赵长烈部，迅即派兵进驻洛川、黄陵等县，占据淳、旬、耀、同囊形地带，以图北进。

雷皓宇叫来随从人员石曾华，让他收起这份情报，明天直接带回延安去。

雷皓宇对庞志柏说："干得不错，志柏同志！蒋介石召开的武功军事会议刚刚结束，你就把会议情报弄到了。你是怎么弄来的？"

庞志柏说："是通过筹备这次会议的贺一鸣先生，弄到手的。他担任过杨啸林的参议，我是在杨部警卫团当军需主任时，和他认识的。"

林老说："上次老蒋调赵长烈入驻关中的情报，就是这个贺一鸣先生亲自送到庞志柏家的。"

雷皓宇问："贺先生现在的职务是什么？"

庞志柏说："在西北行营任秘书。如今在西安政界、军界、文化界、商界，像他这样的进步人士还有不少！"

雷皓宇高兴地说："好哇！这正是我们搞统一战线的对象。另外，还要大胆吸收有过叛变自首行为的人，争取他们重新为党和人民工作。例如你的沪大老同学冯学迁，我把他送到苏联中山大学学习，后来，又是我从苏联把他要回来。他被捕后陷入敌营，但没有出卖组织和同志。他现在是天水行营的政治部少将组长，听说他是主张国共合作、共同抗日的。如果有机会，你可以做做他的工作。你现在情况怎样，有困难吗？"

庞志柏说："上次石曾华到我家送信，我家就被特务盯上了。中统陕室主任宜平安，经常派便衣特务化装成小商贩，在大门外蹲守。有好几次还闯到家里来抓我。后来我在房间挖了个暗洞，特务搜捕时我在暗洞中躲过了一劫。"

雷皓宇说："嗬！真够悬乎的！暗洞要多几个出口，狡兔三窟么！如果只有一个出口，万一被特务发现想跑也跑不了……"

这天中午，李天娥在院子里给蓝草教织毛衣。蓝草说：“姐，你好人做到底，登岩这件毛衣你替我织完，我拙得像拙鸠，咋也学不会咯！日后缝缝剪剪的事你帮我，干粗活笨活我帮你。咱俩驴啃骡子工变工，你看行不?”

天娥笑着说：“再甭糟怪咧，你恁灵性的人，啥学不会？光想捉着使唤我这号闷人哩!”

蓝草泼辣外向，天娥文静内敛。两人性子拧着，却形同亲姊热妹。

庞志柏笑道：“蓝草这辈子错投了胎。要是个男的，你俩倒是挺般配的两口子……”

正在说笑，突然传来敲门声。庞志柏心头一惊，正要钻进暗洞，李天娥说：“听声音，不像是那帮狗特务。”扭头大声问：“兀谁?”

大门外传来了一个熟悉的声音：“嫂子，开门，是我!”

李天娥说：“是世毅!”急忙去开了门。

王世毅走进里屋，和表哥说话。他告诉庞志柏：“今天新闻检查处派人来报社，要出钱购买《工商日报》的版权。他们办的那些褯子报，订户越来越少，看到我们《工商日报》的订户越来越多，想利用我们报纸的声誉，把他们的私货塞进去，蒙骗不知底细的百姓，被我们刘文博社长一口回绝了……”

正说着，又传来敲门声，声音又急又重。李天娥急忙对丈夫说：“是狗特务!”等到丈夫下了暗洞，王世毅去了孙长顺房间，李天娥才去开了门。

这次来的特务，又多了几个，总共五六个，领头的还是那个塌鼻子。特务们在各个房间翻箱倒柜，窜来窜去如同一窝耗子。塌鼻子一直站在院子里，盯着石蓝草和李天娥看。李天娥正打着毛衣，瞥了塌鼻子一眼，说：“你这人真操眼，多钱买下你这个照壁子?”

塌鼻子往旁边挪挪脚，问李天娥：“她是什么人？是不是共产党的探子?”

李天娥坦然道：“啥探子？她是车马店的老板娘！”说着把手中打了半截的毛衣，抖了抖说：“这是她托我给他男人打的毛衣，她来看打成了没？”

塌鼻子盯着石蓝草问：“我怎么看着你，有些面熟？”

石蓝草道：“长官真是贵人多忘事。你时常在我家大门口踅来踅去，跟我打过照面，你忘啦？”

塌鼻子正要说什么，一个特务拽着王世毅从厨房走出来，大声嚷嚷着：“柴科长，这小子八成是共产党的探子，钻在厨子炕上捂着被子装病哩！”

塌鼻子惊叫道：“王世毅！你来这里干什么？你和这一家人啥关系？”

其实王世毅刚一出门，就认出这个塌鼻子是柴崇林。他毕竟在蒲城读书时见到柴崇林的时间，比表哥他们要晚好多年。他也深知柴崇林与表哥一家人过去的恩怨情仇。当他从柴崇林的问话中得知他并不知道这一家人的底细，于是打定主意，绝不能让柴崇林看出任何蛛丝马迹，否则，表哥将面临丢掉性命的危险！

王世毅装出惊讶的样子，大声叫道：“啊呀！这不是柴少爷吗？多年不见，混得不错么，当上大科长了！”

塌鼻子说：“少耍嘴皮子！快说，你跟这一家人啥关系？”

王世毅说：“我不认得这一家人，只认得做饭的孙师傅。他过去开过饭馆子，我们熟，我是特意过来找他的。”

柴崇林将信将疑，手一挥把王世毅带走了。

李天娥“咣当”一声，关上门，把丈夫从暗洞里叫上来，说：“刚才世毅叫那个塌鼻子柴少爷。那个人，会不会就是你们常说的柴崇林？”

石蓝草说：“我瞅见咧，那个人右手中指短了半截，肯定是柴崇林！今儿真倒霉，碰上这作死鬼、挨刀子的！多年没见他咋没死去？他再敢来缠我，我就用剪子戳死他！”

庞志柏说：“事情明摆着。柴崇林知道我和世毅的关系，他今天在这里碰上世毅，势必怀疑我就住在这里。不是冤家不聚头，你们别担心，我有办法对付他!”

过了两天，石蓝草和梅登岩按照庞志柏的建议，把大车改为轿车，五匹高脚牲口卖掉了两匹，又买了六辆黄包车，成立了蓝梅车行。每天雇黄包车夫出去拉客。目下西安的小汽车还极少见，许多有头有脸的政府要员或是有钱人，出门都要坐马拉轿车。梅登岩三天两头赶着马拉轿车，出门拉客。

此后庞志柏出门，有了黄包车和马拉轿车坐，很少骑自行车了。

异域传书

柴崇林由蒲城县党部，调到省党部好几年了。他如今的身份，是中统局陕西调查室侦缉科科长。自打那天无意中盯上关帝庙 5 号，他按照陕室主任宜平安的指示，率领一帮中统特务化装成钉鞋的、卖香烟的、卖各种小吃的，日夜在关帝庙附近巡查。时间已经过去将近半年，至今连这户人家男主人的影子，也没看见。

柴崇林今儿在这户人家中，意外碰到了王世毅，王世毅的表哥是庞志柏，下意识中，他立即把这家的男主人，和庞志柏联系了起来。那年为了和庞志柏的妹妹希罕成婚，他被庞志柏一拳打得口鼻流血。一个男人最不能容忍的，是杀父之仇、夺妻之恨。庞志柏夺走了他昼思夜想的女人，那个让他想得发疯的庞希罕，这个仇恨，他至死也不会忘!

王世毅软硬不吃，折腾了一天一夜，一口咬定和那家的男主人素不相识。柴崇林觉得，一时半会儿也问不出个子丑寅卯来，就把王世毅放了。

柴崇林心想，这一家的男主人，和中共重要领导人雷皓宇有特殊关系，可见不是一般人物。他打算放长线，钓大鱼，一定要抓住这个神秘男子！

这一天中午，国民党天水行营政治部主任顾金鼎，设宴招待路过西安的雷皓宇，地点在长安饭店。酒席宴上水陆纷陈、珍馐备具。顾金鼎正在致祝酒词，他说："雷先生的人品才华高山仰止，深受国人拥戴，在海内外声誉极高。鄙人对雷先生向来十分崇拜。今日能当面聆听先生教诲，真是三生有幸！雷先生是推动国共两党两次携手合作的风云人物，今日顾某聊备薄酒，特邀雷先生与行营要员，欢聚一堂，略表我与在座各位朋友对雷先生的敬意。现在，让我们共同举杯，为雷先生的健康，干杯！"

众人纷纷站起来，举杯共饮。

雷皓宇在热烈的掌声中站起来，讲道："感谢顾先生盛情款待！感谢各位能在百忙中抽出宝贵时间，与雷某一聚。兄弟阋墙，共御外辱。值此国难当头、大敌当前，中国正面临亡国、亡种的危急时刻，我们共产党人，愿和友党友军中一切拥护抗日的志士仁人，共赴时艰，并肩携手，一起抗击我们中华民族的共同敌人——日本帝国主义！我提议，让我们为国共合作，为早日取得抗日战争的伟大胜利，干杯！"

一片掌声之后，众人举杯共饮。

顾金鼎举起筷子，说："雷先生礼贤下士，各位不必拘谨，边吃，边喝，边聊吧！"

在觥筹交错、一片欢声笑语中，雷皓宇端起酒杯，离席向各位敬酒。走到冯学迁身边时，雷皓宇笑道："冯处长，我借花献佛，敬你一杯！"

冯学迁急忙站起来，诚惶诚恐说："雷先生免了吧，我没资格喝你的敬酒！"

雷皓宇一字一板说："听说你在抗敌救援会工作，为抗战奔走呼号，惜民爱国之心为人称道，怎么能说没有资格喝我的敬酒呢？"

冯学迁端起酒杯说："雷先生，学迁问心有愧！你些微抿一点，我都喝了！"说着和雷皓宇轻轻碰了杯，一饮而尽。

雷皓宇说："学迁，我前些日子去苏联，见到了你的那位俄罗斯夫人！"

冯学迁一脸惊喜："是吗？那可太巧、太巧了！"

雷皓宇说："你的俄罗斯夫人，很漂亮！你的女儿，长得和她妈妈一样漂亮！"

"你见到我女儿啦，雷先生？"

"没见到。不过，你妻子把你女儿的照片给了我，还托我给你带了一封信。我要是知道能在这里碰上你，就给你带来啦。这样吧，等我回到长安饭店办事处，托人给你送来，好吗？"

冯学迁感激地说："谢谢，谢谢您，谢谢雷先生！"

第二天早上，雷皓宇在长安饭店，约见了庞志柏。

谈起西安的情报工作时，雷皓宇说："做情报工作，要独具只眼，明察秋毫，能看到别人看不到的苗头，防患于未然。还要学会利用各种社会关系，如同学、同事、朋友、亲戚等等。"

说到这里，雷皓宇取出给冯学迁捎的信，交给庞志柏。他说："我前些日子去苏联，你的老同学冯学迁在苏联娶的妻子来找我。她托我给冯学迁捎了一封信，里面还有他女儿的照片。昨天在宴会上，我本来打算直接给他，后来觉得还是由你转交给他比较好。可以给你提供一个机会，一个和他联络感情的机会。"

庞志柏说："我和冯学迁上海一别，一直没见过面。他投身事敌，我做党的隐蔽工作，不能见面呀！"

雷皓宇说："你当然不必亲自登门去见他，但可以约他出来，在长安饭店见面。要是怕对他有不利影响，也就算了，你托人把信转交给他就是了。"

庞志柏说："那只能托贺一鸣了。他在西北行营任职，和冯学迁有见面的机会，由他转交最为妥当。"

夜里，庞志柏坐着黄包车，到了马道巷贺一鸣家。贺一鸣刚吃过饭，倒在沙发里看报纸，一听到庞志柏来了，急忙把他迎到书房里。

“这么晚了，找我有事吧?”

庞志柏问：“抗敌动员会秘书处处长冯学迁，你跟他交往多不?”

贺一鸣说：“有过几次交往。他托我办过事，还请我去他那里喝过酒。你问他干嘛?”

庞志柏说：“他是我在沪申大学的同学，后来去了苏联，还娶了个俄罗斯妻子。回国时俄罗斯妻子没有跟他来中国，前几天托雷皓宇先生给冯学迁带回来一封信，还有他女儿的照片。”

庞志柏打开手提箱，取出信和照片，递给贺一鸣说：“你找个机会交给他吧!”贺一鸣发现庞志柏在信的背面，写了两句话：

> 学迁，别来日久，驰念殊深。我在长安饭店，一周后返回重庆。如你有暇，请来一叙。

贺一鸣说：“我吃摸，冯学迁不会去长安饭店。我把他约到我这里来，你们在这里见面吧!”

庞志柏说：“不必了，要见面就到长安饭店。”

冯学迁接到信和照片，让贺一鸣转致他对庞志柏的谢意。他没有去长安饭店见庞志柏。

狡兔三窟

深夜，西安城一片死寂。零零落落的灯光如同点点残星，在刺骨的寒风中闪闪烁烁。

突然，尖利的防空警报声响起。

一霎时，住在关帝庙附近的人们扶老携幼、跌跌撞撞、哭着叫着夺门而出。人们你拥我挤，汇集到关帝庙小学院内，争着抢着涌入防空洞中。片刻宁静后，夜空中传来敌机的嗡嗡声，由远至近，接着便响起一连串巨大的爆炸声。

这时候，庞志柏一家人躲在自家的小防空洞中，震落的尘土不断地掉在大人、孩子的身上、头上。女儿小英偎依在妈妈怀里，哭了起来，小虎紧紧靠在爸爸身边，惊恐地问："爸爸，防空洞会不会塌？"

庞志柏说："甭怕，男子汉要勇敢！你不是说长大了要去当八路军，到战场上打鬼子吗？八路军里可不要胆小鬼！"

小虎说："爸爸，我长大了要开飞机，把日本鬼子的飞机都打下来！"

庞志柏笑道："好！有志气，爸爸支持你！"

轰炸声停息后，警报尚未解除，庞志柏守在洞口，凝视着头顶的夜空。一轮浅黄色的圆月，在腾空而起的烟尘中穿行。一看到月亮，他立即联想到了神话传说中月宫的玉兔，也立即联想起雷皓宇的那句话："要多几个出口，狡兔三窟么！"

他又想起了在上海参加培训班时，参观过的秘密工作室。脑子里突然灵光一闪，一个大胆的设想脱颖而出：何不利用父亲留下的那笔钱，构建一个秘密工作室呢？这个设想一产生，便让他激动不已！他觉得灵感不只属于诗人，而应属于一切从事创造性工作的人们！

这时候在他的头脑里，已经有了一个秘密工作室的基本构架。

秘密工作室应分为地上、地下两部分，各部分用地道贯通。地下的构造跟兔子窝差不多，有栖身的窑洞，有多个隐蔽的出、入口。特务来搜查时，以极快的速度由洞口进入地下室，然后躲过特务的视线，从别的洞口转移出去。

秘密工作室肯定不能建在关帝庙 5 号，这里太狭窄，出口也不能在同一个院里。如果能和妹妹两家挨着，两家都有秘密出入口相通，最理想不过了！

第二天一大早，庞志柏从张乃华医生家出来，绕过背巷向残荷轩走去。他想去找恩师谢先生，托他给自己买一块地皮。

当他走到芙蓉街十字口时，一下子惊呆了！昨天还好好的一大片民居，如今被炸成了一片瓦砾。到处都是残垣断壁，没有燃尽的木头和家具，在废墟中冒着青烟。有个老太婆坐在废墟中哭泣，哭声细若游丝，时断时续。

庞志柏忍不住骂了一句粗话：“狗日的小日本!”牙齿咬得“咯咯”响。

到了残荷轩后，庞志柏告诉谢老师，他嫌关帝庙5号太窄卡、不展拓，想买一块宽展些的地皮，用父亲留下的钱，另修一个大院落。还想挨着自己，给登岩和蓝草也拾掇一院子，也好相互有个照应。

谢靖夫说：“这事好办。如今日本人的飞机，隔几天来乱炸一气，许多人弄得家破人亡，闲置的地皮多得很！想买多少，就能买多少，价钱也不会高。”

谢靖夫的话没错，两天后，他就把地皮打问好了。谢靖夫告诉庞志柏：“芙蓉街7号的地皮，要卖。这家老小二十几口人，尽都炸死了，只剩下一个孤老婆子，急着卖了地皮，要到乡下去投靠亲戚。要价也不高。三进三出，后头还有个侧院。”

庞志柏心里谋算着，这地方大小挺合适。唯一的缺点是，除了正门可以出入，其他三面都住着人家，这样一来，就是出口再多，也出不了这个院子。

庞志柏问谢老师：“和7号紧挨的那两户人家，就是芙蓉街和翁家巷拐角那两家，地皮卖不卖?”谢靖夫说：“不卖。我问过那两家人，人家都打算把炸塌了的房子，重新盖起来。”

庞志柏摇摇头说：“我重新建房的目的，就是为了跟登岩、蓝草的车行紧挨着。要是单独一院地皮，就不要了。”

谢靖夫沉默了一阵，又开了口：

“从拐角那两家绕过去，是翁家巷24号、25号、26号三院子，都要卖。这三院庄基的后墙，和芙蓉街 7 号侧院只隔一道墙。开车行地方小了不行，三院你给登岩买两院，等修建时，在隔墙上留个后门，两家来往更方便，你看行吗?”

庞志柏眼前一亮，心里一下子有了主意。庞志柏突然联想起在张乃华家躲藏时，所带来的种种方便。等将来修建时，用夹墙过道和地道，将他和登岩两家贯通，这样一来，出入芙蓉街 7 号除了走正门，还可以从翁家巷蓝梅车行的暗道口出入。正因为不在一条街巷，拐角处还夹着两户人家，更有隐蔽性。一般人是不会将两条街上的两户人家，联系在一起的。

庞志柏说：“谢老师，翁家巷的三院地皮，我都要了!”

在谢靖夫撮合下，庞志柏很快把这三院庄基地买到了手。

这天晚上，庞志柏摸黑来到蓝梅车行，把自己购买地皮和建筑布局的设想，告诉了妹夫和妹妹。

梅登岩说：“哥，建筑的事交给我好了，特务已经盯上你了，你尽量不要露面。要建个啥样子，你画个图给我，别的事我来做。”

庞志柏说：“这伙狗特务，成天扑来扑去抓我，到现在还没一个特务认得我。前几天我在莲池公园门口，碰上那个塌鼻子柴崇林，带着几个特务，从我身边走过去，也不知道我正是他们要抓的人。只要他们不在家里见到我，就不能把那个院子，跟我联系起来，我就是安全的!”

蓝草说：“哥，小心没大差，登岩说得对着哩！以后出头露面的事，让登岩干，你尽量少出门为好!”

庞志柏说：“地皮买下了，眼下当紧要办的，是清理垃圾。我心思量得买一辆汽车，拉完垃圾，还要拉建筑材料，拉防空洞的土。房子建好以后，成立一个汽车行，好做点运输生意，地点就放在蓝梅车行这块地方。等翁家巷的地方修盖好，蓝梅车行搬到翁家巷，你俩愿意不?”

梅登岩说：“哥，我俩听你的。”蓝草说：“哥，修建和买汽车得不少钱，咱大留的钱，够吗?”

庞志柏说：“钱不用愁，咱还有煤矿，我再找个朋友入股……”

过了两天，庞志柏请来了先前警卫旅的老司机齐白松。

齐白松大刀眉、大眼睛、大块头、大手大脚，力气大得能撂倒一头大犍牛。他离开杨啸林部后，一直给省府要员开小卧车，因为受不了权贵们颐指气使，早就不想干了。庞志柏把入股买汽车、开汽车行的事，对他一说，他当即答应了，一人入了一半股份。另一半由庞志柏出，登岩提供场地。

当天下午，齐白松就把汽车开了回来。在“蓝梅车行”的牌子旁边，又挂上了“白松汽车行”的牌子，齐白松当了老板。

第十三章

濯园密台

庞志柏穿着笔挺的国民党军官服，戴着墨镜，坐着梅登岩拉的黄包车，到了长安饭店，见到了伍云甫主任。

庞志柏告诉伍云甫："国民党军统特工总部的廖梦棠，不久前托人带话给我，说他有回头革命的愿望。我打算把他调回西安，通过他获取敌人的军事、政治情报。"

伍云甫问："廖梦棠这个人，你了解吗？"

庞志柏说："我非常了解他。"庞志柏把自己和廖梦棠结识、交往的经历，向伍云甫大略作了介绍。

伍云甫说这事要请示中央，他不能擅自做主。

伍云甫告诉庞志柏："赵长烈最近不但在长安饭店附近，布置了侦察电台，还把我们办事处的电台，弄成了一堆废铁，不许我们用电台和延安联系。饭店办事处的处境，越来越艰难。在长安饭店周遭，国民党反动派设立了八九个暗哨，还有不少化装成小商贩的密探，转来转去。就在今天上午，我们两个外出执行任务的工作人员，又失踪了！"

庞志柏担心地问："赵长烈会不会突然袭击长安饭店办事处？"

伍云甫说："完全有可能！不久前，国民党反动派在确山和平江，突然袭击了我新四军机关。这两起惨案，给我们敲响了警钟！中央决定由你在长安饭店外面，建立秘密电台。如果突然发生意外事变，能把情况及时汇报给中央。”

伍云甫一提起建密台，庞志柏立即想起了滞留在上海的韩翔。他把韩翔的情况，向伍云甫作了介绍，要求马上召韩翔回西安，组建密台。伍云甫说：“好啊，独木难支，一个篱笆三个桩，一个好汉三个帮。这事耽搁不得，越快越好！”

离开长安饭店办事处后，庞志柏坐着梅登岩的黄包车，当即去了药王洞，见到了秦至庵。

庞志柏已经有好几年没见过秦至庵了，没想到秦至庵的生活如此艰难！秦至庵的父亲过世后，母亲病病歪歪，瘦成了衣服架子。秦至庵结婚后，和吴银杏一连生了三个娃。弟弟秦刚已近而立之年，至今还没媳妇。兄弟俩一个卖膏药，一个当挑夫，挣的钱大半给母亲抓了药、治了病。

秦至庵愁肠百结。他说：“这些年我家靠墙墙倒，靠树树翻，过得这叫啥光景！一家七口人，一睁眼就要吃饭，把人熬煎死咧！”

吴银杏说：“这就是命！命里只有八合米，走遍天下不满升。我头上顶了个愁帽子，把我快压死咧！”

庞志柏愧疚地说：“我这几年很少回西安，不知道你们这么困难！现在好啦，上面安排我留在西安，日后你们有啥困难，我也能帮上忙了！”

庞志柏详细询问了秦母的病情后，对秦至庵说：“西京医院的岳院长，最擅长治你母亲这种病。我跟他女儿、女婿是邻居，关系不错。你准备一下，明天就送你母亲去医院。”

秦至庵一脸苦相：“要是有钱，我早就送她去大医院了。”

庞志柏说：“钱不用愁，花多花少，我出。”

庞志柏又想起了管桐姑娘。管桐刚来时，从早到晚不言不语，时常独自一人，站在院落背人的地方，偷偷抹眼泪。后来时间长了，蓝草情同手足般的呵护，焐热了她冰冷的心，两人好得就像亲姊热妹。管桐那变了味的关中话，时常逗得蓝草笑得肚子疼。

庞志柏对至庵夫妇说：“我去年到南方办事，带回来一个姑娘，叫管桐，和蓝草认了干姊妹。我看她和你家秦刚，怪般配的，明天我让她过来，到医院去服侍你母亲。”

庞志柏又说：“我最近和别人合伙买了一辆汽车，请了个老司机，汽车和司机都在蓝梅车行。我想让秦刚去跟老司机学开汽车，学一门手艺，总比当挑夫强！”

吴银杏感动得不知说什么好。

秦至庵高兴得嘴都合不拢了。他说：“这不是天上掉馅饼的好事吗！老同学，你让我咋感谢你呢？”

“咱是老同学，不用说客气话！你每天照样背着你的捎马，去卖你的膏药。”

庞志柏背过人，对秦至庵悄声说：“上面让我在西安成立情报组织，你以卖膏药为掩护，担任情报组织的交通员，行吗？”

秦至庵愧疚地说：“我也是党员，这些年摊上家里这一堆破事，没给组织做过啥工作，心里愧得慌。日后要我干什么，你打声招呼就行了。”

庞志柏说：“等明天把老妈住院的事安顿好，你去一趟上海，把亚洲电器公司的韩翔，叫回来。让他顺便买一部电台，带回来……”

年末岁尾，韩翔和秦至庵回到了西安。

按照庞志柏事先安排，电台包装箱和托运清单上，都写的是医疗器械，收件人是西京医院岳院长。岳院长是张乃华医生的丈人，也是同情革命的进步人士。电台取回来后，掩藏在蓝梅车行里。之后，秦至庵急急忙忙赶往西京医院，去看望刚动过手术的母亲。

韩翔告诉庞志柏：“你让我寻找丁吻月，我找到了！”

庞志柏因这突如其来的喜讯激动不已：“丁吻月！她还活着！快说

说，你是怎么找到她的？怎么找到的？”

韩翔告诉庞志柏，日寇轰炸上海时，丁吻月和干妈带着孩子，去了乡下，在干妈的妹子家躲过了一劫。留在药铺看门的干爸蔡宝，被炸死了，药铺烧光了。一个多月前，丁吻月突然到亚洲电器公司找韩翔。她告诉韩翔，干妈得知干爸死了，药铺没了，病又加重了。丁吻月打算等干妈病好了，带着她和孩子一起来西安。

韩翔已经把贺一鸣家的住址，告诉了丁吻月，让她到西安后有个落脚的地方。

庞志柏对韩翔说：“你抽时间去一趟马道巷，见一下你表姐和贺大哥，先给他们打声招呼，让他们提早有个准备。我缓几天抽空过去，给他们把事情说清楚。丁吻月到了西安，没有啥亲戚，她是咱的同志，咱得照顾好她一家人，不能让她觉得受了冷落。”

韩翔说：“好啊！我这就去马道巷见他。”说着从衣兜掏出一封信，说：“这是丁姐让我带给你的信。”他把信递给庞志柏后，转身走了。

庞志柏急忙打开信封一看，信笺上只写着一首自由诗：

北方

你曾经告诉过我，
你的家乡在遥远的北方。
那里有辽阔壮美的高原，
那是娘亲温暖如春的胸膛。
那里有奔腾不息的黄河，
那是娘亲养儿育女的乳浆。
那里有横空出世的山脉，
那是父兄挺拔不屈的脊梁。
那里有一片神奇的土地，
那是南来的雁阵落脚的地方。

我也曾经梦见过，
我有一双受过伤的翅膀，
如同一只冲向夜空的孤雁，
披星戴月飞向那遥远的北方。

庞志柏接连看了几遍丁吻月写给他的诗，泪水模糊了他的双眼。他在心里呼唤着：吻月，你快点来吧！你到了西安，我就放心了……

第二天一大早，秦至庵就来到了蓝梅车行。

秦至庵兴奋地告诉庞志柏，他母亲的手术很成功，岳院长说，再有二十多天，就能出院了。更让他高兴的是，管桐已经答应嫁给秦刚，这真是双喜临门！

秦至庵说："志柏，你说还有任务，什么任务赶紧说！"

庞志柏说："延安已经批准了我的计划。你马上去一趟重庆，和军统特工总部的廖梦棠取得联系，让他尽快调回西安……"

韩翔从上海回到西安后，以房客名义住进了锦绣旗袍店。

庞志柏立即着手筹建密台，他让韩翔担任了密台台长，让彭云锦担任了译电员。彭云锦心眼活泛，又有文化，在韩翔的指导下，很快熟悉了译电员的业务知识。庞志柏给王太太缝纫机抽屉内，做了一个夹层，有暗销可以开关，密码本藏在夹层里。

这天中午，庞志柏穿着棉袍，戴着狗皮帽子，用长围巾遮着脸，从后门走进旗袍店。

庞志柏告诉韩翔，密台台址已经选好，在原先杨啸林公馆濯园的后院，就在莲池公园旁边，近得很。前院住着西北行营主任熊武，后院住着杨啸林当年的副官白孝生。白孝生在西安有住处，为了照管濯园房产，偶尔来这里住一天半天。庞志柏和白孝生是老相识，形势紧张时，在这里躲过几次。

昨天庞志柏提出借用濯园后院，白孝生爽快地答应了，当即把濯园后门的钥匙，给了他。庞志柏又告诉韩翔：“咱晚上带电台进去，发完报后，把电台藏在花窖里，万无一失。”

那是一个春寒料峭的夜晚，深邃的天空缀满了灿烂的群星，一弯新月又尖又细，如同用指甲抠出来的。夜幕下的古城西安，静悄悄的，没有一点声响。庞志柏、韩翔、秦刚、梅登岩四人，悄无声息地把电台弄到濯园后院，放在西式平房中。

韩翔的手指，熟练地敲击着电键，按照延安内台规定的呼号、波长，开始和对方联系。庞志柏守在韩翔身边，目不转睛地盯着他的手指，一遍又一遍地向延安内台发出联络信号……

过了一会儿，韩翔突然兴奋地说：“通了！通了！内台接通了！”

庞志柏把早已拟好的密码电文，递给了韩翔，韩翔向延安内台发出第一份密电：

寒凝古城 翘望北斗

很快收到了延安内台的回答：

红星闪闪 前途光明

听到党中央的声音，在场的四个人兴奋极了，庞志柏更是激动万分。

发完报后，他们立即收起电台，转移到室外墙角的花窖里，藏在过冬时给花卉盆景保温的炉膛中，上面堆上杂物柴草。之后神不知鬼不觉，又从濯园后院撤了出来。

耀县踩点

秦至庵已经去重庆一个多月，至今音信全无，庞志柏等得心急火燎，坐立不安。他还要操着丁吻月一份心，不知她何时能到西安，到了西安后，又如何安排她的工作。

这一天后晌，庞志柏得到贺一鸣的口信后，立即穿着长袍短褂、戴着礼帽和茶色石头镜、拄着文明棍、坐着梅登岩的黄包车，赶到了马道巷贺家。

韩翔刚回到西安时，庞志柏与贺一鸣见过一面，把他和丁吻月的关系，告诉了贺一鸣。他说：“丁吻月是我们的好同志，她到西安以后，举目无亲，你和嫂子看在我的面子上，照顾好他们一家人的生活。”

贺一鸣说：“这还用说吗？你的事，就是我的事。我会把他们和我的家人，一样对待的。”

贺一鸣从公文包中取出一本图册，交给庞志柏说：“这是我给你的最后一份军情资料。我跟行营主任熊武，尿不到一个壶里，他时常给我小鞋穿。我这个人，从来不食嗟来之食，这种随人仰俯的日子，我实在过够了！我今天已经给他递交了辞职报告。”

庞志柏问：“离开行营，你打算干啥？”

贺一鸣说：“此处不留爷，另有留爷处。我已经打点好了，行营的手续一交割完，就到天德福银号当经理去。”

贺一鸣交给庞志柏的图册，非常重要。蒋介石命令战区司令长官姜景文，在与边区交界处，开始修筑碉堡封锁线，东西总长三百多公里。这是姜景文颁发的石印《碉堡构筑位置要图》，分为洛、黄、同、耀、淳、彬六个区。上面有母碉、子碉位置，兵力、武器配置，主官、副官姓名等等，详细得很！

庞志柏看完图册，扭开文明棍的手把，把图册卷成细筒状，装入中间掏空了的手杖中。他告别贺一鸣，坐着梅登岩的黄包车，直奔长安饭店。

伍云甫看了庞志柏带来的图册，说："这套图册很重要，得马上报告中央。电台没办法发过去，只能派一个可靠的人送到延安去。"

庞志柏想了想说："有一个人非常可靠，他叫吴勤虎，担任过东府农民运动领导人、省农协执委，是我在澄城发展的头一个党员。听说他这些年，一直隐蔽在耀县，当了脚户，时常赶着骡子，去边区做点小生意。我打算去一趟耀县，看他能不能把这份表册，送到边区去……"

庞志柏的计划，得到伍云甫的赞同。

天尚未明，庞志柏乘坐着梅登岩的马拉轿车，一路朝北直奔耀县。他今儿黑呢子礼帽、栗色棉袍、金丝眼镜，随身带着皮箱和文明棍。就像一个在外面发了大财、衣锦还乡的阔佬。

为了对边区进行封锁和围剿，由西安通往耀县的汽车路，已经修通，铁路正在不分黑夜白天地加紧修筑。一路上都能看到衣着褴褛的民伕，在持枪的丘八监督下，用黑黢黢的、冻皴了的双手，筑路基、铺石渣、运枕木、抬钢轨。

庞志柏在三原县城住了一宿，第二天吃早饭时到了耀县。梅登岩把轿车赶进东门外的车马店里，和庞志柏厮跟着向东城门走去。

城门外的石桥下，水流湍急，訇然有声。石桥两端，旅店、理发店、澡堂子、骡马大店、戏园子，一家挨着一家。在熙熙攘攘的人流中，拉洋戏片子的、卖济明眼药膏的、使拳脚的、耍猴戏的、剃头的、相面的、钉鞋的、割掌的、劁猪的、骟马的、锔盆的、钉碗的，真是三教九流，应有尽有。

跨过石桥，进入东城门，迎面而来的是一座巍峨壮观的明代青石牌坊。上面镂刻着古装人物、奇花异草、瑞兽珍禽，雕刻工艺十分精湛。脑顶的石匾上，镌刻着“圣旨御史坊”几个字。

时值城东磬玉山庙会期间，街上的行人摩肩接踵，大都是乡下来的农夫农妇，身上穿着尚未换季的破旧棉衣。中间夹杂着一些操外地口音、穿黄皮的国民党士兵。街道两旁日用百货、饭庄、茶馆、酒肆、银楼、酱园、糖坊、面坊、染坊、皮坊、盐店、瓷器店，生意兴隆，顾客如流。

庞志柏和梅登岩在丁字口拐向北街，走进了 198 号姨表弟毛福海开的皮坊铺子。这个地址，是舅父王长福告诉庞志柏的。

皮坊铺子里的相公娃，端来了杌子，让庞志柏和梅登岩坐下。毛福海的女人蓝印花，要和面做饭，毛福海说：“耀县仁义馆的包子不错，咱吃包子吧!”转身让相公娃去订外卖。

毛福海多年未见表哥，高兴得不得了。说了一会儿话，仁义馆穿白号衣的堂倌，如同脚底下膏了油，双手提着两个食盒，一路吆喝着一阵风飞奔而来。打开一个食盒，是热凉荤素八道菜。打开另一个食盒，是热腾腾的包子，有海菜馅的、驴肉馅的、小茴香馅的、猪肉馅的、地软馅的，有荤有素，八九样之多。

庞志柏面对满桌丰盛的饭菜，感叹道：“没想到十年没见面，你这小日子过得这么滋润！不但有了自己的皮坊铺子，还雇了俩相公，生意做得这么红火!”

蓝印花说：“这十年你福海兄弟可没少受罪！当了三年相公，摆了七年地摊，到山里收牛皮累得吐血，还碰到过土匪拦路抢劫。国民党粮子拿走十几件挽具，他去要钱，人家不但不给，还打了他一顿……”

毛福海呛了女人一句：“你少说两句，没人把你当哑巴卖了!”

蓝印花不吱声了。

吃饭时，庞志柏打问起吴勤虎和狸猫的情况。毛福海说：“勤虎大叔和狸猫，如今都在耀县安了家。勤虎大叔当了脚户，和史家原一个叫爱娃的寡妇，成了家；狸猫也和一个叫韩樱桃的女人，结了婚，就住在对面的桐花巷里。”

正吃着说着，狸猫背着一捆苘麻，喜眉笑眼走了进来。

庞志柏急忙把狸猫拉到桌子旁，一面吃喝，一面叙话。谈起那年用炸枣炸死咬道狗的事，都觉得蛮好笑的，狸猫笑得差点背过气去。

蓝印花是蓝先生的女儿，自小便与庞志柏、狸猫十分熟悉。

蓝印花问狸猫：“看把你高兴得，就像吃了喜娃妈的奶！得是樱桃昨晚上生咧？”

狸猫咧着嘴笑道：“快了，也就这两天吧！”

毛福海说：“狸猫，你说头前那个媳妇竹叶不会生，是个石女子，把人家休了。我年前回澄城，听人说竹叶改嫁后一胎生了俩娃，我看还是你的毛病，把人家冤枉咧！樱桃肚子里怀的这个娃，还不知道是谁的种！”

狸猫“扑哧”一笑，说：“管他谁的种，生到我炕上，就是我的娃。女人么，找个野汉子换换口味，也没什么了不得的！拔了萝卜有坑在，老婆还是咱的老婆，能生个娃是净赚的！”

毛福海捂着嘴只管笑。

蓝印花笑骂道：“我让你胡唚乱呔！”说着操起擀面杖，“梆”的一声敲在狸猫头上。

狸猫捂着头，咧着嘴说：“印花姐，咱从小穿衩衩裤一搭里长大，你下手这么狠！”

蓝印花喊道：“你还说！”举起擀面杖又要打。狸猫一缩头，急忙抓了两个包子，跑到后院去了。

狸猫刚吃完两个包子，庞志柏也到了后院，两人蹲在樗树下，促膝交谈。庞志柏问狸猫：“你的皮匠手艺，学得咋样了？”狸猫说：“毛掌柜只让我下乡收皮子，不给我教手艺。我也没打量长久吃这碗饭。”

庞志柏说：“我听说你妈这两年身体不好，你真的不打算回澄城老家啦？”狸猫说：“自古忠孝难以两全，等将来仗打完了，我还回去当我的教书匠、吃粉笔沫子去。等挣了钱，好给我妈把病治好，让她好好享几年福。故土难离啊！我和吴大叔商量过了，迟早都要把家搬回澄城去。”

庞志柏把话题一转，又打问起澄城武装起义的情况。

狸猫告诉庞志柏，张鼎的哥哥张安，是澄城县保安大队的头儿。骊山兵变时，张鼎说服哥哥张安，把保安大队三百多号人的队伍，连夜拉到冯原北面的射弓山，准备举行武装起义。张鼎已经派人南下西安，和杨啸林联系，北上延安，去向中央请示。本打算拉起一支队伍，东渡黄河去参加抗日，没想到出了叛徒，起义队伍在攻打雁落寨时，被埋伏的民团和国民党驻军，打散了。张鼎兄弟等十一人暴尸荒野，三天后才被民众偷偷掩埋了。

吴勤虎和狸猫，也参加组织和领导了这次武装起义，稀忽儿也丢了性命。为了躲避追杀，俩人逃到了耀县，在毛福海皮坊的木楼上，躲了一个多月。

得知张鼎兄弟牺牲的惨状，庞志柏又想起了和张鼎一起搞学运、兵运，一起护送电台和解云去陕北的经历，忍不住流下泪来。

狸猫告诉庞志柏：“冤有头，债有主。我听澄城来的乡党说，杀害张家弟兄的凶手，夜里被人杀了，连心肝也被掏去炒着吃了！”

谈起耀县的情况时，狸猫说：“近年来，赵长烈加紧了对边区的封锁和袭扰，大批特务、密探，进入地方政权组织。耀县地处红白交界处，军、警、宪、特比苍蝇还多，行动要特别当心！”

庞志柏和狸猫多年未见面，见了面有说不完的话。不知不觉天已经黑了，庞志柏让狸猫带着他，连夜去史家原见吴勤虎大叔。

毛福海对表哥此行何干，心知肚明。他说：“若出北门走川道，岗哨查得严；不如出东门走磬玉山上东原。这十多天磬玉山有庙会，晚上也有热闹，唱天明戏，岗哨全撤了，出山进山的人比蚍蜉蚂还多！”

庞志柏和狸猫厮跟着，出了东门，随着人群向磬玉山走去。

自漆水河石桥至磬玉山三里路畔，布棚罗列，灯火绵延。卖各种吃食的摊点，热气蒸腾、香味扑鼻。油光满面的厨子，把铁勺子在锅沿上敲得“当当”响，大呼小叫着招揽食客。进入山中，只见戏台之上鱼龙漫衍，戏台之下人头攒动。在陡峭的山崖石蹬道上，有一条火龙在柏林中时隐时现，龙口火花喷溅，如同无数星辰自夜空纷纷坠落。

庞志柏和狸猫一前一后，沿着悬崖峭壁上的石蹬道，上到南庵。之后一路朝北，摸黑走了一二十里路到了史家原，见到了吴勤虎。

庞志柏刚叫了一声勤虎大叔，吴勤虎急忙压低声说：“我叫史乾坤，把吴勤虎这个名字窝在肚子里沤烂吧！”

当天晚上，庞志柏和史乾坤议定了建立北路交通线的事。

第二天早上，史乾坤赶着骡子，和庞志柏、狸猫三人厮跟着，到了福海皮坊。庞志柏让毛福海给史乾坤的牲口驮子里边，做了个皮夹层，把那份石印的碉堡分布图册，藏在皮夹层中。

史乾坤问：“到延安和谁接头？”庞志柏说：“不用去延安，茶坊有接待站，送到那里就行了。”

史乾坤在福海皮坊住了一夜。天明后赶着骡子到了黄堡镇，贩了两驮笼瓷器，在金锁关过了封锁线，沿着崎岖的山道一路朝北去了……

庞志柏本来打算等史乾坤从边区回来后，再返回西安，没想到史乾坤刚走一会儿，秦至庵背着捎马，到了福海皮坊。秦至庵告诉庞志柏：“廖梦棠已经回到西安，他想尽快见到你！”

庞志柏只得告别了毛福海和蓝印花，坐着梅登岩的马拉轿车，匆匆忙忙返回西安去了。

长安饭店

天一落黑，一身绅士行头的庞志柏，坐着梅登岩拉的黄包车赶到了长安饭店。庞志柏告诉班子明，今晚 8 点 20 分，他要在 212 房间约见一个客人，班子明高兴地应承下来。

8 点 15 分，一个穿着风衣，戴着礼帽和墨镜的男子，双手插在衣兜里，走进了饭店的玻璃推拉门。来人沿着楼梯，缓缓上到二楼，在走廊里点了一支香烟吸着。一支烟吸了一半，抬腕看看手表，掐灭烟头，转身进了 212 房间。

这时，在一楼密室内等候的庞志柏，得到了梅登岩的口讯，得知情况正常，来人已经进入了 212 房间。

庞志柏迅速上到二楼，走进 212 房间。两人同时摘掉墨镜，隔着圆桌握了握手，虽然心中都已电闪雷鸣，脸上却依然风平浪静。

两人相视片刻，缓缓坐了下来。

庞志柏首先开了腔："上海一别，一转眼好几年过去了。谈谈吧，这些年你是咋样过来的?"

廖梦棠喟然长叹："哎！这些年我寄人篱下，过着人不人、鬼不鬼的日子。真是度日如年，度日如年哪!"

庞志柏逼视着廖梦棠："你的手上，沾没沾共产党人的血?"

廖梦棠一愣。他反问道："你想听假话，还是想听真话?"

"你要是还把我当做生死与共的兄弟，就说真话!"

"沾过。只一次！我负责审理的一个地下党组织负责人，他叛变了共产党，我把他打死了！”

庞志柏的心情，稍微轻松了一些。他盯着廖梦棠脸颊上的那道伤疤，昔日的往事如在目前，鼻子一酸，差点掉下泪来。为了解开心中的疑团，他又追问了一句：“说说吧！敌营这么多年，你是怎么飞黄腾达的？”

廖梦棠侃侃而谈。

刚到南京特工总部时，廖梦棠搞了两年内勤，坐了两年冷板凳。

骊山兵变时，他自导自演了一场西安救驾的闹剧，被徐可钧提升为主任专员。

七七事变后，中、军二统分家，廖梦棠加入了军统，以收发报员的身份派驻长沙。一天夜里他在外面喝完花酒回来，有一个慌里慌张的人碰倒了他的自行车。那人说话颠三倒四，引起他的怀疑。带回去一审，原来是刺杀外国政要的日伪特务，是当局正在全国通缉捉拿的要犯。蒋介石得知此事后，下令嘉奖破案有功人员。廖梦棠由此得到军统大老板戴玉龙的重用，一月内连升两级。

廖梦棠说：“其实这都算不上啥能耐，瞎猫碰上了死耗子罢了！”

庞志柏问：“听说你这次调动，费了不少事？”

“费大事了！”廖梦棠告诉庞志柏，他去找戴玉龙请调西安，戴玉龙没有答应。他又去找过去的顶头上司徐可钧，徐说只要戴老板放人，立马任命他为陕室副主任。廖梦棠回头又去找戴玉龙，戴玉龙思虑再三答应了。条件是明里在中统任职，暗中为军统服务。廖梦棠心想，这样安排日后的路子更宽，于是欣然应诺。

正说着话，门被轻轻推开了。班子明送来了咖啡和三明治，寒暄了几句又退了出去。

廖梦棠有些不高兴，他说：“哥，你怎么找了这么个地方？这个人连门也不敲就闯了进来。”

庞志柏轻轻一笑，说：“没事，他是我多年的老朋友。噢，我想起来了，我那次去他开的莲池饭庄，还跟你有直接关系！”

廖梦棠不解："跟我有啥关系？"

庞志柏说："我的这位朋友，前几年在莲池公园开了一家饭庄。骊山兵变时，我和几位朋友去莲池饭庄聚会，听说你为了救蒋介石，到西安后被抓了起来，后来转押到了高桂滋公馆。再后来，就跟蒋介石随员一起，回了南京。"

廖梦棠说："哥，当时的东北、西北军，把西安围得铁桶一般，就凭我廖梦棠以匹夫之勇，能救出蒋介石吗？恐怕给谁说也不会相信！可是，南京那些草包乱了方寸，竟然相信了我的鬼话！"

廖梦棠递给庞志柏一根香烟，庞志柏没有接，示意自己不抽烟。廖梦棠掏出打火机，点着烟抽着，说："我其实用的是障眼法，用生命去赌一把，要么一死，要么还能升个一官半职。也好把那些挖苦我平庸无能的人的嘴给堵上。哎！进退维谷，神魂失据，真是度日如年、度日如年哪！"

庞志柏冲着廖梦棠，微微一笑，说："你廖梦棠的秉性为人，你做事情惯用的套路，我比谁都清楚。你不按常规出牌，剑走偏锋，惯于险中取胜。你自导自演的那场西安救驾的闹剧，我一眼就看穿了！你现在的职务，是陕室副主任，这个职位低了点，一定要想办法，坐到陕室主任的位子上。否则，很难进入赵长烈的社交圈子。"

廖梦棠说："心急吃不得热豆腐，等我把陕室的人事先整饬好了，再说……"

一转眼到了夏季。这一天，庞志柏正在蓝梅车行吃午饭，韩翔匆匆忙忙走了进来。韩翔把庞志柏叫到背人处，说："贺大哥托人带话给我，说丁吻月和她干妈带着孩子，昨天到了西安，晚上住在贺大哥家后院。贺大哥让你去一趟，丁吻月有话要给你说。"

入夜后，庞志柏走进了马道巷贺一鸣家。

庞志柏和贺一鸣商定，安排韩翔到贺一鸣当经理的天德福银号，担任襄理；安排丁吻月到天德福银号去管内勤。丁吻月一家人住在贺家，不收房租和水电费，生活费用不足部分，由庞志柏解决。

在贺一鸣的陪同下，庞志柏来到后院，见到了丁吻月。贺一鸣把刚才商定的几件事，告诉了丁吻月。丁吻月满心欢喜，对贺一鸣深表感谢。只是拒绝了庞志柏的帮助，一再表明她能够挣钱养家，庞志柏的钱，她一分也不会要。

庞志柏已经从手提箱里，取出一沓纸币，放到了桌子上。正在左右为难，贺一鸣开了口："生活费用不是啥问题，不是还有我吗？你俩都别为这点小事操心。这些钱志柏既然带来了，吻月就收下吧！也算志柏尽了同学之谊。"

丁吻月不再说推辞的话，事情就这么定下来。

贺一鸣坐了一会，起身告辞。他说："为了丁吻月出入方便，我给后院开了个后门，从后门出去，都是市民乱盖的一大片房子，有好几条小路，七拐八拐都能通到街上。以后你们见面就走后门，中门平时锁着，钥匙我给了丁吻月一把。"说完转身回前院去了。

黑暗中传来贺一鸣上锁的声音。

庞志柏和丁吻月送走贺一鸣，走进了干妈吴根娣住的房间。庞志柏看到小舫长得既欢实，又机灵，干妈根娣却掉了老牙，瘪着嘴，似乎衰老了许多。交谈了一阵分别后的艰难经历，庞志柏辞别干妈吴根娣，和丁吻月从房间走出来。

两人走到院顾里站住了。

丁吻月说："我在上海和组织失去联系，这次来西安，是来找组织的。我想西安不单有你，还有韩翔。只要能找到你俩，就一定能找到组织。"

庞志柏说："吻月，中央让我们在西安建立情报组织，你也加入我们的组织吧。除了我和韩翔，还有一个同志你也很熟悉。"

"还有谁？"

"廖梦棠。"

"廖梦棠！他不是被捕了吗？"

“他已经归队了，还是咱们的同志。刚刚从重庆调回西安，担任中统陕室副主任、省党部委员。”

“能跟你们一起工作，我太高兴了……”

丁吻月因为太激动，突然扑入了庞志柏怀中。

夜色中，小院内弥漫着绒线花幽幽的暗香。这对昔日上海滩上的恋人，紧紧拥抱在一起……

突然，丁吻月一把推开庞志柏，说：“你该回去了！”

庞志柏怅然道：“吻月，别赶我走！我有好多话要对你说。我想陪你说说话，好吗？”

丁吻月凄然道：“啥也别说了，你想说什么，我都知道。”她鼻子一酸，差点掉下泪来。

庞志柏有点手足无措。他说：“好些年没见面了，难道你不想对我说点什么？”

丁吻月恢复了平静，她说：“说什么？我想说的，不说你也知道。我们虽然没做成夫妻，但还是同志，是知己，两颗心永远是相通的。”

庞志柏说：“我从沪大回来后，经家人介绍，和一个乡下姑娘结了婚。她虽然不识字，但她……”

丁吻月打断了庞志柏的话，她说：“别说了，我都知道了。逸雪大姐把你妻子的情况，都给我说了。李天娥是好女人、好妻子、好母亲，我不能伤害她。如果因为我的出现，影响到你们夫妻的关系，我会马上离开西安，去一个你永远找不到的地方！”

庞志柏叹息一声，无可奈何地出了后门。

丁吻月轻轻关上门，转身靠在门框上。她觉得心中空落落的，好像有人把她的心摘走了。过去在上海时，两人天悬地隔，每次的相逢虽然短暂，却备加亲切。如今两人近在咫尺，中间却隔着一道难以逾越的鸿沟。丁吻月的心泡在泪水里，她生怕自己哭出声来，紧紧咬着嘴唇，任凭眼泪溢出了眼眶……

金蝉脱壳

天黑严实后，庞志柏顶着刺骨的寒风外出归来，顺路走进蓝梅车行。梅登岩说：“哥，修盖的事干了半拉子，三桥我姐夫昨天又来了，问钱借下没？他们等着开工干活哩！”

庞志柏说：“你给你姐夫说说，咱不用他们干了。”

梅登岩说：“人家干得好好的，出活得很，咋又不用人家了。”

庞志柏低语道：“咱修盖的不是普通民居，是秘密机关，有地下室、有曲里拐弯的地道、有夹墙过道、有好几个秘密出入口。施工时一定要保密，不能王朝马汉动静太大。干上一段就得换一批匠人和零工，不能让他们知道太多秘密，明白了吧？”

梅登岩挠了挠头皮，问：“你把下一批工匠和零工找到没？”

庞志柏说：“找好了，后天就开工。这回是米念成老师在临潼找的，匠人头是箍地下室的高手，用得是无拱券砌法。西安许多大户人家，像李驭龙、赵守珊、杜炳诚家的地下室，都是他箍的。等地下室箍好以后，我打算去一趟澄城，让舅父另招一批工匠。”

正说着石蓝草走了进来。她说：“哥，我刚从姐那边过来，史大叔来了，在家等着你哩！”

庞志柏急忙回到家里，史乾坤已经喝过汤，蹲在椅子上抽旱烟。

庞志柏说：“大叔，东西送到茶坊啦？”

史乾坤说：“送到啦！你猜我这次去茶坊碰上谁咧？碰上你大要的那

个干儿子守业两口子，他俩给延安看南大门哩！”庞志柏对守业两口子的事，不感兴趣。他问史乾坤：“来回七八天路程，累得够呛吧？”

史乾坤说：“我走到哭泉把瓷器发了，剩的路程骑骡子，不乏！茶坊接待站的站长说，洛川老县城新开了一家毡房，是咱们的秘密交通站。以后把情报送到洛川就行了，少跑几百里路哩！”

史乾坤又告诉庞志柏，他觉得跑路倒不算啥，只是一个人跑得次数多了，怕引起特务怀疑。他已经和耀县、同官的地下党组织取得联系，又发展了两个交通员，一个是冯家桥的冯铭学，一个是前原村的杨继安。俩人都是地下党员，也都是脚户，时常吆着骡骡，到边区做生意。三个人轮换着执行任务，就安全多了。

庞志柏问：“怎么都是脚户？耀县的脚户多吗？”

史乾坤告诉庞志柏，耀县自古以来，就是关中通往塞外的必经之路，脚户赶着骡骡，时常往来于陕北、甘肃、宁夏、内蒙古、山西、西安、渭南等地。北上时驮着棉花、布匹、蓝靛、瓷器，南下时驮着盐碱、皮毛、木炭、红枣之类。眼下耀县城乡赶着骡骡跑生意的脚户，有好几千人，每年磬玉山都有骡马交易大会，场面大得很！

史乾坤重新装了一锅旱烟，点着抽着。

庞志柏说：“史大叔，地下工作有一条铁的纪律，不同组织不能互相交往，即使同一组织，也不能随便发生横的关系。你和冯铭学、杨继安，都得和当地党组织断绝任何联系。你回去以后，让他俩来一趟西安，我要和他俩当面谈谈。来了以后，住在东大街向阳旅馆，叫旅馆的老板芦冰泉，来通知我……”

正说着，外面传来“咚咚咚”的敲门声。李天娥急忙跑过来说：“狗特务又来咧，小虎他爸，快下暗洞！快！史大叔，你去孙师傅炕上躺着，放麻利些，我去开门啦！”

大门一开，一群持枪的特务一拥而入，为首的又是那个扁鼻子柴崇林。特务们打着手电，把几个房间旮旮旯旯，细细搜了一遍。院子里除了一大堆上海运回来的货箱，抽屉里有几十封从上海邮回来的商业信函，没有值得怀疑的一物一件。

这些东西，特务翻腾过好多次，已经没有兴趣。唯一感兴趣的，是从厨房炕上拉下来的史乾坤。

柴崇林问李天娥："兀是谁？是不是共产党的探子？"

史乾坤说："啥探子？我是庄稼户，解不下你说啥哩咯。"

李天娥说："他不是共产党的探子，他是我大，今儿刚从乡下来。快过年咧，我大几年没见孙子，来看看孙子。来的时候天快黑了，打算明儿一早去登记哩！"

史乾坤腰粗体壮，光头，留着一拃多长的白胡子。老布做的大襟棉袄，大裆棉裤，腰里缠着老布长腰带，腰带上别着黄铜旱烟锅，千层底老布棉窝窝，越看越像老实巴交的庄稼户。

柴崇林对史乾坤说："老头子，跟我们去警察局一趟。是不是共产党的探子，到那里再说！"

特务刚把史乾坤押出了大门，李天娥抱着一件皮袄赶出来。她把皮袄塞给史乾坤说："大，你甭怕，长官叫你去问问话，他们不会打你。"

史乾坤披上皮袄，跟着柴崇林走了。

这一夜，史乾坤被独自关在房子里。房子里没生火，从门缝里钻进来的飕飕风，冻得他直打战。幸亏有天娥给的皮袄，这一夜才没冻坏。

第二天一早，柴崇林开了门锁。他对史乾坤说："老汉，你女婿根本没去上海做生意，有人看见他啦，他就在长安饭店。你跟我们走，到那里把你女婿叫出来，我们就把你放了。"

史乾坤心中有数。他坦然说："走就走，我倒要看看，我那女婿到底在不在那里！"

特务们带着照相机，拥着史乾坤走街过巷，不大一会儿，到了长安饭店跟前。柴崇林说："去，站在大门口，大声叫你女婿出来！"

史乾坤走到长安饭店门口，既没有喊叫，也没有停留。他端直走进大门，好一阵子也没出来。

举着照相机的特务还蹲在墙角，死死盯着镜头，等着庞志柏一现身，就把他的相貌照成相片子。柴崇林在他尻子上踢了一脚，骂道："你还照个屁！咱上老家伙的当了，他五周加一周，六周（溜走）了！"

吃早晨饭时，天娥借着送饭到警察局打探消息。当她得知史大叔已经逃脱后，方才吃了定心丸，假意哭闹着跟警察局要人。临走时丢下狠话："要是找不到人，我跟你们没完！"

又到了星期天，孩子们都没去上学。李天娥突然想起好长时间没去马道巷看过干妈了，她洗了头脸，换上那件旗袍，刷板齐楚后，携着马蹄笼笼从屋里出来。小虎正和妹妹一起，在院顾里玩关罗罗。天娥叮咛小虎管好妹妹，携着马蹄笼笼出了门。

她来到关帝庙市场，买了两包酥软可口的糕点、铲了些甑糕、称了些麻花，装了满满一笼笼，上了黄包车直奔马道巷。

贺家的大人都不在家，只有倩倩一个人在家写作业。倩倩告诉天娥姑姑，她奶奶感冒了，爸爸和妈妈陪着奶奶去了医院。

天娥又问倩倩："我刚才听见后院有人说话，是不是你家招的房客？"

倩倩说："不是，是上海来的阿姨，还有奶奶和小弟弟。"

天娥问："上海阿姨是你家啥亲戚？"

倩倩说："不是啥亲戚，是姑父在上海上大学的同学。那天晚上我睡醒了，听见爸爸给妈妈说，姑父和上海阿姨上大学时还恋过爱呢！"

李天娥心头一惊。与丈夫完婚那天晚上担心的事，难道成了真的？她定了定神，觉得肯定是倩倩听错了。为了弄清真相，她决定马上去见见那个上海女人。

李天娥说："倩倩，你带姑姑去看看上海阿姨，好吗？"

倩倩高兴地说："去后院的门锁着，我知道爸爸把钥匙藏在哪儿！我带你去看上海阿姨！"

倩倩引着李天娥，去开了门锁，到后院见到了丁吻月。李天娥把倩倩支开后，直言不讳地对丁吻月说：“我就是庞志柏的女人李天娥。我听倩倩说，你和我丈夫是大学的同学，你们还恋过爱，这是不是真的？”

丁吻月把当年和庞志柏苦苦相恋，后来又被孙传玺活活拆散，从头至尾细细学说了一遍。接着又把她已经结婚生子，丈夫已经离世的不幸遭遇，也告诉了李天娥。丁吻月说：“日本人占了上海，我带着奶妈和儿子，逃到西安谋生活。志柏是我的同学，韩翔是我的同事，西安我再没有认识的人了。对不起，我给你们添麻烦了……”

丁吻月的不幸遭遇，深深打动了李天娥。她开始还担心丈夫在外面真的有了女人，看来自己的担心完全是多余的！她对丈夫没有一丝一毫怨恨，反而有了愧疚的感觉。她觉得丈夫要是当初和丁吻月做了夫妻，一定比现在幸福得多！

李天娥在丁吻月陪同下，去看望了吻月的干妈和小儿子后，就告辞离开了马道巷。

李天娥没有直接回家。她知道丈夫这些日子牵心着修盖的事，一直隐蔽在蓝梅车行。她到车行对庞志柏说：“我刚才叨空去马道巷看干妈，见过丁吻月了！”

庞志柏一愣：“丁吻月！她、她都说啥了？”

李天娥故意拉长了脸，说：“啥都说了。”

庞志柏急忙辩解说：“她来西安不是找我，是找组织的。我跟她只是同学关系……”

李天娥盯着丈夫的眼睛：“只是同学关系？一点别的关系也没有吗？”

庞志柏躲开了妻子的眼光，红着脸嗫嚅道：“在学校时我和她谈过恋爱，不过后来……”

李天娥嗔怪道：“为啥要瞒着我？你一直不信任我、把我当作不明事理的女人，是吗？”

庞志柏说：“天娥，对不起，我……”

李天娥说："不是你对不起我，是我对不起你俩！我要是当初不和你结婚就好了。人家那么好的女人，那么爱你，你却把人家撇了！连我都觉得亏了人家。她如今一个人带着娃，多不容易！你赶紧把她接回来，我今天就带着小虎、小英，回呼家庄种地去。"

李天娥转身就向外走。

庞志柏从身后紧紧抱住了妻子的腰，说："天娥，我已经伤害过一个女人，我再不能伤害你了。丁吻月的事，我会安排好的。天娥，咱们很快就要搬家，搬到秘密机关里去住，没有你这个当家的，谁来撑这个摊子?"

李天娥掰开丈夫的手，转过身盯着丈夫的眼睛，说："我是心疼她，也心疼你。你们是多好的一对，如果没有我……"

庞志柏急忙用手捂住妻子的嘴，说："别说傻话了！你的心也太善良了!"

李天娥说："吻月的小儿子虎头虎脑的，跟咱家小虎小时候斯像得很，就像一个妈生的，太招人喜欢了!"

庞志柏说："这孩子命苦，从小就离开了爸爸，跟着妈妈东躲西藏的，真让人心疼……"

灯下黑

石蓝草正在刷锅洗碗，听到门外传来叫花子的乞讨声："大伯大妈、大哥大嫂，可怜可怜我，打发些吃的吧!"石蓝草把吃剩的一碗羊肉饺子，刚坐到锅里又端了出来，浇上辣子水，拔了一双筷子，走出门说："吃吧，热着呢!"

叫花子穿得絮絮连连，灰头土脸。他把破碗和枣木棍子，放到一边，接过蓝草递给他的饭碗，夹了一个饺子，噙在嘴里嚼着说："这么咸！你把卖盐的打死咧？"

蓝草说："你不饿得是？没见过你这么牛的叫花子！"转身进了门。

叫花子端着碗跟进来，说："原汤化原食，舀碗饺子汤吧大姐！"

蓝草说："你来晚了，我把饺子汤饮牲口了。"

叫花子说："大姐，你巧骂人哩！你还在我家坐过月子，就这么报答我？"蓝草说："你胡说，我不认识你！"叫花子说："你不认识我，认识庞志柏吧！他可在我们村跟我一搭上过私塾哩！"

这时候，躲在隔间后面的庞志柏闻声走出来。他冲着叫花子喊道："狸猫！你怎么摸到这里的？"

石蓝草听到哥哥叫狸猫，这才得知眼前这个叫花子，原来就是见过一面的王春发。

那年她和丈夫杨拴躲在狸猫家里，狸猫以教书当掩护，在北乡跟张鼎和吴勤虎搞地下工作。她听说狸猫的媳妇竹叶，是个石女子，不生养，因为母亲袒护竹叶，狸猫想跟竹叶离婚离不了，躲在外面不回来。蓝草生下小龙后，在狸猫家厦房里坐月子。有一天她从窗户纸上的破洞里，瞅见狸猫家来了一个白白净净的文化人儿。听丈夫说，那就是这一家的男主人，叫王春发，村里人都叫他狸猫。那天狸猫回家打了个转身，就走了，要是哥哥不说，蓝草咋也认不出这个衣着破破烂烂、脸上五抹六道的男人，就是当年那个白白净净的教书先生，王春发！

狸猫已经吃光了一碗饺子，丢下碗，用手掌抹了一把嘴。他说："志柏哥，乾坤大叔说他上次来西安，被特务抓起来关了一夜，稀忽儿丢了性命。他担心来了再碰上那几个特务，打发我来找你。他不让我去你家，让我到蓝梅车行打听，果然你在这里！"

庞志柏说："你这个愣头青，旗杆上绑鸡毛，好大的撣（胆）子！西安的特务比牛毛还多，要是被抓住就没命咧！"

狸猫说："没事，我在澄城被抓过好多回。猫有九条命，我也有九条命，阎王老爷也拿我没办法！"

这天夜里，狸猫在车行住了一夜。他告诉庞志柏："再有一个多月功夫，西安到同官的铁路就通车了，每天一早一晚，有两列票车对开。"庞志柏和梅登岩商定，为了防止特务跟踪，日后同官、耀县的交通员，不用来西安。情报由西安派交通员，乘火车送到耀县福海皮坊，然后由狸猫以下乡收皮子作掩护，送到交通员手中，再由交通员以做生意为名，吆着骡子通过封锁线，送到边区。

梅登岩说："哥，西安到耀县的交通，我来跑！"

庞志柏说："翁家巷的工程正到紧火处，你脱不开身。"

"那只能让秦至庵去了。"

"至庵也不能去，市内交通一天也不能空缺。"

石蓝草从里屋出来，说："哥，让我去，让我去！我是女的，特务不太注意。要是碰上盘问，我说去耀县表弟家走亲戚，去了还有落脚的地方。"

梅登岩说："屋人家咋能跑交通？再说你走了，谁给我们烧锅燎灶做饭吃？连工程上十几口人，把锅当钟敲呀？"

石蓝草嘴一撇说："我是屋人家，我就只会伺候你们这帮臭男人？我在黄龙山里玩枪的时候，你还在鱼化寨担茅粪、起猪圈哩！"

庞志柏笑道："我看蓝草说得有道理，就让她跑交通吧！一个月也就那么几天功夫，她不在的时候，从工程上抽个人搭把手，帮着管桐做几天饭，喂几天牲口，凑合几天吧！"

北路交通线的事，就这么定了下来。第二天一早，狸猫又扮作叫花子，带着情报回耀县去了。

濯园密台使用了将近一年，西北行营主任熊武的秘书，要在濯园后院办公，三天两头找白孝生，让他把铺盖卷走。庞志柏只得带着人，夜里把电台从濯园后院转移出来。好在芙蓉街七号秘密机关主体工程已经完工，密台转移到了秘密机关地下室中。韩翔也离开了九府街旗袍店，以房客名义住进芙蓉街七号中院里，以后收发电报、和庞志柏商量事方便多了。

密码电报的翻译和传递，由李天娥和彭云锦借串门子完成。

密台在地下室放置了一些日子，因为种种不便，庞志柏和韩翔商量后，把电台由地下室转移到地面上。后院庞志柏夫妇卧室一侧，有个洗澡间，里面有个木楼梯，可以上到二层小楼上。洗澡间的天花板上面有个暗室，原来设计存放武器的，改为放置电台的地方。在楼梯的中腰，板壁上开了个可以装卸的小窗口，发报时韩翔站在楼梯上，身子探入小窗口，发完报后又用木板把窗口堵上。

有一天晚上，韩翔正站在楼梯上发报，突然传来了“咚咚咚”的敲门声。住在前院的“房客”，急忙按了按藏在床头的信号开关。庞志柏夫妇卧室的警铃一响，韩翔立即停止发报，关好暗室门，迅速从木楼梯上下来。

这时，庞志柏已经打开壁柜内的暗门，两人由暗门进入夹墙过道。完成这些动作，只用了两三分钟。

此时柴崇林才带着特务，敲开了第三道门进入后院，屋里屋外搜腾一气，自然又是一无所获，垂头丧气地离开了。他们哪里想得到，庞志柏和韩翔二人，已经通过夹墙过道和曲里拐弯的地道，进入了地下室。

密台移至秘密机关后，最伤脑筋的是天线架设问题。开始架设在烟囱内，信号太差。又架设在侧院一棵槐树上，夏天有槐树叶子遮掩，还安全些，冬天树叶一落，天线就暴露出来了。如果晚上有月亮，在翁家巷和芙蓉街，都能看见架在槐树上的天线。

每次韩翔发报时，庞志柏都要先爬上树，固定好天线，然后裹着大衣，缩在二楼平台上，死死地盯着两条街巷的动静。一发完报，又赶紧爬上树拆掉天线，有时要坚持一两个小时，等发完报，手脚都冻麻木了。

有一天，雷皓宇由延安去重庆，路过长安饭店，赵长烈派他的秘书原汉风请雷皓宇去赴宴。伍云甫对雷皓宇说："赵长烈正在加紧对边区进行袭扰和进犯，反共气焰日趋嚣张。他摆的是鸿门宴，只怕您去了凶多吉少！"

雷皓宇坦然一笑，说："国共之间还没有完全撕破脸，蒋介石还要在表面上，维持合作抗日的大局。如果我不去，赵长烈就会猪八戒倒打一耙，说我们对国共合作有二心。我若是去了，正好可以利用这个机会戳穿他的谎言，使他们的反共气焰收敛一些。"

雷皓宇在石增华陪同下，驱车来到朱雀路赵长烈官邸。

酒席宴上，赵长烈虚与委蛇，雷皓宇不卑不亢。

当赵长烈吹嘘完自己如何坚持国共合作后，雷皓宇开了口："赵长官，雷某有一件事，想请教赵长官。昨天晚上我住宿在黄陵县城，睡到半夜，突然听到激烈的枪声。今天早上派人去查问，才得知是你部黄陵驻军，又袭击了我方一处地方政权机关。请问赵长官，你打算如何处理这件事？"

赵长烈一脸尴尬："嗯！有这等事？我马上派人去查，如果属于我方责任，一定严加惩处！严加惩处……"

雷皓宇义愤填膺："边界地区近年来流血事件层出不穷，不知赵长官查处过几起？总不会都是我地方机关，在用鸡蛋碰石头吧？"

赵长烈一时语塞。脸上红一片白一片，不知该说什么好。

雷皓宇又质问道："听说赵长官已将河防大军，向西调动！日寇在东，贵军却西移，是准备进攻陕甘宁边区吗？"

赵长烈急忙辩白说："我绝无此意！我的部属，也绝不会做破坏国共合作的事……"

雷皓宇说："言必信，行必果。我等着看你的行动！公务在身，恕不奉陪，皓宇就此告辞！"

雷皓宇回到长安饭店办事处时，庞志柏已等候他多时了。

庞志柏把反复修改过的秘密机关图纸，交给了雷皓宇。雷皓宇一面看图纸，一面对庞志柏说：“你能简单介绍一下你的设计理念吗？”

庞志柏说：“整个秘密机关四宅四门，分布在两条街巷。地下有电报收发室和印刷室，用二百多米长的复杂地道相互贯通，有多个隐蔽的出入口和夹墙过道。特务来搜查时，有足够的时间潜入地下。”

雷皓宇高兴地说：“这个秘密机关的设计，非常巧妙，比苏联同志帮我们建造的那个上海秘密工作室，强得多！”

庞志柏又把电台转移到秘密机关后，所遇到的种种困难，向雷皓宇作了汇报。雷皓宇说：“你们把电台和秘密机关放在一起，很危险！密台如果被特务发现，机关的同志都将面临灭顶之灾！”

庞志柏说：“这正是我们一直头疼的问题，就是找不到解决的办法。”

雷皓宇目光灼灼。他说：“只有一个办法，把我们的密台架设在国民党反动派的公开台上，这样既可以减少特务的怀疑，又可以节约经费，关键问题是人员必须绝对可靠！”

庞志柏以为自己听错了：“把我们的密台，架设在国民党反动派的公开台上！这、这怎么可能？”

雷皓宇说：“怎么不可能？听说过‘灯下黑’的道理吗？在油灯下面，有一圈光线照不到的地方，这就叫‘灯下黑’。敌特认为最安全的地方，防范必然松一些，对我们来说也是相对安全的。这种方法，如同孙悟空钻进了铁扇公主的肚子里，你们不妨试试。”

庞志柏恍然大悟：“噢，是这么个理！我明白了……”

雷皓宇胆识过人、细致入微、事必躬亲的作风，给庞志柏留下了深刻印象。

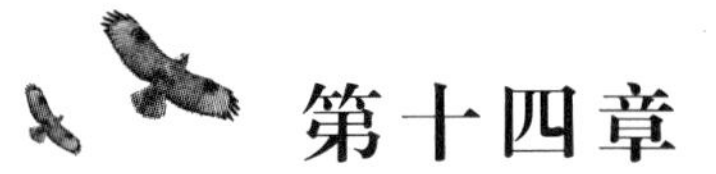

第十四章

重见关斗

为了尽快找到新的密台台址，庞志柏依旧扮作绅士摸样，坐着梅登岩的马拉轿车，穿过人来人往的钟楼、穿过端履门，在西柳巷一号门前下了车，大摇大摆走进了廖梦棠的住宅。

庞志柏还记得，他那年头一次来西柳巷一号，这所宅子分为前后两院。如今前院的鱼塘已经填平了，一院变成了两院。第一道院内，住着保镖和黄包车夫七八个人，中院住着廖梦棠夫妇。通往后院的门上着锁，后院照旧没人居住。

庞志柏在中院客厅见到了廖梦棠。他开门见山说："前天夜里，敌特猛然闯进芙蓉街 7 号搜查，挂在树上的天线，没来得及收回来，幸亏没有被发现，要不然就出大事了！"

廖梦棠说："太危险了，得赶紧想别的办法！"

庞志柏说："办法已经有了！雷皓宇先生给咱出了个好主意，他让咱想想办法，把密台架设在国民党反动派的公开电台上。"

"架设在国民党反动派的公开电台上！"廖梦棠眼珠一转，拍了一下磕膝盖，异常兴奋地说："这个想法太大胆、太刺激,也太有挑战性了！"

庞志柏笑道："雷皓宇先生说，这叫'灯下黑'，国民党反动派认为安全的地方，对我们来说也是安全的。我听说有些商界的人，时常利用国民党的公开电台偷着发商报，即使查出来，大不了关几年就放了。我看这是个好办法，你想想，敌台上有熟人没有?”

廖梦棠抽了几口烟，突然眉毛一挑说：“我有个拜把子兄弟，这事交给他办，准成!”

“他是干啥的?”

“是保安司令部电台上的报务员，叫雷关斗。”

一听到雷关斗这个名子，庞志柏立即想起十五年前渭河渡口血雨腥风的场景。他说：“你说的雷关斗，他家是不是在渭河北岸的雷庄?”

“对呀！你也认识雷关斗?”廖梦棠深感意外。

庞志柏说：“认识认识！那年我带领高峰五的独立二师，去参加渭华暴动，跟雷关斗在渭河渡口接的头。暴动失败后，我在雷关斗家的地窖子里藏了几天。要不是雷关斗掩护，我早没命了!”

廖梦棠也说了自己和雷关斗的关系。

他俩小时候在渭南一起上过学，自小就很要好。渭华暴动失败后，雷关斗逃到西安他叔父家，他叔父在省电报局做事，介绍关斗去电报局学习收发电报，在电报局又碰到了廖梦棠。后来，雷关斗随孙书堂部开赴山西抗日前线，负伤后又回到西安。雷关斗来给廖梦棠拜年，正巧碰上廖梦棠的一个好伙计梁国真。梁国真在保安司令部通讯处当参谋，经廖梦棠介绍，雷关斗在保司一台当了报务员。三人志趣相投，义结金兰，按齿序排了大小：梁国真老大，廖梦棠老二，雷关斗老三。

廖梦棠说的保安司令部，设在省府大院内，是省府主席祝晓竹领导的特务组织，祝晓竹兼任保安司令。

保安司令部通讯处，共总五部电台，分为五个无线电队，随时保持和地方台的联系。雷关斗所在的电台，属第一无线电队，也称为一台，台长叫陈若愚。若要在一台建立密台，必须设法把陈若愚撸掉，让雷关斗取而代之，当上台长。

庞志柏和廖梦棠经过慎密商议，决定由梁国真出面，花重金买通通讯处处长徐志才，让雷关斗取代陈若愚担任台长。之后由廖梦棠出面，帮助雷关斗把妻子、儿女从渭南乡下接到西安，安顿在曹家巷 69 号骆伯安家中。骆家离保司很近，图个方便，骆伯安又是自己人，房费可以不收。

庞志柏特别强调说：“为了堵上电台人员的嘴，每月要给相关人员一些报酬，花钱买个保险。”

庞志柏又把丁吻月到了西安的事，告诉了廖梦棠。他提出在雷关斗密台进入正常运转后，让丁吻月去当报务员。至于丁吻月的身份，廖梦棠得谎称是他在上海的情人，是在上海无线电工程学校时结识的，俩人在上海还生了一个男孩。

廖梦棠调侃说：“你自己做的好事，却赖在我身上，亏你想得出来！这事要是叫紫云知道了，我浑身上下都长上嘴，也说不清了！”

经过两年多的紧张施工，芙蓉街 7 号和翁家巷三处宅子，已经全部竣工。梅登岩夫妇的住处和蓝梅车行，搬到了翁家巷 24 号、25 号两所宅子中。24 号梅登岩夫妇的炕头，有个放被褥的暗箱，暗箱内有块活动板，打开后是暗道出入口。通过夹墙过道和曲里拐弯的地道，有地上、地下两条路，与庞志柏夫妇的住室相通。还可以从侧院搭上梯子，直接翻墙过去。

与蓝梅车行紧挨的，是翁家巷 26 号，分为两个门面，一个为谢靖夫的“残荷轩”字画古董店，一个是张乃华夫妇的诊所。车行、古董店和诊所，都是各色人等常来常往的地方，都能起到很好的掩护作用。

雷关斗接到廖梦棠的通知后，第二天上午九点前，赶到了翁家巷蓝梅车行，与庞志柏见了面。两位有过生死之交的关中汉子，十五年后重逢，都激动万分！两双大手紧紧地握在一起，久久没有松开。

雷关斗已经听说，庞志柏打算出资为他的提升牵线搭桥，还要接他的妻子儿女进城团聚，言谈中对庞志柏充满感激之情。

庞志柏说：“都是自家兄弟，你当初救了我一命，今儿我有事求你，不该你谢我，我谢你还来不及呢！”

雷关斗说：“梦棠哥给我说了，不就是发个商报吗？这事交给兄弟，你尽管放心好了。”

庞志柏说：“你们保司的电台，就在省府大院，就在省府主席祝晓竹的眼皮子底下，要特别当心！要是被发现发私报，轻则丢了饭碗，重则掉了脑袋，可不是闹着玩的。”

雷关斗说：“商报我替别人发过，我会小心的。”

庞志柏说：“我正在与香港一家大商行，做一笔大生意，对方反复叮咛，来往电报联系只能用密码文稿，然后由生意圈子里指派专人当译电员，这个你介意不？”

雷关斗说：“这有啥介意的！生意场上无父子，这道理我懂。”

庞志柏取出一盒白炮台香烟，抽出一支交给雷关斗说：“对方每天 24 小时开机，这是波长和呼号，记住以后赶紧烧了！”

雷关斗很快就记住了波长和呼号，把纸条烧了。他惊讶地说：“庞兄，没想到你一个生意人，对电报行当这么熟悉！”

庞志柏笑道：“不敢当。我虽然是半瓶子醋，一知半解，却懂得无利不起早这个理儿。既是做生意，有财大家发，也不能让弟兄们白辛苦。我看这样吧，生意有了盈利我分给你一份；此外，报务员和摇机兵，每人每月两袋面粉，不要面粉的折现付款，你看如何？”

雷关斗说：“要是我一个人，啥也不给我也干，给朋友帮忙么，要钱要物还叫朋友吗？因为人多嘴杂，为了堵上大家的嘴，就照你说的办！”

雷关斗密台开始工作后，廖梦棠派人把他的妻子儿女，接到了西安，在曹家巷 69 号安了家。担任密码情报传递的是梅登岩，接头地点就在曹家巷 69 号。

密台安全工作一月后，雷关斗觉得有些异样。过去给别人发商报，都很简单，庞志柏派人送来的商报密码电文，时常千儿八百字。他疑心不是商报，而是向北边发的军事情报。

有一天，雷关斗以试探的口气问：“庞兄，我有个感觉，你让我发的十有八九不是商报！”

庞志柏手指了指北边，以开玩笑的口气反问：“关斗，要是我让你给那边发报，你敢不敢？”

雷关斗想也没想，说：“有啥不敢？我寻找了多年共产党，有好几次，还梦见自己加入了共产党！”

庞志柏伸出双手，又一次紧紧攥住雷关斗的手。他激动地说：“关斗兄弟，你的梦想一定能变成现实！”

镣解重庆

天佑茶庄的廖勃，来到蓝梅车行。

廖勃告诉庞志柏：“我梦棠哥约你今晚上，到西柳巷见面，有重要事商量。”天黑后，庞志柏坐着秦刚拉的黄包车，到了西柳巷1号。廖梦棠把他迎进客厅，师紫云沏好茶转身离开了。

廖梦棠开门见山说：“哥，你让我想办法当上陕室正职，办法已经有了。”

庞志柏忙问：“啥办法？快说说！”

廖梦棠说：“甭急些，我先让你见两个人，让他俩把情况给你摆一摆。”

庞志柏问：“两个啥人？靠得住吗？”

廖梦棠说：“绝对能靠住！”他当即拨通了电话，让他要找的俩人赶紧过来。

廖梦棠放下电话，接着说："他俩都是围城前的老党员，是魏柯书发展的。那年我在安康担任特委书记时，他俩是我的左膀右臂、哼哈二将，晚上火烧敌人的兵站，就是我带着他俩干的！骊山兵变时，他俩在戒严司令部任职，已经知道我叛变投敌，把我逮住打了个半死。不打不成交，我们现在依然是铁杆兄弟！"

庞志柏说："你说的两个人，一个姓纪，一个姓布，对吗？"

廖梦棠不解："你咋知道？"

庞志柏说："那天夜里在莲池饭庄商谈你为老蒋救驾的人中，就有他俩。他俩现在做什么？"

廖梦棠说："都在军官总队任闲职，我让他俩加入了中统，安插在朱系当卧底。情况已经摸清了，我打算利用朱系和CC系之间的矛盾，大闹一场，为我的提升，创造条件……"

正说着，廖梦棠叫的人来了。

庞志柏和纪、布二人握了手。廖梦棠向纪、布介绍说："这位就是我的老兄黄润生，永茂商行经理、香港永裕公司代表，做大生意的人。你们俩把最近了解的情况，向黄经理说说！"

纪中原和布冬临相视一笑，没有言语。

据纪、布二人介绍，全西安的国民党特务组织，总共20多个，总人数两万不止。主要有军统局下属的陕站，中统局下属的陕室，赵长烈的绥署二处，祝晓竹的保安司令部，等等。为统一各方力量，赵长烈又组织了特情联席汇报会，下设特高组，用以协调各个组织之间的关系和联合行动。在众多特工组织中，中统势力最大，有四五千人，内部的矛盾斗争也最激烈，主要分为两大派系，即朱系和CC系。纪、布二人表面上属朱系，实际上是廖梦棠安插在朱系的卧底。朱系在西安的头目，是省党部委员王继耕，自恃势力大于CC系，经常安排纪、布收买拉拢CC的人，一门心思谋算着想把CC吃掉，由他独揽中统在西安的大权。朱系和CC系在重庆都有硬后台，两派谁也不服谁，矛盾斗争愈演愈烈，已经到了箭在弦上、一触即发的地步!

庞志柏说:“好!太好啦!这真是天赐良机,只有把水搅浑,才能摸到大鱼!”

廖梦棠压低声音说:“我盘算好了,下个月要开省党部大会,趁开大会时动手,把王继耕这伙瞎怂美美搥一顿,让他们看看马王爷长了几只眼!”

廖梦棠低声嘀咕了几句,庞志柏心领神会,笑着点点头说:“好,就这么干!之后起身离开了。”

庞志柏离去后,布冬临问廖梦棠:“兀是谁?是不是延安方面的?”

廖梦棠瞪了布冬临一眼,训斥道:“你是不是属老鼠的?一放下爪子就忘,一点记性也不长!我平时给你们咋说来?不该说的别说,不该问的别问!把自己的事管好,别咸吃萝卜淡操心,没事找不痛快!”

在省党部大会召开的头天晚上,廖梦棠与CC派头头脑脑开了一次秘密会议。他对纪中原说:“你先把那份报告的事说说。”

纪中原掐灭烟头,清清嗓子说:“事情是这样的。梦棠兄前几天归纳各位的意见,给中统大老板徐可钧写了一份报告,没想到这份报告,落到了省党部委员王继耕手里。当时我就在当面,王继耕说,廖梦棠一个小小的陕室副主任,竟然狗胆包天,私下向徐老板告老子的黑状!这份报告幸亏落到了我手里,要是交到徐老板那里,有我的好馃子吃吗?”

省党部的中统头面人物李悠农,咬牙切齿说:“王继耕想一手遮天,把咱们的人全拉过去。我明天就到重庆去找徐老板,讨个公道去!”

廖梦棠说:“悠农兄,找徐老板没用!大不了闹到委员长那里,把下属训斥几句罢了。你也不想想,委员长会因为这点小事,得罪他的心腹干将吗?”

李悠农气得七窍生烟:“依你说就这么算啦?不行,老子咽不下这口恶气!”

省党部委员戚智插了一句："梦棠兄，人家都说你是饸饹床子百眼开，你给咱想个办法，治一治王继耕的毛病！"

廖梦棠说："若要引起上峰的重视，只有一个法子，把事闹大！"

李悠农问："啥意思？"

"只要把事闹大，闹得连委员长也搁不下，就好办了。"

戚智说："梦棠兄，你有什么好主意快说出来，别跟弟兄们绕圈子了！"

廖梦棠说："山里的核桃要砸着吃！像王继耕这号欠揍的东西，你不把他打痛了，他就不知道天有多高、地有多厚！明天省党部开大会时，我安排一些弟兄在会场外面猫着，到时候以甩暖水瓶为信号，一听到响声，外面的弟兄就冲进来，把那伙孬种美美搥一顿，事情不就闹大了。事情一闹大，上面必然追究，到时候不用你们出面，我到重庆跟他们论理去，我就不信把王继耕弄不臭，扳不倒！"

中统西北分局局长沈建忠有些犹豫。他说："打了人，恐怕有理也说不清了。"

李悠农一只脚踩在椅子上，一只手狠狠拍了一下桌子，咬牙切齿说："打一顿是现成的，先出出这口恶气再说！王继耕恨不得把咱们一锅烩着吃了，咱还跟他客气啥？梦棠，就这么干！等你和弟兄们打得差不多了，我再出面解围。咱弟兄俩一个唱黑脸、一个唱红脸，这事要是成了，我给你记头功！"

第二天上午，省党部大会按时召开。

王继耕站在台子上，手之舞之，足之蹈之，谢了顶的尖脑袋，在电灯光照射下闪闪发亮。他讲道："效忠党国，忠诚领袖，是我们每个国民党党员的神圣职责。我们应该上下一体、精诚团结，共同对付我们的敌人——共产党！让人痛心的是，在我们中统内部，有些人置大局于不顾，热衷窝里斗，告黑状，请问你们是何居心……"

坐在主席台下的廖梦棠，猛地站起来，指着王继耕大声斥责道："王继耕，你别他妈的猪鼻子插葱装象了！成天拉帮组派、搞窝里斗的不是别人，就是你王继耕！”

王继耕冷笑道：“梦棠兄弟，你说我王某人搞窝里斗，有啥凭据？”说着拿起廖梦棠写的报告，像挥舞着一面小旗子，在空中晃了晃。接着说：“我说有人搞窝里斗，背后打小报告告黑状，是有真凭实据的！”

廖梦棠毫不示弱：“王继耕，你屁子底下压着屎，硬说别人臭！我问你，你变着法子拆CC的台，为了拉我们的人，背后使了多少阴招？你扣压我们给上峰的报告，是何居心？想欺上瞒下、一手遮天吗？”

台下的CC喽啰纷纷站起来，“吱哩哇啦”嚷成一片，声讨王继耕的呐喊声，一浪高过一浪。

廖梦棠觉得时机成熟，大吼一声：“打！打！”猛地抓起桌子上的暖水瓶，向王继耕砸去。王继耕一闪身，钻到了桌子底下，暖水瓶砸在桌子上，“嘭”地一声炸碎了，滚烫的开水流在王继耕穿着府绸裤子的屁股上。

王继耕双手抱着屁股，疼得嗷嗷叫。

会议室的大门，突然被冲开。隐蔽在外面的上百名CC骨干分子，吼叫着冲进会场，他们关上门、剪断电话线，抓住朱系的人痛打起来。

廖梦棠纵身一跃，跳上主席台，一把把王继耕从桌子底下揪出来。王继耕是高度近视眼，眼镜片子就像酒瓶子底，廖梦棠一巴掌扇过去，打飞了王继耕的近视镜，王继耕当即变成了没头的苍蝇。

廖梦棠手脚并用，连踢带打，王继耕顿时鼻青脸肿，血迹斑斑，杀猪似的嚎叫着。

被打急了的朱系成员，有的跪地求饶，有的钻到桌子底下不出来，有的从窗户上跳了出去，仓惶逃窜……

李悠农和沈建忠一直躲在暗处，欣赏着廖梦棠编导、主演的这场闹剧。两人看打得差不多了，收到了预想的效果，从暗处走到明处，装出解围的样子劝解道：“弟兄们，别打啦！别打啦！有事好商量，不要伤了弟兄们的和气！”

王继耕睡在地上装死狗。廖梦棠狠狠踢了他两脚，吐了口唾沫说："王继耕，今儿暂且饶你一条狗命，你要再敢在背后日鬼捣棒槌，老子弄死你!"说罢从讲台上跳下来，手一挥喊道："弟兄们，回去喝酒去!"带着CC成员，离开了一片狼藉的会场。

王继耕慢慢坐起来，两手摸索着在地上找眼镜。

会场内挨了打的朱系喽啰，一片呻唤，哭爹叫娘声不绝于耳。

王继耕找到了眼镜，只剩了半边破镜片子。他戴上烂眼镜，吐了一口嘴里的血，骂道："廖梦棠，你狗胆包天！敢打老子，老子让你死无葬身之地!"

第二天，王继耕带人飞往重庆，把廖梦棠告到了蒋介石那里。老蒋勃然大怒，立即电令赵长烈，把廖梦棠镣解重庆!

廖梦棠被砸上脚镣，戴上手铐，押上了飞往重庆的飞机……

报馆血案

西京国货公司大门前人声鼎沸。一大群顾客围着公司赵老板吵吵嚷嚷，纷纷质问赵老板，为什么有布不卖？赵老板急得满头大汗，不停地挥动着瘦长的胳膊，用嘶哑的嗓子喊道："大家不要吵！不要吵！大华纱厂早就不生产这种棉布了，你们让我拿啥、拿啥卖给你们?"

一个顾客挥动手中的《工商日报》，大声喊道："赵老板，你睁大眼瞅瞅，今天的《工商日报》还登着你们的广告！既然没布，为啥要登报?"

赵老板接过报纸一看，两眼睁得跟牛眼似的："奇了怪了，我们国货公司最近没办过广告业务，咋日鬼的?"

有顾客喊道："赵老板，你大白天说梦话，你不出钱报上能给你登广告吗？骗鬼去吧！"

赵老板分辩道："大家别吵！别吵！我赵某人又不是猪脑子，能干这种傻事！肯定是报馆出了差错，我这就去报馆办事处讨个说法去！"

赵老板拿着报纸，挤出人群，上了一辆黄包车，直奔五味十字。

到了报馆办事处，赵老板怒气冲冲闯进社长办公室，"啪！"的一声把报纸拍在桌子上，冲着刘文博吼道："刘社长，我们西京国货公司早把这条广告撤了，你们为啥还要登？现在顾客都挤在我们公司门前，吵着、闹着要买布，弄得我们连生意做不成了。你得赔我们的营业损失！"

刘文博责问副社长张少英："咋回事？我才走了两天，就出了这档子怪事，你是咋整的？"

张少英头冒虚汗，急忙解释说："刘社长，这事都怨我，都是我的错。昨天新闻检查处来人，又扣压了耿主编写的社论稿，还不许开天窗，让我们用广告补上。没法子，我们就用旧广告补了天窗。心想免费给他们登广告，他们会感谢咱，没想到他们没这种货了，才惹出这么大乱子！"

刘文博生气地说："胡闹！广告也是随便登的吗？你是吃错了药，还是脑壳进了水……"

就在这时，一辆警车呼啸着，停在报馆办事处门前。一伙黑皮警察冲了进来，把社长室内的三个人戴上手铐，从报馆押了出来。

赵老板面无人色，一面挣扎一面嚷嚷："我不是报馆的人，我是国货公司的赵老板，你们抓错人了！"

赵老板屁股垂着，死活也不愿意上警车。一个穿大头皮鞋的黑皮警察，在他的屁股上狠狠踢了一脚，踢在尾巴骨上，疼得他"吱哩哇啦"怪叫唤，只得乖乖上了警车。

黑皮警察把报馆办事处的人都赶出来，给大门上了锁，贴了封条。

警车在刺耳的鸣笛声中，开走了……

天黑了。王世毅因为报馆封了门，无处住宿，敲开了珠市巷燕连云家的门。燕连云家是开钟表店的，在珠市巷也算数一数二的富裕人家。燕连云的兄嫂去了陕北，钟表店由父母打理，托人给连云说了个媳妇，是易俗社一个唱小旦的女子，和燕家是邻居，俩人自小青梅竹马，非常要好。新房已经拾掇好了，过几天就要结婚。

燕连云让世毅跟他一搭住在新房里，世毅说："新房是给你结婚预备的，我睡在客厅沙发上吧!"燕连云的母亲说："住吧，没事，结婚前兴亲朋好友暖房哩!"

这天晚上，两个人在新房中咋也睡不着。谈起特务查封报社办事处、编辑部和印刷厂的事，王世毅的气便不打一处来。他骂道："这伙王八蛋，口口声声新闻自由，他们随意抓人打人，不准市民订阅咱的报，不许报童上街卖咱的报，这就是他们标榜的新闻自由!"

燕连云说："他们以为封了《工商日报》的门，咱的报就办不成了，咱们照样出报，气死他们!"

王世毅咳声叹气说："人都抓了，门都封了，还怎么出报?"

燕连云说："门封了咱从窗户进去，主编不在还有咱俩。人手少了改为不定期出版，跟他们打游击，冷不防出一期，等他们去抓人咱早就撤了!"

王世毅非常赞成燕连云的想法，他补充说："少印点，排字和印刷工人尽量少些。"燕连云说："也只能晚上干。不能开电灯，用蜡烛照明，把窗户全堵上。"

过了两天，查封了几天的《工商日报》，又在街头、在店铺、在众多老订户手中出现了。其中一张新出的《工商日报》，摆在了赵长烈官邸的桌面上。

赵长烈拨通警察局长乔绍文的电话，气急败坏地斥责道："乔局长吗？党国养你们这些五王八侯，都是白吃饭的！让你们查封《工商日报》，怎么今天还在出？你们如果都是属公鸡的，光打鸣不下蛋，我就把你们都宰了！”

乔绍文不敢怠慢，他派人化装成叫花子和小商贩，在报馆外日夜监视，终于摸清了底细。一张罪恶的大网，已经张开，燕连云和王世毅正在一步步落入敌特设置的陷阱……

入夜后，燕连云和王世毅正在二楼组稿，楼下传来一声轻微的声响。燕连云没听到，王世毅耳朵好使，听到了。他说：“连云，外面好像有动静！”连云说：“是猫吧！”王世毅走到朝院子的窗户前，揭开厚厚的棉窗帘一角，向外一瞅，只见一个黑黝黝的身影，从墙头上跳到大院内。那人双脚一落地，转身去开铁门。

“不好，敌人来了！”

王世毅“噗”地一声吹灭蜡烛。他拉着燕连云的胳膊，跑到临街的窗口前，说：“快！快下！”把早就拴好的绳子，塞到燕连云手中。

“你先下！”燕连云又把绳子塞到王世毅手中。

木楼梯上传来杂乱的脚步声，燕连云猛推了王世毅一把：“快，再磨叽就来不及了！”

王世毅跨过窗台，抓住绳子，“刺溜”一声溜了下去。

敌人砸开了编辑室的门。黑暗中，手电筒的光柱乱晃，粗野的叫骂声不绝于耳。

燕连云刚骑到窗户上，一颗子弹击中了窗框。街对面突然射过来两道汽车灯光，雪亮雪亮。燕连云急忙抓住绳子溜下去，双脚刚一落地，枪声像爆豆一般响成一片。

王世毅爬在阳沟里，看见汽车灯光中的燕连云，身子像飓风中的小树，猛烈摇晃了几下，倒在地上。王世毅叫道：“连云！连云！”枪声又响了，王世毅急忙把身子紧贴在阳沟里。

枪声停了，王世毅听见汽车上有人喊：“快！过去看看，要是没死，补上几枪！”几个警察“扑嗵、扑嗵”，从汽车上跳下来。

就在这一瞬间，王世毅像一只被金钱豹追扑的野鹿，“噌”地一跃跳到一堵矮墙后面，猫着腰钻进一条背巷中藏了起来。直等到敌人撤走后，王世毅才去珠市巷给燕家报了讯，帮着燕家人连夜把连云的尸体，转移到了别处。

报馆没了，王世毅只得听从表哥的劝告，回到了澄城。

王世毅的本家哥王志毅，已升任澄城教育局局长，他把王世毅安排在澄城中学当了教员。两个多月后，在王志毅的撮合下，王世毅和一个叫范小青的女教员结了婚。

调虎离山

这天中午，柴崇林又领着几个特务闯进芙蓉街 7 号。

前院负责报警的人忘了关大门，等到柴崇林敲响第三道门时，李天娥才发觉特务来了。她大惊失色，急忙打开壁柜让丈夫进了暗道。

外面的敲门声、斥骂声越来越急。

李天娥应答着从屋内走出来，刚要开门，突然想起丈夫脱下来的长袍、礼帽还挂在衣架上。她灵机一动，冲着门外的特务说："哎呀，钥匙忘拿了，等一下长官，我取钥匙去！"李天娥急忙转身回到屋内，把丈夫的长袍、礼帽塞到柜子里，这才返身出来开了门。

几个特务到各处去搜查，柴崇林留在卧室内盘问李天娥：

"大白天，为啥把门锁上？"

"这几天前院的门总不关，不知哪来的野狗时常钻进来，把我家碎女子吓得直哭，我就把门锁上了。"

"这臭婆娘，指着冬瓜说葫芦，巧骂人！你男人李仰之，这些日子回来没有？”

“没有，一年多没回来了。”

“听说你男人在上海大发了，拽得很！娶了个上海摩登女郎，洋气得太，两人还生了一个儿子，把你这个土包子早就忘啦！”

“男人么，都是吃了五谷想六谷，有几个不拈花惹草的？只要按时按节把钱给我捎回来，我才懒得管那些破事！”

正说着，有人叫门：“嫂子，开门！”李天娥一听是王世毅的声音，心中“咯噔”一下，尚未挪脚，柴崇林抢先开了门。他把正要进来的王世毅堵在门口，问道：“王世毅，你又来干什么？那个姓孙的厨子早就回澄城了，你是来找你表哥李仰之吧？”

王世毅眨眨眼，显出一脸迷惑：

“孙叔回家啦？我不知道啊！你说的李仰之，是这一家在香港、上海做生意的男主人吧！我要有这么个表哥，就不用为了几个少得可怜的薪水，天天去报社爬格子了。”

柴崇林说：“王世毅，你别揣着明白装糊涂，等我把李仰之抓住了，再跟你算账！”

这时候，搜查的特务又纷纷回到院子里，柴崇林看见他们一个个没精打采的样子，知道又扑了空。他一脚踢飞了丢在台阶上的一个会响的玩具狗，背着双手，领着特务们灰溜溜走了。

庞志柏从暗道里刚出来，就问王世毅：“你不在澄城好好教书，又跑到西安来干啥？”王世毅说：“哥，我听说《秦风日报》和《工商日报》，要出《联合版》，有没有这回事？”

庞志柏说：“有，出《联合版》是为了解决经费困难，这是雷皓宇先生多年来的主张。他对《秦风日报》的董事长杜炳诚先生说过；也通过我，给《工商日报》的社长刘文博说过多次，直到现在才落到了实处。”

王世毅说他想去《联合版》工作，庞志柏说：“你还是不去报馆工作为好，你已经叫柴崇林盯上了，要是不想在澄城教书，我找个机会送你去延安!”

王世毅说：“我想留在西安办报。哥，你就不能想个办法，把柴崇林这条疯狗撵走吗?”

王世毅无意中说出的这句话，提醒了庞志柏。他说：“这倒是个办法，你想在《联合版》干事，就去找耿秉烛先生吧!”

送走了王世毅，庞志柏心中盘算着，柴崇林的调动只能等廖梦棠回来才能办。他早先让廖勃带了一大笔款子，去重庆找李悠农打通关节，拯救廖梦棠。廖勃昨天回来说，他梦棠哥的案子翻过来了，等几天就从重庆回来了。

廖梦棠镣解重庆后，省党部的李悠农立即飞赴重庆，通过徐可钧，向后台老板陈述详情，在老蒋那里撤了底火，事情才慢慢有了转机。

三个月后，CC 派终于大获全胜。廖梦棠被释放出狱，由重庆派专机送回西安。

为廖梦棠召开的庆功大会，在西京大剧院隆重举行。戏台子上挂的大字横幅上写着：欢迎大英雄廖梦棠凯旋归来！台下坐着数千名 CC 喽啰。廖梦棠在李悠农、戚智等 CC 头面人物簇拥下，走进了会场。会场内的呐喊声、口哨声、拍手声响成一片。许多人争着、抢着和廖梦棠握手……

纪中原和布冬临一左一右，拥着护着廖梦棠登上了戏台。

沸腾的会场渐渐平静后，李悠农开始讲话：“弟兄们，王继耕恶人先告状，梦棠兄弟被委员长一纸电文，镣解重庆。三个月后的今天，咱们的大英雄，又被专机送回来啦!”

在 CC 喽啰们的狂呼中，李悠农扯着公鸡嗓子，喊道：“现在，请咱们的大英雄讲话!”

廖梦棠在震耳欲聋的欢呼声中，走到戏台前，激动得半天说不出一句话来。

待欢呼声平息后，他擦了擦泪眼，开始讲话：“弟兄们，这次斗争能取得最后胜利，来之不易啊！王继耕他们的老板捷足先登，用假话蒙蔽了委员长。那天我被砸上脚镣、戴上手铐押上飞机时，没有打算活着回来！大丈夫男子汉，活得就是一口气！我廖梦棠宁可身首异处，也绝不受王继耕这些乌龟王八蛋的气！三个月的牢狱之苦，我想弟兄们哪！想得望眼欲穿哪！若不是犹龙兄亲赴重庆周旋，向委员长申明是非曲直，我廖梦棠眨眼命丧黄泉、冤沉海底，再也见不到弟兄们啦……”

廖梦棠说到这里，气噎喉塞，泣不成声。台下的许多喽啰，也忍不住抽泣起来。

戚智掏出雪白的丝帕，擦了擦泪。他对坐在旁边的李悠农说：“男儿有泪不轻弹，只是未到伤心处。梦棠兄弟大难不死，必有后福……”

廖梦棠突然扬起头，大声说道：“我廖梦棠为朋友两肋插刀，无怨无悔！这一次在上面，王继耕他们的后台老板，被撤职啦！下面撂翻了王继耕，省党部主任换上了顾金鼎。这就是我们的胜利成果！我们胜利啦！”

廖梦棠的讲话，在一片欢呼声中结束了。跟他同机来西安的总部要员当即宣布，廖梦棠被提升为陕室正主任。台下又响起了经久不息的欢呼声、口哨声。

开完庆功会后，廖梦棠取代了宜平安，坐在了中统局陕室的第一把交椅上。接连几天来，祝贺的电话打个不停，登门拜访的人能把门槛踢倒。

最让廖梦棠感动的，是赵长烈的电话。当他在电话中听到赵长烈的声音，眼睛一热几乎掉下泪来。赵长烈在电话里先说了几句客套话，之后漫不经心地说：“梦棠呀！以后有了空闲，过来坐坐，你是当地人，给我谈谈当地的情况，好吗？记着，每月一次特联会，不要忘记参加！”

放下电话后，廖梦棠坐在椅子上，长时间一动不动。这是他回到西安后，接到西北王赵长烈的头一个电话。电话中透出了一个非常重要的信息：他显然已经进入赵长烈的上层社交圈子，有机会得到赵长烈的核心机密了！

歪打正着。廖梦棠按捺不住心头的喜悦，喃喃自语：

“志柏兄，咱们成功了……”

入夜后，庞志柏坐着梅登岩拉的黄包车，到了西柳巷 1 号。

庞志柏刚刚在客厅坐定，就告诉廖梦棠：“你在重庆回来前，柴崇林又带着一帮特务，搜查了一次芙蓉街 7 号，凑巧又碰上了我表弟。柴崇林现在是咱最危险的克星、是心腹大患！得采取断然措施，赶紧把他调出西安，让他到偏远县城当书记长去！”

廖梦棠说：“一擀杖能擀平的疙瘩，就不算疙瘩！这事好办，我离开重庆时，徐可钧让我给重庆总部推荐一个人，去搞内勤。我本来想叫纪中原去，又觉得有些离不开他，那就让柴崇林去吧……”

正说着有人进来通报，说柴崇林求见。

廖梦棠说：“真邪了门了，说谁谁到！”情急之下，他让庞志柏躲进了洗相片子的暗室中。

侦缉科长柴崇林过去但凡有事，只找陕室正主任宜平安，从来不把副主任廖梦棠放在眼里。廖梦棠担任正主任后，副主任暂缺，这让柴崇林心中忐忑不安。若论资历副主任非他莫属，眼下的情势不但提升无望，就连这个小小的侦缉科长能不能保住也实在难说！

为了讨好新任的正主任廖梦棠，柴崇林思量了几天后，硬着头皮踏进了廖梦棠的门。

柴崇林半个屁股坐在椅子上，局促得手脚都不知道该往何处放。他小心翼翼地说：“主任，我前几天带了几个弟兄，去搜查芙蓉街 7 号，在那里又碰上王世毅。王世毅的表哥，是共党头目庞志柏，我怀疑这家的男主人李仰之，就是庞志柏。我打算去一趟澄城，到庞志柏老家查查，就水落石出了。”

廖梦棠若无其事说：“这个案子我听宜主任说过，我另有安排，你别再操心了。赶紧拾掇一下，明天一早就动身，到重庆总部去干事。”

柴崇林嗫嚅道：“我家在西安，我不想去重庆……”

廖梦棠耻笑道：“没出息！丢不下媳妇就带上！人往高处走，水往低处流，这么好的机会打着灯笼也找不着！到了总部好好干，前途都是自己闯的！”

柴崇林走后，廖梦棠告诉庞志柏：“妥啦！我把这条疯狗撵走了！”庞志柏长出了一口气，说：“这我就放心了。”

廖梦棠又告诉庞志柏，昨天晚上，他头一次参加了赵长烈主持的特联会。

庞志柏问特联会是干什么的？

廖梦棠说：“就是特情联合汇报会，是西北最高级别的反共决策行动会议，有党、政、军、警、宪、特的一把手参加，一月一次。下设西安特高组，协调各方面的行动，由赵长烈亲自主持。等我把会议记录整理出来，让廖勃送到蓝梅车行去。”

廖梦棠提升后，经常来他这里的，大多是上层人物。为了避免引起特务怀疑，庞志柏和廖梦棠约定，以后由梅登岩和廖勃传递消息和情报。两人确需见面时，另外约定地点。

交通线上

前几次蓝草送的情报都不算长，庞志柏让妹妹盘在发髻中，藏在衣裤鞋袜夹层里，都安全送到了耀县福海皮坊。这次廖勃送来的情报，有特联会记录、中统陕室密码本、全省党网名册，还有一沓装在牛皮纸袋子里的绝密文件。因为数量多、体积大，如何携带才安全，庞志柏费尽了心思。

正琢磨着，突然传来“噼里啪啦”的鞭炮声。他这才想起今儿是腊月二十三，请灶神的日子，再有一星期就该过年了。他突然灵机一动，何不让妹妹扮作置办年货的村姑，把情报送到耀县去呢?

庞志柏打发蓝草，上街买了四包糕点，一瓶西凤酒，两挂千字头鞭炮，还有一些乡下人过年用的香蜡、黄表之类，提了满满一马蹄笼。

庞志柏拆开包装糕点用的红油光纸，然后把廖勃送来的密件，折叠成糕点形状，再用红油光纸重新包好。他把包着密件的两包糕点，放在下面，再把两包真糕点和别的年货，盖在上面，交给妹妹说：路上千万小心！多几个心眼，一旦发现可疑的人，想办法赶紧甩脱!

收拾熨帖后，庞志柏让梅登岩拉着黄包车，把蓝草送到了火车站。

石蓝草一身村姑打扮，白蓝相间的印花布头巾、碎花偏襟红棉袄、绿裤子、黑鞋、红袜子，都是用土布染色后缝制的。胳膊上挎着马蹄笼，随着熙熙攘攘的乘客，进了站上了火车。石蓝草找了一个靠窗户的位子坐下来。

火车尖叫一声，徐徐开出了西安站。

北去的绿色票车，在关中平原上奔驰。

石蓝草把马蹄笼笼抱在怀中，打量着周围的旅客。旅客中有穿棉袍、戴瓜皮帽的，有穿西装革履的，有穿破衣烂衫的。坐在对面的一个中年男人，爬在桌子上打瞌睡，不时用一只眼，偷偷盯着石蓝草。两人目光相遇时，那男子立即闭上眼，过了一会儿，又偷偷睁开眼，依然目不转睛地盯着石蓝草。

石蓝草意识到，自己被特务盯上了！她打了个哈欠，一脸瞌睡的样子，爬在茶几上佯装睡着了。

票车驶入咸阳站。石蓝草抬起头，瞅了瞅月台上乱轰轰的人群，又把头俯在胳膊弯里，睡了。

火车在咸阳站，停了五分钟，突然尖叫一声，徐徐起动。石蓝草猛地起身，抱着马蹄笼冲到车厢门口，跳到站台上。当她站稳双脚，一扭头瞅见那个中年男子已经追到了车门口。

火车已经提速，乘务员把车门关上了。

北去的票车刚一出站，从车上下来的人全被警察驱赶进了一个大院里，接受检查。

天黑下来，大院门前唯一的那只60瓦特电灯泡，散射着昏黄的光。石蓝草提着马蹄笼，随着人群慢慢向大院铁门移动。她看见墙根下靠着一个石磨盘，心里突然有了主意。她离开人群，蹲在墙下，装作呕吐的样子，趁人们不注意时，顺手把马蹄笼塞到石磨盘后边。

石蓝草挤在人群中，坦然进了铁门，经过检查后从另一个门出了大院。她在夜色掩护下，从磨盘后边取出马蹄笼，偷偷爬上了北去运煤的空车厢。

列车一声长鸣离开了咸阳站，“咣当咣当”一路朝北去了。

石蓝草在耀县站下了火车。

磬玉山上升起一轮明月，亮晃晃地照着山川河流，大地万物，照着盘踞在漆、沮二水当中的耀县土城。石蓝草踩着月光，过了石桥，走进土城，敲开了表弟毛福海皮坊铺子的门。

石蓝草一进门就喊道：“印花，有吃的没？我快饿死咧！”

蓝印花急忙去摭面。

蓝草一眼瞅见岸板上放着一老碗熟牛肉，拧了一小块塞到嘴里，一面嚼一面说：“来得早不如来得巧，刚买下牛肉我就来了！”

蓝印花笑道：“不是买的，是狸猫下乡收牛皮人家送的。我们都吃了，就剩下这一碗。我给你热一热、切一切、调一调，你再吃！”

蓝草说：“不用不用！”又抓了一大块牛肉，咬了一口说：“我有口福！甭摭面咧，有这一老碗牛肉满够我吃咧！”

毛福海知道表姐自小爱喝酒，赶紧给她取出一瓶太白酒。不大一会儿，蓝草喝光了一斤酒，一老碗牛肉只剩了点肉渣渣。她打着饱嗝说：“吃饱咧，喝胀咧，咱跟皇上他妈一样咧！”

铺子里的大人、碎娃都哈哈大笑起来。

当天夜里，毛福海打发狸猫去了史家原。

第二天一大早，史乾坤赶着骡子驮着驮笼，和狸猫一搭里到了福海皮坊。史乾坤把蓝草交给他的密件塞进驮子夹层里，匆匆忙忙吃了一老碗狸猫买的咸汤面，赶着骡子上了路。

自打陕西党政机关搬到马栏镇，送情报的地点，由洛川老县城改为马栏镇。史乾坤在黄堡镇装了两驮笼瓷器，往西拐爬二里陡坡上了原，吃早饭时，就能看见山前的一座座碉堡了。

史乾坤吆着骡子，一边走，一边唱起自己即兴编的乱弹：

我吆着骡子，走呀走边关，
翻过一道沟，登上一架山。
前脚我踏上了鸡儿架，
后脚我跨过了锦阳川。
八十道梁我脚不干，
越走我心里越舒坦，
挣下钱好回家过个肥年。
……

到了碉堡跟前，守碉的丘八照例在史乾坤身上摸摸揣揣，捏弄了半天。史乾坤忍不住笑出了声：“长官，我又不是婆娘女子，你不要给我骚情，弄得我怪痒痒的。”

守碉的丘八从他腰里掏出半包白炮台香烟，问：“这包烟里，有没有情报？”史乾坤说：“有没有，你一根一根检查么！”

丘八点了一根烟，一口气抽了少半截。他把烟从鼻孔里喷出来，说：“这烟好像有些潮。”

史乾坤说：“嫌潮了给我，干吃枣还弹嫌核儿大！”说着伸手去抢，丘八急忙把烟塞到衣兜里，说：“凑活抽吧！”

史乾坤吆着骡子过了封锁线，那丘八在后面吆喝道：“老史头，有啥好吃货，别忘了带点！”

“好嘞！”史乾坤应了一声，头也没回一路朝北去了。

一进入马栏川，史乾坤眼前一下子豁亮起来。马栏川平展宽阔，马栏河尚未结冰，一群群叫不上名的白鸟，在河边的芦苇丛中起起落落。河两岸如同棋盘似的稻田里，蓄的水全结了冰，如同一方方排列整齐的玻璃镜子，在日光下闪闪发光。山上、树上、房上，到处挂着冰溜子，如同到了冰雕玉砌的琉璃世界。

史乾坤一进入马栏川，心里便跟鸡翎毛扫着一般，舒坦极了！

马栏镇是红区边界重镇，这里是古代通往宁、内蒙古、甘三地的要塞，马贩子常在此出没。千百年来，人们在这里开马店、围马圈、卖饲料，渐成集镇，习称马栏镇。

史乾坤在镇街上的瓷器店门前，卸了瓷器，结了账，之后赶着骡子行至山腰，见到了省地领导秦岭等人。秦岭叫人帮史乾坤卸了驮子，史乾坤把手伸进驮子夹层中，把密件一件一件摸出来，递到秦岭手里。

秦岭看到文件封皮上，大都盖着“绝密”两个字的蓝印戳，惊叹道：“嗬！都是绝密文件！史大叔，你们可真行！我得给上面建议，让他们好好表扬、奖励你们！”

为了犒劳史乾坤，秦岭让通讯员去厨房加了两道荤菜，用马栏镇出的包谷烧酒，盛情款待史乾坤。

第二天早上史乾坤回去时，把昨天喝剩下的半瓶包谷烧，塞到驮笼里。秦岭笑道：“史大叔，你这不是瓤我哩么！咱这儿没别的，包谷烧多得是，我给你多带几瓶，你回去慢慢喝！”

史乾坤忙说：“不用、不用，我没有酒瘾。这半瓶酒是给守碉的兵痞预备的。”

秦岭说：“那至少也得给一瓶，半瓶咋能拿出手？”

史乾坤说：“那伙兵痞都是当不得人的东西！蹬鼻子上脸，给点颜色就想开染坊，不能惯他们的毛病！”

天擦黑时，史乾坤吆着骡子，驮着两捆木炭回到了福海皮坊。他把手伸进驮子夹层中，取出中央送来的新的电报密码本，递给石蓝草。

这天晚上，石蓝草让蓝印花烙了十几个饦饦馍，把密码本烙在饦饦馍里边。第二天一早，石蓝草提着半马蹄笼笼饦饦馍，坐火车返回西安去了。

第十五章

饭店刺客

庞志柏坐着秦刚拉的黄包车，在天德福银号门前下了车。

他今儿穿着蓝缎子长袍、黑缎子马褂，头戴瓜皮帽，鼻梁上架着茶色石头镜，拄着文明棍，一副财大气粗的士绅相，走进天德福银号的推拉玻璃门。

两位衣着时髦的小姐冲着他一弯腰，齐声道："先生请！"

庞志柏目不斜视，径直走进贺一鸣的公务室。

落座后，贺一鸣一面沏茶，一面问："你是为丁吻月的事来的吧？"

庞志柏道："丁吻月跟你工作半年多，你对她印象如何？"

贺一鸣说："丁吻月虽然来自上海滩十里洋场，花花世界，却如同出水芙蓉，洁身自好。漂亮的女人我见多了，可惜大都是绣花枕头，外面光鲜，里面装着一包草。像丁吻月这样天生丽质，又极具内秀的女子，可遇而不可求！"

庞志柏说："她明天就得去新单位报到。新单位在省政府，离马道巷远，她平时得住在那里，老人和孩子还留在马道巷。"

"吻月在这里干得好好的，调什么工作？"

"她在上海是搞无线电的，我想她更乐意干她的老本行。"

贺一鸣摆摆手，打断庞志柏的话："不用说了，我明白你的意思。我想给你说说另一件事，丁吻月来得时间不短了，各方面都没啥弹嫌的，你逸雪嫂子很赏羡她，想把吻月和她表弟韩翔撮合到一搭，你看这事能成吗？"

庞志柏说："其实他俩怪般配的，我也早有这个想法。不过我了解丁吻月，她一时转不过弯来，只能慢慢引导，能不能水到渠成，全看有没有这个缘分。"

贺一鸣说："你等会儿，我去叫她。"说着旋踵即逝。

丁吻月一见庞志柏，就怪嗔道："你怎么现在才来？快把我急死了！我的情况北边回电了吗？"

庞志柏笑道："早回电了，完全同意你参加情报组织，因为具体工作条件不具备，所以拖了一些日子。"

吻月问："现在可以去工作了吗？"

庞志柏点点头，说："可以了。你在上海搞过无线电，对无线电业务很熟悉，我想让你到保司电台上去当报务员，你看行吗？"

丁吻月噘着嘴巴，一脸不高兴："为啥叫我去保司的电台上当报务员，我不去！"

庞志柏笑道："瞧你那小嘴巴，噘得能拴头小毛驴！明里是敌台，暗里是我们的密台。这个主意，还是雷皓宇同志给我们出的！"

丁吻月眉飞色舞起来："雷皓宇！你该不是哄我吧？他现在在哪儿？"

"在延安。咋样，去不去保司电台当报务员？"

"去！电台上的业务，没有能难住我的！"

丁吻月急于投入革命工作的热情，深深感染了庞志柏。

庞志柏把利用廖梦棠的虚假关系，打入保司电台的计划告诉了丁吻月。他说："吻月，我们的密台台址，在省府保安司令部的三层小楼上，离省府主席祝晓竹的省府办公楼，相距不过五十米。保安司令部是国民党反动派的特务机关，你这次去保司密台工作，无异于深入龙潭虎穴，光靠勇敢不行，还要多动脑子，和国民党反动派斗智，明白吗？"

丁吻月把滑向鬓间的一缕秀发，拢在耳后说："我知道。密台上还有咱们的同志没有？台长是什么人？"

庞志柏说："台长叫雷关斗，第一次大革命时期，和我一起参加过渭华暴动，政治上很可靠，他知道我们的秘密。电台上其他人，只知道是给雷台长的朋友发商报。吻月，我们干的工作是在刀尖上跳舞，绝不可麻痹大意、有一丝一毫差错！些微有一点闪失，就会人头落地，你怕吗？"

丁吻月虽然声音不高，却斩钉截铁："你放心，既然我当初选择了这条路，就绝不反悔！即使赴汤蹈火，绝不后退半步！"

庞志柏说："干妈和小舫，还住在马道巷。保司一台离马道巷远，你平时得住在保司通讯处的办公楼上，隔十天半月，回马道巷看看干妈和孩子。我给贺先生打过招呼，让他两口子照顾老人和孩子，你看这样行吗？"

丁吻月说："行。我怎么和组织联系？"

庞志柏说："由韩翔同志和你联系，以谈情说爱当做掩护，进行情报传递。他住在无名巷，离省府很近很近。"

丁吻月笑道："谈情说爱?！我已经三十多奔四十的人了，比他大三岁，还像少男少女那样谈情说爱，我做不出来！"

庞志柏说："那就来真格的！你们做真夫妻，咋样？"

丁吻月阴着脸说："不咋样！我给你说过，我已经把我的爱情，埋葬了！"

庞志柏说："这是工作需要！就像咱俩在上海做假夫妻那样，不管是真是假，绝不能露出丁点破绽！"

丁吻月问："我和他咋样接头？"

庞志柏说："韩翔住在无名巷 77 号，和保司一台中间隔个小公园，相距不到二百米，从窗户上能互相看见。若需要和对方见面时，在窗台上放一盆花，然后在附近的小饭馆或公园里见面。"

分手的时候，庞志柏紧紧抓着丁吻月的手说："吻月，你一定要记住，我们并不孤独！在抗日战场上，在隐蔽战线上，到处都有我们的同志在战斗。未来的胜利，一定是我们的！”

庞志柏离开天德福银号，上了秦刚的黄包车，正往回赶，突然听到有人叫道：“庞兄，别急着走，进来喝口茶！”

庞志柏扭头一瞅，已经到了同聚军衣店门前。喊话的人，是站在临街二楼回廊里的骆伯安。

一走进军衣店，迎面碰上好几年不知死活的沈钟。庞志柏拉着沈钟的手，说：“哎呀老伙计，你还没死呀？这几年，你钻到哪个老鼠窟窿里了？”

沈钟告诉庞志柏，他在押解南京的路上跳车逃跑，回到山西老家后，参加了孙将军指挥的中条山保卫战，被提升为营长。三万多名装备低劣、破衣烂衫的关中愣娃，血战三年，打退了日寇无数次疯狂进攻，在三百里中条山脉，筑起了中国的“马奇诺防线”，致使日寇的铁蹄始终未能跨过黄河，踏入关中一步！在血战中条山中，两万多名关中子弟为国捐躯。沈钟也身负重伤，隐蔽在老百姓家中养好伤后，陕军已调离了中条山。接替陕军守卫中条山的，是十七万装备精良的中央军，沈钟又加入了中央军，走上了抗日战场。没想到，被三万陕军苦守了三年的中条山防线，十七万中央军仅仅守了二十天，就全线崩溃，七万名国军士卒罹难。蒋介石闻讯大怒，斥为“抗战史上最大的耻辱”。沈钟九死一生，回到了老家。老家的亲人尽都被日本鬼子杀害了，唯一活着的只剩下老母亲。沈钟带着老母亲，沿路乞讨，东躲西藏，历尽艰辛到了西安。

庞志柏埋怨道：“到了西安，为啥不来找我？”

沈钟说：“我刚来几天，还没顾上找你，你就来了。”

谈起被日寇钉死在门板上的鲍智贤时，三个人都掉下泪来。久别重逢，一时有说不完的话，骆伯安弄来酒菜，他们边吃边聊，直至天黑时方散。

第二天，沈钟和母亲住进了芙蓉街 7 号。

廖梦棠信手翻阅着一大堆文件。一宗案卷的标题，吸引住了他的目光：《关于执行眼镜蛇计划的指令》，他急忙打开卷宗，只见上面写着：

眼镜蛇：

据悉中共匪首雷皓宇，近日由重庆返回延安，中午在你处歇息用餐。照第一套行动方案执行，不得有误！

老鹰

廖梦棠立即拨通了纪中原的电话。他让纪中原查一查眼镜蛇计划的具体内容，查清后马上告诉他。

十分钟后，纪中原气喘嘘嘘赶到西柳巷 1 号。

纪中原告诉廖梦棠，眼镜蛇计划的内容，是暗杀雷皓宇。这个罪恶计划的制订者，是中统西北分局局长沈建忠，代号为老鹰。执行这一行动计划的人，是刚刚被拉下水的长安饭店办事处厨师王磊，代号为眼镜蛇。暗杀手段是在雷皓宇的饭菜里投毒。

这就是所谓的第一套行动方案。

廖梦棠看了看密件后面的时间，已经过去了两天，一下子紧张起来。这可是火烧眉毛的事！偏偏廖勃这时不在茶庄。他让纪中原骑上自行车，把这份密件赶紧送到蓝梅车行，交给梅老板，让梅老板立即送到长安饭店办事处，一秒钟也不许耽搁！

纪中原骑着自行车，匆匆忙忙赶到蓝梅车行，把密件交给了梅登岩。梅登岩把密件装进自行车底座下的钢管中，叮咛石蓝草去报告庞志柏，自己骑着自行车风风火火直奔长安饭店。

梅登岩一见到伍云甫，便心急火燎地问："伍主任，雷先生到了没有?"

伍云甫说："刚到，正在歇息喝茶，准备吃饭。"

梅登岩取出那份密件，交给伍云甫。伍云甫看了大吃一惊！当即从地下室叫出两名警卫，低声交代了几句，两名警卫转身离开了。

梅登岩说："伍主任，要是没别的事，我回去了。"

伍云甫说："先别急着走，马上就有好戏看了！"

正说着外面传来杂沓的脚步声，两个带短枪的警卫战士，押着一个系白围裙、戴眼镜的男子走了进来。那男子脸上毫无血色，一看见伍云甫，深深低下了头，两腿抖个不停。

伍云甫厉声斥责道："王磊，你是怎么叛变投敌的？你的上司是谁？他给你安排了什么任务？老实交代，有半句假话我就毙了你！"

王磊说："我交代我交代，我的一个同乡，在中统特务头子沈建忠手下干事，沈建忠通过他，把我老婆孩子骗到西安关了起来。他威胁我说，如果不照他们的计划办，就马上杀了我的老婆孩子……"

"他们让你干什么？"

"让我给雷先生的饭碗里投毒。"王磊说着，从裤兜里掏出一小包毒药，抖抖索索放在桌子上，接着说："这是他们交给我的！伍主任，我可都交代了，你得救救我的老婆、孩子……"王磊哭着、说着，索性跪在地上，如同捣蒜似的磕起头来。

伍云甫怒斥道："没骨气的东西！关起来，等候处理！"

两个警卫战士把王磊押走了。

梅登岩离开了长安饭店办事处，骑着自行车正在往回赶，后面传来了急促的脚步声。扭回头一看，两个提着短枪的特务追了上来，大声喊道：

"站住！站住！不站住老子开枪啦！"

梅登岩骑着车子，急忙拐进了一条小巷。这一片小巷子纵横交错，梅登岩是头一次来这里，七拐八拐只当把尾巴甩掉了，猛一抬头，几乎和两个追赶的特务撞了个满怀。情急之中，梅登岩一脚蹬倒了茅草棚的木柱，把两个特务捂在茅草棚底下。

梅登岩跨上自行车，掉头就跑。

巷子越来越窄，又堆满了杂物，自行车根本骑不快。特务又追了上来，子弹"嗖""嗖"飞过来，打在墙头上，砖头瓦块在头顶飞溅。

梅登岩终于跑出居民区，眼前出现一片开阔地，四面都是一人多高的围墙。梅登岩一看无路可逃，索性把自行车放倒，爬在胡墼壕里。因为入过行伍，习惯性地举起双手，做出射击的样子。

这一招还真管用，刚刚从小巷子里探出头来的两个特务，急忙把头缩了回去。梅登岩闪电般飞奔到围墙下，纵身一跃，翻过墙头，撒开腿跑了。

梅登岩一回到家，立即穿过夹墙过道到了芙蓉街 7 号。他把去长安饭店送情报的事告诉了妻哥。庞志柏兴奋地告诉他，延安来电，批准了梅登岩、韩翔、雷关斗、李天娥、石蓝草的入党申请。

梅登岩激动得面红耳赤，搓着手不知说什么好。

庞志柏用红、黄两色粉笔，在墙上画了一面小小的党旗，对梅登岩说：“这是党旗，代表党，你对着党旗宣誓!”

梅登岩问：“哥，啥叫宣誓?”

庞志柏说：“宣誓、宣誓的意思，跟发咒差不多。”

梅登岩说：“哥我明白了。上有天，下有地，我梅登岩要是不听党的话，天打五雷轰！假若有一天我落到敌人手里，他们就是把我烤焦了，我也绝不做背叛党的事!”

奇园茶社

仲夏的莲池公园，绿荫如盖，湖光潋滟，游人三三两两，坐在树底下乘凉。一身乡绅阔佬装束的庞志柏，和穿着西服革履、举止潇洒的韩翔，在一片茂林修竹后头绕了过来，沿湖畔的小路缓缓而行。庞志柏突然想起了班大鼻子的莲池饭庄，心中油然生出几分怀旧的情感来。

庞志柏感叹道："班大鼻子的莲池饭庄搬走以后，这块地方冷清得多了！"

韩翔说："听说这块地方，老早是唐皇城承天门所在地，皇帝在这里受万国朝贡，待八方宾客，热闹得很！不知道这莲池公园，是哪个朝代建的？"

庞志柏说："莲池公园早先叫莲花池，是明代皇帝朱元璋的次子、秦王的私家后花园，虽然面积不大，亭台楼阁、莲池花榭，一应俱全。到了民国初年，才改为莲池公园。"

韩翔说："宋代也有个莲花池，是郡守周敦颐在他的军衙里挖的。他写了一篇《爱莲说》，里面说'予独爱莲之出淤泥而不染，濯清涟而不妖'，是写莲花写得最好的。"

两人走到一家茶社跟前，止住了脚步。

这家茶社遮掩在树荫下，凉爽得很！庞志柏道："周敦颐的《爱莲说》，是坐在他的莲花池旁一面品茶，一面观赏莲花，突发灵感写成的。咱今儿也学学周敦颐，看能不能写出一首好诗来！"

两人刚在茶几旁的躺椅上坐下，茶社老板急忙从屋内迎出来，殷勤地问："二位先生想喝啥茶？"庞志柏说："有龙井吗？沏壶龙井！"

茶端上来后，老板又端来一碟炒瓜籽，说："送二位一碟瓜子，请慢慢喝，慢慢聊。喝完喊一声，我给二位续水，水不要钱。"

茶社老板离开后，庞志柏低语道："这茶社老板怪会做生意，这个夏天肯定不少挣钱。"

韩翔说："前几天，《文化日报》登了一条征租启示，市政府要在莲池公园开一个茶社，公开招标聘用经营者。听说应招的人不少！"

庞志柏眼前一亮："这可是个难得的好机会！"

韩翔用异样的目光瞅着庞志柏："怎么，你也想投标？"

庞志柏瞅了一眼路过的一对青年男女，悄声说："不是我想投标，是咱们！"

韩翔一脸狐疑："公园里有两家茶社，再开茶社能赚钱吗?"

"只要经营有方，肯定比他们生意红火!"庞志柏向韩翔探过身子，低声说："其实，赚钱并不是主要目的，主要目的是设立新的联络站。"

韩翔说："公园里人恁多，啥人都来，太不安全了!"

庞志柏笑道："你说反了，正因为人多，才更有利于隐蔽。如果能把这个茶社竞标到手，至少有四大好处：一是可以把秘密联络站，由蓝梅车行转移到茶社，更利于机关安全。二是可以通过茶社，掩护和接送过往的同志。三是有利于和民主进步人士取得联系，向他们宣传抗日形势和党的主张。四呢，经营好了还能赚些钱，解决经费不足的问题。"

韩翔说："照你这么说还真是个香饽饽，可不一定能抢到手。我听人说有几个政府要员，都想借机会狠赚一把，僧多粥少，咱们要中标，成功的概率太低了!"

"事在人为么!"庞志柏说："当初雷皓宇先生给咱出主意，让咱把密台建在国民党反动派的公开台上，我开始也以为这是石板上钉楔子，根本办不到的事，后来不是办到了吗?"

韩翔说："莲池公园这一带是洪帮的地盘，他们碗里的肉，能容别人伸出筷子夹走吗?"

这倒是个问题。庞志柏思索了一阵，说："韩翔，你马上加入洪帮，咋样?"

韩翔惊呆了："你说啥?让我加入、加入洪帮?"

"对，先加入洪帮，然后参加竞标。一定要把茶社的经营权，争到手……"

庞志柏和韩翔齐心协力，再加上廖梦棠和贺一鸣从中斡旋，暗中相助，终于在激烈的竞争中压倒了众多对手，把茶社的开办权争到了手。茶社的注册人，是韩翔，经营者是梅登岩。

梅登岩把车行的胶轮轿车卖了，六辆黄包车卖了五辆，三匹骡马卖了两匹，只留了一辆黄包车和一匹白马，自己使用。

庞志柏又给了他一笔启动资金，在公园东门内盖了两间瓦房，在瓦房前面盖了一个大棚，打制了一百张桌子，三百把躺椅。

梅登岩为人诚恳，重情义皮裳厚，所以朋友也多。他聘用了五个茶房伙计，都是平日最要好的朋友，又聘用了很有人缘的柳天祥，当茶房头。

茶社开张那天中午，莲池公园东门口的鞭炮声，“噼里啪啦”响了大半天。公园内闲散的游客，聚集在新开张的茶社前，观看茶社的雇员把一面杏黄色的旌幡，升在高高的旗杆顶上，旌幡在风中翻飞，上面写着“望梅止渴”四个魏体大字。又把写着“奇园茶社”四个榜书大字的招牌，挂在茶房屋檐下。

有人又抱来两块油漆成暗棕色的木板，上面镂刻着用金粉描出的楹联。

“奇园茶社”的招牌和楹联，都是由庞志柏拟好，由谢靖夫书写在纸上，然后由韩翔拿到木头市，让一家牌匾社刻制成的。楹联写的是：

奇乎不奇不奇又奇

园耶是园是园非园

这副楹联，更是不同寻常。其中的含义，云遮雾罩、扑朔迷离，让围观者看出一头雾水，怎么也想不出个所以然来。

谢靖夫站在围观的人群中，颔首拈须、啧啧称赞：“好！这副楹联写得妙！真是太妙了！”

围观的一个男子喊道：“谢先生，我是老粗，脑子里装一盆浆子。你当过北大教授，有大学问，给我们讲讲这副楹联，好在哪里？妙在何处？”

谢靖夫微笑道：“这副楹联用了四个奇字，你们知道茶社经理韩翔，本名叫什么？叫韩士奇。楹联中这四个奇字，就是从他的名字中取来的。其中的含义只可意会，不可言传，回去慢慢想，想个十年八年，其意自明。”

有人又问：“谢先生，茶社的老板叫梅登岩，为啥不把他的名字也写进去？”谢靖夫说：“你往脑顶瞅，看那旌幡上写的啥字？‘望梅止渴’，梅字不也用上了。”

这时，梅登岩向众人喊道：“各位老少爷们听好了，今儿本茶社开张，欢迎大家前来捧场！请各位入座，我给大家马上上茶，上好茶！今儿来这里喝茶的，不收一分钱！”

众人说着、笑着，分头在茶桌旁坐下来。

和谢靖夫坐在一张桌子上的，是一个年轻后生。他问：“谢先生，这副楹联，是你编的吧？”

谢靖夫摇摇头：“我哪能编出这么好的楹联！听梅老板说，是路过他家门口的算卦先生写的。依老夫之见，此人绝非凡夫俗子，一定是个才高八斗、胸有沟壑的奇人！奇才！”

这时茶社内已坐满了人，欢声笑语不绝于耳。

几个年轻的茶房伙计，肩上搭着雪白的毛巾，腰里围着蓝色的遮裙，手里提着白釉细瓷茶壶，如同梭子似的来来往往，给众人续茶水。茶房头柳天祥，戴着黑帽瓢、扎着裤脚，在茶棚门口亮着嗓门迎来送往。

山墙下的茶水炉子内，炭火熊熊热气炙人。茶炉子上坐的几个铁皮大茶壶“噗噗”地冒着热气，诱人的茶香在茶棚内外弥漫。

奇园茶社开张这天中午，由韩翔出面在钟楼饭店包了两桌酒席，请了十多个当地有权有势的人物。其中有洪帮的帮主刘老大，以及郑巡官、朱保长、杨甲长、侦缉队的孙队长等一帮子地头蛇。

喝到高兴处，刘老大宣布自己要掏腰包请一个自乐班，在奇园茶社里唱三天戏助兴。

一片欢呼叫好声中，又来了一位重要人物，他就是警察分局吕局长。吕局长和沈钟在行伍里相处多年，是老相识。庞志柏让沈钟去找吕局长，让他给茶社题写了“高朋满座”四个字。茶社开张这天，沈钟把吕局长也请来了，吕局长一到，沈钟就把装裱好的题字，展示出来。吕局长拱手笑道：“献丑啦！献丑啦！”饭店内气氛更加活跃。

入夜后，韩翔来到九府街旗袍店，见到了庞志柏。他是从奇园茶社过来的，他告知庞志柏：“洪帮的刘老大找的自乐班，到了茶社，已经‘叮叮咣咣’敲开了。吕局长题的字，也挂到了茶社。”

庞志柏笑道：“别看吕局长写的字，不咋地，却有镇宅辟邪的作用。那些小特务一看，他们的主子给茶社题了词，就不敢胡骚情了。”

将计就计

庞志柏让韩翔买了一台档次较高的收音机，每天晚上由彭云锦按时收听、记录延安的新华社要闻，然后由沈钟在机关地下室刻印出一百多份，加了个刊名叫《人民之声》。再交给梅登岩和石蓝草，在茶社悄悄散发给我们的同志，以及与我们有密切联系的民主进步人士。

秘密情报机关印发的《人民之声》，一个月头上出了岔子，情报组织的两个成员被特务逮捕了。

被捕的两个人，一个是同聚军衣店的经理骆伯安，另一个是刻印《人民之声》的沈钟。

沈钟每隔几天，要去同聚军衣店看望老朋友骆伯安。他每次去，都要带几份《人民之声》，装在自行车手把里，让骆伯安一睹为快。

那一天，两人正陶醉在阅读带来的喜悦中，突然门被踢开了，特务发现了《人民之声》，把他俩逮捕了。经过多次审问拷打，俩人一口咬定是在街上拣的。特务问不出啥名堂，把他俩转押到刚刚建立的集中营里。

骆伯安和沈钟入狱后，通过内线很快和狱中的中共党员，建立了联系，并成立了临时党支部，和国民党反动派展开了各种形式的斗争。

他们并不知道，一个罪恶的大屠杀阴谋，正在危及集中营内六百多名革命者的生命。

这天晚上，赵长烈主持的特联会如期举行。

正在发言的是陕西省党部主任委员顾金鼎，他说他到任以来，只干了一件事，就是把分散在各地的政治犯，全部关押在集中营里。本来为了加强警力，便于管理，没想到政治犯这么多，把集中营塞得满满的。这些政治犯都不是省油的灯，经常闹事，要求改善生活条件，好像他们住得不是监狱，而是金銮殿！犯人天天都在增加，矛盾越来越尖锐。

为了解决这一矛盾，顾金鼎想出一个绝招，他计划使用苦肉计，让狱中的一个叛徒去鼓动政治犯越狱，然后趁机将政治犯全部处死，把监狱腾出来，关押新抓来的政治犯。

顾金鼎自鸣得意的罪恶计划，博得了一片掌声，也得到了赵长烈的默许。正端着杯子喝茶的廖梦棠，没有鼓掌。他轻轻地吹着浮在水面上的茶叶，脸上掠过一丝不易察觉的冷笑。

这天下午，廖勃骑着自行车，来给奇园茶社送茶叶。他告诉梅登岩，廖哥晚上要见庞哥，地点在天佑茶庄。

入夜后，庞志柏和廖梦棠在天佑茶庄见了面。廖梦棠把顾金鼎的大屠杀阴谋，告诉了庞志柏。庞志柏说："你马上写封密信，让集中营的线人交给骆和沈，让他们谨防上当。"

廖梦棠说："骆和沈保释的事，我活动得差不多了，如果这时候有异常举动，万一被敌人察觉，不但保释无望，弄不好得送命！"

庞志柏说："他俩是狱中党组织负责人，这个时候离开集中营，敌人的大屠杀阴谋就可能得逞！这可是关系六百多名革命者性命的大事，对他俩的营救计划缓缓吧！"

翌日。狱中的骆伯安和沈钟，收到了廖梦棠托线人送来的密信。沈钟看完密信揉作一团，塞到嘴里嚼碎咽了下去。密信中说，有一个混在犯人中的叛徒，接受了敌人的指示，计划煽动狱中的政治犯越狱，借机实施大屠杀阴谋。

这个混在犯人中的叛徒，会是谁呢？

骆伯安突然想起新来的一个政治犯，自称是共产党员，刚刚入狱就打听狱中党组织的情况。因为不了解他的底细，没有人跟他搭讪。他今天又被带去审问，他会不会就是那个叛徒呢？

骆伯安和沈钟正在琢磨，牢门打开了。那个新来的政治犯，被狱警拖进了牢房，扔在地上。牢门重新锁上了。

骆伯安走到那个政治犯身边，发现他虽然浑身血迹斑斑，却找不到一处新添的伤口。于是又转身回到自己的地铺上躺下来，低声嘀咕了一句："吃人饭、拉狗屎的东西！"

过了一会儿，那个政治犯坐了起来。他那如同刺蓬似的一头乱发上，粘着几节麦草，灰头土脸，就像刚刚从墓穴里爬出来的活鬼。他开始破口大骂，骂狱警、骂审判长，骂够了、骂累了，冲着狱中的犯人悄声说："弟兄们，实话告诉你们，我和外面的地下组织联系上了。地下组织领导决定，明天中午十二点放风时，咱们一起推倒南面的土墙逃出去！他们带着人在外面接应咱们……"

骆伯安抿嘴一笑。他附耳对沈钟说："这瓷槌还想日弄人哩，狐狸尾巴露出来了！"

当天晚上，骆伯安通过狱中的内线，把敌人的阴谋通知给各个牢房中的秘密党小组。让他们稳住人心，到时候只须按兵不动，敌人的阴谋不攻自破。

第二天中午放风时，犯人们都从牢房里走出来，贪婪地享受着每天仅有的二十分钟好空气、好阳光。骆伯安身边，有几个年轻力壮的犯人漫不经心地散步。

沈钟在身后捅了捅骆伯安。骆伯安抬头一看，监狱周围所有岗楼上的士兵，一个也不见了。

就在这时突然有人大喊："同志们！快推倒南墙，外面有人接应，快跑呀！"喊话的犯人带头向南边的土墙根跑去。因为心慌跌了个狗吃屎，爬起来又跑。骆伯安一瞅，正是关在同一牢房里的那个犯人。因为各个牢房都有防备，没有一个人跟着他跑。

骆伯安和沈钟按照事先约定，带着两个年轻的政治犯，跟尻子追到南墙下，冲着叛徒又踢又打，一面不停地骂："癞皮狗！打死你！打死你！癞皮狗！"

那叛徒双手捂着头翻来滚去，一面大喊大叫：快！快开枪！越狱啦！打死他们，快开枪，快……

不大一会儿，那叛徒七窍流血，捯了几口气，腿一蹬，喉咙里"咯儿"一声，一翻白眼送了命。

岗楼上的士兵正要扣动扳机，被站在旁边的长官制止了。

沈钟拖着那具死尸一条腿，像拖死猪拖到院中央。硬光光的地面上，拖出一道黑红色的血迹。

沈钟冲着岗楼上喊道："报告长官！这家伙煽动犯人越狱，我们把他打死了！立功者受奖，得给我们减刑啊！"

端午节

东大街向阳旅馆的老掌柜寇向阳，病逝快一年了。女婿芦冰泉在重新登记注册时，把向阳旅馆改成了冰泉旅馆。如今的冰泉旅馆，也成了情报组织的秘密联络点。

此日午后，庞志柏和冯铭学又在冰泉旅馆见了面。庞志柏问冯铭学：“你能不能带一个老婆和几个娃，过封锁线去边区?”

冯铭学说：“能是能，娃不能超过十五岁。我常过封锁线，不用路条，带人还得有路条。我在县府没熟人，路条开不出来。”

庞志柏说：“路条的事，你不用管，我另想办法解决。你想想还有啥难场没有?”

冯铭学说：“守硐的朴团长，抬脚割掌，雁过拔毛。平时一盒纸烟就打发了，带这么多人过去，出血少了肯定不行!”

再过几天就是端午节了。按当地风俗，端午节要走亲戚、送粽子。庞志柏和冯铭学商定，让几个娃每人提一笼笼粽子，以走亲戚的名义跟着冯铭学过封锁线。老太太扮作冯铭学的姨妈，谎称去旬邑走亲戚。

庞志柏得知守硐的朴团长是大烟鬼，特意包了二两上好的烟土，让冯铭学带在身上。俩人约好行动时间和接头地点后，冯铭学返回耀县冯家桥去了。

这些日子，李天娥一直为儿子小虎的事，心中惴惴不安。

那天小虎和小龙小兄弟俩，在奇园茶社里玩。有两个不三不四的男人挤眉弄眼说：“你盯这俩碎小子，这个是茶社老板娘的儿子，那个就是庞志柏的儿子!”

小虎一回到家，就把这件事告诉了父母亲。庞志柏立即警觉起来，他对妻子说：“不好！得马上把小虎、小龙送到延安去!”

庞志柏给冯铭学说的老太太，是赵守珊的母亲。西安围城时，赵守珊在杨啸林部任团长，与庞志柏相识。之后官至赵长烈部的集团军总司令，经八路军总部首长彭德华介绍，中央首长特批，赵守珊秘密加入中共。中央指示，在赵守珊发表起义通电前，通知西安与赵直接有关的人员，迅速撤离。

庞志柏接到内台电报指示，承担了护送赵守珊的母亲秘密去边区的任务。同时护送的三个孩子，除了庞志柏的儿子小虎，石蓝草的儿子小龙，还有贺一鸣的女儿倩倩。

庞志柏夫妇正在卧室内，商量送孩子去延安的事，从蓝梅车行传来石蓝草“咕咕咕咕”的叫鸡声。

李天娥急忙从后门进入侧院，用吆鸡声大声应道：“呜——嗤——”。一方四角绑扎在一起的洋布手帕，从墙头上扔了过来。

李天娥捡起手帕带回室内，取出里面的密件，交给了丈夫。密件是从延安内台发来的，告知庞志柏，抗日战争的胜利，指日可待，中央情报部门要求庞志柏，择机密赴延安汇报工作，准备接受新的任务。

入夜后，庞志柏在钟楼饭店，和廖梦棠见了面。

庞志柏告诉廖梦棠，中央来电让他去延安汇报工作，他决定把赵母及三个孩子顺便带过去。

廖梦棠告诉庞志柏，他也要随庞志柏去延安，要求中央恢复他的党籍，同时把自己的独生子小石头，也送到延安去。

庞志柏说：“小石头的事好说，就让他也跟着去吧。你去延安的事，等我请示中央后再做决定。要是中央同意，咱们咋过封锁线？”

廖梦棠说：“肯定不能偷着去，只能公开去。公开去就得有公开去的理由，得想个万全之策，大姑娘裁褯子，这事得提早准备。我先把纪中原派到同官县，去当县党部书记长，他去了以后不光能解决路条问题，等咱俩过封锁线时，还能派上大用场。”

纪中原住得很近，廖梦棠把电话打过去一会儿，他就赶了过来。

廖梦棠把派纪中原去同官县，担任党部书记长的事，告诉了纪中原。

庞志柏对纪中原说：“你到任后，我会派一个叫狸猫的人和你联系。同官县在红白交界处，除了重兵把守，敌特人员特别多，行动一定要营心。万一露出马脚，就学《捉放曹》里的陈宫，逃之夭夭……”

纪中原去同官县半个月后，端午节到了。

庞志柏让天娥包了一锅粽子，分成四份装在四个笼笼里，让四个娃提着。庞志柏夫妇带着小虎和小石头，蓝草和赵母扮作婆媳，带着倩倩和小龙，上火车后分两摊坐在一起。

在耀县下火车后，四个娃被纪中原派来的人接走了。庞志柏夫妇和蓝草、赵老太太，这一夜歇在福海皮坊和桐花巷狸猫家里。

第二天晌午，冯铭学赶着骡子驮着两捆棉花，让赵老太太坐在棉花驮子上，在塔坡和纪中原带的四个娃汇合后，沿着锦阳川一路朝北去了。

过封锁线时，冯铭学让朴团长看了路条，取出用油纸包的大烟土，塞到朴团长手中说："这可是上等货，是我为孝敬你特意准备的！"

朴团长打开油纸包，用舌头舔了舔，说："是上等货不假，就是少了点。你一次带这么多人过去，才给老子带这么点东西，大悭皮！太涩（啬）了，比木锉还涩！骡子上的兀个老婆是做啥的？"

冯铭学陪笑道："是我姨妈，到旬邑县走亲戚。"

朴团长手一摇说："走吧，记着下次多带点货！"冯铭学连连称是。转身赶着骡子，招呼赵老太太坐好，带着四个娃过了封锁线……

第二天，冯铭学平安返回耀县后，众人悬了两天的心才落了地。蓝草和天娥搭火车回了西安，庞志柏在耀县城又滞留了两天。

这天上午，庞志柏在桐花巷秘密约见纪中原，他把狸猫也叫到跟前。

庞志柏说："据可靠情报，祝晓竹的女婿、那个号称'反共专家'的梁干乔，过几天要在同官县文庙办个培训班，培训一批准备潜入延安的特工。老纪，你一定要想办法把狸猫安插进去！他有文化，心眼活泛，让他参加培训班的筹办工作。一定要把每个特工的照片和资料，弄到手！"

庞志柏取出一个德国造的照相机，交给狸猫说："你没摆弄过这洋玩意儿，不得法。先看看说明书，晚上我再……"

正说着话，毛福海敲开门走了进来。他问庞志柏："快到早上饭时辰了，你俩想吃啥好吃的，我给你们张罗去。”

纪中原说：“你们耀县城蛇蚤大一块地方，又这么僻背，能有啥好吃喝?”

毛福海说：“这位先生是外埠人吧？你别看我们耀县城不大，却守在关中通往北地的卡脖子地方。公路铁路修通以后人口添了一半，国民党的军政要员常来常往。耀县城的饭馆子，近两年增添到了二十多家，远近闻名的老馆子，有恒盛馆、同鑫馆、欣兴馆、杏花村几家。最有名的吃食，有宋代传下来的耀州蒸盘，清代传下来的八炸鸡，还有吃上一回再也丢不下的蜜汁葫芦、雪山羊肉、芙蓉豆腐箱、雪花糖，好吃的多得太!”

毛福海说：“你俩想吃啥随便点，我这就去订外卖，让堂倌给你们送过来!”

庞志柏知道表弟是细发人，不想让他再破费，随口说道：“前天早上老冯出门时，我陪他吃了一老碗咸汤面，真好吃。让狸猫去买几碗咸汤面吧!”

过了一会儿，狸猫提着一黄铜罐子咸汤面走了进来。三个男人围着小圆桌，边吃边聊。

狸猫说：“耀县这咸汤面筋道得很，就是好吃！辣味出头，合咱关中道人的胃口。姜丝、韭花、辣油、豆腐，黄、绿、红、白，色香味俱佳！听当地人说，这咸汤面当初是专门给脚户创制的。脚户大都是冬天农闲时才出远门，大清早天特别冷，上路以前吃一碗煎煎活活的咸汤面，暖胃活血，周身冒汗，舒坦扎咧!”

庞志柏心想，耀县有几千家脚户，为脚户服务的皮坊也有十多家，这是耀县独有的。耀县脚户行的兴盛，为地下交通线的建立提供了得天独厚的条件。

女报务员

一日清早，丁吻月正向延安内台发报，译电室主任杨敬先走了进来。

杨敬先瞅着电文纸，问：“给哪里发报?”

丁吻月一面发报，一面漫不经心地说：“保司横山指挥所。”

杨敬先依然盯着电文纸：“我记得，好像没签发过这份电报?”

丁吻月不知该说什么，索性什么也不说，只管不停地敲击着电键。

杨敬先不再深究，转身离开了。

丁吻月一发完报，赶紧到台长室对雷关斗低语道：“刚才杨主任去了报务室，说他好像没签发过那份电报。我没吱声，他转身走了。”

雷关斗说：“没事，只要密电稿不落到他手里，就不用怕。就是翻了脸，他也抓不住把柄。”

两人正说着，一辆吉普车停在小红楼下，从车上下来两个青年军官。雷关斗说：“是电监科的。”丁吻月说：“会不会是杨主任，向电监科报告了?”

雷关斗说：“别慌，我来应付。”

两个青年军官上到三楼，走进台长室。一个问：“你们俩谁是台长?”雷关斗说：“我是，请问二位有何贵干?”另一个说：“我们是绥署电监科的，叫你们通讯参谋梁国真来，有事问他。”

雷关斗让丁吻月去找梁国真。

梁国真来了。雷关斗说：“梁参谋，这二位是绥署电监科的，有事要问你。”

一位青年军官“嚓”的一声，拉开公文包拉链，取出一片纸拍在桌子上，说：“这两个呼号，是从你们这个台发出的，和你们上报的呼号不一致！梁参谋，你作何解释?”

梁国真尚未开口，雷关斗一把抓起桌子上的纸片，一看上面写的两个呼号，都不是自己密台使用的呼号，心中有了底。

雷关斗又把纸片拍在桌子上，说：“我们台哪用过这两个呼号！你们查么，要是查出用过，我情愿受军法处裁！如果查明没用过，我要到国防部电监司告你们!”

梁国真对雷关斗替朋友发商报，心知肚明，听了雷关斗的话，心中有了数。他对电监科的人说：“我可以担保，这不是他们台使用的呼号。谅他们也不敢背着我们通讯处，干这种玩命的事。也许是你们电监科搞错了，你们回头再查查吧!”

两个青年军官拿不出真凭实据，收起纸片，一脸扫兴下楼走了。

梁国真说：“这明明是敲诈勒索！他们要是真查出问题，哪能这样不了了之!”

雷关斗和丁吻月都不敢大意。丁吻月把密台发生的事，赶紧告诉了韩翔，韩翔当即告诉了梅登岩。

第二天晚上，庞志柏赶到了曹家巷69号。他告诉雷关斗：“我们的内线已经查明，绥署电监科去雷台找茬子，完全是敲诈行为，与杨敬先没任何关系，只是时间上的巧合。”

雷关斗说：“我估计得没错，杨敬先不是那种无事生非的人。他是我在孙书堂部的老同事，我们的关系一直很好。”

庞志柏说：“既然杨敬先起了疑心，就得给他一个说法。要不这样吧，咱出几个钱请杨敬先喝一次酒，你和丁吻月作陪，向杨敬先道个歉，你看如何?”

雷关斗说：“你想得真周到！明天我就约他去喝酒。”

庞志柏沉思片刻，说：“对电讯监察科，要加强戒备！以后和内台联系的时间，一定要放在特务不注意的时间段。记住，咱们是在刀尖上跳舞，稍有疏忽就会丢掉性命，给革命事业带来重大损失，不可有一丝一毫马虎大意！”

抗日战争的胜利，使古城西安沉浸在一片狂欢中。

蒋介石电邀毛泽东赴重庆谈判，共商建国大业，这个消息如同一阵旋风，吹遍了街头巷尾。在无数善良人们的心目中，历经百年战乱之苦的中华民族，从此将化干戈为玉帛，走向国泰民安的太平盛世。

在欢庆胜利的喧天锣鼓声中，有一股潜在的逆流正在古城涌动。

这天晚上，国民党省党部主任顾金鼎，正在和省府主席祝晓竹、中统西北分局局长沈建忠、省党部委员戚智、警察局长乔绍文搓麻将，突然电话铃响了。顾金鼎接完电话，回到麻将桌旁绷着脸骂道：

“这帮臭文人，个个中了共产党的邪！”

祝晓竹问：“啥事么？瞧你，脸都气黄了！”

顾金鼎气哼哼说：“赵长官看了《联合版》今天的社论，在电话里拿我出气，好像那篇社论是我写的！”

祝晓竹问：“《联合版》我向来懒得看，社论都写些啥？值得赵长官发这么大火！”

顾金鼎说：“社论我倒是看了，题目是《国家之光——欣闻毛先生飞抵重庆》”。

沈建忠接过话茬：“我也看了，里面有些话的确太刺眼！什么毛先生到了重庆，就像黑暗的天空突然出现了一道光明。还说这是新中国之发轫，是和平的福音，历史将大书特书云云……”

乔绍文把面前的牌一呼啦，说：“《联合版》如此吹捧毛泽东，莫非要以毛取代蒋委员长？”

戚智的屁子在椅子上一蹾，说：“《联合版》这些屁红子，一贯左倾，比共党分子更可憎！”

祝晓竹阴着脸说："《联合版》成了《新华日报》的西安版！上次查封了《工商》和《秦风》二报，就不该让他们出《联合版》。这帮臭文人个个吃了秀才屎，放的屁又酸又臭！惹出事来还得咱替他们擦屁子。"

……

此日午后，庞志柏从五味十字《联合版》报馆出来，坐着黄包车行至翁家巷32号门前，下了车。

这里是杜炳诚的家，李咸真正在屋里和杜先生谈话。

杜炳诚顶无须发，留着浓密的八字胡，号称美髯公。他担任杨啸林的总参议时主张跟共产党走，被蒋介石视为眼中钉。

李咸真国字脸，大背头，中共秘密党员。先前在西安创办《老百姓报》，对反动当局的倒行逆施痛下针砭。《老百姓报》以多国文字出版，在国内外影响巨大，被蒋介石下令查封。

杜、李二人德高望重、思想敏睿，都是庞志柏平时最敬重的人。杜炳诚是《联合版》董事长，李咸真是编辑，庞志柏为投资人之一，三人时常为办报的事，在报馆或杜先生家碰头。由庞志柏情报处刻印的《人民之声》，每期都要送给《联合版》一份，《联合版》择要予以转载。

庞志柏告诉李、杜二人，他刚从报馆回来，今天报馆收到一封恐吓信，信封里还装着两颗子弹。

庞志柏从皮包里取出那封信，"当啷"一声，两颗簇新的子弹，掉在桌面上。

杜、李二人急忙展开信纸，上面写着：

> 毛到渝，你报接受了延安三百万津贴，得意忘形地活跃，如再不改，当以暴力制裁！

杜炳诚说："昨天《联合版》刚登了耿秉烛写的社论，欢呼毛先生赴重庆谈判，这封恐吓信显然是冲着那篇社论来的！"

李咸真说：“那篇社论上报前，我看过，我举双手赞成，太痛快了！太过瘾了！”

庞志柏说：“可不能光图痛快，过瘾！雷皓宇先生非常关心西安的进步报纸，他说西安不是延安，用词不可过于激烈，要避免不必要的牺牲！”

杜炳诚说：“蒋介石这个人口是心非，一点儿也靠不住！要我说，毛先生根本就不该去重庆，那里是虎穴狼窝啊！”

庞志柏收起恐吓信和那两颗子弹，说：“我对这次国共和谈，并不乐观。蒋介石明里讲和平建国，暗中给部下散发《剿匪手本》。我有个预感，好像又闻到了二十七年前的血腥味！”

当天晚上，庞志柏把这一事件拟了一份电文，由保司密台发往延安内台。

第十六章

午夜抓捕

天黑时，庞志柏走进了逸仙中学大门。

看大门的换了人，挡住庞志柏问："你找谁?"庞志柏掏出一盒骆驼牌香烟，塞到他手里说："你刚来的吧？我跟逸中的米念成主任是老朋友，是他约我来聊天的。"

看门人问："得多长时间，十点钟关门。"

庞志柏说："你只管关门睡觉，我晚上不回去了。"

看门人是个干瘦、矮小的中年男子，窄长的脸面就像风干的丝瓜。他叫张兴，外号老八，是绥署二处处长武枕戈安插在逸中的钉子。

庞志柏才刚离开，张兴拨通了武枕戈的电话。他捂着话筒低声说："武处长，我是老八，胖子刚进去！今晚上要在米念成住处过夜！"

朱雀路西北军政长官公署，赵长烈正在主持联席汇报会。

武枕戈匆匆忙忙走进来，找了个空位子坐下，掏出手帕擦着额头的汗。

赵长烈问："武处长，怎么姗姗来迟呀?"

武枕戈急忙站起来："报告赵长官，我刚才有急事，脱不开身。"

"什么急事？比参加特联会还重要吗？嗯！"

“报告赵长官，我们发现了中共地下组织的重大秘密！”

“什么重大秘密？在我主持的特联会上，无密可保。你说吧！”

“我们刚才发现了胖子的窝藏地点，决定十二点抓捕，准备工作我都安排好了！”

赵长烈摆摆手，示意武枕戈坐下后，又接着讲起来……

坐在武枕戈对面的廖梦棠，一面喝水，一面扫了一眼墙上的挂钟。挂钟的时针已经逼近十点……

芙蓉街 7 号列为特种户口后，敌特一直没有间断过化装盯梢，突击搜查，却一直未能找到那个神秘的男主人，甚至连他的长相和真实姓名，至今也没有搞清。他们能知道的，是一个四十岁出头、已经发胖的男人，于是把他称为“胖子”。

有关这个“胖子”的历史，有人说他当过省党部委员，在杨啸林部当过军需官，有人说他给八路军搞过运输，也有人说他一直在上海做生意。众说纷纭，扑朔迷离，难下定论。

一个多月前，武枕戈得到特务老八的密报，说逸中的共党嫌疑分子米念成，和一个四十多岁的胖男子，有过接触。这个胖男子，很可能就是住在芙蓉街 7 号的那个共党分子。

武枕戈一提胖子，廖梦棠一愣，一下子明白了。他的生死与共的好兄弟庞志柏，又陷入了极其危险的境地！

廖梦棠焦急万分、如坐针毡，表面上却平静如常。他紧张地思考着解救庞志柏的办法，短短半个小时内，他想出了好几种解救方案，又一一推翻了……

赵长烈讲得舌敝唇焦。他终于讲完了，擦去嘴角的白沫，端起茶杯喝起水来。

廖梦棠心想，现在让人去通知庞志柏转移，还来得及。没想到中统头目沈建忠，又喋喋不休地讲起了车轱辘话。墙上的挂钟发出了“滴答、滴答”的声响，十点四十、十点五十、十一点……

突然“砰”的一声巨响，廖梦棠手里端的暖水瓶和茶杯，掉在了地上。廖梦棠连同椅子一起，随即翻倒在地。

会议室内的人，全惊呆了！

廖梦棠像一只龙虾，蜷缩在地上，口吐白沫、眼珠上吊，脚手不停地抽搐。坐在廖梦棠身边的顾金鼎，看得真切，他冲着赵长烈喊道：“赵长官，廖梦棠烟瘾发了！”

赵长烈醒过神来，忙说：“快！快用我的车，把廖梦棠送到医院去！”

原汉风喊来几个警卫，把廖梦棠抬出会议室，抬上了赵长烈的福特牌卧车。到医院后，值夜班的医生给廖梦棠打了针、服了药，转身离开了。

廖梦棠对原汉风说：“原秘书，我没事了，你们都回去吧！”

原汉风留了一个警卫，转身离开了医院。

廖梦棠对警卫说：“小兄弟，麻烦你给我买包烟去！”警卫一脸不高兴：“半夜了，店铺早打烊了，你让我到哪搭去买烟？”

廖梦棠说：“医院大门对过，有家烟酒店，你去叫门，说你是长官公署的他肯定开门。”说着，从衣兜里摸出一张百元大钞，说：“多余的钱给你喝酒吧！”

警卫就像捡了金元宝，高高兴兴拿着钱走了。廖梦棠立即抓起床头的电话，拨到了西柳巷 1 号。接电话的，是廖梦棠的妻子师紫云。廖梦棠在电话中说：“紫云，胖哥病了，马上要送医院。你去给家里人打声招呼，要快！明白吗？”

“明白，我这就去！”

廖梦棠在电话中所说的暗语，是早先和妻子约定好的。

师紫云放下电话，一面系着旗袍上的鸳鸯扣，一面跑到街上。她想挡一辆黄包车，可是夜深了，街上别说黄包车，连狗大个人也没有。

师紫云知道，多耽搁一分钟，胖哥就多一分钟危险！她跑呀跑呀，两条腿像灌了铅，心脏在猛烈跳动。突然，脚下不知踩到了什么东西，

“刺溜”一下滑倒了。

她顾不上膝盖钻心的疼痛，拾起身依然跌跌撞撞往前跑。

一拐过钟楼，老远看见戏园子门前亮着几盏乙炔灯，门脑上的汽灯散发着一片残白的光晕，影影绰绰可以看见几个人影，在灯光中晃动。

这几天易俗社正在演新排的秦腔《三滴血》，一天要连着演好几场，最后一场交过夜才能演完。师紫云心想，只要戏没散，戏园子门口肯定有黄包车！她好不容易跑到戏园子跟前，急忙上了一辆黄包车，向街北奔去。

师紫云在莲池公园东门口，下了车，她匆匆忙忙赶到奇园茶社，把情况告知了梅登岩。完成了丈夫交代的任务，她又坐着黄包车往回赶。走在半道上，迎面开来一辆军用卡车，一闪眼从她身边开了过去。她模模糊糊看见，车上站满了全副武装的士兵……

这时候，在逸仙中学训育主任住处，米念成和庞志柏的交谈，还在继续。梅登岩从围墙上跳进来，敲开米念成的房门，说：“哥，敌人马上要来抓你，快跑！”

庞志柏尚未出门，军车如同一头怪兽，冲进了逸仙中学，在院子里停下来。

米念成说：“来不及了，赶紧从后面翻墙出去！”

三个人立即从窗户跳出去，翻过围墙逃走了……

这时候，武枕戈正挥舞着手枪，大喊大叫：“快！快下车！包围那所房子，别让胖子跑了！”

军警们如同下饺子，从卡车上跳下来。几个冲在前面的军警，踢开房门，冲进屋内乱搜一气，又垂头丧气地走出来，对武枕戈说：“报告武处长，屋里一个人也没有！”

武枕戈冲着老八骂道：“他妈的，人在哪儿？”一个耳光扇过去，张兴捂着脸，像个陀螺似的就地转了一圈，跌坐在地上，像猫叫似的委屈地辩解着……

武枕戈不再理会老八，手一挥招呼军警上了车，离开了逸仙中学。

瞒天过海

朱雀路公署。

廖梦棠登门拜访赵长烈。赵长烈问廖梦棠："委员长和毛先生重庆和谈，终于结束了。梦棠对此有何评价?"

廖梦棠说："兵者，诡道也！古人说的一点没错。国共两党真的能捐弃前嫌停止内战、共襄盛举携手建国吗？以梦棠之愚见，委员长不信，毛泽东未必信。国共两党重开战局，是一迟一早的事。梦棠以为，获取中共的高层军事机密乃当务之急。梦棠愿以匹夫之勇，深入共区搜集情报，不知赵长官能否体谅梦棠这一片苦心?"

赵长烈笑了。

他离开桌子，背着双手踱到廖梦棠面前，说："梦棠啊！自打听说委员长骊山蒙难、你老弟冒死救驾以来，我一直对你的赤胆忠心、钦佩有加！可你想过没有，徐可钧专门训练了一批高级特工，千方百计试图潜入延安，未能成功。还有祝晓竹那个乘龙快婿梁干乔，当了个什么狗屁专员，住在耀县专门搞延安的情报，搞了几年一无所获。我劝你不要铤而走险，偷鸡不成蚀把米，还是把心思用在对付西安的地下党上吧!"

廖梦棠说："徐可钧哪里是毛泽东的对手！梁干乔一无名鼠辈，指屁吹灯，也成不了啥气候。梦棠并非一时心血来潮，故作惊人之举，我的计划深思熟虑，保证万无一失、马到成功!"

"嗯!"赵长烈回到办公桌前，坐下来说："你有什么计划，说出来我听听。"

廖梦棠成竹在胸："我化名温怀中，以中央交通部邮电视察员的身份，去延安。延安有我们的邮电所，里面的人都是我安排的中统特工。我去的时候人不多带，由我的堂兄廖润棠陪同。他想顺便去北边做点小生意，正好可以掩护我的行动。请赵长官以西北军政长官公署名义，给那边发一纸公文，让他们一路放行，岂不万无一失！"

赵长烈没有言语。他随手翻着桌子上的一沓文件，从中抽出几份，举在手中晃了晃，用阴鸷的目光逼视着廖梦棠，说："你知道这是什么？这都是别人报告你通共的密信！"

廖梦棠淡淡一笑，神情自若道："中、军二统历来势若冰炭，中统内部更是派系林立、内斗激烈。三人成虎，人言可畏呀！赵长官，梦棠历来认为，中共地下组织不足虑，最让人痛心的是我们内部有些人，热衷于党同伐异、豆萁相煎！我并不否认，共产党内确有我过去几个熟人，我正是从他们那里，得到中共的重要情报。若赵长官认为这便是通共，梦棠死而无怨！"

赵长烈"啪"的一声拍了一下桌子，大声喊道："来人！"

从门外立即闯进来两个士兵，端着枪指向廖梦棠。

赵长烈用锥子似的目光，逼视着廖梦棠："把廖梦棠给我拉出去，枪毙！"

廖梦棠毫无表情的面孔，凝结成一副粗砺的石头雕像。他缓缓站起来，转身向外走去，把一个冷冰冰的背影留给了赵长烈。

赵长烈瞅着廖梦棠渐行渐远的身影，突然喊道："站住！把廖梦棠带回来！"

廖梦棠转身走回来，似笑非笑地站在赵长烈面前。

赵长烈目不转睛地盯着廖梦棠，沉默了一阵，问道："廖梦棠，你死到临头了，还有什么话说，嗯？"语气中的杀气，消失了大半。

廖梦棠不慌不忙地说："梦棠自打在南京皈依党国以来，已经把生死置之度外。我知道自己的归宿，不是死在共产党的枪口下，成为党国英雄，就是死在奸佞小人的算计下，成为冤魂野鬼。不管怎么个死法，我无怨无悔，请赵长官送我上路吧！”

赵长烈哈哈大笑。他终于被廖梦棠超常的定力所折服！

赵长烈走到廖梦棠身边，拍拍他的肩头，用异常亲切的口吻说：“一个敢于闯入千军万马之中，冒死解救落难中的委员长的人，还有什么事不敢做呢？你走吧，把家里安顿一下，就出发！我马上给那边发公函，让他们一路为你放行！我等着你的好消息……”

一列南来的票车，徐徐开进耀县火车站。

纪中原和他的警卫员站在接客的人群中，伸长脖子瞅着从车厢上下来的乘客。

月台上的人几乎散尽时，才看见从后面车厢下来三个人。前面两个一个长袍马褂，戴着吕宋帽和金丝眼镜、拄着博士棍，一副富商大贾派头。另一个西装革履、精干潇洒。这两个人，就是庞志柏和廖梦棠，跟在他俩后头的，是廖梦棠的贴身卫士。

纪中原急忙迎上去：“二位先生吃了饭再走。耀县城里有几家饭馆子，挺不错的！”

庞志柏说：“不吃了，赶紧走吧，走吧！”

纪中原带着众人离开站台，沿着铁路边的小道，向北走去。

走了不多远，只见史乾坤、冯铭学、杨继安三个交通员，牵着三匹骡子，驮着通讯器材，正在趄坡下等候。见面后众人没有言语，沿着漆水河谷一路朝北，由黄堡镇上了石柱原。

廖梦棠问纪中原：“我们两人的身份、姓名，此行何干？记住没有？”

纪中原说：“记住了，不会说错的。”

走在前面的庞志柏回头问纪中原：“阿姑村的布防情况，摸清了吗？”

纪中原说：“摸清了，国民党骑兵二师的一个团部，驻扎在阿姑村，团长姓魏。大部分士兵驻扎在村北，封锁着各个路口。”

半个多小时后，庞志柏一行进了阿姑村。走到团部门口，哨兵看了纪中原的身份证件，问道：

“骡子上驮着啥东西?”

“通讯器材。”

“到北边干什么?”

“这二位先生是中央和省府要员，到那边去执行任务。”

哨兵点头哈腰道：“长官稍候，我这就去向魏团长报告。”

不大一会儿，魏团长匆匆忙忙走出来，抱拳作揖道：“二位长官一路辛苦，里面请！里面请!”

进屋后，纪中原指着庞志柏和廖梦棠，对魏团长说：“这位是中央政府电讯线路视察员，温怀中，这位是省环境电话管理处处长，廖梦棠。敝人是本县党部书记长，纪中原。接上峰指示，专程护送二位长官去北边执行任务。”

魏团长看过纪中原递给他的公文，急忙安排人备酒备饭。

庞志柏说：“魏团长，我们公务在身，今天还要赶到马栏镇，酒饭免了吧!”

廖梦棠向卫士使了个眼色，卫士取出一筒绿炮台香烟，递给魏团长。庞志柏说：“不成敬意，请魏团长笑纳！劳驾魏团长派几个弟兄，送我们一程如何?”

魏团长说：“那还用长官您吩咐！我这就给您安排……”

黄昏时候，庞志柏一行七人到了马栏镇。

陕西地方党政领导人秦岭等人，急忙从屋里走出来。

秦岭紧紧握着庞志柏的手，高兴地说：“中央来电说，有几个我们不认识的同志，要经过马栏去延安，让我们好生接待。我还当是谁呢，闹了半天，原来是炒面捏的面人人，熟人么!”

进屋后，庞志柏对秦岭说：“听我们的交通员说，他们每次来这里，你们的招待都很热情。谢谢你们!”

秦岭说:“谢啥呀,这几个交通员同志,时常冒着生命危险过封锁线,给中央送去那么多重要情报!我们应该感谢你们才对!”

这天晚上,庞志柏和秦岭彻夜长谈,毫无倦意。

秦岭那年受中央首长指派,来到杨啸林部做杨的统战工作。他和庞志柏、张汉云、詹五奎等人一起,给陕北红军秘密运送军火、在特务二团建立党团组织、给中央红军采购、运送大功率电台等物资。回忆起昔日往事,俩人有说不完的话。

第二天一大早,庞志柏一行数骑又上了路。他们在残原野壑中一路朝北,行色匆匆。庞志柏驻马岭上,山下白云涌动,圣地延安渐行渐近,一轮红日喷薄欲出。庞志柏心潮起伏,在马背上吟成了一首小诗:

抬头红日近,
回首白云低。
策鞭马蹄疾,
情迫身欲飞。

延安受命

廖梦棠和庞志柏扬鞭策马一路朝北,直奔心仪已久的圣地延安。

廖梦棠头一次来延安,看见什么都觉得新鲜。他过去从未留意,秋天的景色是如此曼妙!天空是如此湛蓝!河水是如此清澈!天上的白云如同放牧的羊群,山坡上的羊群如同飘动的白云。鸟在飞、狗在叫、牛犊子在撒欢，悠扬的信天游在耳畔萦绕。

眼下正是秋收秋播季节，路边未收割的糜谷低垂着沉甸甸的头。川道里收割的除了农人，还有穿军装的男女军人。一杆杆长枪搭成的人字架，整整齐齐排列成行。整个川道人欢马叫，军民之间的鱼水亲情，如同一幅看不到头的美丽画卷！

廖梦棠如同身处梦境中。他心中不知构想过多少次的革命圣地，如今就在眼前。这让他怎能不心潮起伏、感慨万端呢！

庞志柏和廖梦棠到延安后，被安排在侯家沟窑洞招待所，洗尘歇息。招待所斜对面，就是中央书记处所在地枣园。

第二天早上，悠扬的军号声把他们唤醒了。步出窑门，山峁上传来牧羊人的吆喝声，河边的操场上，有许多士兵在出操。

吃过早饭，中央情报部门的负责人李择田，和负责为中央首长翻译俄文的秘书史辙等人，来到侯家沟，看望和问候庞志柏和廖梦棠。史辙说："我是韩城人，咱们仨都是关中乡党。你俩有啥要求和难处，就给我说，我会反映给中央首长给你们解决。"

廖梦棠的心情一直难以平静。他动情地说："延安、西安真是两重天！到了延安，真有到了家的感觉，连空气也比西安清爽！"

李择田说："你们来延安一次不容易！既然来了就多住几天，回到家了么！到外面走走、看看，呼吸一下延安的新鲜空气，松弛一下紧张的大脑神经。抽空把过去的工作写个简要的书面总结，待中央首长看过后，还要研究下一步的工作部署……"

廖梦棠问："我的组织问题，啥时候研究？"

李择田说："在你们返回西安以前，会有结果的。"

此后几天中，庞志柏和廖梦棠用一天时间，写书面总结，又用一天时间，去探望在延安读书的孩子。第三天，庞志柏探望了石英等在上海一起工作过的几位同志，廖梦棠看望了在邮电所工作的几个亲友。

第四天的上午，李择田派人又来到侯家沟，把庞志柏和廖梦棠写的书面总结取走了。

庞志柏和廖梦棠在延安滞留的第五天晚上，李择田等人又来到了侯家沟招待所。询问了他们来延安的观感后，李择田说：“中央首长对你们过去的成绩，是肯定的，赞赏的。目前党的中心工作，是夺取解放战争的胜利，你们今后收集情报的内容，当然是与军事和战争直接有关的情报为主。要特别注意收集带有战略性的重要情报。内战爆发后，赵长烈将成为进攻边区的主力，搜集蒋介石和赵长烈的重要军事情报，就是你们的主要任务！”

李择田停顿片刻后，又接着说：“经中央情报部门研究，报请中央首长批准，决定正式成立庞志柏情报处，直属中央情报部门领导，庞志柏任处长，廖梦棠任副处长。同意廖梦棠同志重新入党。由于情报处人员增加、任务繁重，决定增拨一批活动经费。”

李择田把几份七大文件递给廖梦棠，让他当做收集的情报带回去。李择田说：“明天延安新华社要发一条消息，宣布国民党邮电视察员温怀中，在延安滞留期间有不轨行迹，且四处散布攻击边区的言论。新华社授权发表声明，温怀中为不受欢迎的人，限令即日离开延安。”

庞志柏高兴地说：“中央首长想得真周到！”

三天后，庞志柏和廖梦棠又回到了西安。

廖梦棠一回来，就去朱雀路绥署面见赵长烈。

赵长烈迫不及待地问：“怎么样？这次延安之行，总不会空手而归吧？”

廖梦棠打开手提箱，取出几份中共七大文件，递给赵长烈。赵长烈一面翻阅，一面念道：“《论联合政府》《两个中国之命运》《七大闭幕词》，就这几份吗？”

廖梦棠说：“还有一份军事报告《论解放区战场》，最有价值。里面提到要改组国民党统帅部，反对国民党的腐败，还提出要废除特务统治……”

赵长烈问："军事报告在哪儿？嗯？怎么不一起拿来？"

廖梦棠说："赵长官，本来等两天军事报告就到手了，因为我在延安逗留期间，说了一些对中共不利的话，中共方面宣布我为不受欢迎的人，限令我立即离开延安，所以……"

赵长烈扫兴地说："偏偏把最重要的没弄到手！功亏一篑，太可惜了！"

廖梦棠不露声色："我离开延安时，给我们的特工组做了安排，让他们把那份军事报告一弄到手，马上送回西安。梦棠料定他们绝不会失手！"

赵长烈大喜过望："军事报告一弄到手，我马上报告委座，给你请功！"

其实，廖梦棠之所以单单把军事报告压着，没有一起交给赵长烈，完全是在卖关子，吊赵长烈的胃口。过了两天，他才把那份军事报告，送到了赵长烈手中。当天夜里，赵长烈看完这份军事报告后，立即向重庆发报，将此事报告给了蒋介石。

蒋介石回电，令廖梦棠即日启程，飞赴重庆、面陈机宜……

时隔二日，在顾金鼎私邸，祝晓竹、廖梦棠、沈建忠、戚智等人聚在一起，为廖梦棠即将飞赴重庆饯行。

酒至半酣，顾金鼎的脸红得像下蛋鸡。他说："梦棠兄弟这次在委员长那里露了脸，明日飞赴重庆，定能平步青云、飞黄腾达！可别忘了我们这些患难兄弟！"

廖梦棠淡然一笑，说："若要说升迁，在别人可能求之不得，在我却未必趁愿。赵长官对我有知遇之恩，弟兄们也相处甚洽，我是故土难离，舍不得和弟兄们分开咯！"

沈建忠说："梦棠胸有大志，前程无量！日后不管留在中统局任高职，还是回西安跟弟兄们一起干，都无愧于中统之俊杰、党国之骄子，是咱们的好弟兄！"

祝晓竹端起酒杯站起来说："来来来，为梦棠兄弟步步高升、宏图大展，干杯！"

众人七嘴八舌，在一片喧嚣声中频频举杯……

虎视眈眈

夜幕降临时，廖勃又以送茶叶为名来到奇园茶社。他带来廖哥要和庞哥见面的口信，见面地点在鼓楼纸店。

庞志柏在担任总部运输科长时，曾为西安的进步报刊采购过数十吨纸张。报纸停刊后纸张积压下来，庞志柏办了这个鼓楼纸店，又增加了一个联络点。

入夜后，廖梦棠和庞志柏在鼓楼纸店见了面。廖梦棠说："老兄，延安之行这处戏演得有些过，弄巧成拙了！"

庞志柏不解，问："什么弄巧成拙？"

廖梦棠说："赵长烈把我去延安的事报告给了老蒋，蒋电令我马上飞赴重庆，面陈机宜。据说可能上调中统局，或是去北平任职，这不是弄巧成拙吗？"

"你有什么打算？"

"我当然不能离开西安。"

"赵长烈的态度呢？"

"他答应了我的请求。由他出面，给重庆方面做工作，争取把我留在西安。"

庞志柏语重心长地说："梦棠兄弟，如今延安看重你，重庆也看重你。

西安的情报关乎党中央的安危，你千万不要被敌人的捧场冲昏了头，做出背离党和人民的蠢事！”

廖梦棠说：“放心吧老兄，官职和金钱我都不稀罕！我已经跌过一次跤了，就是豁出身家性命，再也不能重蹈覆辙了！”

由于廖梦棠的坚持，再加上赵长烈撤了底火，廖梦棠在重庆风风光光拽了一个月，又回到了古城西安。

赵长烈在朱雀路绥署，亲自为他接风，由莫怀儒和原汉风作陪，薄酒便宴，款待自重庆归来的廖梦棠。言谈之中，赵长烈露出口风，想让廖梦棠离开中统，留在朱雀路绥署供职。廖梦棠婉言谢绝了。

廖梦棠说：“不是梦棠不识抬举，实在是因为梦棠于军事一窍不通，不再妄想功名，希望赵长官见谅！”

赵长烈说：“人各有志不可强求。希望日后闲暇时，常来绥署走走，陪赵某人聊聊天、解解闷，也就知足了！”

送走廖梦棠后，赵长烈对莫怀儒说：“廖梦棠这个人，好些人说他二，是生坯子、半吊子，是匹夫之勇。其实这个人胸有沟壑、城府很深，不可小觑！更重要的是他是本地人，在西安待了几十年，对地方上的人事比我们了解多，也看得透。你以后有了时间，常去他那里坐坐，会有好处的。”

省府秘书俞文普，是绥署二处处长武枕戈安插在省府的钉子。这天中午，武枕戈开着草绿色雪佛兰卧车，来省府找俞文普。

武枕戈今儿穿着一身挺括的崭新军装，脚上的皮鞋黑明锃亮，戴着一副无色水晶石眼镜。一头乌黑的头发如同牛舌头刚刚舔过似的抿着，光得就像抹了油。

武枕戈刚一下车，就遇上了从保安司令部小红楼里出来的丁吻月。丁吻月正要借外出用午餐的机会与韩翔接头，迎面遇上一个衣冠楚楚、相貌堂堂的青年军官，正在用热辣辣的目光盯着她看。为了掩饰窘态，丁吻月冲着武枕戈微微一笑，转身走了。

这可是回眸一笑百媚生啊!

丁吻月明眸皓齿、秀发披肩、袅袅婷婷、风姿绰约。武枕戈走南闯北多年，何曾见过此等尤物，他有了丧魂落魄的感觉。武枕戈一动不动地站在路边，不错眼地盯着丁吻月的背影。他希望丁吻月回头看他一眼，他估摸着丁吻月肯定要回头看他。他自信自己风流倜傥，是男人中的上品，像丁吻月这种绝色女子，没有一个不风流的，没有一个见了风流男子不动心的。让他大失所望的是，丁吻月并没有回头，她越走越远，终于消失在远处的树丛中。

武枕戈醒过神来，心里骂道："装什么装，假正经！我就不信天下还有不吃腥的猫!"

省府主席祝晓竹携同夫人，又到耀县去看外孙。武枕戈是在听到这个消息后，才来省府找俞文普的，地方上的大小官员，他平日很少交往。

武枕戈一走进三楼秘书处，俞文普便神秘地一笑，说："武大处长，你刚才在楼下站了半天，瞅啥哩?"

武枕戈走到窗前，窗口正对着雪佛兰停泊的地方，他便从俞文普轻佻、淫亵的目光中，觉察到了刚才自己的失态。他突然拉长了脸，质问俞文普："刚才从保司楼里出来的那个女人，是什么人？我怎么没见过这个女人!"

俞文普一看武枕戈变了脸，一下子想起了自己的身份。他正色道："保司的普通人员调动，不归省府管，即使祝主席知晓，也不会给秘书处说。"

武枕戈说："你马上给保司头头打电话，让他来见我!"

接电话的是保司通讯处处长徐志才。俞文普让他赶紧到省府秘书处来，面见武枕戈处长。

武枕戈急于知道的，是丁吻月的来历。

有关丁吻月的来历，徐志才是听梁国真说的，梁国真是听廖梦棠说的，廖梦棠是按照庞志柏虚构的情节说的。

虚构丁吻月来历的目的，就是要借助廖梦棠的权势和地位，把丁吻月安排在保司一台。徐、梁二人并不知实情。

徐志才告诉武枕戈："你问的这个女人叫丁吻月，电台上的业务技术精通得很！听说是廖梦棠在上海无线电学校的同学、情人。上海让日本人占了以后，丁吻月带着她和廖梦棠生的儿子，来西安找廖梦棠。廖梦棠后院起火，妻子哭哭啼啼寻死觅活，闹得他头昏脑胀。面对昔日的红颜知己，廖梦棠当然不能不管不顾，于是把她介绍到我们保司电台，当了报务员。"

武枕戈问："除了廖梦棠，丁吻月还有别的男人没有？"

徐志才说："她在上海结过婚，丈夫是我们的特工，被共党暗杀好多年了。"

徐志才走后，武枕戈心旌摇曳。他告诉俞文普："我们绥署二处电台上，正想找个精通业务的人。你告诉丁吻月，我打算把她调到绥署二处去当电台台长。让她准备一下，过几天我开车来接她！"

送走了武枕戈后，俞文普心里骂道："什么精通业务，明明是瞅着这个女人标致，想吃人家的豆腐。装什么正人君子！吊死鬼搽粉——死要面子！"

棋逢高手

庞志柏得到廖梦棠的口信，急忙坐着秦刚拉的黄包车，赶到鼓楼纸店，见到了廖梦棠。

廖梦棠说："情况不妙啊老兄，丁吻月那里又出了岔子！"

庞志柏一惊，忙问："出啥事了？"

原来昨天晚上梁国真来找廖梦棠，说绥署二处处长武枕戈，去省府时盯上了丁吻月。武枕戈打发省府秘书俞文普，找丁吻月谈话，要调丁吻月去绥署二处当电台台长，丁吻月一口回绝了。

梁国真说，武枕戈向来说一不二，吐口唾沫就是钉。他怕武枕戈霸王硬上弓，自己对付不了，所以赶紧来找廖梦棠讨主意。

庞志柏说："能不能让丁吻月趁机打入绥署二处，从内部获取敌人的情报?"

廖梦棠说："不行！武枕戈是戴玉龙高徒，戴玉龙淫乱成性、驭女无数，武枕戈步其后尘也十分好色。他名义上要调丁吻月去绥署二处当台长，其实是黄鼠狼给鸡拜年，没安好心！丁吻月是烈女子，宁为玉碎，不为瓦全，一旦落到武枕戈这个色狼手中，性命尚且难保，哪里还谈得上搞情报!"

庞志柏说："要让武枕戈断了这个邪念，打消对丁吻月的觊觎之心，只有一个办法。你去找莫怀儒谈谈，只要他出面说话，把武枕戈敲打敲打，武枕戈刚伸出来的手，就得赶紧缩回去!"

问题在于，廖梦棠如何给莫怀儒说这件事。

两人商定，还是按照原先的统一口径：廖梦棠和丁吻月之间，是老同学和旧情人的关系；韩翔和丁吻月之间，是老同事和新恋人的关系。这样一来，廖梦棠和韩翔就围绕丁吻月，筑起了两道保护墙。廖梦棠介入丁吻月的事合情合理；韩翔负责丁、梅之间的密码电文传递，也能以谈情说爱当做掩护。

商量完丁吻月的事，庞志柏拾起身要走，廖梦棠又告诉了他一件意料之外的事：由于戴玉龙从中作祟，徐可钧失宠于老蒋，在权力角逐中败北出局，中统的最高权力已经被新贵叶俊山把持。叶俊山把中统局改为党通局，为了安插亲信，正在清洗徐可钧的势力，廖梦棠就在清洗之列。因为廖梦棠在中、军二统都很有人缘，又和赵长烈过从甚密，叶俊山只得对他网开一面。为了制约廖梦棠，叶俊山把柴崇林调回西安，任命为廖梦棠的副手。

庞志柏说：“柴崇林是我们秘密机关的天敌，他那年离开西安时，已经从我表弟身上发现了我的踪迹。他这次回西安任职，可能还要抓住这条线索继续追下去，不得不防啊！”

廖梦棠并没有把柴崇林放在眼中。他说：“想尾巴摇狗吗？笑话！他是我的副手，我就不信扽不展他！”

夜深了。在西柳巷1号客厅内，绥署秘书长莫怀儒和廖梦棠还在对弈。

莫怀儒先胜了两盘。第三盘到了最后关头，莫怀儒下出一步高棋，以为稳操胜券，捋着长须注视着廖梦棠微笑。廖梦棠盯着棋盘思索了一阵，突然使出绝招，“啪！啪！啪！”三子落地生根，棋局发生戏剧性变化。

廖梦棠绝地反击，转败为胜。

莫怀儒微笑着说：“莫某自来西京，已近十年，尚未输过一盘棋。今晚输在你手里，方知后生可畏、后生可畏啊！”

廖梦棠收起棋盘，毕恭毕敬地说：“还是莫公技高一筹，三盘仅失手一盘，梦棠只是侥幸取胜而已。莫公随赵长官多年，被赵长官誉为智慧导师。梦棠才疏学浅，能得到莫公点拨和教诲，三生有幸！”

莫怀儒摆摆手说：“国人有句俗语，叫做自古英雄出少年。你梦棠绝不是胸无韬略之人，莫某不会看走眼的！”

廖梦棠连连摇头：“承蒙莫先生错爱。梦棠没进过高等学府，不学无术，还望莫先生不吝赐教。”

师紫云端来了酒菜，俩人边吃边喝边聊。

“听说你平日爱看杂书野史，莫某倒有一个问题向你讨教。”

“讨教不敢，不知莫公要出什么题目，考问后生？”

“你是关中人。请问关中之关，指得是什么关？”

“关中南有武关、北有萧关、东有函谷关、西有大散关。地处三秦之中腰，三面环山、一面临水，号称八百里米粮川，历史上曾为华夏最为富庶之地。只是到了近代政治中心东移，关中才日见荒疏了。”

莫怀儒点点头，又问道：“长安号称十三朝古都，那么多帝王在这里建都是什么原因？”

廖梦棠侃侃而谈：“关中在历史上实属钟灵毓秀、英才辈出之地，具备了天时、地利、人和这三个重要条件。班固在《两都赋》中说，长安左据函谷二崤之阻，表以太华终南之山，右界褒斜陇首之险，带以洪河泾渭之川。华实之毛，则九州之上腴焉；防御之阻，则天下之奥区焉。这大概就是古代帝王对长安情有独钟的原因吧！”

莫怀儒抚掌感叹道：“好一个九州之上腴，天下之奥区！长驻时足以养生，临危时可退可守，真是一块风水宝地！”

廖梦棠话题一转，又说出了一番让莫怀儒感同身受的话来：“以梦棠之拙见，这九州之上腴、天下之奥区倒在其次。与之相比，更重要的还是民心。秦始皇、汉武帝、唐太宗赫赫不可一世，都试图于此建立千秋霸业。最终却因失去民心，江山终于落入他人之手！”

“说得好！”莫怀儒没想到廖梦棠竟有臧否天下人物，穿透数千年历史之慧眼，说出如此深邃的一片大道理来。他忍不住又问道：“梦棠博闻强记，颇多真知灼见。依你看来，这国共两党谁更得民心？”

廖梦棠深有感触地说：“梦棠延安之行颇多感慨，总觉得我们在争取民心方面，略输于共党一筹。如今我们的大小官员，许多人早已忘了孙先生的遗嘱，文恬武嬉，只图个人升官发财，谁还把党国的利益放在心上？每念及此实在令人堪忧！”

“梦棠此言极是，敝人深有同感。在国军上层，恪尽职守、忧党忧国的有识之士，还是有的。赵长官介然独立、励志守常，堪称党国栋梁！只可惜像赵先生这样的忠臣良将，太少了！”

“梦棠出身布衣，杞忧之想，莫公不必在意。梦棠眼下倒是有一件实实在在的忧心事，不知莫公能否为我排忧解难？”

“什么忧心事？但说无妨。”

于是，廖梦棠按照事先约好的口径，将自己和丁吻月、丁吻月和韩翔的关系，以及武枕戈如何色胆包天，企图强占丁吻月做自己的姨太太，向莫怀儒诉说了一遍。

莫怀儒动了气。

莫怀儒说：“我平日最瞧不上眼的，就是这些登徒子！武枕戈有戴玉龙做后台，狐假虎威，平日把别人都不放在眼里。不过我的话他还是要听的，他要是连我的话也不听，赵长官的话他不听也得听。你放心，到时候我会让赵长官开口的！”

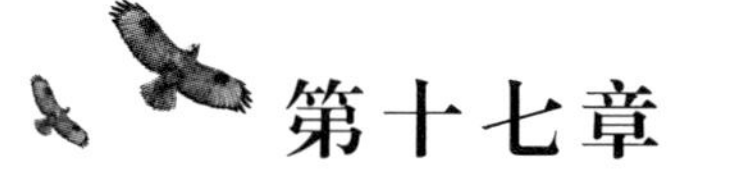

第十七章

五味十字

朱雀路公署。

赵长烈正在看新出版的《联合版》。头版头条的题目是：《血战重庆校场口——李公朴、郭沫若等六十余人被打伤》。

赵长烈撂下报纸，拨通祝晓竹的电话："祝主席！你这个省府主席怎么当的，嗯？上次《联合版》对毛泽东大唱赞歌，委座大为恼火，你置若罔闻。如今《联合版》又在重庆沧白堂、校场口事件上，大做文章，替共党张目，你依然视而不见！你要是对《联合版》下不了手，我对你就不客气了！"

祝晓竹被赵长烈劈头盖脸训斥了一通，正要辩解，电话"啪"的一声挂断了。他垂头丧气地坐在沙发中，大肚皮像癞蛤蟆似的憋得鼓胀。

祝晓竹打电话叫来中统特务头子沈建忠、军统特务头子马鸿图、警察局局长乔绍文、教育厅厅长冯学迁等人，气急败坏地说："《联合版》这伙欠揍的东西，惹得赵长官又冲着我训训挞挞。《联合版》的问题，不下决心解决不行了！"

冯学迁说："他们有办报的自由。你要是动一动，他们又会说你压制民主、破坏言论自由！如果通过新闻记者捅到国外去，在国际上也会造成极坏影响！”

祝晓竹阴阳怪气地说：“冯厅长，你别刀切豆腐两面光！有人背后说你和共党藕断丝连，你的屁股别坐错了地方！”

冯学迁大动肝火，“啪”的一声拍了一下桌子，冲着祝晓竹厉声说：“你干脆说我是共产党，让赵长官把我铐起来，送到重庆去得了！”说完夹着公文包拂袖而去。

祝晓竹的脸气得发青。他冲着冯学迁的背影，大声说：“拽什么拽！不就是和蒋公子一起在苏联上了几天学么，有啥了不起的，敢给我甩脸子！”

警察局长乔绍文说：“赵长官刚才也把电话打到我们警察局，他让我们明令禁止订阅《联合版》，禁止在《联合版》登广告。必要时要用暴力手段，彻底解决《联合版》的问题！”

祝晓竹说：“很好，就这么办！不要怕流血，不要怕舆论谴责，出了事我兜着！谈谈吧，你们打算如何下手？”

乔绍文说：“后天我准备组织一次反苏大游行，让我们的人都穿上便衣，混在游行队伍里，先砸了《联合版》营业部，给他们点厉害瞧瞧！”

沈建忠说：“我们派一大批特工人员，每天上街拦截报童，堵住发行渠道。再让弟兄们遍告各订户，若不退订《联合版》，轻则重罚，重则关押，绝不姑息！”

祝晓竹说：“好！要刀下见菜，是骡子是马，牵出来蹓蹓。赶紧回去准备吧！”

白色恐怖笼罩着古城西安。

保司小红楼。丁吻月正在伏案发报。

在沟壑纵横的黄土高原上，由雷台发出的红色电波，把西安古城这场血腥大搏斗的消息，不断地传递到延安内台：

警察局长乔绍文组织反苏大游行。混在游行队伍中的特务、流氓，冲进五味十字《联合版》营业部，又砸又抢，激起民众强烈愤慨，他们纷纷给报馆送来慰问品和捐赠款。

著名律师王汗青联合本市十名律师，针对敌人破坏《联合版》的暴行发表严正声明，主动承担了《联合版》的法律顾问。

赵长烈密令逮捕王汗青，旋即被枪杀。敌人把枪杀王汗青的布告，贴在《联合版》五味十字营业部大门上。

一伙特务闯入《联合版》最大订户——西洋大药房，将玻璃柜橱及所有家具全部砸毁。

大批武装警察和特务冲进《联合版》报馆。他们挥舞着棍棒，肆意追赶、殴打报馆人员，捣毁机器，放火烧了印刷厂。

《联合版》终于被绞杀。

夜深了，奇园茶社还亮着灯光。几个住在附近的长者，依然坐在席棚里面，慢条斯理地喝茶聊天。

石蓝草忙活了一天，不停地打着哈欠。梅登岩看见妻子累得兮兮的了，说："蓝草，你回去睡吧，我再陪几个老先生坐坐。"

石蓝草刚刚离去，三个歪戴着帽子、斜挎着盒子枪、嘴里叼着烟卷、衣衫不整的特务，晃晃悠悠走进了茶社。梅登岩懒得搭理他们，叫守夜的茶房头柳天祥去支应一下。就在柳天祥给几个特务上茶时，那几个喝茶的老者悄儿没声离开了。

柳天祥和梅登岩蹲在茶炉子前，一面交谈，一面偷偷瞅着喝茶的特务。三个特务高喉咙、大嗓子咋呼了一阵，又"嘁嘁喳喳"低声嘀咕起来。

梅登岩起了疑心。这么晚了，这三个特务不回家睡觉，一定在谋算干什么坏事吧！

梅登岩蹑手蹑脚，从外面绕到三个特务喝茶的地方，隔着席棚蹲在树丛后头，听着里边的动静。尽管三个特务说话声音不高，梅登岩还是能听见他们说什么：

……

“明天这活我做，我用两颗花生米，送他两个上西天！”

“我只用一颗枪子儿，穿他两个糖葫芦。”

“要我说一颗枪子儿也不用，天明之前找个废井塞进去，多省事！”

“你就知道手背擦尻子图方便！上面说了要杀一儆百、杀鸡给猴看！你塞到废井里谁知道？”

“再甭五马长枪、胡吹冒撂咧！住的地方，记住了吗？”

“五味十字，门牌号码 113 号。”

“甭急，先喝着谝着。等人睡静了再下手。”

……

梅登岩一听说五味十字 113 号，立即明白了：敌人马上要对耿秉烛和王世毅，下毒手了！

人命关天，刻不容缓！梅登岩给柳天祥打了招呼，在夜色掩护下，骑着自行车直奔五味十字 113 号，通知耿、庞二人连夜转移到秦至庵家。

梅登岩叮咛他俩说：“要是遇到危险，马上从暗道出城！”

当天夜里，梅登岩从蓝梅车行翻墙过去，把情况告诉了庞志柏。

庞志柏说：“老耿和世毅多次去陕北和山西，采访中共高层领导人，把采访手记登在西安报纸上，敌人早就盯上他俩了！他俩留在西安，随时可能被杀害。得赶紧找个机会，把他俩送到延安去！”

郊原枪声

西安飞机场戒备森严。

赵长烈及西安一群党、政、军要员，翘望南天，人人瞅得脖子生疼。先是眼睛好使的，看见云层深处显出一星光斑，于是喊道："来了来了！"接着是耳朵好使的，隐约听到"嗡嗡"声，于是也喊道："来了来了！"

不大一会儿，一架深灰色的军机降落在停机坪上。

蒋介石偕同夫人宋美龄，款款走下舷梯。后面跟着一群随员，有的像跟屁虫，跑前跑后，跑左跑右；有的像木偶人，手脚僵硬，噤若寒蝉。赵长烈急忙把蒋介石夫妇迎到卧车旁，打开车门，待蒋、宋夫妇上车后，轻轻关上了车门。

众人纷纷上了小卧车。

小卧车被关中道人称做屎巴牛。屎巴牛一辆接一辆驶离机场。

在赵长烈护送下，蒋介石夫妇进入下榻的六谷庄行辕。

稍事休息后，蒋介石和赵长烈步入花园式庭院，一面散步一面交谈：

"长烈，你现在有多少人啊？"

"报告委座，共有二十五万六千人。"

"准备得如何呀？"

"都部署在与匪区交界的各战略要地，严密监视共军活动。"

"士气如何？高不高呀？"

"全军将士精神焕发！只待委座一声令下，直捣延安匪巢！"

"好！这才是黄埔精神。听说西安的共党分子，活动很猖獗。该抓的抓、该杀的杀，决不能心慈手软、任其坐大……"

保司小红楼上，丁吻月修长、白皙的手指，飞快地敲击着电建：

蒋到西安，叫嚣要攻打延安，在西安准备大开杀戒。已经制定出暗杀李咸真等十多名共产党人和民主进步人士的黑名单……

红色电波穿云破雾，由西安直抵延安。

……

庞志柏情报处很快收到了内台回电。中央指示他们，立即通知上了黑名单的人马上转移！特别是李咸真先生，他是具有鲁迅那种硬骨头精神的共产党人，在国内外声誉很高。一定要竭尽全力，保护他的安全！

庞志柏在接到中央指示的当晚，从后面窗户进入李咸真房间。

他问李咸真："特务刚才找你干啥？"

李咸真余怒未消，气哼哼说："还能干啥，威胁我哩咯！我已经答应他们，后天离开《民众导报》。"

庞志柏心急火燎地说："为什么要等后天？你必须马上离开西安！你的处境非常、非常危险！"

李咸真并不着急："我明天就去五味居，给他们交代一下报馆里的事情……"

庞志柏搓着手焦急地说："李先生，我真不知道该怎么说，你才能明白我的意思！你已经被敌人列入暗杀名单，在西安多待一分钟，就多一分钟危险，你必须马上离开西安！"

李咸真说："那好吧！明天，明天上午，我把手头的事安顿一下，马上离开……"

几乎在同一时间，戴玉龙的黑色大轿车，开进了六谷庄行辕。戴玉龙向蒋介石报告："校长，李咸真明天早上去五味居，交代报馆的事情，然后离开《民众导报》。"

蒋介石从牙缝里挤出几个字："处死李咸真，不能让他跑了！"

第二天清早，李咸真怀里抱着刚买来的一摞书，走到南院门省立图书馆门前，突然戴玉龙的黑色大卧车停在他身旁。从车上窜出两个彪形大汉，拧着李咸真的胳膊把他塞进大卧车，书籍散落了一地。

黑色大卧车出了西门，一直开到咸阳原上，在一片麦地旁的土埝边停下来。

两个特务把李咸真从车内拖出来。其中一个特务，掏出德国造的自来得匣子枪，“啪！啪！”两声枪响，两颗罪恶的子弹射中了李咸真。头一颗子弹只伤到头皮，血流满面；另一颗子弹从背部射入，打断了横突骨，穿过肺叶，停留在两动脉之间。

李咸真觉得如同一根烧红了的铁条，捅入了他的躯体。巨大的疼痛使他一下子昏厥过去。

戴玉龙从大卧车里钻出来。他摘下墨镜，看了看李咸真的躯体，蹬了一脚。躯体滚落到土埝下的麦地里，鲜血染红了金黄色的麦子。

黑色大卧车一闪眼开走了。蹚土路上卷起一片黄尘……

李咸真是咸阳人，这一带熟人多，不少人还是他的学生。有两个青年农民正在附近收割菜籽，听到枪声后满头大汗跑过来。

一个胆大的走到跟前，惊讶地喊道：“妈呀！这不是李咸真先生吗？”

另一个胆小的站在一丈开外，问：“怎么会是他？认错人了吧！”

胆大的说：“李先生给我教过书，我咋能认错！”

李咸真微微动了一下，轻轻地呻吟了一声。

“还活着！李先生还活着！快来扶一把，把李先生背到咱老虎寨子，藏起来再说……”

庞志柏在得知李咸真的情况后，立即电告了中央。

秦岭得到中央指示，派人夜里把李咸真接到马栏，之后转移到了延安。

蒋介石夫妇返回南京第二天，梅登岩骑着自行车，到天佑茶庄买茶叶。他告诉廖勃，庞哥晚上要和廖哥见面。

天擦黑后，庞、廖二人在鼓楼纸店见了面。庞志柏问廖梦棠：“延安来电查问蒋介石到西安有何动向，你知道些啥？”廖梦棠说：“蒋介石夫妇下榻在六谷庄行辕。你知道负责接待的人是谁？是咱的老熟人姜显舟！”

“姜显舟是谁？”

“他过去叫江一帆，当过省委秘书。”

“是他！江一帆！他现在在哪儿？”

“在七分校办事处当主任。离这儿很近，抬腿就到。”

“我这就去找他！”庞志柏转身要走，廖梦棠急忙拉住了他说：“你不能去，太危险！”

庞志柏执意要去，廖梦棠拗不过他，只得说：“你等等，我先去见他，摸摸他的底再说。”

喝一杯茶水的功夫，廖梦棠回来了。他说：“姜显舟同意和你见面，他正等着你，快去吧！”

庞志柏来到七分校办事处，见到了分别已久的江一帆。江一帆把他引进卧室，随手插上了门。庞志柏紧紧攥着江一帆的手，说：“一帆，时间过得真快！一晃过去了十七八年，江一帆变成了姜显舟！要是在街上碰上你，我咋也认不出来了。”

落座后，姜显舟说：“听梦棠说你的生意，如今做大发了！都做些啥生意？”

庞志柏道：“啥赚钱就做啥。听说你在七分校供职，还当了主任，拽得很！”

姜显舟说：“混饭吃咯！什么主任不主任，跑跑龙套罢了！”

庞志柏说：“你这个龙套，跑得可不一般。听说还在六谷庄给老蒋跑过龙套！”

姜显舟说：“赵长官跟我们七分校要人，说是接待委员长夫妇，要绝对可靠，出了事唯我是问。我想还是我去吧，省得惹出事来吃不了兜着走。”

庞志柏试探着问：“听说老蒋这次来西安，是给赵长烈布置进攻延安的，你听到些啥没有”？

姜显舟说：“六谷庄五步一岗，十步一哨，森严得很！我哪能知道他俩都说了些啥。你不是生意人吗，打问这干啥？”

庞志柏压低声说：“我是替一个朋友打听的。他是北边的，让我来问问你，愿意不愿意跟他干老本行？”

姜显舟摇摇头说：“我现在对政治一点兴趣也没有。只求有份安稳的差事，平平安安过日子就行了。”

庞志柏叹息道：“你是北大毕业的，是学运骨干，咱俩在澄城一起坐过反动派的牢。当年那个满腔热血的江一帆，哪里去了？你现在所服务的国民党政权，已经腐败到极点、反动到极点，离灭亡的日子不远了！你难道心甘情愿和它一起走进坟墓吗？”

姜显舟沉默了一阵，说：“我是国共合作、共同抗日时加入国军的。对国民党破坏国共合作、发动内战，我也是反对的！请转告你的朋友，我没做过对不起共产党的事……”

庞志柏策反姜显舟的计划，失败了。但他总算摸清了姜显舟的思想动向，证明自己的直觉没错，姜显舟这个人，并非死心塌地的反动分子。如同雷皓宇同志对冯学迁那样，对姜显舟也不能操之过急。等有了合适的机会，还得做他的策反工作。

军调小组

由于廖梦棠上下打点，骆伯安和沈钟已经获释。

骆伯安出狱后，把经营多年的军衣店交给本家兄弟经管，也住进庞志柏情报机关，代替沈钟刻印《人民之声》。他每天像只土拨鼠，大部分时间待在地下室，只有到了中午才从暗道爬出来，在侧院晒一会儿太阳，然后带着彭云锦新收抄的新华社要闻，又回到地下室。隔个十天半月回到曹家巷家中，与妻子团聚一两天，又回到自己的战斗岗位上。

沈钟母子还住在芙蓉街 7 号前院，担负机关安全和市内交通工作。

这天中午，彭云锦携着一篮子青菜走进奇园茶社。她告诉石蓝草，这是她家后院种的青菜，给蓝草送来一篮子，还说等吃完再送。

石蓝草把青菜用遮裙包着，带回蓝梅车行。她直接到了后院，拉长嗓子吆喝了一声鸡："呜——嗤——"

墙那边传来李天娥的回应声："咕咕咕咕……"

石蓝草胳膊一抬，把包袱扔过墙头。李天娥捡起包袱回到屋内，从青菜捆里找到两份电报译文，交给了丈夫。庞志柏看完电报，眉头拧成一个疙瘩。

沈钟问庞志柏："是内台来的吗?"

庞志柏说："是的，一份是给咱的，一份是让咱转交给军调小组的。"

沈钟问："啥军调小组?"

庞志柏说："我西路军一部在中原突围后，进入陕西境内。我方军事代表已经到了西安，和赵长烈的军事代表商谈入陕部队的调处问题，谈判地点在习武园。军调小组和长安饭店办事处都没有电台，中央和军调小组的电报往来，要求咱们负责收转。担子不轻啊!"

沈钟问："怎么和军调小组联系?"

庞志柏说："中央规定，来往电报只能由长安饭店办事处周剑涛一人传递，咱不能和军调小组直接接触，防止密台暴露。"

沈钟皱着眉头说："这事太棘手了！在长安饭店周围，敌人设了七个监视点，其中三个修了机枪隐蔽工事，这还不算那些化装成小商贩的特务。要和周剑涛联系，太困难了!"

庞志柏说："敌人会化装，我们也会化装。在长安饭店和习武园之间，周剑涛每天要跑个来回。我打算化装成空军军官，每天早上按时赶到长安饭店跟前的馄饨馆，和周剑涛在那里交换情报。"

沈钟问："这个联络点咋通知周剑涛?"

庞志柏说："这个任务得你完成。后晌你拉着黄包车，到习武园门口等着周剑涛。等他上了你的黄包车，再找机会把中央密电交给他，把联络时间和地点通知他。”

这天后晌，沈钟拉着黄包车，早早来到习武园门前。他躺在车上，用破草帽遮着脸迷糊了一会儿，听到别的车夫吆喝，睁眼一看，周剑涛夹着公文包，从习武园走出来。他刚要上去兜揽，周剑涛上了另一辆黄包车走了。

沈钟拉着空车，一直跟在后边穷追不舍。追着追着，周剑涛突然下了黄包车，一闪眼钻进了街边的小胡同。沈钟追到胡同口，丢下黄包车也进了胡同。迎面碰上一个中年女人，他问那女人："这条胡同有几个出口？"那女人说："除了这个，还有一个出口，顺着街往东走不远，有一家卖葫芦头的，旁边就是那个出口。"

沈钟急忙拉着黄包车，赶到那个胡同口。

他坐在车上，点了一根金堂牌卷烟刚吸了几口，猛地看见周剑涛夹着公文包，慌里慌张从胡同里走出来。沈钟急忙挡住他，刚叫了一声周先生，周剑涛骂道："狗特务，你想干啥？光天化日之下，你敢杀人吗？"

沈钟悄声道："周先生，你误会了，我不是跟踪你的特务。快上我的车，我有话给你说！"

周剑涛上了车，沈钟拉着车一路小跑。到了离长安饭店办事处不远的一个背巷里，沈钟停住车，从鞋壳里取出一张纸条，递给周剑涛说："这是中央给军调小组的指示，还有我们和你联系的时间、地点。"说完调转车头，拉着黄包车走了……

从第二天起，一连好几个早上，庞志柏都要穿着空军军官服，腰里挎着一把美制手枪，戴着墨镜和白手套，骑着自行车，从气象煊赫、警卫森严的军统特务机关门前经过。

空军是军中骄子。门前站岗的士兵一看见他，立即两个脚后跟一磕，立正！敬礼！庞志柏煞有介事地举起右手，还了礼，悠然自得地吹着口哨，继续向前骑去。

每次骑到馄饨馆门前，他总要进去要一碗馄饨、一个烧饼，坐下来慢慢吃喝。这时候，周剑涛总是或前或后，也进来用早餐。神不知鬼不觉中，两人交换了情报，一前一后离开了馄饨馆……

军调小组与赵部军代表的商谈，进行得极不顺利。

敌人一直怀疑，军调小组和延安之间保持着电台联系。这个秘密电台，不会设在已被严密控制的长安饭店办事处。在长安饭店办事处之外，肯定有地下党的秘密电台！而和这个秘密电台有联系的人，肯定是周剑涛。

为了揭开其中的秘密，他们派出十多个特务，在背巷中拦住周剑涛，把他身上的衣服扒得只剩了一条短裤，却一无所获。

就在特务搜查周剑涛的第二天清早，赵长烈正躺在摇椅上闭目养神，收音机中传来新华社女播音员洪亮、激昂的声音：

……由赵长烈委派的商谈代表，肆意辱骂、刁难我军调小组成员，使我方代表至今无法开展工作。更让人气愤的是，就在昨天下午，我长安饭店办事处的周剑涛同志，由军调小组返回长安饭店办事处途中，遇到十多个特务拦截。他们竟然在光天化日之下，把周剑涛同志的衣服、扒得只留下一条短裤，进行搜查……

赵长烈从摇椅上跳起来，“啪嗒”一声关掉了收音机。

赵长烈在电话里对省府主席祝晓竹说：“如今西安发生的事，不出一天延安就知道了！我可以断定，西安肯定有共产党的秘密电台，而且就在你们北城区！只要在北城区抓住一个共产党，共产党在西安的密台就不难破获！”

祝晓竹对赵长烈的话，并不认同：“赵长官，我可以拿脑袋担保，在北城区绝对没有一个共党分子！”

祝晓竹做梦也不会想到，就在他与赵长烈通电话时，在他一扭头就能从窗口瞅见的保司小红楼里，丁吻月正娴熟地敲击着电键，向延安内台发报。

军调小组撤离西安不久，赵长烈让秘书原汉风把一份通告，送到了长安饭店办事处：

鉴于你处长期从事秘密收集我方军、政系统情报活动，私设电台与共党首脑机关秘密联系，限令你处三日内撤离西安，如拖延时日，我们将采取强制措施，莫谓言之不预！

西北军政长官公署

三日后，长安饭店办事处得到中央指示，撤离西安。

这天早上，李天娥把饭菜篮子提到侧院，从井口放了下去。骆伯安守候在井筒中腰的暗道口，接住了篮子。他取出饭菜，用围裙包好新刻印的《人民之声》，放在篮子中，拽了拽绳子，篮子又吊了上来。李天娥提着篮子回到屋里，把《人民之声》交给丈夫。

庞志柏一看，头一条要闻的题目是：《延安召开数千人群众大会，热烈欢迎民主斗士李咸真先生》。

庞志柏忍不住笑出了声。沈钟走了进来，问："什么好消息？这么高兴！"

庞志柏把《人民之声》交给他，说："李咸真先生身体康复后，当了延安大学校长！西安的民众知道了这个消息，该多高兴！"

沈钟看完《人民之声》，感慨地说："李咸真被枪杀的消息见报后，西安民众的抗议、游行、示威声势越来越高。迫使敌人不得不收起爪牙，停止了大屠杀计划。我们胜利了！"

庞志柏说："要说胜利，还为时过早。赵长烈昨天把长安饭店办事处封了。真正的较量，就要开始了……"

特种户口

国共两党矛盾日趋尖锐。

庞志柏把家搬到西安，一转眼 17 个年头了。可是直到如今，他们一家人在西安还没有户籍。这一年入夏后，为了破坏地下党组织的活动，敌人采用“联保切结”的手段，对全市居民的户口进行了重新登记。这样一来，庞志柏一家人就要暴露出来了。

在这一关键时刻，又是廖梦棠帮了大忙。他凭借手中的权力，轻而易举就把庞志柏家的户口，登记在了天佑茶庄廖家的户口上。

为了不露出破绽，庞志柏和廖梦棠决定以亲属名义，合伙做煤炭生意。既可以掩护身份，又可以解决活动经费不足的问题。

庞志柏在澄城枣树沟开有煤矿，他的户口身份是“渭北煤炭公司”工程师，叫黄润生。为了应付敌人检查，庞志柏特意去了一趟澄城。拉来几位社会名流和亲朋好友，在县城喝了一场酒，响了几挂万字头鞭炮，在父亲的老宅子门前挂了块“渭北煤炭公司”的招牌。聘请澄商巨头雷盛云，挂名当了经理。

庞志柏回到西安后，又让廖梦棠出面，在火车站附近开设了一个煤场。挂上“西安煤炭经销公司”的牌子，廖勃担任经理，一本正经做起煤炭生意来。

柴崇林二返长安，担任陕室副主任后雄心勃勃，决心在侦破中共地下组织中有所建树。要对得起叶俊山对自己的信任，也要为自己将来的升迁铺平道路。

在柴崇林的下意识中，廖梦棠将成为他升迁的最大障碍。廖梦棠是赵长官的红人，要搬掉这个绊脚石，绝非易事！当然，廖梦棠也有他的软肋，在回西安之前，柴崇林已从叶俊山的话语中，品出了其中的玄机。廖梦棠作为徐可钧的羽翼，本来也在清洗之列，只是碍于赵长烈的面子一时下不了手。一旦找到机会，廖梦棠必然会被淘汰出局！

柴崇林一回到西安，就想起他去重庆任职前查了半截子的庞志柏的案子。他决定对芙蓉街 7 号进行一次突击搜查，这个宅子里那个似有似无、亦真亦幻的男主人，如同幽灵似的在他心中又复活了。

让柴崇林大失所望的是，这天晌午的突然搜查，和多年前的搜查一样一无所获。连搜查的过程和内容，也和过去一样毫无新意，一样单调乏味：

“你男人呢?”

“上海做生意去了。”

“啥时候回来?”

“谁知道，好几年没回来了。”

“回来要及时到警察局报告!”

“哎！他一回来我就去报告。”

唯一不同的是，这一家的那个男娃不见了。女主人说：“他爸托人接到上海念书去了。”

潜入地下室的庞志柏，帮着骆伯安印完了《人民之声》。他把飘溢着油墨芳香的《人民之声》掖在风衣衣襟下，从蓝梅车行的暗道口钻出来。车行里没人，大门上了锁，庞志柏搬来木梯，翻墙进入残荷轩后院，从后门进了门面房。

恩师谢先生守在店里，正在用鸡毛掸子掸着古董架子上的灰尘。谢靖夫已年过七十，手脚依然利索，面色依然红润，目光依然炯炯有神，齐胸的髯须根根可数，言谈举止彰显出飘飘欲仙的脱俗气质。

庞志柏和恩师刚拉了几句话，一眼瞅见街对面过来两个便衣特务，为首的正是柴崇林！

谢靖夫对庞志柏说：“你先躲到里面去，我想办法把他俩支走。不到万不得已不要动手！”

庞志柏心领神会。他立即躲到卧室的门背后，顺手打开风衣衣兜里的袖珍手枪。这种袖珍手枪折叠起来只有鸡蛋大小，可以装满六发子弹，便于藏在衣兜里使用。

庞志柏竖着耳朵，倾听着外面的动静。

“老头子，有人说你这间房子里有暗道，和后面那户人家相通，是不是呀？”是柴崇林的声音。

谢靖夫擦拭着明代青花莲纹瓷瓶，坦然应答道：“就这么屁子大一点地方，有没有暗道，你们自己找！”

塌鼻子在屋内四处搜寻。谢靖夫发现跟他进来的那个特务，八成是个大烟鬼，脸色乌青、眼窝眍䁖、身子精瘦，下巴上长着几根鼠须。一毛不生的光脑壳，如同从古墓里挖出来的千年陶罐，闪着幽幽的贼光。

谢靖夫打定主意，如果他们要抓庞志柏，他就拼尽全力，用手中这个瓷瓶，把这个陶罐脑壳先开了瓢。剩下塌鼻子，留给庞志柏去收拾。

柴崇林瞅了一阵，对陶罐脑壳说：“把靠墙那个柜子挪开！”

陶罐脑壳“吭哧吭哧”挪开柜子。墙壁上有个窑窝，仅容一人站立。敲敲窑壁，听声音是实墙，又把柜子挪回了原处。

柴崇林转身说：“到里面看看！”

柴崇林正要去掀门帘，愣不防从里间走出一个人来。他心中一惊，急忙后退一步，把手按在腰间的盒子枪上，厉声问：“你！你是谁？在这里干什么？”

庞志柏手里捧着一个黑釉剔花瓷瓶，是元代耀州窑出的，神色坦然地从里间走出来。他把瓷瓶轻轻放在柜台上，拍了拍手上沾的灰尘，笑道：“我是煤炭公司的，好古玩字画，常来谢先生这里转转。”说着掏出名片递给柴崇林。

柴崇林看了看，没看出子丑寅卯来。他把名片还给庞志柏。说：“雅兴不浅啊！看着面熟熟的，大概在哪里见过。”说完转身走了。

柴崇林一走，庞志柏冲着谢靖夫吐吐舌头，说：“这家伙我见过不止一次。幸亏他没弄清我的真实身份，要不然眨眼出大事了！”

庞志柏掀开衣襟，掏出一沓《人民之声》递给谢靖夫说：“谢老师，等会儿你把它送到茶社，交给梅登岩。”说罢去了后院，搭梯子翻过墙，又回到了芙蓉街七号。

这一天特别燠热，庞志柏吃过午饭，浑身不停地冒汗，抓一把滑腻腻的，才想起好些日子没洗澡了。李天娥对丈夫说：“快脱衣服洗个澡，身上都馊了！”说着从桌子底下拉出柏木澡盆，提了两个楸木水桶，要去侧院井口搅水。

庞志柏急忙夺过木桶，说：“你身子重了，还敢去搅水？”

庞志柏到后院井台上，绞上来两桶清凉的井水，提回屋倒进澡盆里，独自在屋内洗澡。

天娥带着两个女儿，在门外做针线活。

庞志柏夫妇总以为，特务们上午搜查过，按惯例下午不会再来。没想到狡猾的柴崇林，也想到了这一点。吃过午饭后，他又带了几个特务，突然闯入芙蓉街 7 号。不巧的是，前院负责报警的沈钟的母亲，刚刚出去时忘了关大门（因为有暗道机关，大门可以在里面或是外面关上和打开），等到李天娥在花墙缝隙中，看见一帮特务进了二道门时，一下子慌了手脚。

李天娥急忙回到屋内，打开壁柜，让丈夫抱着衣服，下了暗道。

这时，柴崇林已经吆喝着把第三道门砸得“咚咚”响。

李天娥冲着门外喊道：“急啥哩嘛！我正在洗澡，等我穿上衣服就给你开门！”

李天娥急忙把丈夫的鞋塞到洗澡盆底下，解开脖子下边的纽扣，掬了两捧水抹在头上脸上。又三两把脱掉女儿小茎的衣服，把小茎放在洗澡盆里，这才去开了门。

柴崇林又扑了空。

从第二天开始，芙蓉街 7 号大门外修鞋的，拉黄包车的，卖小吃的，又明显增多了。对面小酒馆里一帮斜披着上衣、嘴里叼着烟卷、贼眉溜眼的家伙，从早到晚盯着 7 号门口不挪窝。经常有黄狗（丘八）、黑狗（警察）突然闯入 7 号院内，瞎折腾一阵，又垂头丧气地离开了……

智斗柴崇林

在多年的地下斗争中，庞志柏变成了一名出色的猎手。古城在他的眼中，变成了一片片榛莽，处处野兽出没、危机四伏。他必须时时保持高度警惕，必须学会由蛛丝马迹辨别出潜在的危险。必须学会隐蔽自己，瞅准时机迅速出击，化被动为主动。

柴崇林在一天之内，连续两次搜查芙蓉街 7 号，这件事引起了庞志柏的警觉。当天夜里，庞志柏在天佑茶庄和廖梦棠见了面，两人仔细分析了柴崇林回到西安后的动向。

柴崇林刚一回来，又盯上了芙蓉街 7 号，这是个危险的信号！他对芙蓉街 7 号的关注和搜查，为什么要瞒着廖梦棠？这个谜团解不开，就不知道他的葫芦里到底装着什么药？柴崇林在调往重庆总部之前，就打算去澄城调查庞志柏，只是因为突然离职上调未能成行。从重庆回来后，他如同狗皮膏药又黏上了芙蓉街 7 号。他趁回蒲城柴镇看望家人之机，顺便去澄城调查庞志柏的行踪。这个消息是廖梦棠从别人那里听说的，柴崇林一直对他守口如瓶。

庞志柏说："当初调柴崇林去重庆，本想着用杆杆把这条毒蛇挑开。没想到这条毒蛇顺着杆杆爬上来了！必要时要快刀斩乱麻，让他永远消失！"

廖梦棠说："你放心！一个虼蚤顶不起被单，我有办法对付他。"

第二天晚上，廖梦棠在西柳巷 1 号约见了柴崇林。

柴崇林不知道廖梦棠为啥约自己过来，心里七上八下，惴惴不安。

柴崇林在投石问路："廖主任，你特意叫兄弟过来，一定有什么重要任务，给兄弟交代吧？"

廖梦棠说："我叫你过来，其实也没啥当紧事，就是一个人闷得慌，想找个人聊聊。"

为了解除柴崇林的戒备心理，廖梦棠装出漫不经心的样子，先和他谈了一阵陕室的匝长径短、孰是孰非，不知不觉中转入了正题。

廖梦棠说："人若上百，形形色色，林子大了什么鸟都有。CC 人多嘴杂，有的人背后向赵长官告我的黑状，幸亏赵长官是明白人，把这些状子都让我看了。他劝我离开这个是非之地，到绥署去给他当参谋。你说我是去好，还是不去好呢？"

廖梦棠这一番话，听得柴崇林心惊肉跳，头冒虚汗。

柴崇林前几天还动过心思，想把他对芙蓉街 7 号男主人的怀疑，以及廖梦棠和庞志柏过去的瓜连（这是他在中统局档案中看到的），写成书面材料，私下交给赵长官。他暗自庆幸还没有这样做，要是做了，这份材料落到廖梦棠手里，自己就死定了。他以前听人说过，赵长官和廖梦棠私交甚深，没想到赵长官会这么器重廖梦棠！

柴崇林掏出叠得四四方方的白丝帕，沾了沾额颅上的细汗，说："这是好事咯！梦棠兄弟胆识过人，为党国立过大功，早该提升了！"

廖梦棠说："我迟早是要离开陕室的，只是有一件事尚未办妥。赵长官让我推荐个人接替我，当这个陕室主任，我给他推荐了几个，他都不满意。依你看，谁来当这个陕室主任合适呢？"

廖梦棠这些话，又说得柴崇林如同丈二和尚，摸不着头脑。

柴崇林不知道廖梦棠给赵长官推荐的人中，是否有他柴崇林？若是有，说明赵长官并不打算让他接替廖梦棠，当这个陕室主任。虽说陕室主任的任免，是叶俊山的权利，可是赵长烈是西北军政长官，是通天的人物，他要是从中作梗，只须给委员长打个电话，只怕叶俊山连个响屁也放不出来。

柴崇林想，在陕室人员中，如今和廖梦棠走得最近的是布冬临，廖梦棠给赵长官推荐的人中，肯定有布冬临！于是他用试探的口吻说：“眼下陕室能坐住阵、提得起领口的人手，只有布冬临。”

廖梦棠的目光，在柴崇林那张扁平、白皙的脸上，停留了片刻，摇摇头说：“我晓得你会说他。你知道布冬临为啥经常给我献殷勤吗？他是怕我敲了他的饭碗！那年我到西安给委员长救驾，被抓后布冬临把我打了个半死。这种乘人之危落井下石的人，我能信任他吗？”

廖梦棠在烟灰缸中拧灭了烟头，嘴唇上沾着一点黄烟丝。他说：“布冬临不能用，那只能你干了。我给赵长官打过招呼，赵长官说你回西安时间不长，在 CC 成员中威望还不高，如果操之过急，上去也坐不稳。还不如先把各方面关系搞好，把根扎稳，上去后就无后顾之忧了。”

廖梦棠的话并不多，但他所传递给柴崇林的信息，足够柴崇林去琢磨十天半月了。

廖梦棠的话里，至少透露了三个重要信息：首先是他与赵长官之间，有着坚不可摧的私人关系，断了柴崇林在背后捣鬼的念想。其次是廖梦棠将要离开陕室，调往绥署，这等于向柴崇林证明，他并不是柴崇林仕途升迁的障碍。更重要的是第三，廖梦棠已公开表明，打算让他接任陕室正主任的职务。这让柴崇林在感恩戴德的同时，原有的心理防线顷刻间土崩瓦解。

柴崇林掏心掏肺地说：“我这一辈子能碰上你这样的好兄弟，死而无憾。你把兄弟不当外人，我对你也不藏着、掖着。前些日子我叼空去了一趟澄城，已经查清了，芙蓉街 7 号那个李仰之，真实姓名叫庞志柏。这个人过去我认识，错不了的！”

廖梦棠警惕起来。他不动声色地说：“李仰之怎么成了庞志柏？你说得牛头不对马嘴咯！”

柴崇林说：“我在重庆总部的档案里，看到过庞志柏这个名字，你还带着人去上海抓过他。我去重庆前就给你说过这个人，你难道忘了？”

廖梦棠心里“咯噔”一下，他立即意识到，柴崇林已经从总部的档案中，发现了他与庞志柏的特殊关系。这才是对庞志柏情报处潜在的最大危险！

廖梦棠瞪了柴崇林一眼，用满不在乎的口气说：“你怪灵性个人，咋这么死心眼？这种事知道得人越少越好！他要是听说我在西安给他下了套，一直等着抓他，还会回西安吗？不过现在已经无所谓了，他已经死于非命，再也回不来了。”

柴崇林一脸茫然：“你说庞志柏死于非命，是咋回事？”

廖梦棠端起茶杯，轻轻吹开漂在水面上的茶叶，慢慢啜了几口。当他把茶杯重新放到茶几上时，一个天衣无缝的故事已经编成了。

廖梦棠说，他听上海特工总部一位朋友说过，庞志柏在上海和一个女人好过。后来庞志柏夜里被人杀了，凶手就是这个女人的丈夫李仰之，一个常年滞留在香港的生意人。经特工总部派人调查，李仰之是庞志柏沪申大学的同学，两人在学校时情同手足。李仰之怪讲义气的，杀了庞志柏后，时常以庞志柏的名义给他在西安的妻子邮钱回来。如今他每年都要来西安一两次，庞志柏的妻子自然成了李仰之的外室。廖梦棠说他在上海特工总部的朋友，亲自参加了对这一案件的调查，所以是千真万确的！

廖梦棠急中生智、口灿莲花。他即兴编出来的这个故事，天衣无缝、有鼻子有眼。

柴崇林对他讲述的庞志柏之死，半信半疑。他在离开西柳巷 1 号时对廖梦棠说：“廖主任，会不会是你在上海总部的朋友搞错了！也许他所说的李仰之，就是庞志柏！也许并不是庞志柏被李仰之杀了，而是庞志柏杀了李仰之。不管是李逵杀了李鬼，还是李鬼杀了李逵，我一定要找到这个活着的人。找到了他，是真是假就水落石出了。”

廖梦棠送柴崇林出门时，旁敲侧击说：“告诉手下的弟兄，把自己分内的事情管好，别狗揽八堆屎——吃不了兜着走！”

在庞志柏情报机关和雷关斗密台之间，担任传递情报任务的是梅登岩和韩翔。每隔几天到了中午十二点左右，梅登岩骑着自行车，把彭云锦交给他的密码电文，送到无名巷 77 号交给韩翔。韩翔带着密码电文，来到保司附近的小饭馆或公园里，与丁吻月见面。在外人眼中，他俩是一对卿卿我我、缠缠绵绵的情人，不经意间完成了传递情报的任务。

在半年多的接触中，韩翔暗恋上了这个来自黄浦江畔的丽人。

丁吻月端庄文雅、清秀可人，成了他心目中的女神。有一天在湖边亭子间传递密码电文时，韩翔终于鼓起勇气，对爱慕已久的丁吻月倾吐了自己的心声。尚未开口，他的脸红得几乎渗出血来，“吭吭哧哧”说：“丁姐，我们别、别再演戏了，做真夫妻，好吗……”

其实，丁吻月从韩翔那游离、闪避的目光中，早已发现了他隐藏在心中的秘密。韩翔在她心目中，的确是个难得的好男人。能够和这样的男人白头偕老，丁吻月也无怨无悔、心满意足了。

然而在丁吻月心中，一直有一个解不开的结，那就是对自己初恋时的意中人时时刻刻的思念。她觉得对任何别的异性男子的动心，都是对自己心目中坚贞爱情的亵渎。她推脱韩翔说：“没听人说吗，宁让男大十，不让女大一，我比你大三岁，已经半老徐娘了。你还年轻，应该去找一个年轻漂亮的姑娘做妻子。”

韩翔急了，他一把抓住丁吻月的手，说：“丁姐，差三岁算什么？人家还说女大三抱金砖呢，这根本不是理由！我知道你的心里，一直放不下志柏大哥。可你想过没有，你一日不成家，志柏大哥心里一日不得安宁。我虽然心中一直暗恋着你，却总觉得配不上你，一直没勇气向你表白。要不是贺大哥、我表姐，还有志柏大哥的鼓励，我也许永远说不出‘我爱你’这三个字。丁姐，我是真心爱你的，你答应我吧……”

韩翔泪如雨下。

丁吻月甩脱手，佯装生气地说：“你哭啥？还是男子汉大丈夫呢，真没出息!”

丁吻月生怕自己忍不住也流下泪来，急忙拾起身，匆匆离开了。

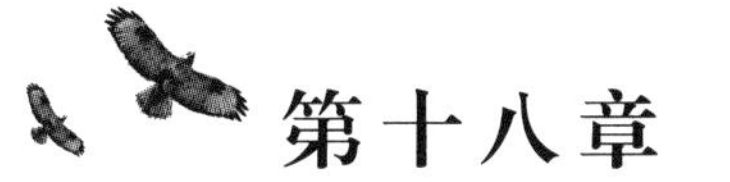

第十八章

死亡名单

白色恐怖笼罩着古城西安。

蒋介石电令赵长烈和祝晓竹，说杜炳诚等人通匪有据，要求速即查办。武枕戈秉承赵长烈旨意，开列了近百人的暗杀名单。

敌人又要大开杀戒了！

庞志柏把蒋介石的这一罪恶计划，立即电告了延安内台。

这个消息，在中共上层引起了极大震动。

杜炳诚先生是西北领袖人物，长期与共产党合作，是共产党人最忠实、最可靠的一位朋友。在重庆时，蒋介石曾试图用金钱、地位收买他，杜炳诚答复了蒋介石七个字："道不同，不相与谋。"骊山兵变时，杜先生仗义执言，坚决支持中共逼蒋抗日的政治主张，蒋介石对他早就恨之入骨了！

李咸真那样的悲剧，再也不能重演了！

中央电告庞志柏情报处，立即通知杜炳诚和上了暗杀名单的人，马上转移！

入夜后，梅登岩翻墙进入芙蓉街 7 号，把彭云锦刚刚送来的电文交给了庞志柏。

庞志柏看完电文说："中央要求咱们马上通知杜炳诚先生转移！"

梅登岩说：“没见到杜先生好些日子了。过去都是他来茶社喝茶，顺便把《人民之声》取走，这些日子一直是他家的用人杜顺民，趁买菜的机会来把《人民之声》带回去。杜先生没有自由了！”

庞志柏说：“杜顺民是我们派到杜先生身边、保护杜先生的。他昨天托人告诉我，说杜先生家对面的小旅馆里，住了军统一个班的兵力，日夜监视着杜先生的一举一动。怎么通知他？”

梅登岩说：“让我去吧哥，我带两把短枪去。就是抢，也要把杜先生从敌人手中抢出来！”

庞志柏瞪了梅登岩一眼，说：“冒失鬼！你这么愣头愣脑地跑去，不但救不出杜先生，连你的命也得搭进去！凡事先动动脑子，再这样冒失，非出大事不可！杜先生隔壁是严新民家，两家后院有侧门相通。我和严新民是老相识，我从他家后门进去通知杜先生转移，你用黄包车送我去！”

夜深了。翁家巷 32 号，杜炳诚家里还亮着灯光。

庞志柏从后院进入杜家。他告诉杜炳诚：“老蒋给赵长烈和祝晓竹下了命令，说你通匪有据，要速即查办！你马上跟我走！咱们从严新民家后门出去，我先给你找个安全地方，躲上几天，再找机会送你出城！”

杜炳诚转身坐在太师椅上。他脖子一拧，固执地说：“我哪儿也不去！我倒要看看他们能把我咋样？”

庞志柏着急地说：“杜先生，蒋介石和赵长烈都是杀人不眨眼的刽子手！你忘啦，他们咋样对付李咸真先生的？”

“革命总得有人流血牺牲！我就是要用我的血，唤起更多人的觉醒！你不要说了，快走吧，我不想连累任何人！”

庞志柏想说，让你离开是延安的意思，话到了嘴边又咽了回去。情报处的安全，牵扯到上百名革命者的性命，他不能向任何人暴露组织秘密。一看劝说无望，庞志柏只得从严新民家后门退出来，坐着梅登岩的黄包车离开了……

第二天早上，天低云暗，霪雨霏霏，天地一片混沌。

翁家巷军警林立，阴森恐怖。杜炳诚被捆着从家里押出来，在众目睽睽下推上囚车。

囚车尖叫着，开走了……

和杜炳诚一起被捕的，总共 12 人。被武枕戈列入死亡名单的，尚有 73 人未脱离险境，随时面临被逮捕和枪杀的危险。这 73 人包括社会名流、新闻界及教育界进步人士，以及原杨啸林部留在西安的退伍军人。这些人，大都与庞志柏情报处有些联系，是《人民之声》的基本受众，其中一部分人还是中共地下党员，有的还是庞志柏情报处成员。

入夜后，庞志柏在冰泉旅馆见到了廖梦棠。两人商定通过火车站附近的煤场，把上了死亡名单的 73 个人，尽快送出西安，脱离险境。

第二天上午，73 名撤离人员穿着破衣烂衫，挥舞着大铁锹，在火车站煤场给汽车装煤。煤尘扬起一丈多高的黑雾，装煤的人个个浑身漆黑，只有眼仁和偶尔露出的牙齿白得发光，即使是平时对他们最熟悉的家人，也无法辨认出来。

天黑后活干完了。一辆三轮车送来两桶大米稀饭，一箩筐肉夹馍。吃完饭，站长老熊提着信号灯来了，他低声对廖勃说："九点十分正点发车，九点之前，所有人都待在煤场磅房里，不要乱走动。等到九点时，都赶到西头道岔口那里，我把车皮甩过去，五分钟之内，所有人都要上到空车厢里。不许说话，不要弄出声响，记住了吗?"

廖勃说："记住了。这趟车的点，我知道。"

老熊提着信号灯，转身走了。

九点左右，撤离的人在夜色掩护下，隐蔽在道岔东边的灌木丛中。开往同官矿区的一列空车皮，在站场加满了水。老熊晃动着信号灯，列车像一头巨兽，喷着一团团白汽在道岔处停下来。

隐蔽在铁道旁灌木丛中的 73 个人，猫着腰，一个跟一个爬上车皮，隐身在空车厢内。五分钟后火车尖叫一声，慢慢启动，在不断的提速中离开了车站，很快消失在夜幕之中……

敌人终于向杜炳诚等十二人，下了毒手。

黎明前的西安城，更加黑暗。太阳庙军统监狱中，灯光闪烁，人影憧憧。杜炳诚等十二名囚犯被带出牢房，推上一辆大卡车，车厢周边站满荷枪实弹的军警。

大卡车开出监门，穿过寂静的大街，在玉祥门外停了下来。

晨光熹微，东方露出了鱼肚白。

十二名政治犯拖着脚镣、戴着手铐，在军警的喝斥声中一步步向城墙根移动。沉重的脚镣发出“哗啦哗啦”的声响，在清晨的一片死寂中显得尤为刺耳。

囚犯们在刺刀威逼下，在城墙根一字排开。

杜炳诚知道，就要和这个世界告别了！敌人在战场上节节败退的消息，近来通过狱中的秘密通道，不断地传到囚犯中。面对死亡杜炳诚没有丝毫恐惧，甚至嘴角还挂着一丝欣慰的微笑，双目凝视着东方撕开黑暗的一抹酥红，静静地等待着灵魂的飞升。

一片枪声后，杜炳诚等 12 名政治犯纷纷倒地。殷红的鲜血无声地侵润着这片古老的土地。

城门楼子上栖息的鹈鸽，受到枪声惊吓，“呼啦啦”拍打着翅膀飞腾而起，陪伴着死难烈士飞升的英灵，一起飞向露出曙光的东方……

中央内台当日便收到了雷台发出的密电：

祝晓竹接蒋介石密令，以全陕戒严司令名义，于当日拂晓以勾结匪军、密谋暴动、贩卖烟毒等罪名，将杜炳诚等 12 人枪杀于玉祥门外。

安之居

九府街旗袍店。

庞志柏和云锦母女正在室内交谈，大门外突然传来卖膏药的吆喝声。王静秋说：“是秦至庵，他好些日子没来了，我去看看！”说着转身出去开了大门，把秦至庵招呼到了屋里。

秦至庵从捎马里取出一帖膏药，递给庞志柏。

庞志柏撕开膏药一看，那功力极深的柳体毛笔字，让他眼前突然一亮！他急忙说：“云锦，你快来看，这字体好眼熟！”

彭云锦看了看说：“这位同志过去通过长安饭店办事处，转来不少重要情报。办事处撤走后再没收到过他的情报，如今又出现了！”

庞志柏急忙问秦至庵：“这份情报哪来的？”

秦至庵说，是他的邻居安子举，昨天夜里送到他家的。安子举说，他接到上级指示，让他把情报送到药王洞 2 号，交给秦至庵。

庞志柏问秦至庵：“安子举是干什么的？”

秦至庵说：“他没说，我也没问。”

据秦至庵介绍，安子举穿的是军服，少校军衔。他每天骑自行车上下班，八成在第七补给区机关工作，地点在习武园，离家很近。住房是租的，离秦至庵家不过百米，门牌号码是药王洞 27 号，门楼上有三个砖刻的楷体字：安之居。他说他叫安子举，显然不是真实姓名。

庞志柏决定，会会这个自称安子举的神秘人物。他把约会时间、地点、接头暗号告诉了秦至庵，让他晚上去通知安子举，明天按时赴约。

第二天傍晚，庞志柏一身绅士着装，坐着黄包车按时赶到北城墙根。他先去秦至庵家打了个转身，得知已通知过安子举后，转身从秦家出来，沿着砖砌的台阶一步步上了北城墙。

雨过天晴，蛙声一片。

庞志柏在城墙上一露头，一眼瞅见不远处有个穿军装的男子，正站在城垛旁向西张望。夕阳如同用刚出炉的铁水浇铸成的，天边堆满了火烧云，如同燃起了漫天大火。

庞志柏拄着文明棍，走到那个军人跟前。军人靠着城垛看《文化日报》，摊开的报纸把他的头脸和上半身全遮住了。庞志柏掏出美国造的骆驼牌香烟，问："带火了吗？"

军人挪开报纸说："对不起，我不吸烟，没带火。"庞志柏眼前一亮，原来这个军人不是别人，竟然是好多年不知去向的武秋江！

武秋江也认出了庞志柏。两个昔日出生入死的战友，紧紧地、久久地拥抱在一起，都激动得热泪盈眶……

庞志柏和武秋江携手从城墙上下来，一起去了武秋江的居所。进门的时候，庞志柏瞅了瞅门楼脑顶，果然有"安之居"三个砖刻的大字。他悄声对武秋江说："安子举这个名子挺好，你以后就叫这个名字吧！"

进门后才知道，安子举还带着妻子儿女。

安子举的妻子文静、腼腆、不善言辞，沏好茶水后带着孩子出去了。

庞志柏道："这些年，我托人到处打听你的下落，你去哪儿了？"

安子举说，骊山兵变后他离开了杨啸林部，回到了河南密县老家，参加了当地的抗日救亡工作。不幸被捕后，先关在洛阳集中营，洛阳集中营撤销后，转入西安集中营关押。坐了几年牢，被第七补给区秘密党组织营救出狱，以分管被服为掩护搜集情报。他的组织关系一直在长安饭店办事处，办事处撤销后，和组织失去了联系，直到一星期前才得到指示，让他和秦至庵建立情报关系。

这天晚上，两人研究了搜集、传递情报的办法，决定由秦至庵负责情报传递，时间定在每星期二、五晚上，到安子举住处接头。

庞志柏问安子举："你想想看，每月能不能搞到一份各部队的资料，包括部队番号、人数，以及驻地和指挥官姓名等。"

安子举说："我是管被服的，不掌握军队每个月的变动情况，只有管粮秣补给的军需官，才掌握这些情况。"

庞志柏说多动动脑子，多交几个朋友，说不定啥时候就能派上用场。

庞志柏离开安子举的住处时，已经到了深夜。

安子举躺在炕上，翻来覆去难以入眠。交过夜时，办法还真的让他想出来了……

主管粮秣的，是少校军需官陈封。这天中午，安子举把陈封请到自己家中，一边喝酒，一边闲聊。

安子举说："如今各部队每月领取粮秣、被服的报表，和实际人员编制相差甚大。如果这种情况被司令部发现，不管是我这个管被服的，还是你这个管粮秣的，轻则被军法处绳之以法，重则连脑袋也得搬家！"

陈封说："这个问题我早看出来了。下层官员贪腐成性，超支冒领习以为常。本想着事情烂了，招祸的是他们，照你这么说，到时候咱也脱不了干系！"

安子举说："我倒有个办法，不至于让咱跟着他们挨戳。咱每月合伙编印一份补给粮秣、被服的表册，内容包括各个部队的番号、人数、驻地、指挥官姓名，让人一看一目了然。还应立一条规矩，各部队调动时必须及时通知补给区司令部，否则司令部拒绝供应给养。"

陈封连连叫好。

此后，安子举将赵长烈部的军情变化，通过情报处密台逐月报告给了延安内台。

有一天，秦至庵告诉庞志柏，因为他常去和安子举联系，引起与安子举同院一个军官的注意。这个军官暗中向药王洞的居民，了解过秦至庵的情况，有一回还派人跟踪过他。

秦至庵反映的情况，立即引起了庞志柏的警觉。

第二天，庞志柏就让安子举把家搬到了习武园，租房住在一户姓曹的人家，就在他上班的地方跟前。早在西安围城时，庞志柏就与曹家人相识，关系一直很好。曹家的子女在庞志柏的帮助下去了延安。

曹家老两口儿同情革命，对庞志柏介绍来的新房客，照顾得非常熨帖周到。

无巧不成书

叶俊山突然由南京飞到西安，事先廖梦棠一点也不知情。

更让廖梦棠没想到的是，这个中统局新的掌门人，在与赵长烈礼节性会面后，第二个接见的不是他这个陕室主任，而是党部委员戚智！

当叶俊山带着满面春风的戚智，走进陕室特工大会会场时，廖梦棠一下子便明白了。答案全写在戚智那张脸上。那是一张生来便刻在脸上的拘板、猥琐的脸，今儿这张脸却突然有了难得一见的笑容，让熟识他的廖梦棠，对这张脸也有了陌生的感觉。

戚智并非陕室人员，叶俊山为什么让他也来参加会议？不就是让他来接替自己，当这个陕室主任吗！真是狗咬桃核到了仁（人）上，在老子面前英武起来了！廖梦棠心中骂道。

叶俊山取代徐可钧、成为中统局新的掌门人后，立即着手清洗徐可钧在总部机关和各地的势力。如今清洗工作已大部完成，叶俊山终于向廖梦棠下手了！目前唯一能挽回这一颓势的人，只有赵长烈。叶俊山采取突然袭击的套路，在面见赵长烈时只字未提陕室换人的事，就是要绕开赵长烈，造成既成事实，让赵长烈处于无力回天的被动地位。

叶俊山连一句题外话也没说，照本宣科了两份文件：头一份文件，撤销中统局，成立党通局，叶俊山任党通局局长；撤销各省调统室，成立通讯组；第二份文件，撤销廖梦棠陕室主任职务，任命戚智为陕通组组长，任命柴崇林为陕通组一科科长，布冬临为二科科长。

叶俊山一宣布完文件，就在戚智陪同下，坐着美国吉普车去了飞机场，飞回南京去了。

廖梦棠的谍海生涯，又一次陷入了滑铁卢。

他的头脑中乱哄哄的，如同被捅了的马蜂窝，无数马蜂四处乱飞，不断地发出嗡嗡的噪音。他闭门谢客，在家中从下午一直睡到晚上。

师紫云给他盛了一箸挂面，碗底卧了两颗荷包蛋。他刚吃了一口，赵长烈打来了电话。

赵长烈刚刚得知陕室人事变动的消息。他对叶俊山不吭不哈，就中途换马，十分恼火！他在电话中对廖梦棠说：

“叶俊山太过分了，中统局不是他家的私产，为什么这么霸道！这事我非告知委员长不可！梦棠呀，你也别太介意，男子汉大丈夫能屈能伸。你还是党部委员、中统局专员，还是陕西电话管理局局长么！以后特联会你照旧参加，你的任务就是替我看好中统的人，谁要是不顾党国利益，结帮组派排斥异己，他的下场绝不会比王继耕好多少！”

赵长烈的话，让廖梦棠的情绪慢慢稳定下来。

廖梦棠突然有了失之东隅、收之桑榆的感觉。其实他所焦虑的，并不是个人权力的得失，而是从此失去获取赵长烈高层机密的机会。赵长烈的许诺，使他重新看到了希望。

他对妻子发狠说：“佛争一炉香，人争一口气。陕通组组长这把椅子，我廖梦棠坐不上，谁坐上也别想安宁！”

天快亮的时候，一个绝地反击的计划，在他心中酝酿成熟了。

廖梦棠打发廖勃赶紧去奇园茶社通知梅老板，下午两点半他要见庞哥。

庞志柏准时赶到鼓楼纸店，见到了廖梦棠。

廖梦棠把叶俊山来西安以及陕室人事变动的情况，还有昨天夜里和赵长烈的通话，全都告诉了庞志柏。

廖梦棠说：“咱不能伸出脑袋让这伙龟儿子弹，这口气我咽不下去！我打算寻找机会再次挑起内斗，如同那年整王继耕那样，把失去的权力再夺回来！”

庞志柏摇摇头说：“有这个必要吗？赵长烈已经说过了，你还有职有权，特联会照旧参加，布冬临还在陕通组任职，获取情报的渠道还是有的，千万不可意气用事，因小失大！”

戚智上任后，为了掌握陕通组的现状，分别和两个科长进行了长谈。在和柴崇林的谈话中，柴崇林所提及的一个人，引起了他的特别关注。这个人，就是芙蓉街 7 号那个影子似的男主人李仰之。柴崇林说他的真实姓名叫庞志柏，是潜伏在西安的中共特工。柴崇林把他年轻时因为婚事与庞志柏相识，廖梦棠按照徐可钧的授意，曾经去上海抓捕过庞志柏，以及他在澄城秘密调查庞志柏的情况，一五一十仔仔细细地向戚智作了汇报。戚智问：“你现在碰上庞志柏，能认出来吗？”柴崇林摇摇头说：“恐怕认不出来了，二十多年没见面，早就不是小时候那个样子了！”

柴崇林沉默了一阵，突然眉毛一挑说：“有一个人，能认出他！”戚智忙问谁？柴崇林说：“老八认识他！老八在绥署二处当特工时，参加过抓捕庞志柏的行动，见过庞志柏，肯定认识他！”戚智问：“你说的这个老八，现在在哪儿？”柴崇林说：“老八是外号，真名叫张兴，他和武枕戈翻了脸，离开了绥署二处，现在是咱们陕通组的人。”

戚智当即打发柴崇林找来了张兴。戚智问张兴认识不认识庞志柏，张兴说：“前些年武处长让我在逸中门房蹲守，抓捕庞志柏那天晚上，我和他只打了个照面，模样一点也不记得了，只记得他是中等个子，些微有些胖，是关中东府口音。”

庞志柏是东府人，老八说的这个人是东府口音，这让戚智更加确定，柴崇林说的李仰之，就是庞志柏。戚智对老八说：“从明天起，你每天到芙蓉街7号周围转转，碰到可疑的人，一定要弄清他的住处和去向，发现情况后马上向我汇报！”

老八按照戚智的安排，在芙蓉街周围踅摸了一个多月，没有发现任何可疑的对象。戚智一筹莫展时，决定亲自到芙蓉街去一趟，看看能否找到可疑的线索。他让熟悉那一带情况的柴崇林和老八，跟着自己一同前往。

芙蓉街七号的门紧闭着，戚智一行三人在7号对面的小酒馆里，喝了半个时辰的酒，没有发现任何人从7号门内出入。他们又厮跟着在周围转了半个时辰，仍然没有发现任何异常的情况。戚智觉得累了，往日这时候正是他睡午觉的时候，他想尽快赶回去，睡上一觉。他安顿老八继续留在这里巡察，和柴崇林一道返身走了。

戚智和柴崇林站在街道边，好容易才等到了一辆黄包车，两个人正要上车，老八匆匆忙忙赶来，把他俩叫到背人处，气喘嘘嘘地说：“我刚才看见一个中等个子、有些发胖的男人，穿着长袍，戴着墨镜，进了莲池公园东门。这个人好像就是庞志柏！”

戚智一下子来了精神。他二话未说，带着两个随从，三步并作两步朝莲池公园东门赶去。

老八今天发现的这个中年男子，正是庞志柏。庞志柏今天去莲池公园，是去和韩翔见面的，见面的地点，在湖畔的亭子间。走进公园后，他给茶社的梅登岩打了声招呼，让他多留点神。梅登岩告知庞志柏，韩翔已经进了公园好一阵子了。他叮嘱庞志柏说：“哥，你也小心点，万一有情况，就穿过林子，从围墙豁口逃出去！”庞志柏说：“知道了。”之后沿着池水南侧的小道，朝亭子方向走去。

庞志柏刚走一会儿，戚智三人便闯进了公园东门。戚智问站在茶社棚子前的梅登岩："刚才进来个人，中等个子，胖胖的，他朝哪边去了？"梅登岩说："我没留神，我刚从屋里出来，没看见。"戚智扭头对柴崇林说："你从北边小路绕过去，我和老八从南边小路绕过去，今天他就是插上翅膀，也飞不出这个公园！"

戚智三人刚一离去，梅登岩立即返回茶社屋内，揭开账桌底下的一块地砖，取出了一把手枪，掖在衣襟下扭头出了门，钻进了南边的林子里。他猫在树丛中，看见庞志柏正迈着悠闲的步子，向亭子跟前走去。亭子底下，韩翔正站在水边观赏着莲花游鱼。梅登岩屏住呼吸，端着手枪，对准戚智的脑袋扣动了板机，随着一声清脆的枪响，戚智应声倒地，连哼也没哼一声，便一头栽进池水中呜乎哀哉，命丧黄泉了。

叶俊山在电话中得知戚智的死讯后，第二天便飞抵西安。在处理完戚智的后事后，当即宣布由柴崇林担任陕通组组长，布冬临担任副组长。廖梦棠本想借这个机会，通过赵长烈把丢失的权力夺回来，没想到叶俊山的动作会这么快，这次到西安后，连赵长烈的面也没有见，便重新任命了陕通组的组长，之后返回南京去了。

丁台失密

陕北战事日趋紧张。庞志柏情报处获取的重要情报越来越多，彭云锦身上的担子也越来越重。她的身体本来就不好，一直吃着中药，再这样下去非拖垮不可！为了减轻彭云锦的负担，庞志柏让谢春桃以学做旗袍为名，暗中向彭云锦学习报务技术。

又到了年终岁尾。随着内战的阴霾越来越浓重，保安司令部要调一部电台去咸阳。在保司五个电台中，雷关斗的一台最有实力。通讯处处长徐志才决定，把一台调到咸阳去。

为了不削弱保司机关电台力量，市府决定重新组建新一台。

雷关斗得知这一消息后，让韩翔赶紧去通知了庞志柏。

入夜后，庞志柏和韩翔一起来到曹家巷 69 号，商定了由通讯处参谋梁国真出面，说服处长徐志才，让丁吻月担任新组建的保司一台台长。如果有什么绊搭，再让廖梦棠出面，一定要把保司密台延续下去，不能在关键时刻掉链子！

事情进行得很顺当，廖梦棠没有出面，问题解决了。丁吻月业务精、人缘好，加上梁国真推荐，丁吻月毫无悬念地成了新一台的台长。

雷台调到咸阳后，丁吻月的新一台和延安内台刚刚接通，尚未正式发报，对方突然失去了信号。任凭丁吻月千呼万唤，内台似乎从人间蒸发了，再也没有回应。

为了测定是不是丁台的问题，庞志柏特意去了一趟咸阳。他让雷关斗与内台联系，依然没有回应。正不知如何是好，庞志柏看到雷关斗包油条的报纸上，有两行大字标题：

赵长烈率部攻克延安蒋委员长传谕嘉奖

授予赵长烈二等大绶云麾勋章晋升为陆军三星上将

“噢！原来答案在这儿！”庞志柏指着报纸上的标题，对雷关斗说：“毛主席正在陕北，和赵长烈玩藏猫猫，为了防止电台讯号暴露目标，已经停止了使用电台！”

庞志柏回到西安后，立即让梅登岩去了一趟无名巷，让韩翔告诉丁吻月，中央内台可能主动停机，目前处于静默状态。要坚持每天与内台联系一次，一旦接通立即告知韩翔。

一直等到仲夏时节，丁台终于与陕北内台恢复了联系。

庞志柏后来才得知，中央主动撤离延安后，西北野战兵团在青化砭、羊马河、蟠龙镇三战三捷。陕北军民在安塞真武洞召开了祝捷大会，中央才解除了不使用电台的禁令。

陕北战事吃紧，各个渠道送来的军事情报，攒了厚厚一摞。庞志柏只能加以挑选，把与陕北战局直接相关的重要情报，先发出去。

丁吻月坚持每天一早一晚，开机发报，避过绥署电监车出动的敏感时段。因为工作量大，她在密台恢复后再也没有回去看过干妈和儿子。她一直住在小红楼上，买了一套简单的炊具自己做饭吃。

因为每天都要传递情报，丁吻月放在窗台上的花盆，最近一直没有取下来。她每天都要和韩翔按时来到公园，在湖畔的亭子间说一会儿话，分手时，在握别中交换了密码电文。

丁吻月和韩翔没有想到，那双邪恶的眼睛，又一次死死盯在他俩身上。

那次莫怀儒为了丁吻月的事，去找武枕戈谈话。武枕戈一口咬定调丁吻月的原因，完全是因为她有过人的报务技术，自己对她绝无非分之想。武枕戈说的倒不全是假话。廖梦棠是赵长烈的座上宾，关系非同一般，武枕戈心中一清二楚。如果自己对丁吻月逼之过甚，廖梦棠告到赵长官那里，肯定没有自己的好果子吃。

此后，武枕戈便把这件事丢在脑后，再也没有动过心思。

这天中午，丁吻月和韩翔坐在湖边亭子下，促膝交谈。一泓秋水倒映着蓝天白云、金秋黄花、红男绿女。时下树叶尚未凋落，酡红、姜黄、墨绿等一片片色块，参差错落，如同一幅幅诱人的水粉画，美极了！

丁吻月今儿的心情不错。她手里攥着上午接收到的内台密码电文，正要往韩翔衣兜里装，突然看见湖对面灌木丛中亮光一闪，她立即意识到，他们的约会可能引起了敌人的怀疑。

丁吻月顺势伸开修长的双臂，紧紧地把韩翔拥入怀中。随即把她红润、性感的双唇，紧紧地贴在韩翔那围着一圈黑胡茬的嘴巴上。

因为都穿着单衣，韩翔感受到了丁吻月柔软、温热、饱满的前胸；舌头上密密麻麻的味蕾，也品尝到了蜂蜜般的馨香。

韩翔被这久久渴望的幸福，激动得流下泪来。他看到丁吻月又黑又亮的眸子中，也闪烁着亮晶晶的泪光。

丁吻月顺势把电文稿装进韩翔衣兜里，然后轻轻推开他。

韩翔意犹未尽地说："丁姐，你答应我了！"

丁吻月说："我答应你什么了？我什么也没答应你！"

韩翔如同受了委屈的孩子："那你刚才……"

丁吻月笑着说："傻弟弟，那是逢场作戏。刚才那边有人、有人偷着给咱照相呢！"

韩翔说："那是在拍风景，咱俩也是风景！"

丁吻月怪嗔道："庞哥的话你忘啦？这是在刀尖上跳舞，些微不留神就会丢掉性命！下次换个地方，到那边林子里散步去。"

分手的时候，丁吻月又特别叮咛韩翔："胡子拉碴的，扎死人了！记着，明天把胡子刮了！"

韩翔的脸红成了鸡冠花。他说："知道了！"转身吹着轻松的口哨走了。

这天夜里，武枕戈安插在省府的钉子俞文普，交给武枕戈几张照片。照片上有一男一女，在一池碧水旁的亭子下，拥抱热吻在一起。亭子旁边是一片低矮的柳丛。

俞文普说："那女的，就是保司一台的女台长丁吻月；男的是天德福银号的襄理韩翔。他们俩过从甚密，几乎天天要在公园见一次面。"

"他俩不是在谈恋爱吗，你拍这啥意思？"

俞文普说："当然有意思。我盯他俩好些日子了，韩翔在无名巷独居一室，近得很！他们要是真的在谈情说爱，为什么不到无名巷去幽会？四十岁上下的人了还这么浪漫，正常吗？他俩时常在同一时间、同一地点见面，风雨无阻。会不会是以谈情说爱为借口，在传递情报？"

武枕戈说："从今天起，你要严密监视丁吻月的一举一动。把她每天二十四小时的活动，都记录下来，随时用电话报告给我。另外，那个韩翔的行踪，他的身份、和什么人接触、都干些什么也要摸清楚。我明天会派两个特工来配合你。记住，不要打草惊蛇！"

三天后，俞文普带着两个特务，来绥署二处面见武枕戈。

俞文普说："韩翔的情况已经摸清了。他虽然是银号襄理，早已徒有虚名，很久不去银号坐班了。他现在租房住在无名巷 77 号，没有什么正当职业，据说是奇园茶社的董事长，却很少去茶社。倒是茶社的老板梅登岩，差不多每天中午都要来见他。一个小小的茶社，值得梅老板三天两头跑这么远的路，来和董事长商量吗？他们一定有什么见不得人的勾当。这个勾当，肯定和丁吻月有关系！"

俞文普离去后，武枕戈立即带着两个特工去了电讯监察科，安排电监车入夜后，潜伏在保司小红楼附近，对保司一台进行二十四小时不间断的监听。两天后有了结果。他们发现保司一台一早一晚改用了新的呼号，和上报绥署二处电监科的呼号，并不一致。

此日傍晚，武枕戈带着七八个持短枪的特工，来到电监车上。

夜幕降临了。电监车上的仪器仪表，闪烁着绿莹莹的指示灯光，如同沉沉夜色中恶狼的眼睛。突然，那个陌生的呼号又出现了，武枕戈对电监车上的特工说："快，把一台发出的密码记下来！"

大约十分钟后，武枕戈把手一挥说："开始行动！"

跟着武枕戈来的七八个特工，立即翻墙进入保司大院，在夜色掩护下冲上三楼。

丁吻月正在发报，突然听到楼梯上传来杂沓的脚步声，心中"咯噔"一下，知道出事了！她一把抓起洋火匣，捏出几苗洋火擦着，点着了密码电文纸。

门被踹开了，丁吻月被捕了。

当天夜里一起被捕的，还有韩翔。敌人去奇园茶社抓捕梅登岩，梅登岩听到动静，从公园后面的围墙豁口逃走了……

凤凰台

丁吻月和韩翔被捕后，庞志柏吃不下饭睡不着觉，心中一直惴惴不安。到了第三天晚上，廖梦棠在冰泉旅馆约见庞志柏，把丁、韩二人被捕后的情况，告知了庞志柏。

丁、韩二人被捕后，关在炭市街警察局特高组密监，武枕戈亲自坐阵，对他俩不分白天黑夜，不间断地进行审问和拷打。丁、韩二人坚不吐实，一口咬定是替朋友发商报，是为了挣点钱买套房子，准备结婚。当敌人追问向何人发商报，和梅登岩又是什么关系时，按照早先约定，丁吻月只承认和韩翔的关系，不认识梅登岩。韩翔只承认和梅登岩的关系，梅登岩收集商业信息，提供给他的是密码文稿，别的一无所知。气急败坏的武枕戈，派人把从空中截获的密码电文，火速送往南京，让国防部二厅的密码专家去破译。

廖梦棠说，他本想通过在绥署和军统中的关系，直接介入这个案子，试探了几次沾不上手。

庞志柏听完廖梦棠的陈述，被丁、韩二人的坚贞不屈深深感动。他对廖梦棠说："不管花多大代价，一定要把他俩救出来！"

梅登岩逃走后，敌人封了奇园茶社。石蓝草孤身一人待在蓝梅车行，从早到晚魂不守舍，等着丈夫的消息。

这天黄昏时，门外传来吆喝卖膏药的声音。石蓝草急忙开了门，从秦至庵手中接过膏药，说："快走！密台出事了，这里叫敌人盯上了！"

话未说完，石蓝草“咣当”一声把门关上了。

秦至庵背着捎马，吆喝着走了。

秦至庵送来的情报，很快到了庞志柏手里。情报是整一军军长的英文秘书吴宗鲁送来的。这是一份有关陕北战局的重要情报，必须尽快发出去！

庞志柏摸黑敲开旗袍店的后门，他对彭云锦说：“马上把这份情报译成密码文稿，明天一早我把它带到咸阳，让雷台发出去！”

彭云锦说：“丁台刚被破坏，不能冒这个险！你要是有个啥闪失，情报处的工作全得瘫痪！”

庞志柏说：“这个情报关系整个陕北战局，太重要了！就是再危险，我明天也得去。”

雷关斗台的台址，在咸阳凤凰台上，离西安五十余里。凤凰台有一个美丽的神话传说，相传春秋时，秦穆公的幼女弄玉曾吹箫引凤于此。凤凰台是古咸阳城的制高点，上面有一片庙宇，廊檐高挑，好像一群凤凰翩翩起舞。

这天午后，庞志柏搭火车赶到了咸阳，登上了凤凰台。他站在凤凰台上俯视全城，整个咸阳城尽收眼底。

今日的庞志柏，穿着平滑光洁的柞丝绸衣裤，戴着茶色眼镜和白色遮阳帽，脚蹬黑色春富呢圆口布鞋、白线袜子，胸前吊着系怀表的银链子，手执精致的折扇，俨然一副大亨派头。

守门的士兵接过他的身份证件一看，上面写着香港永裕公司代表黄润生，又是找雷台长的，什么也没问放他进去了。

庞志柏把丁台被破坏，丁、韩二人被捕的消息告诉了雷关斗。雷关斗红着眼说：“我走的时候，就有些不放心，没想到真出事了！不行，我得马上回西安去找我梦棠哥，让他把人赶紧救出来！”

庞志柏安慰雷关斗说：“梦棠跟你一样着急，他正在想办法救人。如今陕北战事吃紧，有一份重要军事情报得马上发出去！”

庞志柏把密码电文交给了雷关斗。两人商定，在凤凰台建立新的密台，由沈钟担任交通员。密台人员的生活补贴，仍按原来的标准发放。

陕北黄土高原，沟壑纵横。从西伯利亚南下的飓风，挟裹着滚滚黄尘，遮天蔽日。

在米脂县一个小山村的农舍里，中央前委（中央前敌委员会）接收到了庞志柏情报处发来的重要情报：

我军攻打榆林，榆林守敌向蒋介石告急。蒋闻讯大惊，立即飞抵延安，命赵长烈以两个旅组成快速兵团，轻装疾行驰援榆林。

在此后的几天中，中央前委每天都要给庞志柏情报处发一份急电，催问驰援榆林之敌所处的位置。庞志柏情报处总能把敌人的准确位置，及时报告给中央内台。

就在敌人逼近榆林前夕，中央前委突然把围攻榆林的部队撤下来，潜伏在沙家店以北，待机歼敌。

驰援榆林的敌人扑了空，掉头就追，刚一进入西野（西北野战军）包围圈，一场人喊马嘶、你死我活的激烈战斗，打响了……

夜幕下的西安古城，一片死寂。

九府街旗袍店。彭云锦把刚译出的中央内台来电，交给了庞志柏：

陕北我军在米脂北大捷，歼灭赵系两个旅大部，师直属一部，生俘正副旅长及参谋长多人。我转战豫中的大军又从陕州、洛阳渡过天险黄河。西北战局根本改变，解放军已开始反攻。你们的军情报告甚为及时，望继续努力，并注意密台及工作人员安全。

庞志柏对彭云锦和谢春桃说："中央把一个战役的战果，电告我们，这是头一回！说明什么？既说明这次战役重要，又说明我们的情报发挥了重要作用!”

彭云锦和谢春桃看到自己的工作，为改变陕北战局产生了这么大影响，咋能不热血沸腾，激动万分！她俩都正值青春年华，不避风险从事地下工作，都和新婚丈夫多年未曾见面。每想到这一点，庞志柏总觉得心怀愧疚。

有什么法子呢？自从丁台两人被捕、梅登岩逃离后，庞志柏不得不更加倚重这两个年轻女子。

三个人对下一步工作，仔细作了研究。觉得中央越是信任他们，他们越要努力工作！谢春桃已熟练掌握译电员的业务技能，完全可以独当一面。为了确保交通人员安全，庞志柏决定派谢春桃去咸阳，让雷关斗在电台附近，给她租一间房子，谎称是香港永裕公司代表黄润生的太太。

这天晚上，庞志柏和王静秋大妈交谈时，又提起了丁台被捕的两个人。庞志柏说都怪自己粗心大意，才捅了这么大娄子！说着泪如雨下。

王大妈劝他不必过于自责，想办法救人要紧!

庞志柏说：“案子在军统手里，我们的人在中统，使不上劲。只怕凶多吉少……”

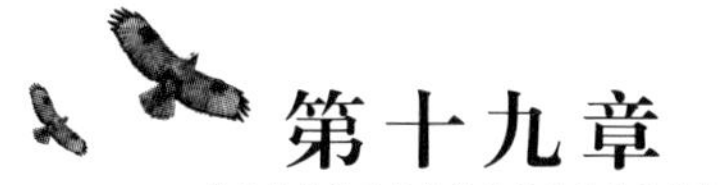

第十九章

鸠占鹊巢

西北特种拘留所位于太阳庙街至善巷，又被称为太阳庙秘密监狱。丁吻月和韩翔被捕不久，转移关押在这里。

太阳庙密监属军统管辖，其中关押的政治犯，几乎没有人活着出来，是名符其实的人间地狱。丁、韩二人虽然在这里遭受严刑拷打，依然坚称发的是商报。加上廖梦棠从中斡旋，在绥署和军统内私下活动，丁台的案子渐渐松了下来。

赵长烈在陕北战场连连失利，这让他更加确信，西安肯定有共党的密台！他问莫怀儒："武枕戈办的那个共党密台案子，办得咋样了？"

莫怀儒说："什么共党密台，不过是几个人为了挣点外快，替别人发了几份商报。"

"听说那个女台长，和廖梦棠还有点瓜葛，有这回事吗？嗯！"

"这个女台长，是廖梦棠在上海无线电工程学校的同学和情人。那女的来西安找廖梦棠，廖梦棠后院起火，老婆跟他闹得不可开交，才托人把她安顿在保司电台上。"

"你能肯定她不是共产党的人吗？"

"当然能。这女人长得颇有姿色，到了保司电台以后，被武枕戈盯上了，一心想把她调到自己身边，深屋藏娇以尽鱼水之欢。岂知名花有主，这女人已经和天德福银号的襄理恋上了。两人想通过替朋友发商报赚几个钱，好买房子结婚。这种事本来并不稀奇，也没什么大不了的，偏偏落在武枕戈手里，非要用重刑拷问出一个共党间谍案子。红颜薄命啊！这事恐怕还得赵长官出面，找武枕戈敲打几句。让他别为了一个女人，伤了和廖梦棠的和气！"

赵长烈说："你说得也是。我们驰援榆林的决定，是在保司一台出事以后才作出的。这说明共产党的密台，并不在保司一台，肯定在我们还没有发现的别的地方，而且至今还在和陕北共匪保持联系。"

其实在赵长烈的天平上，早已向着廖梦棠这边倾斜。

这么多年来，武枕戈从没停止过往陕北派遣特工人员，不但没得到一份有价值的情报，反而派去的人都如同肉包子打狗，有去无回，或被中共抓捕，或直接反水投奔了中共。廖梦棠英雄虎胆，亲自深入匪巢，旗开得胜轰动朝野。这怎么能让赵长烈不在情感上倾向廖梦棠呢？

赵长烈沉着脸，嘟囔着："真是有什么师傅，出什么徒弟。戴玉龙为了一个女人，闹得天翻地覆。他的高徒武枕戈步其后尘，为了一个女人，和自己兄弟闹得不可开交。真是岂有此理！"

赵长烈对莫怀儒的话，向来是不加怀疑的。莫怀儒离去后，赵长烈正要给武枕戈打电话，让他把保司电台上抓的人放了，偏偏就在这时，陕通组组长柴崇林走了进来。赵长烈和柴崇林进行一番交谈后，又改变了让武枕戈放人的主意。

赵长烈对叶俊山不打招呼，中途换马，一直心中有气。他没有给柴崇林让座，也没有叫人给他沏茶，一面在窗户前侍弄花草，一面漫不经心地问："柴组长，你来找我什么事？是不是抓住了共党分子，邀功请赏来了？"

柴崇林毕恭毕敬："报告赵长官，我眼下还没抓到共党分子。但我发现了共党分子的线索，而且是共党在西安的头目！"

赵长烈依然在专心致志地侍弄着花草：“嗯！你还有这等本事？说说看，这个共党头目叫什么名字？住在什么地方？”

柴崇林说：“他的真名叫庞志柏，假名叫李仰之。原先住在北城区关帝庙街5号，现在住在芙蓉街7号。”

“你怎么知道，他是共党地下组织的头目？”

“我在他家搜查时，碰到过他的表弟王世毅。王世毅上中学时，在学校组织读书会，他手里有几十本共产党的书，都是他表哥庞志柏给他的……”

“就凭这，你能认定庞志柏是共产党？”

“不光是这。我在重庆特工总部看到过一份档案，里面说庞志柏早先和廖梦棠，都是上海地下党成员。廖梦棠被捕反水后，带着人去上海抓捕过庞志柏，可惜没抓着。”

“嗯！还有这等事？”赵长烈瞥了柴崇林一眼。他显然并不知情。

柴崇林发现赵长烈对自己的话有了兴趣，一下子来了精神：“我早有这个怀疑，去搜查过好多次，一直没找到人。芙蓉街7号前后四个院落，房子近二十间，复杂得很，其中肯定有猫腻！过去我们是瞎子揣毡冒铺（扑）哩，等我们敲开门进去，他说不定像禾鼠钻了地洞。这回我想换个办法，带上十来个弟兄住到芙蓉街7号里面，一定要揭开那个院落的秘密，把庞志柏这只禾鼠，从地洞里挖出来！”

“要是挖不出来呢？”

“任凭赵长官军法处治！”

赵长烈说：“先别把话说满了。瞎蛋好蛋，孵出小鸡才算！”

第二天一大早，一辆大卡车突然开到芙蓉街7号大门前，从车上跳下来十来个带短枪的特务。柴崇林从驾驶室里钻出来，挥舞着短枪喊道：“快！把里面的人，都给我轰出来！”

庞志柏正在后院和沈钟交谈。突然听到前院传来砸门声，和“吱哩哇啦”的吆喝声，室内的警铃紧跟着响起来。两人刚刚由壁柜进入夹墙过道，敌人冲进了后院。

李天娥和韩冬雁拖着、抱着三个女儿，被特务推推搡搡赶到前院。前院大人喊孩子哭，鸡飞狗跳乱成了一锅粥。

柴崇林朝天井放了一枪。他站在台阶上吼道：“从今天起我们兄弟要住在这里，你们都给我滚出去！快点，别磨磨蹭蹭！”

李天娥抱着碎女子小茬，韩冬雁拖着两个大些的孙女，刚走到大门口，柴崇林突然伸手拦住了她们。

柴崇林对天娥说：“你别走，留下给弟兄们烧水做饭！”

韩冬雁说：“她要管几个娃，让她走，我留下给你们烧水做饭。”

柴崇林一把推开韩冬雁，说：“你老手旧胳膊，磨磨蹭蹭能做啥饭！你把这一伙蛤蟆衣全带走，让她一个人留下。”说着从天娥怀里夺过小茬，塞给韩冬雁，小茬“哇”地一声大哭起来。

天娥说：“碎女子正吃奶，得留下！”

柴崇林说：“恁大的娃还吃啥奶，月娃子离了妈就不活咧？”

天娥说：“娘，你和娃们先到汽车行去，我得空过来好给娃喂奶。”

韩冬雁牵着、抱着三个孙女走了。

柴崇林一干特务住到芙蓉街 7 号后，屋里屋外一连搜腾了几天，依然没有发现任何异样的地方。累得筋疲力尽的特务，一个个像跑了气的皮球，再也懒得动弹了。

李天娥先头提心吊胆、生怕柴崇林发现了机关的秘密。几天过去了，敌人依然没有发现任何破绽，她这才慢慢放下心来。她的奶结成了一对葫芦，胀得难受。一想到小茬吃不上奶，饿得“哇哇”直哭，心疼得直想掉眼泪。

李天娥想：看来这帮狗特务，赖着不走了。不能老待在这里，伺候这些王八蛋，一定得想个办法逃出去！

李天娥左思右想，终于想出一个脱身的好办法。

这天中午快做饭时，她对柴崇林说：“刚才几个长官说，吃了几天糊涂面吃腻了，我去关帝庙市场买点肉和韭菜，给你们包顿饺子吃！”

柴崇林说：“好啊！让弟兄们开次腥荤，吃一顿三鲜馅饺子！”

柴崇林从墙上摘下盒子枪，斜挎在身上。他说：“走吧，我陪你去，顺便买包烟。”

李天娥扤着篮子，在关帝庙市场买好肉和韭菜，返身往回走。走到公厕旁，她对柴崇林说：“你在这儿等着，我去解个手！”

柴崇林说：“只有牙长一点路，夹一夹回去解！”

李天娥说：“我跑肚哩，紧火咧！”

柴崇林接过菜篮子，不耐烦地说：“就你事多！去吧，快去快回！”

柴崇林并不知道，这个临街的公厕有后门通往背巷。李天娥早盘算好了，她从前门进了公厕，赶紧从后门出了公厕，一拐弯钻进背巷消失了。

柴崇林抽完一支烟，等不见李天娥出来，心中犯了疑。嘴里嘟囔着：“这女人是尿黄河哩，还是巴井绳哩？”他丢下菜篮子走到女厕门口，大声喊道：“里面有人没有？”连喊了几声没人应。

柴崇林走进女厕一看，果然一个人也没有。他发现女厕后面还有后门，骂道：“他妈的！这女人看样子怪老实，鬼心眼真不少。今儿个把老子当猴耍了！”

当天夜里，李天娥被庞志柏接到了贺一鸣家，和三个女儿见了面。

庞志柏告诉天娥，前几天老家一个生意人要回澄城，他让娘坐他家的顺车回老家去了。庞志柏对贺一鸣夫妇说：“邻居假若要问，就说是朋友的女儿，来跟龚伯母学英语的。”

丁吻月的奶妈吴根娣，是在得知丁吻月被捕后急火攻心、旧病复发突然去世的。庞志柏托付贺一鸣夫妇为她办了后事。

龚逸雪从身上掏出一方白丝帕，递给庞志柏说：“这是丁吻月在监狱里托人送来的。”庞志柏打开一看，原来是丁吻月给儿子写的遗书。庞志柏给妻子念了这份遗书：

舫儿，你一定要记住，你的父母亲是因为参加革命，被敌人杀害的。妈妈死了以后，你就去找你的新爸爸庞志柏，妈妈和他在沪大读书时苦苦相恋，只是因为家人的阻拦，才没有成为夫妻。后来为了掩护新爸爸的工作，妈妈听从组织安排，和他成为名义上的夫妻。你的新妈妈叫李天娥，她是个好女人好妈妈，一定会像亲妈妈一样，把你抓养成人的。永别了舫儿，我的小宝贝！

你的妈妈丁吻月泣书

庞志柏泪流满面。李天娥把小舫揽进怀里、泣不成声……

深入虎穴

化装成国民党军官的庞志柏，坐着秦刚拉的黄包车，到习武园曹家来找安子举。

安子举吃了一惊："黄先生，你怎么自己来啦？有急事吗？"

庞志柏说："内台连续来了三次电报，催问赵长烈的兵力部署，还有各类整编师的编制、武器、装备以及主官姓名，你得赶紧搞出来！"

安子举眉头紧锁："敌军的整个军事部署动态，还有各类整编师的编制，这些情况我们补给司令部都不掌握。"

庞志柏问："这些情况平时掌握在谁手里？"

安子举说：“都在参谋处保险柜里。那里可是白虎节堂，戒备森严，外人很难进去！”

庞志柏问：“拿保险柜钥匙的人是谁？你跟他熟不？”

安子举说：“两个人拿着钥匙，一个叫赵怀智，一个叫刘和平。我们一起由汉中驻军奉调西安后，我搞补给，他俩搞整编。因为受赵长烈手下的人排挤，得不到重用，时常一起喝酒、打牌、发牢骚骂娘，倒是挺对脾气的。”庞志柏问：

“刘和赵，你和谁更投机？”

“和赵。”

“那就集中攻赵，不要惊动刘。”

安子举想了想，终于下了决心：“好，我去闯这个白虎节堂！”

用过早饭后，安子举走进了赵怀智参谋的房间。

赵怀智细高个，精干聪明，从不动烟酒，也不拈花惹草。唯一的爱好就是下象棋，安子举进门时，他正一个人蹲在地上下象棋。

安子举笑道：“好清闲！别人忙得提着裤子找不着腰，你还有心思一个人下棋！”

赵怀智道：“今儿有人在街上摆了个残局，我栽在他手里，输了一块大洋，你来试试！”

“我急得火上了房，哪还有心思玩这！”

“啥事把你急得，要不要我帮忙？”

“事情倒不大，对你来说举手之劳。”安子举压低声音说，“前方战事吃紧，上司要我在两天之内，造一份全军的编制表册，我手底下资料不全，想借你这里的资料用用。”

赵怀智瞪大眼说：“你这不是要我的命吗？要是别人知道了，咱俩都活不成了！”

安子举说：“别、别唬我！这里就你和刘参谋两个人，咱弟兄仨关系都不错，你要是怕他嘴不牢，别让他知道。打开保险柜把资料取出来，半分钟足够。这个忙，就看你帮不帮了！”

“半分钟！你以为这是一般保险柜？没有三五分钟休想打开，要是刘和平突然进来，怎么办？”

安子举说：“我这就去找他聊天，你只管打开保险柜，把资料取出来，等会儿我来拿。”

赵怀智沉思片刻，说：“原件最好别带出去。你去找刘和平聊天，我用照相机拍成胶卷，中午吃饭带回家。你让秦至庵来我家取……”

在庞志柏情报处和中央内台之间的红色电波，近来几乎没有中断过。陕北战局的变化，完全在中央前委掌控之中。

沙家店战役大获全胜，我刘邓大军挺进中原，陈、谢兵团突破黄河天险，蒋介石一下子乱了阵脚。他把整编第一军从陕北调到河南，去对付陈、谢兵团。如今陕北只剩下整编 29 军。

依据庞志柏密台的情报，中央前委决定发动宜川战役。

这次战役，是我西北野战军转入反攻后，第一个重大战役，也是在西北战场上进入战略决战的开端。所以打好这一仗，关系非同小可！

此时守宜川的，只有敌军一个旅。这个旅去年曾被西野歼灭，属新编旅，共计五千余人。我军包围宜川后，宜川告急，赵长烈立即召开紧急军事会议，商讨救援方案。赵命令驻守宜川的敌军，不惜牺牲坚守待援。同时命令驻扎在洛、黄、宜三县的敌军，火速驰援守宜川之敌。

午后，驰援宜川的敌军赶到了宜川附近一条山沟中。西野首长彭德华手中的枪一响，山谷中立即响起惊天动地的枪炮声。

敌人在炮火硝烟中鬼哭狼嚎，人仰马翻……

生死绝恋

廖梦棠在绥靖公署开完特联会，一出门便凑到了武枕戈身边。他一边走一边低语道：“枕戈兄，咱弟兄俩好久没坐在一搭聊过天了。今儿你要是有兴趣，陪兄弟去太白酒楼坐坐，我请客！给兄弟我赏这个脸不？”

武枕戈道：“啥赏脸不赏脸，你能叫我喝酒聊天，是看得起我。我正好今儿有空，咱弟兄俩尽个兴，喝个痛快去！”

太白酒楼就在朱雀路公署大门外，走几十步就到了，酒楼生意多年来一直很红火。酒楼的老板和厨师都是南方人，做得一手江浙好菜，就连赵长烈也时常派勤务兵，来这里订饭菜。酒楼的布置分外讲究，楼上楼下挂满江南水乡画作，还有不少木雕、牙雕、玉雕的楼船及水车之类的物件。赵长烈是浙江人，绥署人员大部分也是南方人，酒楼的陈设及口味，显然是为了迎合绥署的主人和南方幕僚们的喜好。这也正是酒楼生意兴隆的原因所在。

酒菜上齐了，廖梦棠与武枕戈边喝边聊。廖梦棠醉翁之意不在酒，只字不提丁台的案子，只说在重庆那几年的往事，每件事都牵扯到他和武枕戈间的交情。谈到尽兴处，武枕戈忍不住把话题一转，提起了保司一台的案子：“梦棠兄弟，保司一台那个女台长，要不是莫公给我点破，我到如今也不知道她是你的人！你要是一开始就告诉我，她哪能吃那么多苦！兄弟多有得罪，你宰相肚里能撑船，大人不计小人过，原谅兄弟这一回，好吗？”

廖梦棠说：“武处长言重了！我听说自打莫公打过招呼，发商报的两个人再没过过堂。伙食改善了，身体恢复了，这都是你的面子。今儿梦棠聊备薄酒，表示感谢!”

武枕戈说：“应该的，应该的！伯仲之间些许小事，何足挂齿!”他和廖梦棠碰了杯，喝了酒，放下杯子说：“这个案子是个大误会，裤裆里放屁弄到两叉去了。我正在催他们赶紧给南京方面写个报告，把案子结了，尽快把人放了，原先干啥还干啥去!”

廖梦棠悬在心里的石头，落了地：“等人放出来以后，我请你和兄弟们去西京饭店美美搓一顿……”

时间一晃又过去了一个多月。其间廖梦棠在电话中催问过两次，武枕戈总是说，送往南京的报告还没批下来。

廖梦棠私下对庞志柏说：“武枕戈这小子是不是变了卦，把我当猴耍了?”

庞志柏说：“急也没用，再等等吧!”

就在他俩人焦急不安的等待中，案情骤然起了变化。武枕戈收到了南京国防部发来的绝密电报，电报中称，国防部二厅的密码专家，已经破译出了丁台密码电文中的九个字：

油、五、值、棉、通、车、功、路、南

在这九个字中，有实指的词只有四个，即：油、棉、车、路。按照情报专家的判断，极有可能是一份军事情报，内容是描述某军火仓库所在位置的。武枕戈拿着电报，想立即去绥署面见赵长烈。转念一想，仅凭这四个字，能说明是军事情报吗？油、棉、车、路，要是有人说它是做长途生意的商业情报，也是说得通的。退一步说，即使是军事情报，若赵长烈和莫怀儒要顾及廖梦棠的面子，说它与丁韩二人并无直接关系，依然要求他放人，别说自己顶不住，恐怕连保密局局长也不会和赵长烈拧着干。

一想到廖梦棠，武枕戈心中就有了酸溜溜的感觉。就因为他，丁吻月这块到了嘴边的肥羊肉，生生被人抢走了！廖梦棠凭着能把死人说活的灵牙利齿，在赵长官那里红得尿血，这对武枕戈来说，如同吞了苍蝇似的无法忍受。武枕戈一时没了主意，他把南京来的密电锁进抽屉，打定主意前，他不想让任何人知道这件事。

过了几天，行刑组组长娄蔚森来见武枕戈，给他送来一份秘密处决三十名政治犯的名单，处决时间定在后天晚上，除武枕戈和娄蔚森二人知道内情外，对外只说是用火车押送南京关押。上火车的地点在临潼火车站，实则夜里用汽车拉到临潼后，活埋在骊山脚下。

武枕戈在审视处决名单时，下意识中把保司一台的两个案犯，和这三十名即将处决的政治犯联系了起来。他心中突然冒出一个邪恶的念头：等处决那三十名政治犯时，顺便把保司一台的两个案犯，也捎带上一起活埋掉。日后赵长烈和莫怀儒要是追究起来，就把破译的密码电文拿出来。反正人已经处决了，不管他们说什么都晚了！

武枕戈此时的心情，如同开了调料铺子五味俱全。丁吻月那勾魂摄魄的姿色，一直让他寝食难安。这个女人在他的心目中，如同一件精美绝伦、价值连城的艺术珍品，因为无福消受，一直让他怀恨在心。当疯狂的占有欲受挫后，扭曲的灵魂让他做出了灭绝人性的选择：宁可把她毁掉，也不能落入他人之手！

早在一星期前，也就是武枕戈收到国防部二厅绝密电报的前一天，太阳庙监狱的监狱长吕光录，偷偷告诉韩翔："听说省电话管理局局长廖梦棠，出面保释你和丁吻月出狱，等几天你们就能回家了！"

这一天放风时，韩翔走出牢门，看见丁吻月站在女监门口，冲着他摆了摆手，点头微笑着。他明白丁吻月也知道了即将出狱的消息，也冲着她摆摆手，点头笑了笑。

不用任何语言，两人的情感交融在一起。

丁吻月沉浸在即将获得自由的喜悦中。她有好几个晚上，重复做着同一个梦：她和韩翔正在举行婚礼，婚礼的地点不在西安，而是在上海东亚饭店。婚礼十分排场，她穿着美丽的拖地婚纱，韩翔西装革履，两人手挽手步入了婚姻的殿堂……

这一天晚上，丁吻月梦见挽着手的新郎韩翔，突然变成了庞志柏，一转身又变成了陈轲。再一转身，庞志柏、陈轲、韩翔三个人，都西装革履，单腿跪在她面前，手中都捧着一束红玫瑰向她求婚。

丁吻月用双手蒙着脸，哭了起来。哭醒了，才发现是一场梦！

就在这时候，她听到了粗野的呵斥声："丁吻月，出来！给你换个地方！"

牢门"哗啦"一声打开了，丁吻月被押出了女监。

在围墙上的几束探照灯光照射下，她和韩翔被押上一辆大卡车。卡车周围站着全副武装的士兵，卡车的中间，黑压压蹲着几十个犯人，都用绳子捆着，串连在一起。

唯独她和韩翔，手脚还是自由的。

押解犯人的大卡车一出监狱大门，丁吻月就发现后面又跟上来一辆大卡车，车上站满了荷枪实弹的士兵。她用胳膊肘轻轻捅了捅身边的韩翔，说："他们要送咱上路！"

韩翔轻声问："你怕吗？"

丁吻月说："有你在身边，我啥也不怕！"

站在旁边的士兵大声斥责道："闭嘴！不许说话！"

大卡车开到灞桥桥头，坐在驾驶室里的武枕戈对司机说："不去临潼了，向北，向北拐！"

坐在武枕戈旁边的娄蔚森，并不知道去临潼是虚晃一枪，真正的去处，只有武枕戈知道。

娄蔚森问："武处长，你这是要去哪儿？"

武枕戈说："到了你就知道了。"

娄蔚森说："临潼的坑挖好了，换个地方还得另挖，再耽搁天就亮了！”

武枕戈说：“鸡不愁，蛋愁个屁！把你的臭嘴闭上！”

月亮从云层中钻了出来。丁吻月看到旁边一个持枪的士兵，死死地盯着她，两眼射出恶狼般的幽光。她打了个寒颤，急忙靠紧对面的韩翔。

韩翔黯然的眼神中，闪烁出一束亮光。他鼓起勇气抓住丁吻月的双手，又重复了一遍曾经说过的话：“丁姐，我爱你！”

丁吻月感觉到韩翔的手，在不停地哆嗦。她用热辣辣的目光，盯着韩翔期盼的眼神，轻轻地吐出几个清晰的字：“我也爱你！”

丁吻月闭上双眼，长长的睫毛下涌出了晶莹的泪珠。泪珠滑过她光滑的面颊，悄然滴落在韩翔的手背上。

韩翔觉得有一股强大的电流，迅速通遍全身。他突然伸开双臂，把丁吻月柔软的身躯紧紧揽入怀中。

丁吻月把攥在手心的那块怀表，悄悄塞进韩翔的衣兜里。她曾经往这个衣兜里，装过许多密码电文，没想到最后装进去的，竟然是自己的心……

大卡车在沉沉夜色中一路朝北疾驰，终于在一座小山包前，停了下来。囚犯们被推推搡搡赶下车，在两排武装士兵的押解中，一步步朝山坡上走去。

一钩残月挂在西天上，数颗寒星闪闪烁烁。

在一片朦胧的月色中，韩翔看见山上覆盖着茂密的柏树林。山风从柏树林上刮过，如同汹涌澎湃的涛声，撞击着他的耳膜。

囚犯们在山坡上停下来，眼前是一个新挖的大土坑，堆在土坑旁边的泥土，散发着刺鼻的土腥味。韩翔看见西边不远处有座土城，城门楼子上闪烁着一星灯火。土城下有一条曲曲弯弯的小河，河水在灯火映照下，跳动着斑斑点点的亮光。他对丁吻月说：“这里有山有水，真是一块好地方！”

“生不同衾死同穴。”丁吻月怀着对人生的无限眷恋，喃喃低语，“要是有来世，多好!”

三十个囚犯被敌人用刺刀逼着，跌跌撞撞进入土坑中。

土坑上边只剩下了丁吻月和韩翔。俩人互相搀扶着，几束强烈的汽车灯光，相互交叉着投射在他俩身上。丁吻月突然举起右手，奋力高呼：

“中国共产党万岁!”

“打倒国民党反动派!”

躲在黑暗中的武枕戈，举起了手枪。“砰”的一声，罪恶的子弹射入了丁吻月的胸膛，她身子一歪，几乎倒在地上。韩翔抱起丁吻月，沿着趄坡滑进了土坑。

丁吻月目光散乱，呼吸急促。她使尽最后一点力气，说出了最后几个字：“韩翔，抱、抱紧我、抱紧、抱……”

撤离咸阳

沈钟风尘满面，走进了咸阳凤凰台易俗巷，走进了谢春桃租住的民居。他把一份军事情报交给谢春桃说：“黄先生让你赶紧把这份情报，译成密码，让雷台长尽快发出去。他特别叮咛，这份情报很重要，译完后马上烧掉!”

谢春桃接过电报稿，什么也没说，从抽屉里翻出一本绣像《三国演义》。里面夹着几缕丝线，隐藏着密码，爬在桌子上译起电文来。

沈钟擦了把脸，取出一支金堂牌卷烟，正要擦洋火，突然传来敲门声。沈钟探头向窗外一瞅，只见房东胡嬷嬷应声从屋里出来，踮着一双小脚开了大门。

两个黑皮警察闯了进来。

沈钟一下子慌了神。他敢紧收起卷烟和洋火，说："快拾掇东西，警察来了！"

谢春桃一看来不及了，急忙把书本和电报稿，塞到针线笸篮里，用剪子、布头和针头线脑盖住。

谢春桃对手足无措的沈钟说："快！快睡到炕上！"

谢春桃拉开棉被盖在沈钟身上，又顺手拉过缴了半截的旗袍，坐在炕上做起针线活来。

沈钟拉着鼾息，谢春桃飞针走线。

胡嬷嬷在外面大声问："长官，你们找谁呀？"一个黑皮警察高喉咙大嗓子应道："我们是稽查处的。刚才有个逃犯跑到这个巷子里来了，是不是藏在你家里？"胡嬷嬷说："我家只有一个女房客，她舅才刚看她来了，都在屋里呢！"

两个黑皮警察闯入谢春桃住的房间，一进门就吆喝道："查户口！把证件拿出来，快！"

谢春桃急忙从炕上溜下来。她取出一盒白炮台香烟，给黑皮警察一人散了一根，点上火，之后取出了自己的身份证件。黑皮警察看过后问道："你家在西安，为啥来这儿租房住？"

谢春桃陪笑道："我先生在西安开了个商行，在咸阳想开分行让我打理，我就先过来了。"

黑皮警察没看出破绽，把身份证件还给她。又指着沈钟问："炕上睡得兀是谁？"春桃说："是我舅，刚从西安来。"说着转身推了推沈钟，叫道，"舅！舅！快起来，长官查户口来咧！"

沈钟起身下了炕，揉着惺忪的睡眼说："路上走乏了，头一挨枕头就睡死了。不知道二位长官来，实在失礼了！"

"少啰嗦，把证件拿出来！"

黑皮警察看了沈钟的证件，问："你是军官总队的？"

沈钟说："原先是。现在身体不好，行伍里的事干不动了。外甥女婿让我帮他跑跑生意上的事，我就来了。"

黑皮警察把身份证件还给沈钟，转身走了。

沈钟冲着春桃做了个鬼脸，说："真悬乎……"

吃过午饭，雷关斗照例要到谢春桃住处，来取密码电文。他刚拐进易俗巷，看见有个叫张三的特务站在巷子口，探头探脑向巷子里张望。雷关斗大声喝斥道："嗨！你瞅啥哩瞅？"

张三吓了一跳。他扭头一看，原来是电台台长雷关斗，悄声说："雷台长，听说这条巷子里有共党分子！头儿让我来盯着，你吃了没？"

雷关斗说："刚吃了，出来转转。顺便去看看黄太太，他是我的老邻居，没事找她聊聊！"

张三冲着他眨眨眼，诡谲地一笑，说："去吧去吧，黄先生生意忙顾不上来，黄太太寂寞得很，你去好好照看照看她！"

雷关斗立马变了脸，斥责道："屁话！你是不是一天不胡说八道，就尻子咬得难受？"说着径直走进胡嬷嬷家去了。

雷关斗一见到沈钟便悄声说："老沈，你回去马上通知黄先生，敌人开始怀疑我们了……"

沈钟一回到西安，便把凤凰台引起敌人怀疑的事，告诉了庞志柏。庞志柏当机立断，迅速切断了凤凰台和中央内台的联系，让谢春桃撤回了西安。

咸阳密台撤销后，庞志柏手头压着好几份重要军事情报，急得就像精脚踏在热鏊上。彭云锦说："要是韩翔还在，他在敌台上有不少关系，还能想想办法。如今韩翔被捕了，没人跟敌台有联系了。"

彭云锦的话，提醒了庞志柏，他立即想到了廖梦棠。若论资历，廖梦棠从事无线电业务的资格最老、时间最长、熟人最多。怎么把他给忘了呢！

入夜后，一身官绅行头的庞志柏，坐着秦刚拉的黄包车如约来到西柳巷，和廖梦棠见了面。

廖梦棠说：“情况不好，丁吻月和韩翔被押解南京，已经好几天了！”

庞志柏一愣，脸上一下子失去了血色：“咋回事？快说！”

廖梦棠说：“今天晌午我为他俩的事，又去找了一趟莫怀儒。莫怀儒说他刚得到消息，南京方面破译出了丁台密电中的九个字，断定丁台发的不是商报，而是军事情报。军统头目指示武枕戈，把丁吻月和韩翔秘密押解到南京去了。看样子凶多吉少！”

庞志柏说：“丁吻月和韩翔都是我们的好同志，我相信他俩到了南京监狱，也绝不会向敌人屈服！目前全国的战局发展很快，要不了多长时间，老蒋就撑不住火了，又该玩和谈的把戏了，到那时韩翔和吻月就有救了。”

两人正说着，从外面进来一个壮小伙子，冲着庞志柏笑了笑，算是打了招呼。他扭头问廖梦棠：“哥，我姐呢？”

廖梦棠指指卧室的门，小伙子进了卧室。

庞志柏问：“是内弟吧，我怎么没见过他？”

“没错，是我的内弟，叫师浩峰。去年从武汉来西安找他姐，我把他安排在防空司令部电台上，当了台长。这小子跟他姐一样，对国民党政权充满敌意。因为我是国民党特务头子，他过去很少登我的门。后来他姐让他看了几份《人民之声》，又给他透了点口风，才改变了他对我的坏印象。这些日子来得勤了。”

一听说廖梦棠的内弟，在防空司令部电台上当台长，而且思想倾向进步，庞志柏眼前一亮。他说：“这真是无巧不成书！也应了那句老话，踏破铁鞋无觅处，得来全不费工夫！我只说这回没辙了，没想到这么顺当问题就解决了！”

庞志柏把咸阳凤凰台已被逼迫撤离，因为情报积压太多，苦于找不到新的密台台址的事，告诉了廖梦棠。

廖梦棠告诉庞志柏，防空司令部的电台，属空军系列。抗日时主要任务是防空，现在只是和各个机场互通天气预报。任务虽然不多，每天一早一晚都要按时开机。除了廖梦棠的妻弟外，只有一个报务员，建立新的密台有不少有利条件。

廖梦棠当即叫来妻弟，两人在廖梦棠洗照片的暗室中，敲定了建立密台的相关事宜。

廖梦棠带着妻弟，去书房和庞志柏见了面。三人一直交谈到交过夜时，才分头睡了……

特别行动

柴崇林带着一帮特务占领芙蓉街 7 号那天，庞志柏、骆伯安和沈钟由暗道潜入了地下室。他们在地下室坚守了三天，得知敌人在上面赖着不走了，才不得不在夜深人静后，从蓝梅车行的暗道口撤了出来。

刚从秘密机关撤出那一个多月，庞志柏居无定所。天佑茶庄、锦绣旗袍店、残荷轩老屋、马道巷贺家、白松汽车行、曹家巷骆家、药王洞 2 号、习武园安家、鼓楼纸店、冰泉旅馆等十多个秘密地点，都是他时常隐身的地方。他如同旋风似的，行迹无常，扑朔迷离。他后来常用一天三换衣，一天三挪窝，提着脑袋出门，在刀尖上跳舞，来形容当时的危险处境。

梅登岩逃离后，秦至庵成了他的腿、他的嘴、他的眼。秦至庵每天背着捎马，以卖膏药为名在各个秘密地点之间来回穿梭，保证了情报工作的正常运转。

夜阑人静时，庞志柏时常凝视着夜空中的北斗星出神。他多么希望变成一只雄鹰，朝北斗星的方向飞去，去和那里的战友们一起奔赴杀敌立功的战场。可是不能啊！为了那些战场上的战友多打胜仗，少流血牺牲，他必须长期置身于虎穴狼窝之中，与凶残的敌人斗智斗勇，进行一场没有硝烟的、特殊的战斗！

自从在防空司令部建立了新的密台，庞志柏情报处机关转移到了西柳巷1号后院。

后院的两层小楼，上下各五间房子，足够他们用了。平时通往前院的门上着锁，出入只走后门。出后门是三泰巷，只有三户人家，因为极为僻背，连附近住的居民也极少有人知道有个三泰巷。

这都是情报机关迁到三泰巷1号的有利条件。

这一天，庞志柏一身富商大贾着装，坐着秦刚拉的黄包车，来到冰泉旅馆，如约和李驭龙见了面。

庞志柏和李驭龙，是在西安围城时认识的。李驭龙是临潼人，出身刀客，早年参加辛亥革命，因为反对“剿共”，毅然与国民党军队一刀两断。西安围城时，李驭龙与杨啸林部坚守西安，在秦人中一直传为佳话。抗战开始后，李驭龙担任了省临时参议会参议员，是陕西著名的民主进步人士，也是《人民之声》的热心读者。庞志柏在情况危急时，在他家隐藏过。

前几天，李驭龙托人给庞志柏送来一封密信，把赵长烈让他收编地方武装一事，告知了庞志柏。庞志柏今天约他到冰泉旅馆见面，就是和他协商这件事的。

李驭龙说：“赵长烈在战场上连吃败仗，损兵折将，马槽里没马想拿驴支差。他死到临头了想拉着我垫背，这回他把锣敲得再响，我也不上杆了！”

庞志柏说：“你说的情况，我已经请示了上边。上边同意我的意见，要利用这个机会，以赵长烈的名义联络关中各县的地方武装，组成一支秘密部队，到时候配合解放军解放关中和西安。这个特别行动计划能否顺利实现，全指靠你了！”

李驭龙说："你放心，我一定全力以赴！队伍拉起来以后，咋配合解放军?"

庞志柏说："需要你们做的事很多，比如破坏陇海线、烧毁敌人仓库、筹集粮秣、提供情报、配合解放军作战。西北地方党组织马上要派一个叫米念成的人来西安，协助你们完成这一特别行动。我跟米念成是老相识，你俩又都是临潼人，这对开展工作非常有利!"

李驭龙兴奋地说："这些年闲得学驴叫，这回可有正经事做了!"

第二天傍晚，米念成背着捎马，化装成进城走亲戚的农民到了西安。因为天色已晚，米念成没有和组织联系，先回到了家里。

岳父谢靖夫，晚上住在残荷轩店铺不回来，只有妻子谢春桃一人在家。谢春桃告诉丈夫："芙蓉街 7 号有敌人蹲守，机关搬到了别的地方，梅老板为躲避追捕逃走了。要和志柏哥见面，先到天佑茶庄和廖勃联系。"

米念成说："我这一天还没吃饭，明天早上再去吧。"

米念成把捎马交给妻子说："这里面有几根大黄鱼，是组织活动经费。"说着又撕开衣襟内的补丁，取出一个纸袋子，说："这是上面给情报处的密件，你把它连同捎马一搭藏好!"

谢春桃急忙把捎马和密件，藏到暗洞里。小两口儿吃了饭上了床。这对年轻夫妻久别重逢，卿卿我我缠缠绵绵，将近午夜时方才熄灯睡了。刚刚进入梦乡，门被踹开了，柴崇林带着一帮特务，把米念成抓走了。

谢春桃摸黑敲开残荷轩的门，把丈夫被捕的消息，告诉了父亲。第二天上午，谢靖夫带着一个古董箱子，坐着黄包车到了西柳巷 1 号。他把密件和黄金交给了庞志柏。

庞志柏和廖梦棠商量，得赶紧想办法，把米念成救出来。正说着布冬临来了，他说米念成的被捕，是早就离开军统、加入中统的特务老八张兴告的密。老八前些年在逸中当过门卫。昨天天黑时，老八在莲池公园门口蹓跶，突然看到了一个熟悉的身影，他认出是那年在逸仙中学和庞志柏一起逃走的米念成！急忙回到芙蓉街 7 号，报告了柴崇林。

柴崇林心想，米念成一定知道庞志柏的线索，于是夜里带着人把他抓到党通组，一直拷问到第二天早上。米念成一口咬定，他和庞志柏是一般朋友，对庞志柏如今的情况一点也不知情。

柴崇林对布冬临说："你回去睡觉，晚上来换我。咱俩倒着班拷问，我看他能撑多久！"

廖梦棠听说晚上由布冬临单独拷问米念成，心中有了主意。他告诉庞志柏："为了不给布冬临添麻烦，我晚上亲自去！"

夜深了。

在党通组审讯室，布冬临正在虚张声势地审问米念成，廖梦棠走了进来。因为他是党部委员、中统专员，又是赵长烈的红人，陕通组的人对他的敬畏，远远超过了组长柴崇林。

布冬临是廖梦棠的心腹，对廖梦棠的行动心知肚明。

廖梦棠斥问了米念成几句，装出大动肝火的样子，一拳捅在要害处，米念成当即昏了过去。

廖梦棠踢了米念成一脚，说："你给老子装死！来人，把他扔到汽车上，拉到城外活埋了！"

布冬临叫了两个贴心的特务，将米念成抬到汽车上，和廖梦棠一起坐着汽车出了城。

汽车在一片包谷地头停下来。米念成完全清醒了，廖梦棠一手提着短枪，一手抓着米念成的领口，把他拖到包谷地里，悄声说："一直往前跑，天亮前扒煤车去渭南，到警备司令部找廖尚棠，让他带你去见李驭龙！"

米念成刚刚向前跑了十几步，突然身后传来"砰""砰"两声枪响，心中一慌，"扑通"一声跌倒了。

米念成发觉自己并没有受伤，急忙爬起来逃走了……

廖梦棠私自处置米念成的事，柴崇林第二天一早就知道了。他让布冬临带着他，坐车去那块包谷地看了看，只发现一堆带血的衣服碎片，尸体没了踪影。布冬临说：“尸体大概被野狗饿狼，拖走了。”

这些带血迹的衣物碎片，是廖梦棠让布冬临专意丢在这里的。

因为没见到尸体，柴崇林疑心廖梦棠捣了鬼。他来到朱雀路公署，把自己对廖梦棠的怀疑，告诉了赵长烈。

赵长烈刚刚接过蒋介石的电话，因为在战场上节节败退，蒋介石在电话中大动肝火，声言要撤赵长烈的职。赵长烈正在气头上，柴崇林进屋后说了些什么，他一句也没听进去。

看见赵长烈嘴噘脸吊，柴崇林吞吞吐吐、哼哼唧唧、欲言又止。

赵长烈挥挥手说：“我还有当紧事要办。你回去吧！以后有要紧事打书面报告，不要屁大一点事就往我这儿跑!”

柴崇林本想借这件事讨好赵长烈，没想到碰了一鼻子灰，热脸蹭了个冷屁股，灰溜溜离开了绥靖公署。

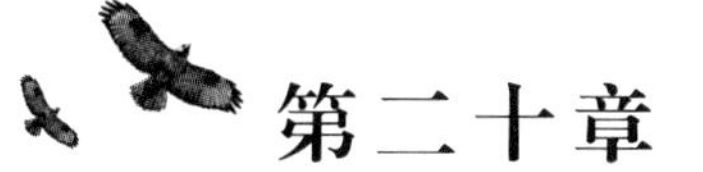

第二十章

三桥追捕

秋日正午，蝉声聒噪。蝉声吵醒了正在歇午觉的武枕戈。他的午觉一经打搅绝难回复，索性泡了一壶茶，倒在躺椅上闭目养神。

秘密处决丁吻月和韩翔后，武枕戈很是后悔了一段时间。因为自食其言，没有兑现释放丁、韩二人的承诺，廖梦棠在特联会上从没正眼看过他。莫怀儒私下找到他，逼着他去南京要人。武枕戈并不把莫怀儒看在眼里，他害怕的是站在莫怀儒背后的赵长烈。无奈之下，他只得把南京政府密码专家破译出来的九个字，让莫怀儒看了。

果然不出他所料，莫怀儒并不认为这九个字能说明什么。

莫怀儒说："你武枕戈没本事抓住共产党，拿自己的人开涮顶缸，太不像话了！"

莫怀儒的话，刺到了武枕戈的痛处。他认为从莫怀儒嘴里说出来的话，其实就是赵长烈的意思。为了防止廖梦棠把人救走，他秘密处决了丁、韩二人，看来确实有些操之过急。如果留下这两个活口，说不定能顺藤摸瓜，抓住躲藏在他们身后的地下党头目。

如今死无对证，已经到手的两条重要线索，被自己亲手掐断了。

武枕戈思来想去，突然想起了侥幸逃脱的梅登岩。

据韩翔交代，他和梅登岩是在一起办茶社时，才认识的。一个是银号的襄理，一个是开车行的大老粗，这种组合的本身，就有些不合常理。

当武枕戈把自己的注意力，慢慢聚焦在梅登岩身上后，他由翁家巷那个蓝梅车行，一下子又联想起了芙蓉街 7 号。这个特种户口与蓝梅车行，近在咫尺，两者之间，肯定有着不为人知的特殊关系！

陕通组组长柴崇林捷足先登，蹲在芙蓉街 7 号守株待兔，至今一无所获。兔子不会老待在旧窝里，藏在芙蓉街 7 号的那只狡猾的兔子精，只怕早就挪了窝。让柴崇林那个笨蛋，蹲在那里慢慢等去吧！

想到这里，武枕戈的脸上显露出狡黠的笑容。

武枕戈立即派出便衣特务，暗中去调查梅登岩的底细。

经过一个多星期的打探，果然有了重大发现：蓝梅车行的确与芙蓉街 7 号，有着非同一般的关系。梅登岩的妻子石蓝草，其实并不姓石，而是姓庞。芙蓉街 7 号那个影子似的男主人，也不叫李仰之，叫庞志柏，与石蓝草是一奶同胞的兄妹。两人长期隐瞒兄妹关系，其中必有隐情。

只要抓住这两人其中一个，就不难解开这个谜团。

如今石蓝草还住在蓝梅车行，大概在等梅登岩回来。武枕戈决定先不抓石蓝草，派人时常盯着她，把她当诱饵，等待庞志柏和梅登岩这两条大鱼上钩。

武枕戈已经掌握了梅登岩的重要线索：梅登岩的老家，在西安西郊鱼化寨，有一个姐叫梅东阁，嫁到了三桥镇。姐夫叫拜兰亭，在背街开了一个布店，每当三桥镇逢集日时，夫妇俩就会到正街摆地摊卖布。

武枕戈派特务在三桥镇蹲守了一个多月，梅登岩至今尚未在那里露面。

这些日子，梅登岩的姐姐梅东阁一病不起。

这一天三桥镇逢古会。姐夫拜兰亭找来邻居一个闺女帮忙，一大早拉着平板车，到正街上占了一个好摊位，摆好地摊开始兜揽生意。

正午时分赶会的人正多，布摊子前男男女女挤满了人，哪里还能顾上回家吃饭。梅登岩扯了一锅扽面，等不见姐夫回来，怕扽面坨了，要把饭送到布摊上去。

梅东阁说：“等等吧，会上人多，要是有人认出你就瞎咧?”

梅登岩说：“没事，这里离西安恁远，不会碰上熟人!”

梅登岩带着饭，在人群中朝前挤着。

因为是古会，外埠的商家也蜂拥而来。镇里镇外临时搭建的货棚、饭棚，如同蜂窝似的一家挨着一家。赶会的人你拥我挤，锈成了疙瘩。牲口市场上除了秦川牛、关中驴，最抢眼的要数来自内蒙古、甘肃省的良种骡马。日用百货市场上，来自外埠的有山西的铁器、二华的竹器、蓝田的玉器、陈炉的瓷器，还有陕南的柑橘、陕北的红枣、临潼的石榴、彬州的香梨。饭棚内除了秦人最爱吃的羊肉泡馍，各地的名吃名菜应有尽有……

梅登岩终于找到了姐夫的布摊子。拜兰亭和帮忙的闺女满脸热汗，面对吵吵嚷嚷的顾客应接不暇。

梅登岩说：“哥，先吃饭，扽面、扽面……”

“你没看见我忙得跟龟兹一样，放下板胡寻唢呐，哪顾得上吃饭!”

梅登岩在姐夫手中夺过尺子，说：“我给你招呼买主，你赶紧吃!”

梅登岩一会儿量布，一会儿收钱，额颅上很快出了汗。

两个庄稼户着装的汉子挤到布摊前。梅登岩问：“两位兄弟，想扯啥布?”

那两个汉子几乎同时从腰里拔出手枪，指着梅登岩冷笑道：“梅老板，老子找你好长时间了，你小子原来藏在这儿！走，跟我们走!”

拜兰亭一愣，手一哆嗦，饭碗“啪”的一声掉在了地上。

梅登岩不慌不忙站起来，离开了布摊。

两个特务用枪管抵着他的腰，在人群中往前挤着。

一个特务喝斥道：“放老实点，不老实老子崩了你!”

特务的话未说完，梅登岩“噌”地向前一窜，钻入了人群中。

特务急了，朝空中放了两枪。

集市上一下子乱了套。卖小吃水果的撞翻了锅灶筐篮，卖猪卖鸡的猪嚎鸡飞。大人喊碎人哭，你挤我我挤你，满街的人群乱成了一窝蜂。

梅登岩像水草中的游鱼，在人群中快速穿梭，很快把两个笨拙的特务甩在了后面。

他挤到镇街口，撒腿向一片茂密的林子跑去。刚跑到林子边，眼看着就要钻进林子里了，突然身后传来了枪声，梅登岩感觉右腿上如同挨了一闷棍，踉跄着跌倒了。

两个特务如同恶狼一般扑过来，一面骂着脏话，一面“吭哧吭哧”，把梅登岩用火绳捆了起来……

梅登岩被带回西安后，关在太阳庙军统密监刑讯室里。

他的右腿断了，遍体鳞伤爬在地上，带血的皮鞭不断地抽打在他身上。梅登岩皮开肉绽鲜血飞溅，一口咬定他不认识庞志柏，只认识挑担李仰之。气急败坏的主审官娄蔚森，把他捆在木柱子上，面前放着熊熊燃烧的炭火炉，火炉里插着几个烧红了的烙铁。

娄蔚森赤着上身，露出一大片灰黄色的胸毛，秃顶下围着一圈杂毛，鹰钩鼻子、眉骨突出，藏在深眼窝里的黄眼仁闪着凶光。身子像秃鹫似的，蹲在梅登岩对面的椅子上。

这个一看见鲜血就血脉贲张的魔鬼，正在用阴鸷的目光，盯着眼前的猎物，狞笑着吼道：

“说！你和庞志柏到底啥关系？”

“我说过了，他不叫庞志柏，叫李仰之，是我的挑担。”

“胡说！他不是你的挑担，是你的妻哥！他现在在哪儿？”

“在上海、香港做生意……”

“做什么狗屁生意，他是共党！你们发的根本不是商报，是军事情报！已经被我们的情报专家破译出来了！”

“你别蒙、蒙我。那明明是商报，是他让我收集的物价行情。”

娄蔚森气得七窍生烟。

他从火炉中抽出一个烧红的烙铁，举到梅登岩面前，从牙缝里挤出几个字来："你说不说？说不说……"

红红的烙铁死死摁压在梅登岩胸脯上。

梅登岩惨叫一声，昏死过去。他的胸前窜起一股焦黄的烟雾，皮肉烧焦后刺鼻的异味，充斥了整个刑讯室……

梅登岩宁折不弯。他一次次昏过去，又一次次被兜头的冷水泼醒……

梅登岩与芙蓉街 7 号男主人的特殊关系，引起了赵长烈的关注。他把战场上连吃败仗的原因，归之于共产党地下组织的猖狂活动。他指示武枕戈："一定要从梅登岩嘴里，把共产党的地下组织撬出来！"

太阳庙监狱里的凄惨叫声，夜以继日令人发指。主持刑讯室的娄蔚森如同嗜血的恶魔，太阳庙监狱中的冤魂，都是他一手制造的。

住在附近的几家居民，夜里时常被瘆人的惨叫声惊醒，后来都陆续搬走了。

娄蔚森承担了梅登岩的案子后，不分白天晚上，不停地拷打审问梅登岩。梅登岩的十个手指和十个脚趾，都被钉进了竹签，指甲全部脱落。老虎凳、电刑、烙刑、拶刑、灌辣椒水，所有的酷刑全用遍了，梅登岩硬是一口咬定，发的是商报。

娄蔚森骂他背着牛头不认赃，是茅厕的石头又臭又硬！

梅登岩的这种超越人体极限的忍耐力，终于使娄蔚森绝望了。

梅登岩已经体无完肤，浑身溃烂，两条腿全断了，十个手指肿得就像红萝卜。娄蔚森知道，即使不再用刑，梅登岩也可能随时死掉，他的伤太重了！

娄蔚森恶狠狠地说："我知道你不怕死！我偏不让你死，让你活着把罪受够！"

梅登岩不愧是铮铮铁汉，他用自己的行动，兑现了入党时的誓言："如果有一天我落到敌人手里，他们就是把我烤焦了，我也不会出卖组织和同志!”

梅登岩被捕后，庞志柏让廖梦棠一面打探消息，一面做了各种应变准备。梅登岩几乎掌握着庞志柏情报处所有成员的情况，他一旦背叛，情报处将陷入灭顶之灾。

一个星期后，情报处所有成员和秘密地点，安然无恙。廖梦棠把他了解到的梅登岩的情况，告诉了庞志柏，庞志柏立即电告了中央。

为了防止意外，庞志柏托付谢靖夫老师，把妹妹和妻子、女儿转移到临潼新丰镇，隐蔽在米念成老家的后院里。

为了小舫的安全，庞志柏和贺一鸣夫妇商量后，决定把小舫留在龚逸雪身边，让她代管一些日子。小舫听说要把自己留下，抱着天娥的腿哭着死活不松手。天娥也不忍心把小舫丢下，龚逸雪说：“那怎么行，你们带着四个孩子出门，太不方便了，还不如把孩子都留在这里好。”

商量来商量去，最后决定把两个大女儿小英和小荃，留下陪小舫，天娥只把小女儿小茌带走。小舫才不哭不闹了。

蓝草脱险

在防空司令部建立的密台，几个月后出了岔子。密台在大湘子庙街，绥署电讯监察科的电监车，在这一带侦测出了一个可疑的电台讯号。尚未确定具体位置，师浩峰得知了消息，向廖梦棠和庞志柏汇报后，立即撤销了和内台的联系。

因为一时找不到可以利用的敌台，越来越多的重要情报积压下来，发不出去。庞志柏和廖梦棠决定，把情报处机关原先使用的那部电台，转移到三泰巷 1 号，由师浩峰每天晚上向中央内台发报。

情报处机关的电台停止使用后，一直掩藏在“残荷轩”后院的暗室中。廖梦棠对妻子说：“紫云，我忙得不可开交，你替我到翁家巷残荷轩跑一趟。我买了一箱古董放在那里，你坐黄包车帮我取回来。都是器皿东西，怪值钱的，搬动时千万要小心，别磕着碰着！”

师紫云按照丈夫的吩咐，坐着黄包车，把那个笨重的木头箱子取了回来。她这才发现，里面装的并不是古董，而是一部电台！

师紫云惊叫道：“妈呀，咋是个这！”脸都吓白了。她心里清楚得很，要是让敌人查出是电台，不光自己活不成了，连丈夫的性命也得搭进去！

为了落实特别行动计划，庞志柏决定去临潼米念成家住一些日子。临走时，他向廖梦棠交代了三件事。一是注意密台安全，发现异常情况赶紧转移；二是利用军统内部的老关系，不惜重金营救梅登岩同志；三是他到临潼后，让妹妹石蓝草返回西安，隐蔽在白松汽车行。若有情况时，由石蓝草担任西安和临潼间的交通。

庞志柏乘火车离开西安后，在临潼新丰镇车站没有下车，直接去了渭南。当天晚上在临渭区警备司令部，和李驭龙、廖尚棠、米念成等人见了面。廖梦棠的本家兄弟廖尚棠，是临渭区警备司令部司令，是特别行动的核心武装力量。

制订完特别行动计划后，庞志柏坐火车返回临潼，在新丰镇米念成家后院见到了妹妹和妻子女儿。

第二天清早，庞志柏把特别行动的进展情况拟成电文，让蓝草带着返回西安，发往中央内台。

每天中午吃过饭，柴崇林都要到莲池公园徜徉一圈。在茶社喝一壶茶，仰在躺椅上迷糊一阵，再摇摇摆摆返回芙蓉街 7 号。

奇园茶社换了新的包租人，老板娘那张臃肿粗俗的面孔和身段，让他瞅上一眼就感到恶心，就得赶紧把眼闭上。

一闭上眼，他就会想起茶社原先的老板娘石蓝草。

茶社更换包租人以前，他三天两头来这里消磨时光，不为喝茶，单为多瞅几眼石蓝草那绰约的丰姿。最让他神魂颠倒的，是石蓝草那走起路来颤巍巍的双乳，和如同凉粉坨子似的尻蛋子。柴崇林的女人胡香，本来也是个美人胚子，自打前年得了一种怪病，一下子瘦成了皮包骨头，晚上搂在怀里硌得慌，初婚时柔若无骨的情趣，荡然无存。奇园茶社的老板娘石蓝草却截然不同。她虽然年过四十，依然体态丰盈，秀色可餐，目光中又透射出一种不容侵犯的威严。柴崇林头一次用语言撩拨挑逗她时，就碰了一个不软、不硬的钉子。

那天他色眯眯地盯着石蓝草饱满的胸脯，死皮赖脸说："老板娘，听说你蒸的热包子不错，给来两个！"

石蓝草虽说一瞅见柴崇林，就乌眼得很，表面上依然不动声色。她说："这里是茶社，没有包子。"

柴崇林坏笑着说："你怀里明明揣着两个热包子，咋说没有包子？"

石蓝草似笑非笑地说："你长恁大咧，两个包子哪够你吃！你妈怀里揣十二个包子，回去找你妈要去！"

柴崇林心想，长十二个奶头的，不是人是猪。知道挨了骂，又不好还口，吃了个哑巴亏。此后只能偶尔解解眼馋，再也不敢胡说八道了。

一壶茶喝完，那个粗俗的老板娘又殷勤地给他续水。柴崇林用蒲扇盖着脸，轻轻地拉着鼾息。正在似睡非睡、似醒非醒时，旁边两个喝茶的老者的交谈，传入了他耳中：

"嗨，听说没有，梅老板在三桥逮咧！"

"真的吗？梅老板是好人，这回遭殃咧！"

"这世道，哪有好人的活路！"

"梅老板的女人也是好人！我听人说她和芙蓉街 7 号那个庞志柏，是亲兄妹！"

"蓝梅车行的门这些日子老锁着，梅老板的女人大概也逮咧！"

“没那回事。昨天晚上我在十字口还碰见过她，她还跟我打过招呼……”

柴崇林这时候完全清醒了，他把两个老者的话，一字不落听到了耳朵里。老者交谈中所透露的信息，对柴崇林来说就如同晴天霹雳！

柴崇林做梦也不会想到，奇园茶社的老板娘竟然是父亲为自己订的那个娃娃亲，那个叫庞希罕的俏女子！老者的话终于证实了他过去的判断：芙蓉街 7 号的男主人就是庞志柏！为什么庞希罕要改名石蓝草？为什么要把姑嫂关系，说成姊妹关系？究竟想掩盖啥？分明是为了掩盖庞志柏和梅登岩作为中共特工的真实身份！

近几个月以来，柴崇林为了庞志柏的案子，真是伤透了脑筋。入住芙蓉街 7 号后，侦破工作毫无成效，每次特联会上都要被赵长烈训斥得抬不起头来。如果自己真的成了赵长官说的孵不出小鸡的软蛋、笨蛋、瞎蛋、混蛋，就真的要不吃凉粉腾板凳了！

柴崇林回到芙蓉街 7 号，突然想起那个老者说他昨天晚上在十字口，碰见过奇园茶社的老板娘。他想，石蓝草肯定就藏在附近，只要抓住她，就不难找到她的哥哥庞志柏！

柴崇林叫来自己的心腹老八，指派他去十字口背人处蹲守。他叮嘱老八说：“别迷迷糊糊抱着唢呐丢盹！要是误了事我揭了你的皮！”

柴崇林挟了一领凉席，睡在后院二层小楼平台上，监视着翁家巷 24 号的动静。

第二天晚上夜深人静时，蹲守在二楼平台上的柴崇林，突然发现翁家巷 24 号后窗户上亮起了微弱的灯光。他刚从二楼下来，在外面蹲守的特务老八慌慌张张跑了回来。老八说他刚才发现有一个女人，进了蓝梅车行！

柴崇林立即带着老八，从侧院翻墙进入蓝梅车行，逮捕了石蓝草。他们把石蓝草捆住手脚，堵上嘴，用车行的平板车拉着，一路小跑到了柴崇林住的深宅大院，囚禁在后院的卧室里。

石蓝草蜷缩在炕上，虽然嘴里塞的东西掏出来了，手脚还被捆着，想动动不了。她面无人色，绝望透了，正在寻找着鱼死网破的机会，忽然听见外面传来女人有气无力的声音："你这是作孽！少做些损阴事，积点德吧！"

石蓝草得知除自己外，这里还有女人，心里稍稍安稳了一点。她又听见柴崇林恶声恶气说："作啥孽作？实话给你说，她本来就是我的女人，因为她哥从中挑唆，婚才没结成！二十六年了，她到底还是落到了我手里。这叫啥？叫前世定的姻缘，想逃也逃不脱！"

过了一会儿，又听到柴崇林喊道："胡香！你死到屋里咧！赶紧弄几个下酒菜，老子吃饱喝足了，还等着和我的结发妻子圆房哩！"

自打柴崇林那年去呼家庄迎娶希罕空手而归，一转眼二十六年过去了。二十六年前不但没娶到媳妇，还让庞志柏打得口鼻流血，这个奇耻大辱，二十六年来一直让柴崇林耿耿于怀。人到中年的石蓝草，在柴崇林的眼中就如同一坛陈年老酒，窖藏得时间越长，越加散发出醉人的酒香。

石蓝草从柴崇林的话语中，听出了他的险恶用心。她本想着落到这个孬种手里，只有一死了之，突然又从柴崇林嘴里听到了一个"酒"字，心中顿时有了主意。

柴崇林走了进来，色眯眯地盯着捆住手脚的猎物。他说："你听好了，只要你今晚上把老子伺候舒坦了，老子明天就放了你!"

石蓝草说："你哄我哩！想让我伺候你不难，我男人如今死不了也废了，我指望不上他了。你马上把那个女人休了，跟我做长久夫妻。要不然，你就等着给我收尸吧!"

柴崇林正中下怀，满口应承下来。

柴崇林急忙解开石蓝草身上的绳索，要对她动手动脚。石蓝草推开他说："馍不吃在笼笼里放着，你甭急些！等喝了交杯酒咱就圆房。"

柴崇林心中暗喜，心想不如先把她灌醉，也好放胆在她身上耕云播雨，圆了自己二十六年的春梦。

这时石蓝草心中想的是：没长好下水的东西，活该你小子倒霉！岂知老娘是喝酒长大的，过去喝倒了黄龙山上的一伙弟兄，喝倒了塞外来的一帮骆驼客，谅你小子也不是老娘的对手！

柴崇林摆了一张圆桌，三个人围着圆桌坐着。那个病病歪歪的女人胡香上齐了菜，站在柴崇林身后给蓝草使了个眼色，转身离开了。

柴崇林抱出一个大肚子玻璃酒瓶，里面装满了白酒。又取出三个高脚玻璃杯，倒了三杯酒。石蓝草装出不胜酒力的样子，每次只喝小半杯。柴崇林不知底细，每次对饮，都和老八喝了个杯底朝天。

喝过几个回合后，石蓝草端起杯一饮而尽。人常说利令智昏，柴崇林今儿可真是昏了头，没想到石蓝草越喝越猛，如同喝凉水似的，一连对喝了好几杯。

柴崇林和老八先是口齿不清、嘴撇眼斜，接着头重脚轻、东倒西歪，终于都出溜到圆桌底下去了。

石蓝草慢慢站起来，她双手端起那个大肚子玻璃酒瓶，“哗啦”一声摔在地上，骂道：“想算计老娘，瞎了你的狗眼！也不撒泡尿照照你那怂样！”

石蓝草从柴崇林和老八腰里，摸出两把短枪转身出了屋门。她穿过长长的院落，来到大门跟前，却怎么也开不开大门。正着急时，身后传来了那个叫胡香的女人的声音：

“妹子，这门里边有暗锁，我给你把门开开，你赶紧逃命吧！”

门开了。石蓝草抓住胡香枯瘦如柴的双手，说：“大姐，你守着这样的男人，迟早会被他折磨死，不如跟我一搭里跑吧！”

胡香说：“郎中说我得的是瞎瞎病，没有多少日子了。你快跑，跑得远远的，千万别让这畜生再逮住！”

石蓝草的泪水扑簌簌滚落下来。她一转身，消失在黑暗的街巷里……

临潼解危

石蓝草从柴崇林家逃出来时，天还没明，街上黑麻咕咚，他摸黑回到白松汽车行。汽车送去大修，齐白松回家去了，偌大的院子内，只剩下秦刚一家三口。管桐除了做饭，还要经管小女儿和喂养白马。秦刚以拉黄包车作掩护，和他哥秦至庵一起，承担了情报组织的市内交通。

管桐见蓝草空着手回来了，忙问："蓝姐，你不是回家取衣服吗？衣服呢？"蓝草不想让管桐替自己操心，说："衣服都让老鼠咬烂咧，穿不成了！"

这天晚上发生在柴家的事，天一明廖梦棠就知道了，是布冬临告诉他的。廖梦棠担心石蓝草的安危，打发廖勃到汽车行打探消息。廖勃告诉石蓝草："昨天晚上，柴崇林把他的女人杀了！说他的女人通共，一连捅了十三刀。"

蓝草一下子就明白了，可怜的胡香是为了救她，才被男人杀死的！她咬牙切齿地说："柴崇林不得好死！他不是人，是披着人皮的狼！"

柴崇林处理完胡香的后事，回到芙蓉街 7 号那天上午，接到了安插在临潼的钉子泥鳅的电话。泥鳅说他在临潼新丰镇，发现了庞志柏夫妇的住处，还说庞志柏昨晚上召集一伙人，在他住的地方开会，天明前人都散了。他是从去开会的人口中听到庞志柏的行踪的。

柴崇林问："开啥会？都啥人参加？"

泥鳅说："开啥会不知道。参加会的人除了庞志柏，还有米念成。庞志柏就住在米念成家后院。"

柴崇林问："你认识米念成吗？"

泥鳅说："米念成在临潼中学当校长时，开除过我，烧成灰我也认得他！"

柴崇林从泥鳅嘴里得知，被廖梦棠打死了的米念成，果然没有死，而且和共党匪首庞志柏秘密交往。这说明廖梦棠千真万确是共产党的特工，而且一直和庞志柏秘密联系。米念成就像一根绳子，把廖梦棠和庞志柏牢牢绑在一起，如同拴在一根绳子上的两个蚂蚱。绳子的另一端，紧紧抓在柴崇林手中，这一回谁也别想跑掉！

想到这里，柴崇林按捺不住内心的喜悦，激动得发抖。

他想给赵长烈打电话，拿起话筒，手哆嗦得不行，一时又想不出该如何说好。会不会又像上次去见赵长烈一样，再重复一次癞蛤蟆跳门槛，蹾尻子伤脸呢？

柴崇林放下话筒，冷静了一会儿，他觉得还是先不要声张为好。廖梦棠耳目众多，在赵长官那里吃得很开，要是走漏了风声，庞志柏就会溜之大吉。

多年来命运多舛、蹭蹬蹇涩、仕途惟艰。终于要时来运转、官运亨通了！柴崇林做梦也没想到，安插在临潼的钉子泥鳅，不但发现了庞志柏的行踪，还拔起萝卜带起泥，牵扯出了廖梦棠。

只要抓住这两条大鱼，他就要一步登天了！

柴崇林又拨通了钉子泥鳅的电话。他告诉泥鳅："决不可把这个机密告诉给任何人，要是走露了风声，你就死定了！"

为了防止露馅儿，柴崇林也没有把这个消息，告诉除老八之外的任何人。除了老八、泥鳅外，他不敢轻易相信任何人，他怀疑陕通组的其他人，都有可能是廖梦棠的内线。

柴崇林带着老八离开了芙蓉街 7 号，坐着黄包车直奔火车站。这时候他的心情，已经完全平静下来，他觉得没有把这件事提前告诉赵长烈，实在是聪明之举。他突然觉得，往日那个让他闻风丧胆的赵长烈，原来是个糊涂蛋！廖梦棠随口编出一套假话、鬼话，就把他忽悠得找不着北了！等到抓住了庞志柏和廖梦棠，看他这个西北军政长官还有啥话可说……

柴崇林和老八匆匆忙忙到了火车站。没想到东去的票车又晚了点。

他走进站长值班室，凶巴巴地问熊站长："怎么搞的，老子一年也坐不了几次火车，一坐火车就晚点！得等多长时间才能发车?"

身宽体胖的熊站长，朝柴崇林翻了翻白眼。他说："你眼窝瞎咧！黑板上写着，你没看见?"

柴崇林扭头一瞅，小黑板上写着一条通知，说灞桥东边昨天晚上出了事，铁轨被人拆了好几根，有一处涵洞炸塌了。正在组织抢修，两三个小时后才能通车。

熊站长打了个哈欠，咂吧着嘴说："他妈的瞎折腾了一夜，困死了，我得到屋里睡一会儿。"说着转身进了套间。

熊站长刚躺到床上，就打起了呼噜。柴崇林点着烟吸了一阵，听到套间里的呼噜声越来越响，就拨通了站长值班室的电话。他对临潼的钉子泥鳅说："你这个人呀，尻子大得把心露咧，灞桥那边火车路断了，怎么不告诉我?"

电话那边不知说了些什么，只听柴崇林说："好啦好啦别啰嗦，你赶紧骑上自行车赶到新丰镇去，找个人看不见的地方猫着。一定要给我看牢，别让胖子跑了，我两小时后赶到!"

其实套间里的熊站长，并没有睡着。他是为了弄清楚柴崇林急着坐火车去干啥坏事，才佯装睡着的。柴崇林打完电话，熊站长装作被吵醒的样子，嘴里嘟囔着转身出去了。

熊站长在厕所那儿，绕了一圈，发现后边无人跟踪，立即走进车站旁边的密室，拨通了廖梦棠的电话。

电话接通了。熊站长告诉廖梦棠："东去的火车晚点，扁鼻子两小时后搭火车去渭河边钓鱼，在临潼新丰镇下车。听清了没有？”

得到廖梦棠肯定的回答后，熊站长放下了电话。

情况万分危急！廖梦棠立即把电话打到茶庄，偏偏廖勃不在茶庄，母亲和弟媳，都不知他的去向。廖梦棠扔下电话，风风火火直奔后院。他把情况告诉机关唯一的留守人员沈钟，让沈钟一刻也不要拖延，马上骑自行车赶到白松汽车行，把情况告诉石蓝草。让石蓝草骑着马，敢紧去临潼新丰镇报信！

沈钟骑着自行车，风风火火赶到白松汽车行，把情况告知了石蓝草。

蓝草喊道：“刚娃，快给我备马！”声在门外，人已经进了屋内。

倏忽间，石蓝草已倒饬熨帖。她换上了乡下女子常穿的衣裤，头上拢着印花布头巾，扤着马蹄笼，从屋里走出来。这时秦刚已经备好马，石蓝草踩着马镫，一纵身骑到马背上。

秦刚牵着马，一直把石蓝草送出了城。

大白马一溜风似的越跑越远。秦刚看不见了白马的踪影，才返回城里去了。

为了去救哥嫂和小侄女，石蓝草做了最坏的打算。离开汽车行时，她在马蹄笼里放了两把短枪，枪膛里都压满了子弹。这两把短枪，是她那天晚上从柴崇林家带出来的。她盘算着，如果在城门口或是半路上遇到敌人阻拦，就杀出一条血路，豁出性命也要救出哥嫂一家三口人！

临近新丰火车站时，石蓝草听到身后传来了火车的轰鸣声。她骑着马刚刚冲过平交道，东去的票车便挟裹着一阵狂风，从她的身后呼啸着开了过去。

火车在新丰镇站停下来时，石蓝草也在新丰镇前的一片林子旁，跳下了马。她把马牵进茂密的丛林，刚把马拴在树上，扭头一看从火车站那边跑过来两个男人，离这里尚有半畛地。突然，从镇子这边传来了急促的脚步声。石蓝草提着两把短枪，刚刚隐身在大树后头，泥鳅从镇子旁边的小路跑了过去。泥鳅冲着对面跑过来的两个男人，喊道：“柴组长，胖子一家人正吃饭哩!”

石蓝草冲着泥鳅的后背吐了口唾沫，骂道：“又来了个送死的，老娘送你们一块儿上西天!”

三个人汇合后，轻声嘀咕了几句，朝石蓝草这边跑过来。石蓝草认出中间那个男人正是柴崇林！仇人相见分外眼红，石蓝草心中的怒火“腾”地一下燃烧起来。

三个男人离她越来越近。只有二十多步远时，石蓝草扣动了扳机，只听“砰!”“砰!”“砰!”三声枪响，柴崇林、老八和泥鳅，应声倒地，结束了他们罪恶的生命。

庞志柏夫妇和女儿小荭正在吃饭，突然听到了枪声。一家人刚从米家撤出来，迎面碰上了石蓝草。简单交谈后，庞志柏说：“我马上送你们去渭南，隐蔽在廖尚棠家里!”庞志柏把白马交给了米念成的本家兄弟，带着家人顺着田间小路一直向东走去。

黄昏时候，他们在一个小火车站上了火车，赶到渭南廖尚棠家时，天已经黑了好一阵了。庞志柏把家人安顿好以后，住进了廖尚棠的警备司令部里，这里就成了特别行动的指挥中心。

沿陇海线陕西段各县，及蓝田、富平等地方武装，都参加了特别行动。各项准备工作正在紧锣密鼓进行时，廖梦棠派沈钟送来了内台密电。密电里说，为了保证情报处人员的安全，中央决定你们立即退出李驭龙的特别行动。有关事项可向米念成及李驭龙交代，情报处所有人员，不再参与此行动，一切交由西北地方党组织全权处理。

接到中央指示后，庞志柏和沈钟连夜返回西安。

战略情报

西安飞机场岗哨林立、戒备森严。

一架深灰色的军用飞机，降落在停机坪上。从飞机上下来两个南京政府官员，一下飞机便钻进小卧车中，离开机场直奔赵长烈官邸……

三泰巷1号。庞志柏正在阅读《人民之声》，他越看越高兴，连喊三声："好！好！好！"一拳砸在桌子上，砸翻了水碗。骆伯安一面用手巾擦桌子上的水，一面笑着说："革命尚未成功，你就高兴成这样；要是成功了，还不高兴疯了！"

庞志柏依然盯着手中的《人民之声》，喜形于色说："没想到形势发展这么快！短短一年，解放军由一百二十万人增加到了二百八十万人，老蒋手下能打仗的兵，只剩下一百七十四万人。敌强我弱的局面已经彻底改变。决战的时刻，就要到了！"

骆伯安笑道："蒋委员长如今是关老爷卖豆腐，人硬货不硬。老百姓都说，快要改朝换代了！"

话音未落，廖梦棠走了进来，他接过话茬说："那毛主席就是张飞卖板栗，人硬货扎把。也像老百姓说的，必是开国领袖！"

三人畅怀大笑。

庞志柏问廖梦棠："蒋机的事查清了没有？"

廖梦棠说："查清了。老蒋派飞机来西安是接人的。赵长烈已携同军属几员大将，登机去了南京。"

三泰巷密台立即把这一消息，电告了中央。中央内台回电询问，蒋机接赵长烈等人去南京何干？查明后速告。

庞志柏看完电文，沉思片刻，说："春桃，去下面把老沈叫上来。"

沈钟进屋之后，庞志柏告诉他："内台来电让咱了解一下，老蒋派飞机来西安接赵长烈去南京干啥？咱俩马上到一军司令部找吴宗鲁去！"

沈钟说："问问梦棠就清楚了，何必舍近求远去找吴宗鲁？"

庞志柏说："梦棠要是知道，我就不去一军司令部了。"

沈钟说："吴宗鲁是个小秘书，能知道啥？"

庞志柏说："你别小看吴宗鲁这个小秘书，上次沙家店战役的情报，就是他搞的。"

庞志柏从柜子里取出一套国民党士兵服，扔在床上，说："快换上！"

沈钟一面换衣服，一面说："听说吴宗鲁原先是西北大学教授，会四国外语。一军军长想找个英文秘书，就从西北大学把他挖走了。"

庞志柏从柜子里又翻出一套军官服，脱掉身上的长袍，一面换衣服一面说："你只知其一，不知其二。吴宗鲁的哥哥是蒋介石的侍卫长，吴宗鲁利用这层关系，当了一军军长的英文秘书。这个主意还是我给他出的！"

庞志柏和沈钟坐着黄包车，到了整编第一军司令部。

门口站岗的哨兵立正、行礼！庞志柏一面举手还礼，一面和沈钟大摇大摆，进了军部大门。

因为军长去了南京，军部大院内缺少了平时的紧张与森严，多了一些安静和闲适。

沈钟留在外间喝茶、吸烟。庞志柏和吴宗鲁在里间密谈。

庞志柏问："中央内台来电，查问蒋介石接赵长烈他们去南京干什么？你知道情况吗？"

吴宗鲁说："知道知道，去南京参加蒋介石主持的军事检讨会。"

“军事检讨会的议题是啥？”

“还不清楚。”

庞志柏在与吴宗鲁告别时，叮嘱他说：“你们军长从南京一回来，你尽快摸清南京会议的详情，派人到西柳巷1号告知我。”

南京军事检讨会结束后，赵长烈一行当即乘机飞回西安。吴宗鲁在第一时间，把军事检讨会的内容告知了庞志柏。庞志柏立即电告了中央：

> 蒋介石在南京军事检讨会上多次训话，要求下属树立战则必胜的信心，会场内反应冷淡。何敬芝提出缩短战线、撤退东北及华北军队，确保华中和江南，兵力全部或大部南下。蒋未作明确表态。

这是一份具有战略意义的重要情报。

在中共决策者看来，国民党军队撤出东北、华北，可以避免被我军各个击破，围而歼之。何敬芝为老蒋出的这个主意，确有高明之处，蒋介石对此没有表态，说明他一时还下不了决心。要他把东北、华北让给我们，是在割他的心头肉，他能不心疼吗？国民党的高级将领，大都缺乏战略眼光。再说从空中和海上撤退，有困难；从陆上撤退，也会遭到我军阻击。

蒋介石举棋不定，要下这个决心，难哪！

战争的机遇，稍纵即逝。中共决策者审时度势，决定抓住这个机会，趁蒋介石举棋不定时，迅速切断东北、华北国民党军队的退路，然后围而歼之！

随后，党中央做出重大战略决策，发动了震惊中外的三大战役。由此敲响了蒋家王朝覆灭的丧钟……

策反冯学迁

辽沈、平津、淮海三大战役的重大胜利，彻底改变了国共两党的军事态势。南京国民党政权危在旦夕。

盘踞在古城西安的赵长烈，接连收到关中诸地失守的消息，惶惶不可终日。前线战事吃紧，无暇顾及西安城防。为了解决守城兵力薄弱的问题，冯学迁接到行政院指示，决定把原先的基干队扩充为民众自卫总队。

廖梦棠得到这一消息，立即告知了庞志柏。

庞志柏说："民众自卫总队属市府领导。我的老同学冯学迁，如今当了市长，是当然的总队长。关键是副总队长，这支武装力量的实权，在副总队长手上。我们可以借这个机会，把我们的人安插进去。把自卫总队变成我们的秘密部队，将来好配合西野解放西安！"

策反冯学迁，事关重大，庞志柏当即电报请示了中央。中央回电批准了他们的策反计划。

由谁来担任这个副总队长呢？

庞志柏主张让廖梦棠担任。廖梦棠说他对军事是门外汉，过去又和冯学迁为七分校财产的事，弄得很僵，平时互不搭理，反贴门神不对脸，冯学迁绝不会同意让他担任这一职务。

庞志柏决定先策反冯学迁，人选问题待后再说。

庞志柏打算通过贺一鸣，约定晚上八点在马道巷和冯学迁见面。

廖梦棠不同意。他说："冯学迁这个人，靠得住靠不住？他和老蒋的儿子在苏联是同学，曾经三次被蒋介石召见，每次召见蒋介石都要问到他和蒋家公子的关系。冯学迁深得蒋家父子赏识，当了市长，他和赵长烈是一丘之貉，都是蒋介石的鹰犬!”

庞志柏摇摇头。他确信雷皓宇同志的判断，冯学迁虽然陷入敌营，但并不反动。庞志柏说：“我听说冯学迁担任西安市长，其实与蒋家父子并无多大关系，而是于百寻先生力排众议、坚持‘陕人治陕’的结果。”

庞志柏又告诉廖梦棠：“那次武枕戈带着人晚上到逸中抓我，冯学迁第二天一大早通过贺一鸣来通知我。虽然是雨后送伞，证明他的思想已经有所转变。”

庞志柏并不打算改变策反冯学迁的计划。为了确保庞志柏的安全，廖梦棠决定带着几个特工提前赶到马道巷巷口，猫在小酒馆里饮酒。一旦出事，马上冲进贺家把庞志柏劫走。

约定的时间到了。秦刚拉着黄包车，把庞志柏送到了马道巷巷口。

庞志柏戴着水獭皮帽、金丝眼镜，穿着貂皮领大衣，拄着文明棍。他下车后向小酒馆里瞅了瞅。待在小酒馆里的廖梦棠，卸下头上的礼帽，向他轻轻挥了挥手。

庞志柏会意，转身进了马道巷。

贺一鸣在门口等着庞志柏。他说：“冯市长来了好一阵子了，快进去吧!”

庞志柏一进书房，冯学迁立即站起来。他神色有些慌张，显得手足无措。庞志柏则举止坦然，主动和冯学迁握了手。

入座后庞志柏先开了口：“暮云春树，一日三秋。老同学，上海浦东一别，一转眼近二十年了，时间过得真快!”

冯学迁说：“可不是么！沧海桑田，物是人非，我们都老了!”

庞志柏笑道：“你我同庚，方才四十有五，正当年富力强。好日子还在后头，怎么能说老了?”

寒暄几句后，庞志柏又问道：“老同学，那年雷皓宇先生托我转给你的信，还有你那个漂亮的俄罗斯女儿的照片，收到了吗?”

冯学迁连忙说："收到了收到了！雷先生真是热心肠！他后来还托人给我捎过一封信，是用俄文写的，听说是让中央首长的俄文秘书史辙代写的。史秘书是我们韩城人，雷先生用心良苦，学迁问心有愧！"

庞志柏问："那次我想找你叙叙同窗之谊，你为啥不见我？"

冯学迁一脸尴尬："那时候咱们各事其主，为了不惹是生非，你好我好，还是不见为宜。"

庞志柏用锥子似的目光，盯着昔日的同窗好友："各事其主？你说的主是蒋介石吗？老蒋早已失去民心，天怒人怨，在全国战场上连吃败仗。三大战役后国军元气大伤，已经无力和我军对抗，鹿死谁手已经一目了然！《周易》里面说，穷则变，变则通，通则久。识时务者为俊杰，蒋家王朝眼看就要完蛋了，你难道要跟着这个独夫民贼，一条道走到黑吗？"

冯学迁满脸愧疚。他长叹道："我也是一失足成千古恨，如今后悔也来不及了！"

庞志柏说："学迁此言差矣！雷皓宇先生给我说过，你虽然陷入敌营，但没有暴露组织和同志，还做了许多有利于抗战、有利于地方和百姓的好事。你是他送到苏联去的，又是他从苏联把你要回来的，你要是还不回头，对得起雷先生一片苦心吗？"

庞志柏一脸热忱。他从怀里掏出一份《人民之声》，说："这上面有两篇文章，一篇是《中国人民解放军宣言》，一篇是解放军攻克济南，活捉国民党山东省主席王耀武的简讯，你看看吧！"

文章很短，冯学迁很快就看完了。他说："志柏，我相信共产党对蒋方人员的政策：首恶必办，胁从不问，立功受奖。以后共产党让我咋干，我就咋干，绝不三心二意！你说吧，我现在该怎么做？"

庞志柏说："听说市政府已接到行政院指令，要把基干队扩充为民众自卫总队，你是当然的总队长。我想给你推荐一个副总队长，你看行吗？"

冯学迁说："行啊！你打算推荐谁当副总队长？"

庞志柏说："我还没有想好。不过你放心，我推荐的人既懂军事，也绝不会和你闹别扭，在赵长烈那里也要通得过。”

冯学迁说：“人一选好，就赶紧通知我，我马上向赵长官打报告。”

庞志柏一回到三泰巷，立即去找廖梦棠，商量民众自卫总队副总队长的人选问题。

庞志柏对廖梦棠说：“咱们情报处百十号人，懂军事的就数沈钟，他干最合适。不巧的是老沈去秦岭守备区当卧底，是经中央批准的，已经担任了副团长。听说眼下他正忙着在西府招兵买马，抽不出来身咯！”

廖梦棠大惑不解：“秦岭守备区是赵长烈下令组建的，目的是为了补充部队减员。赵长烈规定营以上军官，决不允许杨啸林旧部的人担任。沈钟是杨部老人，不但进了守备区还当了副团长，你可真是神通广大啊！”

庞志柏说：“我听沈钟说，守备区二团团长是他的瓜蔓亲戚，就让他去试试。没想到不但进了守备区，还当了副团长。民众自卫总队的副总队长，只能单另找人。”

廖梦棠说：“跟咱一条心，又能在赵长烈那里通得过的人，可真不好找啊！

庞志柏思虑再三，突然想起不久前见过面的姜显舟。他对廖梦棠说：“让姜显舟当副总队长，你看咋样？”

廖梦棠说：“我看行。姜显舟在抗日义勇军中，当过少校特务营营长，懂军事。现在又是七分校办事处的上校主任，有资历。赵长烈对他印象也不错。就看他干不干了。”

庞志柏说：“我这就去找他谈谈，只要把话说透他会干的。”

庞志柏当即赶往七分校办事处，见到了姜显舟。

两人这次交谈一拍即合，十分融洽。庞志柏刚提了个头，姜显舟就明白了他的意思，接过话头说：“我每天晚上回到家，都要听新华社广播，不用你开导我啥都明白。你只管说我咋样做，才能立功赎罪？”

庞志柏把组建民众自卫总队、打算推荐他担任副总队长的事，告诉了姜显舟。

姜显舟说："这件事吵吵好几天了，一些有头有脸的人，都觉得这是个抢手的肥差，上窜下跳寻情钻眼，恨不得头上戴着犁铧往进钻。他们的面子都比我大!"

庞志柏说："面子再大也不行！民众自卫总队的总队长，是市长冯学迁，冯学迁怕被架空，所以都没答应。只要你同意干，冯学迁那里我去说，肯定能同意!"

姜显舟满口应承下来。

当天晚上，庞志柏又在马道巷贺家，约见了冯学迁。

冯学迁一听庞志柏提起姜显舟，就说："这人我认识，他是七分校的老人，很有能力。又是绥署的人，从校部到绥署机关都很有人缘，是个很理想的人选。"

庞志柏说："你的事我请示了中央，中央来电同意你回头革命。让我通知你不要跟着赵长烈跑，保存好档案，尽快派一名代表去中央汇报。"

冯学迁激动地说："感谢中央的信任！我一定按中央的要求去做，马上派我的小兄弟去和中央联系!"

十多天过去了，姜显舟按照庞志柏的吩咐，通过请客送礼打通了所有关节。冯学迁觉得时机已成熟，派人把代电送往绥靖公署。

绥署秘书长莫怀儒，手持冯学迁派人送来的代电，匆匆忙忙走进赵长烈官邸。

莫怀儒把代电递到了赵长烈手中。

由市政府和市长联名，呈报给赵长烈的代电，只有一句话：请调派中央军校第七分校上校主任姜显舟，担任西安民众自卫总队少将副总队长。

赵长烈看完了代电，有些莫名其妙。

赵长烈说："嗯！这太阳咋从西边出来了？冯学迁向来不欢迎绥署这边的人。我给他派了个人去当市府秘书长，就够他头疼了，这次反倒主动向绥署要人！”

莫怀儒说：“冯市长需要一个懂军事的人，向我们请调。我们给他推荐了几个人，他最后选中了姜显舟。”

赵长烈矜持道：“为了争抢这个位子，好几个人来找我说情，狼多肉少，我干脆谁也不答应。冯市长推荐姜显舟我有所耳闻，有人私下对我说，姜显舟原先叫江一帆，当过共产党的省委秘书。不知有无此事？”

莫怀儒说：“这肯定是有人想谋这个位子，所以无中生有胡说八道！姜显舟是我一手提携起来的，他一直就叫姜显舟，哪里叫过什么江一帆！他对赵长官您，向来十分敬佩。”

赵长烈说：“嗯，姜显舟这个人很可靠，办事很认真，我并不怀疑他对党国的忠诚。上次委员长来西安住在长宁宫，我让他负责接待，他干得很不错，委员长很满意。”

莫怀儒问：“那这份代电……”

赵长烈说：“嗯，我马上签！”

第二十一章

秘密转移

柴崇林和老八去临潼抓捕庞志柏，连同钉子泥鳅三人被蓝草击毙，陕通组的权力落入了布冬临手中。布冬临按照廖梦棠的指示，立即撤换了柴崇林安插的机要人员，把全省特工网卡和密台分布地点，掌握在了自己手中。

经请示中央同意，廖梦棠又成功策反了马鸿图。

马鸿图是保密局陕西站站长，他把陕西站的潜伏人员及电台位置，登记造册交给了廖梦棠。

马鸿图历来和武枕戈尿不到一个壶里。庞志柏决定利用马鸿图，把至今关在狱中的梅登岩偷偷转移出来，秘密送往医院救治。

早先庞志柏情报处不惜重金，买通了监狱长吕光录，请广仁医院的医生去牢房为梅登岩治过两次伤。因为伤势过重，医生说得尽快住院治疗，再耽搁就没治了！

夜里十点多钟，马鸿图应廖梦棠之约来到西柳巷 1 号。

一进大门，马鸿图凭借着职业敏感，一双雷达似的招风耳立即扑捉到了一种熟悉的声音。他确认那是电台正在发报时，敲击电键的声音，电台的位置，就在一墙之隔的后院小楼上。

马鸿图听廖梦棠说过，后院住的是他家招的房客，平时和他并无来往，中间的门也很少打开。这是些什么房客？怎么还用电台？马鸿图疑心重重地走进客厅。他一落座就问："梦棠兄，后院住着什么房客，我听见还有电台发报？"

廖梦棠笑道："那可不是一般房客，是香港永裕公司常驻西安代表黄润生先生。他做的是大生意，每天都要和香港方面电报联系，忙得很！"

马鸿图疑心更重了："梦棠兄，私设电台要杀头的！你要是无利可图，跟他们有生意上的来往，他们就是吃了熊心豹子胆，也不敢在你身边私设电台！"

廖梦棠脸上依然十分平静。他说："你猜得没错，他们的生意我的确入了股，我还替你入了股。今晚上我约你来，其实是黄润生先生的意思，他想见见你这个新股东。"

话说到这个分上，马鸿图已经明白了八九成。他禁不住心头"怦怦"直跳，说："梦棠兄，我今儿才算真正服了你！骊山兵变时，你从南京飞到西安救蒋介石的驾，我就觉得你绝非等闲之辈。如今你又让共产党把电台架设在你身边，这种事你就是借给我十个胆，我也不敢！"

廖梦棠说："别说那些没出息的怂话，你已经干上了，还说什么敢不敢！国军兵败如山倒，一听说解放军来了跑得比兔子还快，当官的也是屎巴牛支桌子硬撑着。走！跟我到后院去见黄润生先生。"

廖梦棠引着马鸿图，打开通往后院的铁门，沿着楼梯上到二楼。向左拐头一间门关着，透过敞开的窗户，看到里面有两个人正在用油印机印东西。第二间门也关着，从窗玻璃上看进去，里面有一男一女，男的正在发报，女的在翻译电文。第三间房门敞开着，里面却空无一人，桌子上放着几份《人民之声》。

廖梦棠把马鸿图引进屋子，说："黄先生就住在这儿，他大概去别的房间了。你在这儿等等，我去找他。"

廖梦棠走后，马鸿图的目光落在摊开的《人民之声》上。上面都是报道解放军打了大胜仗，以及国军官兵弃暗投明的消息。只看标题，就让马鸿图感到非常震撼！

蒋家王朝势如垒卵，离它覆灭的日子已经不远了！马鸿图为自己最后关头所选择的路，感到欣慰。

“咯吱”一声，门被推开了。

马鸿图扭头一看，一个体格魁伟的汉子走了进来。跟着他进来的廖梦棠对马鸿图说：“这就是黄润生先生，你们俩谈吧！”说着转身闭上门离开了。庞志柏和马鸿图握了手，问：

“你就是保密局陕西站的站长，马鸿图？”

马鸿图连连点头：“正是正是，鄙人贱姓马，名鸿图。”

庞志柏笑道：“你这匹马，不是贱马！悬崖勒马，为时未晚，迷途知返，将来必定宏图大展！”

马鸿图被庞志柏的话，逗乐了，紧张的心情，一下子轻松了许多。他说：“黄先生，全国眼看就要解放了，我马鸿图对共产党尚无尺寸之功，共产党却对我宽大为怀，实在问心有愧！”

庞志柏说：“你已经把军统在陕潜伏人员和电台，登记造册，交给了共产党地下组织。这个功劳不能说小！眼下还有一件事，需要你去办理。”

马鸿图急忙说：“啥事你尽管说，只要能给我立功自赎的机会，我马鸿图绝无二话可说！”

庞志柏说：“太阳庙特种拘留所，关着我们一个同志，叫梅登岩，你知道这个人吧！”

马鸿图说：“知道知道！两个多月前梦棠兄来找我，让我买通了监狱长吕光录，让他多方照顾梅登岩。又请广仁医院的医生，去牢里给梅登岩治过两次伤病，要不然，只怕世上早没这个人了。”

庞志柏说：“我听广仁医院的医生说，梅登岩伤势过重，得尽快送到医院治疗，再拖几天就没治了。我想请你出面，不管用什么法子，一定要在一两天内把梅登岩从监狱弄出来，你看行吗？”

马鸿图想了想说：“这事得放在晚上。还得广仁医院的医生去一趟太阳庙监狱，假借治疗暗中使用掉包计，把梅登岩偷偷弄出来……”

马鸿图离去后，廖梦棠告诉庞志柏，刚才马鸿图一来，就听见后院有电台发报的声音。庞志柏立即警觉起来：“不好！你那边来人多，要是被别的什么人听见，就出大事了！”

两人商量后，连夜把密台转移到了革命公园，单另找了一个安全地方。

第二天晚上，马鸿图以执行任务为名，叫了两个贴心的特工，坐着黄包车到了广仁医院，与提前约好的医生和护士一起上了救护车，救护车里放着一具男尸。

救护车开到太阳庙特种拘留所后，监狱长吕光录带着人，把梅登岩用担架抬到一间僻背的房子里，说是给犯人治病。大约过了半个小时，把救护车上的男尸抬入房间，把梅登岩抬上了救护车。

救护车开回广仁医院后，梅登岩被抬进一间秘密病室，由医院地下党组织负责监护治疗。

第二天晚上，武枕戈坐着美国吉普车，来到太阳庙特种拘留所。他按照赵长烈指示，要秘密处决二十名重要政治犯。

黑暗中，监狱周围高墙上的探照灯，突然全打开了。武枕戈按照名单，将囚犯一个个从牢房里提出来，又在刺刀威逼下押上囚车。当念到梅登岩的名字时，监狱长吕光录说：“报告武处长，梅登岩死了！”

“你说什么？梅登岩死了！为什么不报告？”

“报告武处长，梅登岩是昨天晚上刚死的，还没来得及向你报告！”

武枕戈还想问什么，犹豫了一下，手一挥说：“快，下一个！下一个……”

十九名政治犯被押上囚车。囚车开出了太阳庙监狱，铁门“砰”的一声关上了。

高墙上的探照灯熄灭了，特种拘留所这座吃人的魔窟，又陷入了一片黑暗中……

绥署夜话

赵长烈自小熟读四书五经，推崇儒家“修身、齐家、治国、平天下”的人生信条。他历来严于律己，不贪财、不嫖妓、生活简朴，颇得蒋介石赞赏。他是黄埔一期生，是蒋介石最宠爱的将领，官至一战区司令长官、西安绥靖公署主任，手握数十万重兵。盘马弯弓延安城时，蒋介石授予他二等大绥云麾勋章，晋升为三星上将。真是占尽了风光，出尽了风头。

那是他人生的巅峰。

此后，随着战场上连连失利，他很快由巅峰跌到了谷底。蒋介石的冷嘲热讽，让他颜面尽失。老蒋两次试图中途换马，他也心知肚明。只是因为接替他的将领，自知不是西野的对手拒绝赴任，才使他得以幸免。

为了挽救如同多米诺骨牌似的战场颓势，赵长烈制订了一个绝密的行动计划。他指示绥署二处处长武枕戈带领十多名特工，假借前线投诚混入西野部队，秘密收集军事情报。事情败露后，武枕戈在潜逃中被击毙。侥幸逃回来的特工，把武枕戈的死讯告知了赵长烈。

赵长烈正端着茶杯喝茶，骂了一句：“废物！”一抬手把茶杯砸在砖地上，摔碎了……

赵长烈觉得脑袋有些沉，上下眼皮直打架，想弥补一下连日来亏欠的瞌睡。他倒在躺椅上闭上双眼，刚刚有些迷糊突然又清醒过来。起身用湿毛巾擦了把脸，给廖梦棠打了电话，让他马上到绥署来，有要事相商。

近日来，赵长烈一直思考着撤退的路线问题。他在和莫怀儒商讨这件事时，莫怀儒多次提到了廖梦棠的一些见解。赵长烈的智慧导师莫怀儒，对廖梦棠的才学见识如此赞赏，无形中增添了廖梦棠在赵长烈心目中的分量。

廖梦棠立即赶到了绥署。

落座后，赵长烈神情沮丧地说："共军挥师南下，已成破竹卷席之势，国军元气大伤，颓局已成。这几天蒋先生每天给我打几次电话，询问西安的情况，我是不惜以身殉职的。眼下彭德华统领的解放军士气正旺，为避其锋芒，我打算以退为进，暂且屯兵终南山养精蓄锐，以图东山再起。退一步想，若反攻受阻，再移师川蜀。梦棠有何高见？嗯！说说看。"

廖梦棠从赵长烈的话语中，听出了弦外之音。一年前那个趾高气扬、不可一世的赵长烈，已经完全蔫了下来。战场上溃不成军，使他说出话来毫无底气。

廖梦棠想，赵长烈已六神无主，何不借此添油加醋，把他的神经搅得更乱呢！

廖梦棠说："梦棠以为入川并非良策。四川虽物产丰饶，号称天府之国，却山高水险苦无退路。太平天国时的石达开兵败大渡河安顺场，就是吃了这个亏！若从斜谷道入秦岭，屯兵终南山，又犯了地名之大忌。赵长官总不会忘记，三国时的凤雏先生丧生落凤坡的典故吧？"

赵长烈脸色大变。他名长烈，字中南，还记得十年前他率领千军万马，刚刚进入关中时面对终南山说过的话："终、南、山！怎么叫了这么个山名？马上告诉陕西省主席，把这个山名改了！改成中、南、山！我赵中南到了关中，就像这座山，谁也别想把我赶出去！"

此一时也，彼一时也！廖梦棠的话又勾起了这段回忆，他神情恍惚，扪心自问："终南山！难道真的是我数十年军旅生涯终结的地方吗？"

赵长烈懊丧地叹了口气。他说："哎，梦棠所言，正是我心中纠结之处。不去四川也罢，如果去湖北，你看走哪条路合适？"

廖梦棠略加思忖后，说："梦棠以为，若能走商洛公路，出荆紫关去湖北，对于大部队的转移最为适宜。即使遇到共军阻击，也有回旋余地，便于对付，不至于陷入进退失据、孤立无援的被动局面。赵先生以为如何？”

赵长烈阴郁的脸上，终于出现了一线光亮。他说：“梦棠呀，我过去总以为你是特工中的奇才，没想到你对军事也不外行啊！我想问你，如果撤离西安，你是走还是留，有没有考虑过？嗯？”

廖梦棠想也没想脱口而出：“梦棠愿意随赵长官同行。”

赵长烈摇摇头：“不，你得留下，你留下！我需要西安的情报，等到时机成熟时，我还要打回来……”

姜显舟一接到简任状，立即赶到西柳巷1号，面见庞志柏和廖梦棠。他把简任状递给庞、廖二人看了，说：“冯市长让人通知我，明天上午九点，在大体育场召开自卫总队成立大会。”

庞志柏说：“从现在起，由咱们三人组成军事指挥小组，遇到重大问题必须开会研究。碰头的地方在后院我住的房间，日常事务由老姜全权处理。为了协调行动，冯学迁那里由我出面负责联系。”

姜显舟说：“眼下最当紧的，是基层中队领导权、枪支弹药和军事训练，这三件事落到实处，这支队伍才能掌握在咱们手中，关键时刻也才能拉得出去！”

庞志柏说：“老姜说得没错。我和梦棠已经商量了，明天派秦至庵去秦岭守备区二团和沈钟联系，他刚刚招兵回来，招收了不少党团员和进步青年。让他选择三十名优秀青年，到民众自卫总队来担任中层领导。”

廖梦棠问：“老姜，武器还短多少？”

姜显舟说：“三个直属中队，各有步枪不足三十支，其他各中队只有十来支枪，统共加起来还不足二百支枪，弹药更少得可怜。”

廖梦棠说：“一定要想办法弄到枪支弹药！要不然到了紧要关头，别说对付杨登亮的城内守军，连乔绍文的警察部队也挡不住！”

庞志柏说："老姜，武器弹药的事你多想想办法。我再给冯市长说说，由他出面事情会好办些。"

第二天上午九点，民众自卫总队两千多人，正在大体育场进行训练，冯学迁发现许多人手里拿着木棍，对站在旁边的乔绍文和姜显舟说："得赶紧把武器配齐了，都这样拿着烧火棍顶个屁用！"

姜显舟就等着冯学迁说这句话。他连忙接上话茬说："冯市长，七分校眼下正忙着迁往成都，把存放在长安的一批枪支弹药，交给了办事处，由我们暂时保管。如果冯市长出面给七分校头儿说说，以借的名义把这批枪弹留下，武器就差不多了。"

冯学迁说："这个好办，我当教育厅厅长时，和他俩有过不少交往，脾气很和得来。你给他俩打个招呼，就说明天我要宴请他们。到时候把相关的人都叫上，一吃一喝问题就解决了……"

仓皇逃窜

形势急转直下。西野部队逼近西安的消息传来，赵长烈慌了手脚。他急忙召集省府、市府要员，在六谷庄招待所召开紧急疏散会议。

赵长烈强作镇定，又掩饰不住溃逃前的凄楚，他紧绷着脸说："我们撤离西安，绝不是逃跑，而是疏散！要不了多久，我们还要打回来，重新收复西安！省府和市府各包一架飞机，直飞四川成都。各位做好随时疏散的准备，要是延误了时间当了共军的俘虏，谁也救不了你！都听见了没有，嗯？"

赵长烈的讲话刚一落音，人们纷纷议论起来。

有的人提出时间太紧，要求迟走一些时日。有的干脆声言自己不离开西安。赵长烈吊着脸正要发火，门外有人进来说："赵长官，请接电话！"

赵长烈一离开，立时怨声鼎沸，怪话连天：

"明明是逃跑，却说是疏散，以后还要回来，这是给鸡戴暗眼哩！"

"是往河里倒泔水，给鳖上汤哩！"

……

原汉风吼道："喊什么喊！各位放明白点，在座的都得走，一个也不许留！谁要是狗坐轿子不识抬举，落到共军手里，连个浑全尸首也别想落下！"

赵长烈接罢电话回来，神色慌张地说："汉风，你替我主持一下会！莫公，你跟我来商量个事。"

莫怀儒跟着赵长烈，走进另一间房子。

赵长烈说："情况紧急，刚才咸阳驻军打来电话，说共军已逼近咸阳，许多士兵临阵逃跑投降了共军。留下的也无心恋战，只能先把队伍撤到河北，据渭河天险抵抗共军。"

莫怀儒说："大势已去，无力回天，走吧！"

赵长烈骂道："他妈的共军还没来，自己先乱了阵脚。还指望渭河天险，统统死去吧！"

莫怀儒说："要走赶紧得走！再拖拉，就来不及了……"

凌晨五点，赵长烈等人驱车赶到西安机场，在浓浓的夜色中仓皇登机。

飞机呼啸着冲向漆黑的夜空……

庞志柏情报处密台立即电告中央：赵长烈、冯学迁等人，于今晨五时飞逃汉中，城防治安已由我们掌握的民众自卫总队控制，唯盼解放军速来！

廖梦棠叹息道："可惜呀！冯学迁到底还是跟他们走了！"

庞志柏说："八成是被挟持走的。他要是真心投诚共产党，还会回来的！"

正说着，姜显舟匆匆走进来。

姜显舟说他是从冯学迁家中来的，冯学迁临走时，交给他和李振山一箱特货，是市府历年来没收的。还有一台美制收发报两用机、一辆小卧车、一千块大洋，叮咛一定要交到庞志柏手中。因为街上太乱，生怕半路上被拦截，东西就近藏在李振山家中，只把小卧车开了过来。

庞志柏问："市府档案在哪儿？"

"砌在他家墙里边。"

"留下啥话没有？"

"他说去四川是权宜之计，还要回来的。"

庞志柏说："老姜，天快亮了！你马上回去通知召开分队长以上干部会议，让大家明确自卫总队的职责，讲话要注意策略，千万不要授人以柄。对杨登亮和乔绍文，要特别警惕！"

姜显舟转身走了。

上午八时，姜显舟正在小体育场内主持召开自卫总队干部会议，电话员跑来报告："姜队长，杨登亮打来电话，让你马上到警备司令部去，有重要事情。"

姜显舟略加思索，当即决定："李振山，你带直属中队一个班，跟我马上去警备司令部！"

警备司令部门卫森严，岗哨林立。

会议室的门洞开着，里面只坐着乔绍文一个人。乔绍文看到众人簇拥着姜显舟走进来，不阴不阳地说："嗬！带这么多保镖，如临大敌呀！"

姜显舟说："现在是非常时期，要预防不测。我来带了几个弟兄，你不会介意吧？"

杨登亮跟脚走了进来，说："冯市长连个招呼也不打，屁子一拍走了！把这个烂摊子丢给咱仨，咋整呀？"

乔绍文说："你是警备司令，你说咋整就咋整！"

姜显舟放心了。他担心乔、杨二人要夺自卫总队的领导权，要对他下毒手，看来自己的担心是多余的。于是附和道："乔局长说得对，冯市长走了，杨司令就是咱的头。你说吧，我们俩听你的！"

杨登亮说："乔局长，你来当代市长，兼任自卫总队总队长，老姜还是副总队长，你们同意吗？"

姜显舟随声应道："我没意见。"

身穿少将警服的乔绍文笑道："那我就当仁不让了。显舟兄，请你通知自卫总队全体官兵，下午三时在大体育场集合。我要对全体官兵讲话！"

姜显舟嘴里说好，心里骂道："你小子是秋后的蚂蚱，蹦跶不了几天了，还给老子显摆个屁！"

解放西安

赵长烈逃离西安后，廖梦棠给本家兄弟廖尚棠打了电话。廖尚棠立即派了几个弟兄，开着车把石蓝草、李天娥及小茬，送到了三泰巷 1 号。庞志柏也给齐白松安顿，让他开着冯学迁留下的小卧车，把王静秋和彭云锦母女、谢老先生、秦至庵，以及小英、小荃、小舫，都接来了。

三泰巷 1 号一下子热闹起来。

这天夜里，众人正在做红旗、写标语、糊红五星灯笼，准备迎接解放军进城，李天娥突然说："你们听，啥响声？"众人闭上嘴巴，竖起耳朵听着。彭云锦说："是大炮声，是解放军的大炮！"谢靖夫说："听声音好像在咸阳那边，离西安不远了！"

正说着庞志柏走进来，他高兴地说："告诉大家一个好消息，中央来电说，解放军明天就要进西安城了！”

众人立即欢呼起来。

人们正在又说又笑，姜显舟打来电话。他告诉庞志柏，咸阳守敌炸毁了渭河大桥，解放军正在强渡渭河，先头部队已逼近西关机场。杨登亮带着守城队伍正在仓皇溃逃，乔绍文让民众自卫总队接手西安城防。

这真是一个让人振奋的好消息！

庞志柏在电话中说：“老姜！马上派四个中队，去城门口接管城防。让直属中队赶紧过来，保卫机关人员安全！我和梦棠现在就去你那儿。”

庞志柏和廖梦棠赶到了七分校办事处。庞志柏告诉姜显舟，明天解放军就要进城。在这最后时刻，一定要加强巡逻，守住各个重要部位，严防敌人和坏人破坏！

姜显舟立即把电话打到各中队，让他们按照各自管区布岗设哨，上街巡逻。

天快亮了。东方的天幕堆满了破棉絮般的乌云。曙光在阴沉沉的天际撕开了一条长长的口子，呈现出鹅黄、嫩绿、浅紫、桔红、蛋青，五光十色，一片绚丽色彩。

一队队的民众自卫总队队员，端着或是背着枪，列队步行或是搭乘汽车，在街头巡逻……

警察局内乱成了一窝蜂，乔绍文的办公室内一片狼藉。

乔绍文正在拿着电话话筒，大呼小叫：“喂！老姜吗？我是乔绍文！他妈的连我的声都听不出来！你马上命令自卫总队队员，把城门全关上，用土包和麦袋堵死！我们另有任务，守城的事交给你们啦！”

姜显舟一撂下电话，就对庞志柏和廖梦棠说：“乔绍文要逃跑！”

庞志柏说：“乔绍文肯定要从南门逃走！老姜，马上通知守南门的中队长罗进孝，没有你的命令任何人不许出城！”

姜显舟立即拨通了罗进孝的电话……

这时候，乔绍文已经带着警察部队，乘坐着十多辆大卡车，赶到了小南门。小南门被堵死了，他又带着人赶到大南门。守大南门的中队长罗进孝，是乔绍文的老部属，急忙让部下打开城门，爬上乔绍文的吉普车，遗弓落箭狼狈逃窜……

城外炮声隆隆，枪声激烈。解放军已逼近西安。

姜显舟接完电话，告诉庞志柏和廖梦棠："敌人狗急跳墙，准备了十多吨黄色炸药，派出工兵部队马上要炸电厂、火车站和几个大厂子！"

三人当即决定，通知离得最近的几个中队，跑步前去增援，把职工组织起来，绝不能让敌人的罪恶阴谋得逞！

庞志柏让骆伯安和秦至庵立即动身，到城外迎接人民解放军！

几辆载着工兵和黄色炸药的大卡车，开到电厂大门前停下来。

电厂的铁栅栏门紧关着。工人们手执木棒、铁棍，一窝蜂堵在铁栅栏门内，大喊大叫……

突然又开来几辆大卡车，车上满载着自卫总队队员。

敌军工兵头目大喊："别开枪！别开枪！车上有炸药！我们缴械投降……"

一列火车喷云吐雾，尖叫一声停在西安远郊的三桥火车站。

火车司机从车头上跳下来，他紧紧握着西野一位团长的手，说："解放军同志，快上火车，我送你们进城！"

该团官兵上了火车。行驶间与溃逃的敌人遭遇了，火车头上架设的机枪一响，火车立即停下来。解放军战士纷纷跳下火车，一场短兵相接的激战之后，溃逃之敌被全部歼灭！

该团官兵乘火车入城后，很快占领了火车站。正在准备炸毁车站的敌人纷纷缴械投降。

西野另一个团的官兵，行军途中歼灭了阻击之敌，之后碰上前来迎接解放军的骆伯安与秦至庵。他俩带领该团赶到西门口，骆伯安冲着守城的人喊道："弟兄们，快去报告姜队长，打开城门迎接解放军！"

姜显舟在电话里听说解放军到了城门口，立即命令守城队员："快！快放吊桥，打开城门，迎接解放军进城！"

担任攻城任务的两个团官兵，在钟楼前汇合了。

西安城万人空巷，盛况空前。成千上万西安市民，涌上街头，热烈欢迎人民解放军。庞志柏情报处机关的人员打着红旗，举着标语，和市民们一道热烈欢迎人民解放军进城！

庞志柏、廖梦棠、姜显舟等人，和解放西安的几位军团首长，在鼓楼前见面后，紧紧拥抱在一起，流下了激动的泪水……

第二天，人民解放军举行盛大的入城仪式。庞志柏、廖梦棠和情报处人员，汇集在端履门前，和市民们一起热烈欢迎人民解放军。

彭云锦突然喊起了丈夫袁三木的名字，朝坦克上站的士兵拼命地挥着手臂。

袁三木看见了多年未见的妻子，从坦克上跳下来，跑到云锦身边，激动得把妻子抱了起来。

从坦克上跳下来的，还有一身戎装的王世毅。李天娥抚摸着王世毅胸前的几枚军功章，激动得热泪盈眶。

正说着笑着，一个穿着军装，英姿飒爽的女兵跑了过来。她拉着王静秋的手，叫了声："妈！"众人才认出是彭云绣。

彭云锦丢下丈夫，抱住妹妹流下了激动的泪水……

护理梅登岩的管桐突然跑来，说："登岩哥快不行了！"

庞志柏夫妇匆匆忙忙赶到广仁医院。一走进病房，只见石蓝草正伏在病床边哭泣，两个女护士劝她节哀。

梅登岩紧闭着双眼，扭曲变形的脸上毫无血色。庞志柏抓着他的手呼唤着："登岩！登岩！我是你志柏哥，我和你天娥姐看你来了！登岩，你听见外面的锣鼓声了吗？你睁开眼看看，咱们胜利了！西安解放了……"

梅登岩慢慢睁开眼，他使出全身力气，说："快、快扶我、扶我到阳台上，我要看、看解放军……”

众人七手八脚把梅登岩抬到藤椅上，把藤椅抬到阳台上。

这时候，参加解放西安的西野全体官兵，和军直属部队指战员，身着整齐的军装，全副武装，以多路纵队迈着整齐的步伐，行进在古城的大街上……

梅登岩的脸上，浮现出了欣慰的笑容。他轻轻地吐出了三个字：“解、放、了……”之后，笑容便凝结在他的脸上。

众人急忙把梅登岩抬回病房。医生听了心跳，掰开眼皮看了看，说：“他去世了！”

病房内响起一片抽泣之声……

这时候，数十万西安市民纷纷涌上街头。他们高举着毛主席、朱总司令的画像，敲锣打鼓高呼口号，热烈欢迎人民解放军进入西安。

古城的历史，从此翻开新的一页……

九尽花开

长安春晓。凤栖原畔的九尽花开了，黄灿灿的绵延不绝。

此日一大早，庞志柏驱车来到凤栖原畔，参加杨啸林灵柩安灵仪式。一下车，迎面碰上被挟持飞往四川的冯学迁。

春节前夕，冯学迁与杨啸林的长子一起，扶杨啸林的灵柩由重庆返回西安。他当天回韩城老家探望家人，昨天接到市府通知后，又返回西安。解放后，庞志柏和冯学迁重新聚首，两人都有了恍若隔世的感觉。

冯学迁说：“没想到，胜利来得这么快！”

庞志柏说：“确实不易，太让人高兴啦！”

冯学迁告诉庞志柏，去年9月初临近解放时，重庆守敌在溃逃前接到蒋介石的密杀令，在松林坡杀害了杨啸林夫妇。同时遇害的还有杨啸林的次子、幼女，以及秘书宋绮文夫妇和幼子。市府决定在凤栖原畔，为杨啸林等死难烈士修建陵园，供后人世世代代祭扫和瞻仰。

参加完杨啸林的灵柩安灵仪式不久，芙蓉街7号迎来了一批特殊的客人。这批客人，是来自苏联的军事代表团。陪同他们来参观庞志柏秘密情报机关遗址的，是西北局领导彭德华。

听了庞志柏的介绍，苏军代表团团长惊讶地说：“你们的特工人员，是世界上第一流的！把共产党的秘密电台，架设在法西斯的营垒中，真不可思议！”

参观完秘密情报机关地下工作室，苏军代表团团长说：“这么完备的地下工作室，我头一次看到。苏联十月革命前，也有一个地下工作室，在第比利斯城，只有一个出口，后来被敌人破坏了。你们的秘密地下工作室，是史无前例的！”

彭德华说：“这个秘密地下室要永久保存，用来教育我们的后代，让他们知道革命的胜利来之不易！”

中华人民共和国成立后，庞志柏担任了西安市警备区副司令员，兼任西安市公安局局长，全力投入打击反革命残余势力的斗争中。

让庞志柏一直寝食不安的是，丁台失踪的两个人一直找不到下落。据特种拘留所监狱长吕光录交代，丁吻月和韩翔连同另外三十名政治犯，被武枕戈和娄蔚森押解到南京去了。

经派人调查，南京各个监狱并没有接收过这批犯人。负责押解的两人中，武枕戈潜入我西野部队中，收集情报时被击毙，娄蔚森潜逃不知去向。调查工作陷入僵局。

庞志柏心里揣测，也许丁台上的两个人，根本就没去南京！狡黠的武枕戈在故弄玄虚。

他把人到底弄到哪儿去了？

一种不祥的预感如同团团雾霾，在庞志柏的心头凝聚着，纠结着……

一转眼到了阳春三月。

清明节的前一天，庞志柏突然接到一个电话，是市府主席打来的。电话里说，耀县县委在磬玉山西麓，挖出32具尸体。据山上道士讲，那天夜里听到山下有人高呼："共产党万岁！"随后还听到了枪声。由此判断，这32具尸体是被活埋的革命烈士，是敌人从外地押解来的。耀县县委已将这32具尸骨，合葬一处，并修建了碑亭和烈士遗物展馆，清明节组织公祭活动，希望省、市委派代表参加。

这天晚上，庞志柏把去耀县参加公祭的事，告诉了妻子。

庞志柏说："那年由太阳庙监狱押解南京的，是32人；如今耀县磬玉山挖出来的尸骨，也是32人。这难道真的是巧合吗？要是这32个人中，有丁吻月和韩翔，肯定留有遗物。"

李天娥说："我跟你一起去！"

清明节那天，天尚未明，庞志柏夫妇随同省、市祭扫团一起，坐着两辆公交车直奔耀县。

临近十点钟时，大轿子车绕了一个螺蛳形的大圈子，下了一个大趄坡，从南原驶入川道。夹在漆、沮二水之间的耀县城，闯入了人们的眼帘。

大轿子车沿着河滩上的土路，缓缓向城东的磬玉山行驶。

漆水河两岸阡陌纵横，水网密织。刚刚下过一场透雨，辛勤的菜农正在田间耕耘播种。日头暖烘烘照着，风儿柔柔地抚摸着行人的脸。河边的柳条上，缀满了黄绿色的嫩芽。山坡上，桃杏花正在盛开。秋千架下，传来孩子们的欢声笑语。蔚蓝的天空，鹰鹞与风筝真假难分。

参加公祭活动的人们，胸前缀着白花，带着花圈、祭品，正一拨一拨向磬玉山走去。

烈士陵园在磬玉山西坡，山崖上的古柏虬枝盘曲。陵园内新栽的幼柏，簇拥着一个大土冢，土是新挖掘的黄土，尚未长出草来。

庞志柏夫妇一走进陵园，直奔烈士遗物展室。

在玻璃展柜内，总共有五十多件遗物，大部分是钥匙串、皮带扣、烟嘴、发夹、梳子、小圆镜子等物。庞志柏一眼瞅见了那块熟悉的金色怀表！他从管理人员手中接过怀表，打开表盖，里面的照片完好如初，丁吻月那张充满青春活力的脸庞，又微笑着呈现在他面前。

丽人的衣香鬓影、音容笑貌，如在目前。

“吻月！”庞志柏轻声呼唤着，眼眶中充盈了泪水。

管理人员介绍说：“这个怀表的主人是个男同志。他的尸骨挖出来时，和一个女同志的尸骨紧紧抱在一起，怎么也分不开，后来就把他俩合葬在了一起。”

庞志柏问：“那位女同志留下遗物没有？”

管理人员说：“有，只有一支钢笔。”

庞志柏从管理人员手中，接过了那支钢笔，他亲手刻在上面的 pzb 三个字母，依然十分清晰。他告诉妻子：“这支康克令金笔，是我在沪申大学时送给丁吻月的，她一直带在身上。”

伊人去矣，玉殒香消。

庞志柏悲恸欲绝，天娥亦唏嘘有声。

……

八年后，双手沾满共产党人鲜血的侩子手娄蔚森，在铜川矿区因写反标被捕。他已改名换姓，娶妻生子，又有了一个小家庭。

天网恢恢，疏而不漏。七天后，这个杀人不眨眼的恶魔，被押至磬玉山下。一声清脆的枪响后，结束了他罪恶的一生。

两年后，庞志柏举家迁往首都北京。

白驹过隙，光阴荏苒，转眼之间，三十年过去了。庞志柏已经到了耄耋之年，掐指算来，他已经二十多年没有回过故乡了。

这一年冬天，他突然得了脑血栓，冥冥之中，他意识到自己所剩的时间不多了。出院后他决定回一趟故乡，去看看那曾经战斗过的一方热土，看看那些尚且在世的战友和亲人。

那可是他二十多年来一直魂牵梦绕的地方，一直心心念念、昼思夜想的一大群人啊！

又到了九尽花开的时节。

庞志柏夫妇在小女儿洪秀陪同下，登上了开往西安的特快列车。列车在中原大地上奔驰，洪秀凝视着窗外一簇簇、一片片的九尽花出神。她突然回过头来，问父亲："爸，你知道我为啥非要跟着你和我妈，回老家吗？"

庞志柏笑道："你忘了爸爸过去是干什么的？我早就得到了情报，你一直在搜集资料，想为情报处写本大书。这次回陕西机会难得，你当然不会错过了。"

两朵红云飞上了洪秀的脸颊。她说："是我大姐告的密吧？叛徒！爸，其实我早就想告诉你，又怕写不出来，丢人！爸，你说我能成吗？"

庞志柏说："你在山西插队多年，吃了不少苦头，也读了不少书。你已经不是二十多年前那个毛丫头了！你要记住，人生的意义在于有理想，能奋斗，成功属于历经磨难、永不言弃的人！好好写，爸爸支持你。我相信你一定会成功的！"

洪秀说："爸爸，听我大姐说，毛主席在陕北时，很重视你提供的情报，还夸你是无名英雄。我的书名就叫《无名英雄》，你说好不好？"

庞志柏摇摇头，说："不好！爸爸不是英雄。英雄是情报处的战斗集体，英雄是支持我们的群众。众人就是圣人，群众是水，我们是鱼，脱离了集体和群众，你爸爸就是长出十颗脑袋，也让赵长烈给砍掉了！"

庞志柏终于回到了故乡，回到了二十多年来魂牵梦绕的桑梓地，踏上了生他养他的这一方热土。

那天洪秀问："爸爸，老家人为啥把村子叫做槐园？"

庞志柏告诉女儿："因为自古以来，家家门前都栽槐树。这种槐树叫家槐，也叫国槐。在许多老村子里，都有几百年、上千年的古槐，得好几个大人才抱得过来。每年槐花开的时候，一走进村就能闻到浓浓的馨香。那是家的味道、国的味道，是一个从农村走出去的孩子，终生忘不掉的味道!"

庞志柏夫妇和女儿洪秀，在西安和澄城老家总共待了一个多月。在这一个多月中他们跑了许多地方，每到一处，闻讯拜访庞志柏的人蜂拥而至，刚走了一拨，又来了一群。每当回忆起昔日的战斗情谊，庞志柏常常热泪盈眶，甚至泣不成声。

故乡之行结束后，庞志柏夫妇和女儿洪秀，又登上了返回北京的列车。

车窗外春意盎然，满眼都是绿油油的麦田和金灿灿的油菜花。庞志柏望着车窗外滚滚东去的渭水，望着坦荡无垠的关中平原，望着横空出世的秦岭山脉，问女儿："洪秀，这次回陕西，有收获吗?"

洪秀双手托着下巴，眯着一双漂亮的丹凤眼，若有所思地说："收获太多了！谢谢你爸爸，让我认识了那么多人，他们都是你说的无名英雄!过些日子，我还要回来采访他们，我一定要把他们的英雄事迹写出来，在后世人的心中，给他们立一座永远不倒的纪念碑!"

2018 年冬初稿完成于黄陵桥山

2020 年冬修改稿完成于铜川新区

注：这部小说中涉及的情节、人物，以及书信、电文等内容，是作者参阅相关史实资料，按照小说情节发展的需要，运用艺术手法虚构出来的。请勿对号入座、转抄引用。特此说明。